# 泥濘裡奔馳的青春

## 台大橄欖球隊
## 80年的榮譽與傳承

曹以會、甯其遠、林任遠————編著

# 目錄

- **推薦序** 台灣橄欖球運動的先行者　李嗣涔　　/ 006
- **推薦序** 為了它的光榮、歷史與驕傲　張海潮　　/ 009
- **隊史出版緣由** 歲月為證，球魂不朽：
  　　　　　　台橄80周年隊史書寫記實　張振崗　　/ 011

## 第一篇　台橄史

- 從獵虎到王者：台大水牛隊熱血開創台橄傳奇　　/ 016
- 一群年輕學生的夢想，重生了台大橄欖球隊　　/ 020
- 草原的傳說：水牛隊到第30屆的故事　　/ 026
- 穩定中的突破：台橄第31屆至第48屆的高原歲月　　/ 034
- 從失去球場到人力斷層：台橄第49屆至第62屆在低谷
  的堅持與轉機　　/ 039
- 從低谷到榮耀：台橄第63屆以來的重生與傳承　　/ 043
- 在沙漠中扎根：台大女橄的十年開拓之路　　/ 048
- 台橄歷屆故事：代代相承的橄欖球血脈（第1屆至第79屆）
  　　/ 053

## 第二篇

# 台橄事

- 台灣大專橄欖球聯隊遠征香港：黃金年代的榮耀與回憶 / 256
- 不是體育學校，卻產出亞洲盃國手：台橄曾經的傳奇 / 259
- 珍稀專用球場滄桑：見證台灣橄欖球的一個世代 / 262
- 藍色大水牛，耕遍每一寸球場土地：Scrum machine 的故事 / 266
- 一個 LDS，培養革命情感的所在：關於「球室」 / 269
- 從球場到茶店：台橄兄弟情的保溫與延續 / 275
- 從禁入到夥伴：女經理入隊，改寫台橄傳統 / 277
- 不是魔法，是專業！台橄戰力即刻回復的秘密 / 281
- 一場運動文化的交會：體優生與台橄的共進之路 / 285
- 從人數不足到重點校隊：不願放手的 OB 成立促進會 / 291
- 大專盃冠軍後的移地訓練：日本菅平高原朝聖之旅 / 295
- 八十分鐘的極限對決：橄欖球場上的命運抽籤 / 299
- 血泥為誓，肩傷為旗：第 28 屆為榮耀而戰的傳奇賽事 / 302
- 七年等待，以血肉奪回榮耀：台橄第 30 屆奪冠實錄 / 308

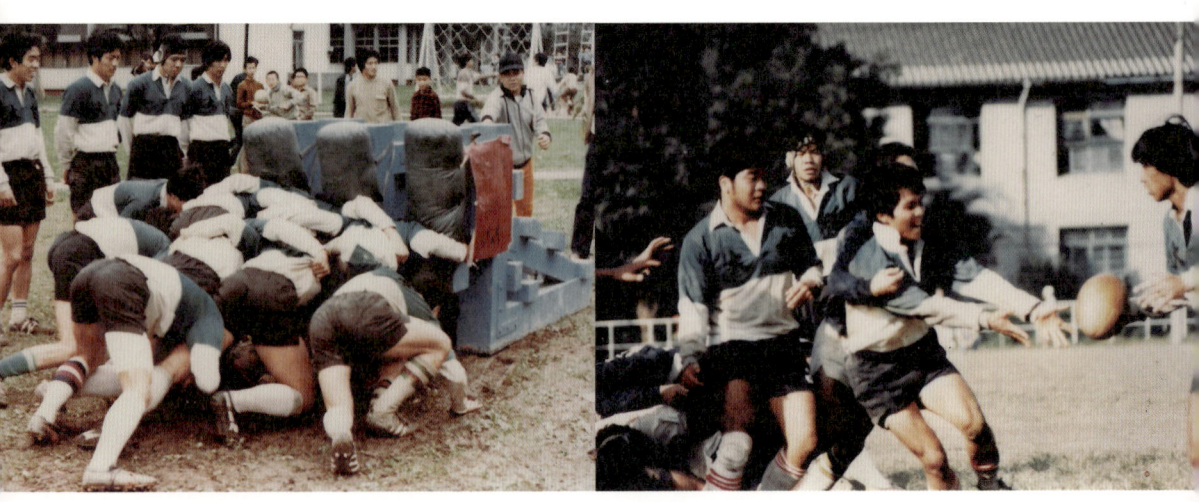

- 在泥巴裡寫歷史！台大 vs 陸官，連兩年血戰平手，並列冠軍 / 313
- 逆轉的靈魂：台橄絕不放棄的精神 / 319
- 從建中黑衫軍到台大水牛隊：一條橄欖球相扶持的路 / 324
- 台大 vs 陸官：跨越六十年的橄欖球宿命對戰 / 329

第三篇

台橄人

- 站在場邊，卻走進台橄歷史的老師們 / 336
- 回憶阿吉仔的幾件事 / 340
- OB 的陪伴與傳承：台橄的文化底蘊 / 344
- 從學長制到教練制：莊國禎教練開啟大專盃三連霸 / 348
- 院士 OB：從球場取得學術研究的養分 / 353
- 從球場走進國家決策核心，以台橄精神服務公眾 / 357
- 從草地到商業巨擘：台橄鍛造的企業傳奇 / 361

## 推薦序

# 台灣橄欖球運動的先行者

李嗣涔

在我當台大校長時，就在思考，哪一種精神可以代表台大？當我行經橄欖球場，看到那些在烈日下、在大雨中奮鬥不懈的身影，聯想到我大學時隔壁一間寢室一位橄欖球員高大壯碩的身影及他回到寢室時的丰采，我的心中就有了答案。

在深入了解台大橄欖球隊的發展歷史之後，我更是深深地為這支球隊的精神與傳承所感動。在校長任內，正好橄欖球隊的發展面臨了空前的困境，在因緣際會的機遇中，我把台大橄欖隊列入學校「重點運動校隊」，期待注入學校的資源，讓這支代表台大精神的橄欖球隊，能夠再次強大，永續發展。

在台橄 70 週年時，我曾題字「台灣橄欖球運動的先行者」，以校長的身分，表達對台橄的敬重。一群沒有打過橄欖球的文學生，在進入台大之後，靠著不懈的努力與練習，居然可以打敗那些甲組球隊及以體能見長的陸軍官校等軍事院校校隊，實在令人敬佩。

當我們把橄欖球隊列為台大的重點學校之後，果然讓台橄從谷底上升，在 2011 至 2013 年間，台橄獲得大專盃三連霸的佳績，陸軍官校一直是大專盃乙

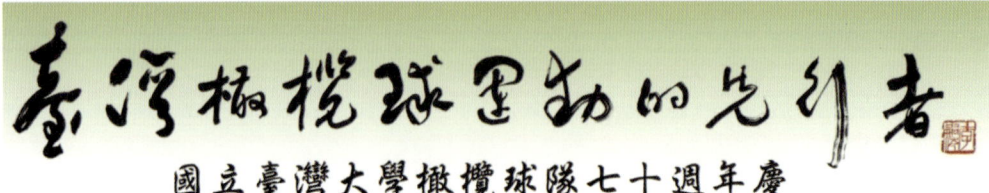

台大前校長李嗣涔在台橄 70 周年時所贈墨寶。

組橄欖球賽最強的對手，始終有能力威脅陸官的，只有台大橄欖球隊。在 2011 至 2013 年的大專盃，台橄在大專盃的比賽中，都以明顯的優勢，打敗陸軍官校。

今天台橄的成績，相信當年我把橄欖球隊列為重點校隊的播種動作，終於有了豐碩的果實。

正逢台橄 80 周年隊慶，台橄的畢業學長們，集資合力出版了這本《泥濘裡奔馳的青春：台大橄欖球隊 80 年的榮譽與傳承》。翻閱這本書時，豐富的文字及照片，讓我的耳邊彷彿響起台橄同學在場上互相呼喊的吼聲，見識到他們勇往直前不畏任何艱困的決心與毅力。80 年歲月流轉，橄欖球隊用汗水與泥濘在台灣大學的版圖上拓出一道道深刻軌跡，為校史寫下無可取代的一章。

回顧 1946 年，台大學子與師長臨時集結成軍橄欖球隊，趕在第一屆台灣省運會亮相。首戰失利後，他們以「獵虎行動」為名，僅一個月便在省錦標賽以 33：3 逆襲虎隊，奪下首座全國冠軍。從此以「水牛」精神自許，任憑泥濘也絕不後退的韌勁。此後，水牛隊連拿四屆大會賽社會組全國冠軍，奠定「勇冠全台」的基礎。直到今天，台大橄欖球隊仍是少數可以拿下全國冠軍的學校代表隊。這也是我寫下「台灣橄欖球運動的先行者」的歷史背景。

台橄歷來戰果，絕對不是靠著運動的天賦，而是植根於他們一再傳頌的「台橄精神」。我可以將台橄的精神歸納為三：強烈榮譽感、刻苦奮鬥與團隊歸屬；這與台大校訓「敦品勵學、愛國愛人」的核心價值相互輝映。

世代交迭，台橄隊員背景廣布各學院，雖曾面臨球場拆遷、人力斷層的低谷，但是 OB 陪伴在校球員的文化，80 年而不墜，讓台橄一次又一次地走出幽谷重生。這種「學長領學弟、OB 扶持在校生」的文化，讓我深深體悟：橄欖球不只是運動，更是台大一門關於責任與傳承的教育。

然而，我們也必須正視新世代招募不易、學校資源分配有限的現實挑戰。作為將橄欖球列為重點校隊的校長，我殷切盼望更多年輕同學勇敢踏上草地，用腳步丈量自我極限；也期許校內各單位持續支持，讓台大橄欖球隊在跨域學習與專業教練指導之間取得平衡。唯有穩固訓練制度、擴大國際視野，台橄才

能在下一個80年再創高峰。

　　我誠摯推薦此書予台大師生與所有關心台灣體育文化的朋友。讓我們一起見證：當杜鵑花再次盛放於椰林大道，台大水牛們仍在草原馳騁，將「榮譽、奮鬥、團隊」的旗幟高高舉起，照亮未來的道路。

中華民國一一四年六月
台灣大學前校長李嗣涔謹識

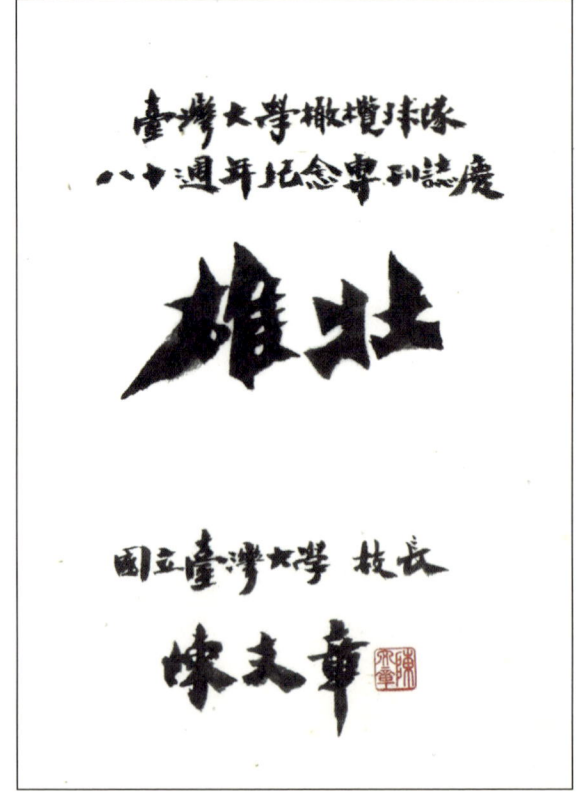

台大校長陳文章贈字台橄 80 周年隊史。

## 推薦序
# 為了它的光榮、歷史與驕傲

張海潮

　　當我加入台大橄欖球隊時，一如許多隊友，對球隊的歷史並不清楚。經常都是在慶功宴或檢討會時，聽一些前輩拉哩拉雜的回憶，這些回憶看似片斷，但總是在傳達一個訊息，那就是台橄是一個具有光榮、歷史與驕傲的球隊。

　　在這個驕傲的感染下，我們被要求承擔球隊的光榮，雖然在我進球隊時，第 23 屆的學長在大會賽中只得到亞軍，輸掉了第 21 屆、第 22 屆所得的冠軍。但是一個簡單的回顧，就知道台橄曾經在第 1、2、3、4、7、8、10、11、12、17、18、19、21、22 歷屆大會賽中，得到勝利。於是，我們這些從未涉足橄欖球的生手，開始了無怨無悔的操練，這樣的操練，伴隨著台大學生功課上的壓力，確實有些喘不過氣來。但很奇妙的，就在每一次的出賽，每一次的勝利或失敗時，我們感受到橄欖球界對我們的肯定，這其中當然有羨慕、讚美，也免不了嫉妒、嫌惡。

有一件事是確定的，如果我們沒有得到冠軍，只要不是第一名，台橄就只能開檢討會，檢討會上，經常出現很多前輩，包括第一屆水牛隊的 OB。可憐的隊長們，對他們鞠躬致歉，就像一個戰敗的日本武士，只差沒切腹，如果不是第一就是恥辱。這樣說來，待在台橄，是不是有點辛苦？

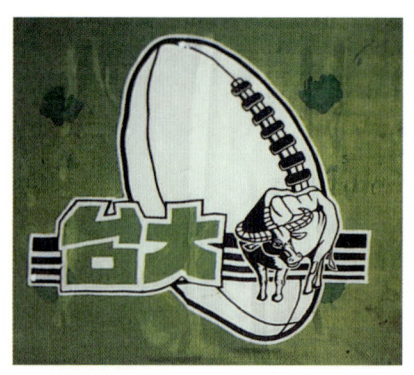

台橄隊徽是由第 44 屆葛慈陽 OB 設計。

事情來到我從國外讀書回來，在台大數學系任教，因緣際會，參與了對台橄在校生的培訓。在 50 周年慶（民國 85 年）時，我與當時的經理，中文系的葉孟昕同學，著手編了「台橄 50 周年紀念特刊」，訪談了許多前輩，包括橄欖球界的領袖如柯子彰先生，以及台大的陳維昭校長（他是一位著名的小兒外科醫生），沒有打過橄欖球的陳校長說：「台橄是台大的招牌。」

由於光復後台橄的歷史與台灣橄欖球運動的起源同步，因此在台橄 50 周年時，台北市橄欖球協會的秘書長李鎰蔡前輩（第 9 屆的淡江球員）來找我，去為幾個年輕的球隊講台灣橄欖球運動史，我當時非常惶恐想要婉拒，結果他說：「你們台大，是台灣橄欖球界的龍頭。」

是的，但是台橄從不介入台灣橄欖球協會的運作，偶爾會到紀律委員會參與一些違規的討論，但在球界的眼中，台橄是一個不沾鍋的球隊，李鎰蔡又說：「只要台橄出現，大家就會說。啊！你看，這運動不是野蠻的運動，要不，台大的學生為什麼會來打橄欖球呢？」

其實我們是台大學生中的極少數，每年近 2,000 個男生中，打橄欖球的很少超過 10 個，台橄是一個小眾團體，但是在艱苦的練習及集訓、比賽之下，我們有自己的風格，榮譽和責任是這個球隊的精神，而互相提攜的隊友，才是這個球隊真正的支柱。至於是不是台灣橄欖球界的標竿，看來也不是那麼重要了。

台橄第 25 屆 OB 張海潮

## 隊史出版緣由

# 歲月為證，球魂不朽：
# 台橄 80 周年隊史書寫紀實

張振崗

　　在長達 80 年的歷史中，很多的前輩貢獻一己之力於台大橄欖球隊之中，曾經他們付出了青春與汗水，強悍地維護這支球隊的光榮歷史，儘管結果不盡完美，但是他們的血、汗與淚，都曾澆灌在這片草地，與這一部光榮的隊史之中。

　　在台大橄欖球隊 80 周年慶前夕，台橄的許多前輩，期待他們的故事能留傳下來，其中幾位關鍵的人物，包括台橄第 25 屆 OB（註）張海潮，他多年來一直照護著球隊，對於台橄的歷史知之甚詳，另一位是第 29 屆的 OB 孫本華，在美國經營事業有成，他捐助一萬美元，作為編撰隊史的基金，第三位是第 28 屆的 OB 陳照賢，負責召集台橄 OB 的能量，一起為台橄 80 周年隊史努力。

　　實際執行編撰工作的是第 42 屆 OB 曹以會，負責隊史內容規劃及文稿撰述，並由第 48 屆 OB 甯其遠及第 72 屆 OB 林任遠協助文稿的採訪及寫作。曹

以會在國內新聞界服務超過 30 年，甯其遠也是長期在媒體撰寫新聞，林任遠則是台大新聞所畢業，現在從事科技內容的報導寫作。

曹以會作為隊史內容的總負責人，他將隊史內容規劃為「台橄史」、「台橄事」與「台橄人」三大塊。

台橄史部分，分為綜觀史及編年史，綜觀史把台橄史分為五大區塊，分別為「創隊期」、「光榮期」、「高原期」、「低谷期」、「中興期」，「創隊期」是從水牛隊到第 7-8 屆的故事；「光榮期」則是從第 7-30 屆，台橄拿下多座全國冠軍；「高原期」從第 31-48 屆，台橄面臨陸官的強力挑戰，雖然維持乙組強隊的地位，但要拿下冠軍寶座卻不容易；「低谷期」從第 49-62 屆，台橄失去了專用球場，沒有了根據地，球員召集不易，好幾屆人數少到無法參加比賽，參加比賽成績也不理想；「中興期」則是從第 63 屆至今，台橄促進會成立，啟用專業教練制度，重新整頓球隊，曾一度創下大專盃三連霸的好成績，到最新的第 79 屆，更創下了年度大滿貫的佳績。

至於編年史部分，則是工程最浩大的部分，將台橄從水牛隊到第 79 屆的每一屆故事，逐屆撰寫及整理，包括隊員、戰績及該屆的重要故事，由於時間長達 80 年，書面資料又付之闕如，只能靠回憶及回顧，正確性難免會有疏漏。曹以會邀請各屆隊長自己撰寫自己於台橄的故事，但是書寫的屆數不多，於是就由曹以會、甯其遠及林任遠以訪談的方式，訪問各屆的隊長或是隊員，再撰寫自己的故事。

另外一個重要資料的來源，則是台橄 50 周年的專刊，這本由張海潮與第 48 屆的球隊經理葉孟昕共同整理及訪談的書面紀錄，記載了相當豐富的前 50 屆的故事，成為 80 周年史的重要參考資料。

第二大部分的「台橄事」，內容整理了台橄歷史中的一些重要事蹟，球員共同生活、比賽的記憶，重要或關鍵賽事的情節，跟其他球隊間的關係等等。

第三大部分則是「台橄人」，內容書寫台橄歷任的指導老師、義務指導在校生的 OB 管理及教練，還有在社會上做出巨大貢獻的台橄 OB。

在整理隊史的過程中，發現台灣運動紀錄非常殘缺，由中華民國橄欖球協會主辦歷史最悠久的全國橄欖球錦標賽（大會賽），第 27 屆之前的資料一片空白，第 28 屆之後才有資料，而且比賽內容的紀錄方式沒有固定，差異性極大，參考性不高，還好還有保留從第一屆至今的排名資料。

另外由大專體總主辦的大專盃橄欖球賽，第 18 屆之前的資料完全沒有，第 19 屆之後只有秩序冊，連歷年的成績都沒有。所以大專盃歷屆的成績，只能靠球員的記憶。在歷經了兩年的資料整理與撰寫，80 周年的隊史的文字，高達 22 萬字，這些文字經由曹以會、甯其遠及林任遠三位 OB 的撰寫，再由張海潮 OB 的核稿而完成。

另外，要特別感謝阮登發 OB，台橄 80 周年隊史的編印所需的經費，都由阮登發 OB 的捐款專戶中支出。

台橄走過 80 年，台橄促進會也成立了 18 年，這一段的歷史長河，非常地不容易。艱困的橄欖球運動，能玩敢玩的是少數，台大身為台灣的菁英大學，台大學生中選擇打橄欖球的更是極少數，但是對球員的人生，以及學校的聲譽與文化都帶來了長遠且深刻的影響。

期待透過隊史的公開發行，在未來的歲月中，有更多的台大學生了解台大橄欖球隊的歷史與精神，而願意投入這項非常具有人生價值的運動。

台大橄欖球促進會第八屆會長張振崗（第 47 屆）

註：OB（old boy）是對已經畢業的橄欖球校友的尊稱。

## 第一篇
# 台橄史

OLD BOY

# 從獵虎到王者：
# 台大水牛隊熱血開創台橄傳奇

　　以台大橄欖球隊為名的第一場比賽，是在 1946 年（民國 35 年）10 月 25 日的第一屆台灣省運會，當時倉促成軍的台大橄欖球隊在決賽中，以 0：5 些微比數敗給台北市隊（虎隊），得到亞軍。這次的戰敗卻激起了台橄第一批球員的豪情壯志，在一個多月的苦訓之後，在同年 12 月 1 日的第一屆台灣省橄欖球錦標賽（大會賽）中，台橄以懸殊的 33：3 比數，擊敗一個月前省運會的對手台北市隊（虎隊），拿下隊史第一座全國冠軍，拉開台橄隊史序幕。

　　根據前台橄教練張克振的著作指出，台大橄欖球隊的成立，有兩位關鍵人物，他們是何良二及林肇基兩位 OB。何良二在日據時代，就讀中學時就代表台北一中（建中前身）參加了第 21 屆及 22 屆日本全國高校橄欖球大會，與當時的台北州長之子今川達治是同隊好友。何良二在 1941 年（民國 30 年）從台北一中畢業之後，進入台北帝大醫學（台大醫學系）就讀。

　　林肇基在 1944 年（民國 33 年）從台北一中畢業後，讀台大預科時與何良二經常一起打球。當時台橄就是以兩人為核心開始招兵買馬，著手籌組台大橄欖球隊。成立之後的隊長一職，何良二及林肇基央請台北帝大醫學第四屆畢業的前輩蔡滋浬（解剖學教授）出馬擔任。

　　促成台大橄欖球隊正式成立，最主要的原因是為了因應第一屆台灣省省運會，運動會在台大運動場舉行，台灣大學以獨立單位參加省運會，而省運會中有橄欖球比賽的項目。

台灣省第一屆省運會在台灣大學舉行，代表台大參賽第一屆橄欖球員進場，由隊長蔡滋浬帶隊。

籌組台大橄欖球代表隊一事，獲得了當時訓導處張泉和及京都大學出身的葉世真先生協助，在台大各系所和各棟建築到處貼公告，召集有興趣打橄欖球的人，來新公園球場集合測試，結果當時來了 30 至 40 人，因人數太多超過省運會橄欖球賽可報名人數，結果必須通過跑步等的速度的測試後才能入選為訓練的選手。

當時徵選隊員入選者有李卓然、林憲、吳建堂、陳主仁、宋潤德、林肇基、黃國慧、黃國俊……等多位台橄的大前輩。第一批台橄的隊員多數是台大醫學院的師生，當時就是以這個陣容，代表台大出征省運會，並且延請當時病理科教授葉曙博士，擔任台大橄欖球部總部長（領隊）。

倉促成軍的台橄代表隊，在很短的訓練後，就參加了第一屆台灣省運會，參賽選手包括以何良二為中心的老球員，如隊長蔡滋浬、林維新、江萬煊、陳定堯、林茂……等，再加上在新公園新入選的球員。

新成軍的台大隊有相當好的實力，初亮相就在預賽中以壓倒性的比數擊退了台中市隊及台南市隊，可惜在決賽時，畢竟比賽經驗不足，以一球之差（一個達陣 3 分，加踢 2 分），0：5 敗給有相當豐富比賽經驗的台北市隊（虎隊化身），而獲得亞軍。

台大的第一場比賽，以亞軍做收，台大前輩反而用更嚴格的訓練來準備未來的挑戰，並以「獵虎行動」作為集訓的代號，目標就是要打敗「虎隊」。

省運之後的一個月，第一屆台灣省橄欖球錦標賽（大會賽），在台北新公園舉行，社會組參賽的有包括台大及虎隊在內的七支隊伍。台大隊集訓的努力，展現了顯著的效果，不僅在預賽輕鬆的過關，而且在最後的決賽以 33：3 懸殊的比數，獵虎成功，獲得了第一屆社會組全國冠軍（虎隊全場沒有達陣，僅靠罰踢球得 3 分）。

台大水牛隊名稱的起源，來自於台大隊的第一任隊長蔡滋浬，身材壯碩，打球絕不退讓，蔡滋浬前後屆的隊友，看蔡滋浬在雨天泥地裡打球的姿態，讓人聯想到台灣水牛，於是獲得隊友們的認同，就把台大橄欖球隊命名為「水牛隊」，至今水牛一直是台大橄欖球隊的隊徽。

從民國 35 年第一屆全省橄欖球大會賽之後，台大橄欖球隊（水牛隊）連續多屆代表台北市參加全省運動會或以台大隊之名參加全省橄欖球大會賽，場場比賽多以懸殊的數十比零的比數連拿 4 屆大會賽冠軍，當時是勇冠全台灣橄欖球運動界。水牛隊時代的台大橄欖球代表隊，確實在台灣初期的橄欖球運動發展史上，展現了勇敢向前和不畏艱難的風範。

1948 年（民國 37 年）夏天，在第 3 屆台灣省橄欖球大會賽的前後時期，台大入學了相當具有實力的十位球員。據水牛隊員康佐榮之前對這段歷史的講述，他說

因為隊長蔡滋浬（持球者）在雨天打球，很像水牛，因此命名為水牛隊。

這年有大批建國中學畢業的精英球員，同時考進台大，促進了台大橄欖球運動的全盛時期。他對在台大學生時代，記憶最深刻的一件事是那年到台南參加全省運動會，與台南工學院（成功大學前身）比賽，結果台大以懸殊的 58：5 取得大勝的比賽過程。

也是建中畢業的台橄前教練張克振評論這批同時加入台大水牛隊的建中球員，包括曾錦輝、鐘雙麟、林水勝、吳沃熙、張昭雄、李德昌、黃瑞霖、陳炎陳、王光輝及康佐榮等前輩，他們與已經在水牛隊奮鬥的張正雄、林肇基、郭炳才及羅銅壁……等多位前輩共同努力，創造了他們自己生命中的黃金時代，也締造了台大橄欖球運動輝煌的全盛時代。

在連拿四屆大會賽冠軍之後，多位台大醫學院的前輩畢業或自行開業，逐漸離開了台大醫學院，而轉赴外地服務，例如：隊長蔡滋浬教授後來去接掌高雄醫學院，原本以台大醫學院為主體的橄欖球隊，人數也漸漸減少。只剩下郭炳材、林肇基、張正雄……等，也因為台大隊的人數不夠，也有些球員回去打建中 OB 隊。台橄前身的水牛隊在 1951-1952年（民國 40-41 年）的二年期

間，處於青黃不接後繼無人的局面。

在台大水牛隊停止比賽兩年多的時間裡，原本在台大打球的球員，像林維新、郭炳才等人，開始對外推廣橄欖球，開展台灣各地及台北市的橄欖球運動，台灣橄欖球運動能在各地發展，張克振認為，這些老水牛前輩的用心且不遺餘力的推廣有著功不可沒的直接貢獻。

中斷兩屆之後，到了民國 41 年，當時物理系大三的蔡劍琛及外文系的洪健昭等球員，號召了吳文雄、陳明達、黃德修等多位球員，在台大校內重新組織橄欖球隊。由蔡劍琛任隊長、洪健昭任副隊長，得到體育組劉秋麟教授的支持及指導，招兵買馬重組了全新的橄欖球隊，開始有紀律的練球，也獲得台大校方的認可，成為台大正式的校隊，並且支援比賽及訓練經費。

新成軍的台大橄欖球隊，連續參加了民國 42 年的第 7 屆及民國 43 年第 8 屆的全國橄欖球錦標賽（大會賽），連獲兩屆冠軍，延續了水牛隊的不敗的光榮戰績，開啟了台大橄欖球校隊的光輝歷史，延續至今八十年而依然閃耀不墜。

## 一群年輕學生的夢想，重生了台大橄欖球隊

1946年成立的台大水牛隊雖然是以台大為名，但實際上並非正式的台大校隊，組成人員大多是台大相關人員，有部分的學生及已經畢業的校友或部分的校外人士組成的聯軍，在連奪四年台灣省錦標賽（大會賽）冠軍之後，因為來自醫學系的主力球員畢業離隊，台大水牛隊解散，中斷第5、6兩屆大會賽之後，台大在第7屆再次參賽。跟以往不同的是，這次參賽的台大隊，才是校方認可正式的台大校隊，組成的隊員都是台大學生。

當時物理系大三學生蔡劍琛，結合了幾位打球的同學，一起推動台大橄欖球隊復隊，成為正式校隊，並擔任第7、8兩屆隊長。

台大水牛隊算是台大橄欖球校隊的史前史，台大橄欖球校隊正式成軍的歷史，要從第7屆開始算起，一直延續到今日的第80屆。

根據第7、8屆副隊長洪健昭在2013年訪談的回憶，到了第7屆時，當時就讀大三的蔡劍琛、洪健昭和大二的吳文雄、黃德修、陳明達，在台大籌組正式的台大橄欖球校隊。

而這幾位學生之所以會興起組織台大校隊的想法，洪健昭認為是因為他們在大一、大二時參加了由台灣橄欖球天王柯子彰前輩發起的「遠征日本青年橄欖球隊」的集訓，大約在民國38年（1949年）前後，柯子彰找了當時建中、淡江中學和大同中學的好手一起集訓，準備遠征日本，蔡劍琛、吳文雄都加入淡江的暑假集訓團，洪健昭也參加了這個集訓團，後來由於國共內戰，遠征軍未能成行，卻種下了台大橄欖球校隊成立的種子。

當時第8屆的蔡劍琛、洪健昭等人回到學校讀大三時，想要組織校隊的時候，學校說依規定要找一位體育室的老師當教練，才能成為校隊，但是體育組

沒有人會打橄欖球，沒有老師願意當橄欖球教練，後來主攻籃球的劉秋麟老師答應出任教練，台大橄欖球校隊，才正式成立。

劉秋麟老師在台橄50周年專刊的文章中，回憶起這一段史實時說：「那是民國41年春天，我在籃球場上指導學校籃球代表隊練習時（當時我擔任男子及女子籃球隊義務指導）見到蔡劍琛、黃德修、洪健昭等同學，在操場上玩橄欖球，我在籃球練習結束後，加入了橄欖球活動。我非常高興參加這項遊戲，並著手將他們組織成校隊。蔡劍琛被選為首任隊長，全隊埋首苦練一年之後，居然在成軍第二年（民國42年）春天，於羅東舉行的第7屆全省橄欖球比賽中，拿到冠軍。」

劉秋麟文中指出，因為想在比賽中有好成績，於是全隊展開集合住宿集訓，那個時代都很苦，每個人從家裡帶米來學校煮飯。劉老師也交了一個月的米糧，全隊一起住在即將廢去的「肺病療養宿舍」，自己做飯菜，雖然有時飯菜很不理想，但能填飽肚皮最重要。聽說，曾經在飯鍋中煮出老鼠（劉老師說他並沒有親眼看見，無法證實）。

劉老師說因為生活苦，練球也苦，促進了隊友間的精誠團結，努力奮發。在集訓練習時，每天早上從學校跑到總統府來回，鍛鍊體力。一年的苦練，新成軍的台大橄欖球隊，勇奪第7屆大會賽「社會組冠軍」。劉老師特別記得羅東球場是用煤灰渣鋪成的，大雨中打球，隊員的眼睛進了渣沙，非常難受，賽後大夥兒到眼科診所去洗眼睛，印象深刻。

關於台大校隊第一次參加第7屆大會賽的前兩場比賽，洪健昭有很生動的描述：第一場對淡江英專（現在的淡大），淡江英專是上一屆的冠軍，選手大部分來自淡江中學，加上大同及建中

台橄復隊後的第一場比賽，是參加在羅東舉行的第7屆全國大會賽，當時還沒有台大傳統的綠白黑球衣。

的畢業生，實力很強。比賽中兩隊各達陣一球，英專先達陣，但是洪健昭認為那一球是裁判誤判，因為球已經出到底線外，但是被觀眾碰回來，英專的人衝上去壓地，裁判沒有看到出界球被觀眾將球碰回場內，誤判達陣得到 3 分。

這場比賽洪健昭印象最深刻的一球，是淡江一個塊頭非常大的選手，記得名字是黃瑞廷，洪健昭形容是像 Gorrilla（大猩猩）一樣的傢伙，他拿球衝進了達陣區，洪健昭說他不敢 Tackle 他，因為 Tackle 倒地就達陣了。洪健昭把他抓住，不讓他倒地達陣，此時黃德修跑過來幫忙，兩個人合力就把 Gorrilla 抬出去，他沒有達陣，如果達陣，台大就輸掉了。

不久之後，洪健昭在亂軍中把球傳給陳明達，洪健昭說，陳明達也不知怎麼搞的，嘰哩呱啦就跑進去，剛好就在 Goal post 旁邊達陣，那球由簡弘毅踢進，最後台大以 5：3 贏了上一屆的冠軍淡江英專。第二場跟地主羅東隊打，雙方實力也是很接近，打的很辛苦，最後台大達陣一球，以 3：0 打贏地主，贏得冠軍。

當時台大的校長已經換成錢思亮，橄欖球隊拿了全國性的冠軍回來，校長非常的高興，因為其他代表隊是不可能拿下全國性比賽社會組冠軍的。所以校長要大請客。洪健昭記得，校長請大家到後來的 YMCA 的西餐部吃高級西餐，吃的是全餐，有一條魚、還有一大塊肉、有蔬菜，什麼都有，結果大家根本吃不飽，後來大家餐後跑到圓環大吃一頓。

第二年第 8 屆大會賽在台南比賽，台大又順利拿下社會組冠軍，洪健昭說那年比賽，他打得不錯，不過他在場上受了傷，肩膀脫臼，不敢出場。因為已經有一位隊友肋骨斷掉出場，那個年代比賽不能換人，他如果再出場就變成 13 人打 15 人。他跟陳明達說他脫臼了，應該不能打了。結果陳慶良說，「算了吧，你還是留在那裡。」脫臼還打了半小時，打完了才去看醫生，不過那次拿下冠軍，結果還不錯。

連續第二年拿下冠軍，錢校長比前一年更高興，又要請大家吃飯，有人就跟他說，去年請客，大家都沒有吃飽。錢校長就說，那就找那個時候在台北火車站附近的銀翼餐廳，他們先跟銀翼說這幾個傢伙真的很會吃飯，所以那個老

洪健昭（中間戴眼鏡者）是台橄第7、8屆的副隊長，也是台橄復隊的關鍵人物，一生心繫台橄，圖為洪健昭任駐義大使時，回球隊勉勵在校學弟。

闆煮了好大一桶飯，就放在那裡，說要吃多少就吃多少。

那時候錢校長坐在洪健昭隔壁，當場跟大家講，他很羨慕球員，他自己的腳不太好，但他很喜歡體育，大家都說搞體育的頭腦簡單、四肢發達。但他認為這個說法不對。他說要打贏球，一定要靠腦筋跟團隊合作，台大學生就是很有腦筋的。錢校長說他今天跟大家講的內容，他跟兒子講過好幾次（他兒子就是錢復）。

黃德修說錢校長的酒量是驚人的好，自己一人拿著紅露酒跟四桌的球員打通關，估計當天喝了約一百杯。此外，錢校長的記憶力更讓黃德修嚇一跳，只有一面之緣的介紹，經過一年後，一看到黃德修就可以叫出他的名字。

台橄穿了數十年的綠、白、黑三色球衣，是在台橄創立不久之後，由黃德修、陳慶良參照大家表決意見，決定顏色後設計而成，當時誰也沒有想到，這件衣服在經過數十年，還穿在台橄球員的身上。

台橄校隊的第一任隊長，連當了兩年第7屆及第8屆的隊長蔡劍琛（洪健昭當了兩年的副隊長），是一位傳奇人物。根據洪健昭的描述，蔡劍琛身形比較胖，不是很厲害的那種選手，但真心喜歡橄欖球運動。而且他人很好、人緣也好，家裡有錢，常常請隊友吃東西。住在延平北路，在迪化街市場附近開了很大一間賣南北貨的店。

洪健昭說，蔡劍琛當隊長時，非常的盡責，每天早上五點鐘就吹哨子，叫

大家起床晨跑。如果下雨，蔡劍琛就會很兇的叫大家跑到三樓再跑下來，他管理球隊很兇，晚上還有宵禁，不過大家都很聽他的話，他很有 Leadership（領袖魅力）。

蔡劍琛物理系畢業之後，考上清華大學原子能研究所，再通過全國原子能公費留學考試，成為第一位原子能公費留學的人。但是後來卻赴大陸教書，並且改名為陳水，終其一生未再回到台灣。

1988 年時，蔡劍琛曾寫信給張海潮，字裡行間滿是滄桑。蔡劍琛已於多年前辭世。

海潮 OB：

　　謝謝來信，讀完信後感慨萬端，才知道自己是第八屆，現在已是四十四屆了，三十六年！三十六年前的火紅年代、時間、空間都離得那麼遠，真有隔世之感。

　　台大運動場，一條小溝隔開的棒球場和足球場，曾經是我們憑著青年人的熱情奔跑橫衝直撞的地方，一草一木、格外親切、格外想念。

　　陳權太 OB 我還有印象，不記得他念台大哪系了，比我低兩三屆的記得有蔡賢、古盛鈿等。

　　我是一九六五年到大陸定居的，不久遇到了「文化大革命」，挨過十年浩劫後才過上恢復人的尊嚴的生活。一九七八年在北京遇到一位姓倪的 OB，名字忘了，他說他曾是台大 Rugby 隊的總幹事，他看到我當時的落魄狼狽相，頗為同情，後來這位倪先生也走了，大陸上只留下我這一條老牛。直到去年鄭敦仁 OB（鄭敦義 OB 的哥哥）來北京才與幾位老隊友聯繫上。

　　我現在漸入老境，患二十五年的糖尿病，引起眼底出血，不能教書了，生活方面倒很寬裕。

　　海峽兩岸的長年冰凍有點融化了。希望有一天回鄉和老友們歡聚。若有 Rugby 隊歷屆的隊員通訊錄，能否賜寄一份？

　　祝健康愉快
　　　　研安

陳水（即蔡劍琛）
八八年五月十一日

## 草原的傳說：水牛隊到第 30 屆的故事
——褚耐安（第 30 屆）

> 編者註：草原的傳說一文是台橄第 30 屆褚耐安 OB 所寫，從水牛隊的草創寫到第 30 屆，透過褚耐安流暢的文筆，簡單的敘述，把台橄歷屆的心情都寫入了文章，這篇文章在沒有網路的時代，以手寫複印的模式，廣為流傳，成為台橄早期重要的招生文案。

　　椰林大道兩旁的花圃裡，栽滿了杜鵑花。每年，當東南風吹起，越過姆指山巔，飄進這座古老的學府，粉紅的、雪白的、嫩紫的杜鵑花，就熱熱鬧鬧的鋪滿了整個校園。四次花開花謝，編織成每個台大人青春、歡樂的豐盛年華。可是有一群台大人，關愛的卻是一片平整的草原。草原在校園最偏遠的角落，兩端聳立著 H 型的鐵杆。夏秋草長，我們在這裡鍛鍊、操演，雨點似的汗水，滴落每一寸土地。春冬草短，這裡成為戰場，熱烈的戰鬥中，往往迸裂出熱情的鮮血，滋潤青春的生命。每一次戰役，贏了喜極而泣，輸了傷心痛哭，歡欣和痛苦的眼淚，和草原凝為一體。四度草盛草枯，疾馳的腳步在草原上踩碎一千四百個黃昏，草原啊草原，台大橄欖球隊每一代的每一個人用血汗和熱淚灌溉而成，為我們年輕的生命作了最鮮明的見證。

　　早年的新公園右側，就是現在布置成亭台、樓閣、中國式亭園的地方，是一大片綠油油的草地。光復初期，這片青翠的草地上，經常舉行足球、棒球和橄欖球比賽。民國三十五年七月，台北市一群愛好橄欖球運動的人士，分為虎隊和烏鷲隊，在草坪上舉行友誼賽。當時觀眾中有服務於台大醫學院的幾位先生，和就讀於醫學系的學生。因此，由醫學院同仁和在學學生組成水牛隊，公推蔡滋浬先生為隊長（曾任中山醫學院校長）、林維新先生為副隊長（曾任奧林匹克大飯店董事長、醫師）、葉世真先生任管理（曾任進洋航業公司經理）。江萬煊（曾任台大醫學院泌尿科主任）、林文士人（曾任台大醫學院病理科主

任)、何良二(曾執掌何耳鼻喉科診所)負責新進球員的訓練,還吸收李卓然、吳建堂、宋潤德、林憲等在校學生加入,假現在法學院操場演練,厲兵秣馬,希望將他們的企盼付諸實現。

民國三十五年十月二十五日,台灣省第一屆全民運動大會,在台灣大學舉行,蔣介石暨夫人親臨主持。當時台灣大學為獨立單位,和各縣市一同報名參加。水牛隊代表台大與其他八個縣市代表隊角逐橄欖球冠軍寶座。甫創立三個月的隊伍,在預賽中以壓倒性的比數擊敗了台中市隊及台南市隊。十月三十日,大會閉幕前的壓軸好戲橄欖球總決賽,在黃昏前登場。上千觀察的鼓勵聲中,台大隊和台北市隊在現在足球場中纏鬥,攻城掠地,守池衛土,台大隊終於因為球齡尚稚,終場以一球之差負於虎隊化身的台北市隊,圍觀的台大學生默默不語,場中的選手傷心難過,大會旗在暮色中冉冉下飄,台大球員捫心自問:「我們的努力還不夠嗎?」

「我們要更努力!」這是每個隊員回到操練場的決心,法學院操場上奔跑的隊伍更加勤奮,更加賣力了。一個月之後,也就是同年十二月一日,第一屆台灣省橄欖球錦標賽(大會賽)在台北新公園揭幕。這次比賽有七隊報名參加,台大隊連勝兩場以後,於十二月三日遭遇台北市隊。比賽一開始,我們就掌握了絕對的攻勢,屢次衝破對方防線,攻入敵陣,北市隊卻始終不能威脅我方。哨音響起,台大以三十三比三(罰踢得分,並未達陣)擊潰北市隊。

四個月前,在這塊草坪上許下了諾言,經過辛勤的努力,這一刻終於從冠軍杯中掬飲勝利的醇泉。這批水牛隊的元老開創了傳統的台大橄欖球精神:台大隊的目標永遠是冠軍,並且深信勤恆和刻苦的練習可以使我們達到這個目標。

水牛隊的成員,原本以醫學院的同仁為主,後來逐漸招收在校學生。民國三十七年夏天,一批建中橄欖球健將考入台大,更增加了本隊實力。水牛隊時代共計六年,這段期間的對外比賽,有時候以水牛隊名義參加,有時候代表台大,或代表台北市參加省運,學校並沒有固定的經費,也沒有指定專人負責指導。民國三十九年奪得大會賽冠軍後,老將們紛紛宣布退隱,球隊失去主要的

領導重心，水牛隊就形同瓦解了。但是水牛隊已經在台大埋下橄欖球運動的種子，為日後每一位台大隊隊員豎起了精神楷模。

水牛隊解散以後，台大沒有正式的橄欖球隊，只有一些深愛橄欖球運動的學生，邀集幾個有同樣嗜好的朋友，不拘形式地玩玩。執教於體育組的劉秋麟老師，也同樣喜愛這種運動，就著手把他們組成一個隊伍。大家公推蔡劍琛先生（為國際核子物理學家）為隊長，開始有紀律地操練，正式成立了台大橄欖球代表隊，時間是民國四十一年。

四十二年春天，第七屆全省大會賽定在三月舉行。操演了一年的隊伍，懷著躍躍欲試的雄心。但是當時學校經費短絀，橄欖球隊根本沒有編列預算。隊員們決定排除一切困難，合宿集訓，準備比賽。當時普通教室旁邊，有三排木屋，原本是給患有肺病的同學住宿，後來患病的學生減少，成為空屋。隊員們決定住在第一排，每人繳一些米和少許菜金，隊員們輪流煮飯作菜。百般艱難之中，開始嚴苛的集訓。每天清早，由新生南路跑到總統府，轉由羅斯福路回來，而且限時間跑完。黃昏時候，再操演一次，大家都咬緊牙關，把勝利懸在眼前。

三月移師羅東參加比賽。台大過關斬將，在決賽中和淡江英專（現在的淡江大學）對壘，完全封鎖對方的攻勢，捧回了冠軍杯。這一場比賽，對外重振了台大球隊的聲譽，對內奠定了橄欖球隊在校園裡的地位，學校當局開始給我們各方面的協助。

四十三年大會賽預定在台南舉行。台大積極集訓，準備衛冕。集訓和南下經費短絀，是當時最困難的問題。隊員陳慶良想出了一個方法：租借植物園對面的科學館放映電影：由隊員分頭去賣票。電影票的銷路出奇的好，有一個隊員居然賣出一千五百張，可惜調配失當，有些人沒有座位，隊員們只有陪著臉挨罵。籌足了經費，大隊南下衛冕成功，又捧回一座冠軍杯。這兩年都是由蔡劍琛先生領導球隊。

吳文雄先生就任隊長以後，球隊維持相當的實力。春天來臨，大會賽決定在豐原舉行。這時原有的集訓住處有了正式的用途，只好住在現在的夜間部走

廊上。早春夜寒，大夥兒喝酒取暖。大會賽中，一路晉級到決賽，和兩年前在羅東被打敗的英專隊交兵，以一球之差失去了冠軍。據當時的隊員黃德修先生敘述，球隊住在豐原，卻時常往台中跑，紀律不整，又因為連勝兩年，輕視對方，鬥志不旺盛，才敗下陣來。失去了冠軍，卻喚起台大球員對橄欖球精神深一層的認識。

謝天真先生繼續領導，準備在第十屆大會賽中雪恥奪標。住宿在走廊上，一有空閒就上下跑樓梯，鍛鍊體力。黃昏練球，一直到天全黑了為止。為了在昏暗中能看清楚，每一個球都漆成白色，寒風苦雨中，大家只有一個心願，拿回冠軍杯。三月底終於在高雄的大會賽中，達成了心願。

十一屆隊長胡榮澧先生、十二屆隊長邱雲磊先生，這兩屆球隊實力堅強無比。當時台大擁有稱霸球壇的建中球隊員多人，已經有了良好的球技和豐富的經驗，大家又肯接受磨練。胡校友說：「那個時候沿著汀州路、北新公路有一條鐵道，集訓時長跑到景美，常和火車比快來訓練體力。」邱校友領隊在台北參加第十二屆大會賽，創造了七十比零的紀錄，比賽只好提前收場。當時台灣聯隊隊員，就是以台大為班底，由邱校友擔任隊長，迎戰來訪的日、韓等隊。台大球隊的高峰就在這兩年。

第七屆到第十二屆是球隊最艱苦的時期。集訓時居無定所，甚至住在走廊上。自己煮飯，生米下肚，老鼠入鍋，每一位老校友都曾經嘗過。經費短絀，千方百計籌款。但是一切困難，都不能阻礙我們求勝的意志。

十三屆隊長馮朝勳（曾任植病系教授），十四屆隊長劉正昭，十五屆隊長陳份來，十六屆隊長莊仲仁（現任心理系教授）。這四屆的集訓，都住在現在的女生第九宿舍餐廳。錢校長體會球員們的辛苦，增加經費，球隊開始在外頭包飯。這四屆，台大連輸了四年球。

橄欖球的血脈，代代相傳，這一屆輸了球，不但可以作為以後的教訓，還積極訓練下一代，希望他們達成勝利的願望。十七屆隊長蔡玉吉上任，邱雲磊、劉正昭等校友經常回校指導球隊，希望能夠一雪前恥，恢復台大隊的光榮。

這時候師大隊擁有十餘名建中畢業的好手，技術、經驗都在我們之上.。邱、劉二位校友認為橄欖球比賽是「七分體力、三分技術」，相信充沛的體力可以克制以技術和經驗見長的隊伍。

當時的球員在背地裡都稱邱先生為「閻羅王」，可見他的嚴苛。隊長蔡玉吉說：「大家都跑得精疲力盡了，邱校友問我們累不累，如果說累就繼續練到不累，如果說不累也要練到累，如此周而復始，最後既不是累也不是不累，身體已經沒有任何感覺了。」

辛苦的訓練，終於有了償報。大會賽中和師大之戰，領先六分以後，對方孤注一擲，傾巢而出，旺盛的體力在這時候發揮了最大效果，亂集團搶球甚至推進四十碼，終於戰勝了師大隊。第二天再勝陸官，奪得冠軍。

十七屆的冠軍是每個球員的努力換來的，校友們的熱心指導，寄予厚望，給他們最大的精神支持。這年台大有十一名選手當選大專明星隊，由蔡玉吉先生帶隊，遠征香港，三戰二勝一和。

十八屆隊長黃嘉松率隊衛冕參加，功成身退。梁志豐接任隊長後第一次大戰役就是首屆大專杯橄欖球賽。比賽由台大主辦，校長錢思亮親自開球。台大隊晉級到決賽，和政大交兵。上半場開始十五分鐘，上屆隊長黃嘉松在阻抱對方時，下唇撞裂，血流如注，只得出場，場中只剩十四人對十五人，卻仍然鬥志旺盛，彷彿就算剩下一兵一卒，也要奮戰到底。終場台大以一球獲勝，榮登第一屆大專杯冠軍。翌年三月，在士林衛冕大會賽冠軍再度成功。

第二年春天，二十屆隊長林富雄率隊至台中衛冕，卻連決賽的機會也沒有。隊員張邦彥說：「以往的集訓，都跑得雙腿疼痛，這次卻輕鬆無比。」又說：「第一仗對體專，贏得輕鬆。隔日戰師大隊，大家都鬆散得很，等到對方進了三個球才緊張起來，為時已晚。」

十三屆以前的隊員，大都在高中打過球，十三屆以後，大部分球員都是在台大操場上訓練出來。這段期間，學校的經費增加，體育館落成後，更有了固定的住宿場所。球員們的球技、經驗雖不能和前一段時間相比，昂揚的鬥志和努力不懈的精神卻是一樣的。

二十一屆隊長林英雄，曾經是好幾項校運紀錄的保持者。在善化的比賽，雖然連連過關，損兵折將卻比任何一年都嚴重。校友賴漢威說：「我大腿肌肉拉傷，倪一偉腳踝扭傷，老林踝骨斷裂，前兩場都沒下場，這時候按捺不住，毅然把石膏拆掉，決定出賽。隊長在安排陣容時更是傷透腦筋……。最後毅然決定讓大家都帶傷下場。」決賽的對手陸官隊，一向以潑辣勇猛出名，大家忍著身體的痛苦，含著淚水，堅戰到最後一分鐘。比賽結果，台大以三球勝陸官，奪回冠軍杯。

　　陳鐘杉繼任隊長的時候，球隊畢業了幾員猛將，信心大受打擊。第七屆畢業的洪健昭校友剛好自美返國，每天到操場陪球員跑步，替大家打氣。蔡玉吉先生肩負指導球隊的任務，陪隊員一起集訓，在自己的婚禮前三天才趕回台南。在台北的比賽，將士用命，終於把代表榮譽的冠軍杯，作為蔡先生的結婚賀禮。

　　劉漢卿繼承前兩屆的威風，帶領球隊，衛冕成功的希望非常濃厚。民國五十八年一月六日，台大和師大在全省大會賽中相遇，劉先生回憶：「那時師大畏於台大的聲威。一開始就採取守勢，使我們無機可乘。到了下半場，我們心浮氣躁地搶攻，反而自亂陣腳。」終場鳴笛，全隊才恍然驚醒，冠軍杯已經從他們手中輸掉了。隊長劉漢卿最為難過，此後每年的大會賽前夕，他緊張得失眠，年復一年，台大始終不能拿回冠軍，夜裡，他常常從輸球的噩夢中驚醒。

　　二十四屆隊長張喜雄率隊遠征台南，和省體專死纏惡鬥，雙方都沒有達陣，卻因為對方罰踢兩球敗下陣來。

　　二十五屆在歷年中陣容最為整齊，十四個人幾乎可以組成一隊。蔡玉吉先生天天到場督陣，和球員們共甘苦。曹善偉因家庭反對，不能參加集訓，張海潮和楊宏章在每天晨操完畢後，騎腳踏車陪他長跑，幫助他做完應作的訓練。後來曹善偉比賽中受傷，和家裡的關係惡化，吳文讚鼻子被撞歪了，張重俊嘴唇被撞裂，好久無法吃飯和說話。這一切心血，都在淡水的大會賽中付諸流水。球員們相擁而泣：「勝利如此昂貴嗎？」

　　台大橄欖球隊默默耕耘，屢挫不餒的精神，很受學校當局的重視，決定劃

出專用場地，供球隊練習。前體育組長齊沛霖先生和劉老師的努力之下，拆除十一宿舍和足球場間的違章建築，劃製橄欖球場。這是全國第一個屬於大學的橄欖球專用場地，球隊擁有了自己的練習場地，是時是民國六十年。

二十六屆僅隊長呂辛明一脈單傳，獨木難撐巨廈，只得努力栽培下一代。慘淡經營，到了二十七屆黃敦陸接任隊長的時候，十年來熱心指導球隊，已經成為球隊精神支柱的蔡先生在這一年赴美進修，球員的訓練大受影響，在黃敦陸的領導下，僅僅保住了大專杯冠軍。

二十八屆的幾個弟兄，感情最好。隊員林宗柏說：「兄弟們幾乎個個像條鋼軌，又冷又硬，球隊是個大火爐，把我們融在一起，很難分出誰是誰。」顏景堂帶隊，最為嚴苛，但是處處身先士卒，作為楷模。景堂在對美僑友誼賽中鎖骨折斷，大會賽中一直沒有出場，晉級到決賽，人馬損失嚴重，調配困難，球員的情緒很低落。隊長看在眼裡，不顧骨傷，毅然決定出賽，鼓舞士氣。全體球員在寢室裡，看著景堂用繃帶把肩膀和上臂固定起來，大家噤著聲音，卻禁不住眼淚，終於忍不住，擁抱著哭成一團。那場比賽雖然輸了，當時的情景卻深深地印在每個人的腦海裡。

二十九屆是最黯淡的一年，連大專杯王座都讓給別人。隊長劉烈明在送舊會上涕泗縱流，殷殷告誡：「要隨時培養一批新血。」他手下只有十二名戰將，還不夠組成一隊，以新手補充補充可以應景，一旦有人受傷，就不可收拾了。

有些球隊輸了球，就從此一蹶不振，或是兩、三年內寂然無聲。台大球隊連輸了七年，年年比賽，血脈不曾中斷，志氣不曾衰竭，畢業校友們的關心和支持是維繫球隊的最大力量，尤其是蔡玉吉先生，自從他開始玩橄欖球，十五年來將他的全部精力都貢獻給了台大球員身上！

校友們的愛心和耐心，蘊積在球員心中，終會有爆發的一日。民國六十四年十一月，三十屆全省大會賽在台大橄欖球場舉行，台大連破政大、輔仁，在決賽中遭遇文化大學隊，上半場結束前白銀堂膝蓋骨被撞脫臼，疼痛中等到蔡先生趕到場中，呢喃著：「阿吉仔！我對不起你的苦心。」說出才暈過去，被

抬出場外。當鄭玉山滿臉鮮血，從殿衛的位置抱著球往前衝的時候，我們已經贏了這場比賽。三十屆的球技和經驗並沒有特出之處，贏球的原因，隊長葉海萍說：「校友們的恩情長久積聚在心中，終於爆發成如洪士氣，大家『拚命』作戰。」

每年大會賽後，如果贏得冠軍就開慶功宴，沒有拿到冠軍就開檢討會，終於等到一次慶功宴，又逢球隊三十周年，當天幾乎所有的校友都到齊了。蔡先生未飲先醉，三杯下肚，更是醉在心坎裡。

挾著勝利餘威，鄭英傑率領球隊贏回了大專杯冠軍。六十五年底，移師新竹，為大會賽衛冕。首戰遭遇師大隊，全場我們掌握了七成以上的攻勢，卻輸了三個球，拱手把冠軍杯讓人。

從十七屆到今天，大會賽中，台大只拿了七個冠軍。登上冠軍寶座的除了台大以外，是體專和設有體育保送制度的師大和輔大。體育專業化的趨向是我們獲得冠軍的障礙，然而障礙卻是可以克服，雖然需要較多的努力。我們曾經克服過，我們也能再克服。

為冠軍流血流汗的故事，編織成四十年來球隊發展的過程。球隊每天操練，操練為了比賽，比賽的目標是冠軍。冠軍只是我們的有形目標，在嘔心瀝血的奪取冠軍過程中冶煉自己，才是我們參與這項挑戰的最終目的，奉回冠軍杯時，值得驕傲的，並不是我們的成功，而是我們奮鬥的精神。

就像有一位隊友寫給大家的公開信：「勝利的火，在我們胸中燒！」

## 穩定中的突破：
## 台橄第 31 屆至第 48 屆的高原歲月

在第 30 屆大會賽中，台大與文化進行了一場轟轟烈烈的比賽，雙方勢均力敵，最終以平手收場。經過抽籤，台大獲得冠軍，當時全隊與 OB 們無不歡欣鼓舞，以為這是台大橄欖球新時代的開端。沒想到，這場勝利竟也象徵著一個時代的結束。

### 賽事重心的轉移

由於大學專業橄欖球隊的出現，台大在大會賽大專組的比賽越來越困難，而從第 27 屆開始的大專盃，也漸成氣候。從第 31 屆開始，台大將賽事的重心由大會賽轉向大專盃。這樣的轉變，標誌著球隊發展方向的調整及訓練步調的改變。

接著在之後相當長的一段時間裡，到第 48 屆以前，台大橄欖球的發展似乎進入了一個高原期。雖然整體表現穩定，保持著一定的水準，只有偶爾出現的山丘與火花，始終無法再出現明顯的高峰。

在這段期間內，台橄不再有宰制大專組的能力，除了面臨陸官強大的威脅，還有成大幾屆的高峰。台大除了在第 31 屆拿下冠軍；在第 40 屆與第 41 屆（1986 年、1987 年）兩次與陸軍官校打成平手，並列冠軍；並且在第 46 屆，台大終於戰勝陸軍官校，再次奪下冠軍。除此之外，大部分的大專盃冠軍（除了一屆冠軍是成大）都是落入陸軍官校之手。

第 31 屆大會賽，台大是衛冕軍，但是卻在預賽第一場就輸給了大會賽的強敵師大，而失去衛冕的機會，而也從第 32 屆之後，大會賽不再是台大年度賽事的首選，大專盃才是。這一屆的大專盃在成大舉行，決賽晚接早的賽程，接連在 24 小時內，辛苦的打敗陸官及成大，拿下大專盃冠軍。

第 32 屆時，這是台大第一次沒有報名大會賽的比賽，而是直接準備打大

專盃，隊長的交接的時間從這一屆開始，改為下學期大專盃之後。在此之前，隊長交接是在上學期大會賽結束之後的 1 月分，第 32 屆的隊長交接改為 6 月分，所以少見第 32 屆出現兩位隊長。1-6 月由 30 屆的研究生聶森擔任隊長，6 月之後，才由第 32 屆的蔡仲誦接隊長。第 32 屆大專盃由台南崑山工專主辦，跟 31 屆一樣，決賽三隊是台大、陸官跟成大，第一場台大跟陸官打成 0：0，台大抽籤勝。那一屆成大氣勢很盛，從預賽三連勝，決賽再連勝台大及陸官，拿下第二座大專盃冠軍獎盃，台大亞軍。

## 陸官崛起與三強鼎立

第 33 屆的大會賽回到台北舉辦，台大相隔一年之後，再度報名，大專組只有台大及甲組輔大兩校，台大上半場尚且以 6：4 領先，但下半場被輔大逆轉成 6：16，只得到亞軍。大專盃在台中體育場舉行，進到決賽的還是台大、陸官、成大三張老面孔，決賽第一場台大輸給陸官，第二場跟成大打平，結果抽籤輸，台大只得到季軍。這一屆是陸官第一次拿到大專盃的冠軍，一串很長連冠之路的開始。

第 34 屆的英雄好漢很多，人數多達 13 位，僅次於第 25 屆的 14 位，這一年的大專盃在台南崑山工專主辦，決賽圈依舊是台大、成大及陸官三足鼎立爭冠。第一場的對手是連續兩年未贏的成大，全隊將士用命，辛苦又漂亮的打敗成大，帶隊的阿吉仔（蔡玉吉）很高興就帶著大家去洗三溫暖。結果第二天對戰陸官，全隊上下都使不出力，被陸官予取予求，大敗而歸，以旺盛軍容，只抱得亞軍獎座。

1981 年（民國 70 年）台橄第 35 屆當家，台大因為有專用的橄欖球場，第一次主辦大會賽及大專盃，大會賽 1 月舉行，大專組只有三隊報名，台大打敗北醫，輸給輔大，得到亞軍。大專盃部分，台大預賽三連勝之後，決賽再遇老對頭的陸官及成大，第一場跟陸官激烈廝殺之後，7：12 敗，緊接著第二天對上成大，氣力放盡的台大終場以 16：17 輸給成大，只得到季軍。

第 36 屆時，球隊有了一些變化，學校聘請專業的張克振老師來帶領球

隊，有了專用的球室，第 25 屆老大 OB（曹善偉）做了一個 Scrum machine 送給球隊。上學期參加了台北市中正盃拿下大專組冠軍。下學期的大專盃由師大主辦，台大在預賽輕騎過三關，這一屆進入最後三強決賽有了新面孔，新冒出來的海洋大學，取代成大。台大第一場對海大順利過關，決賽來到最後的重頭戲，台大對陸官大戰，雙方實力相當，最後台大還是以 8：10 兩分敗給陸官，再度「銀」恨。

第 37 屆的大會賽，再度在台大球場舉行，只有三隊參加，台大在第一場對陸官，雙方實力相當，台大多次兵臨城下，卻始終欠缺臨門一腳，輸給陸官。第二場對上北醫，台大主力球員沒有安排上場，最終輸給北醫。大專盃在台南崑山工專舉行，台大在預賽連敗東海及成大，決賽再遇陸官，雖盡全力仍無法阻擋陸官，再度屈居亞軍。

第 38 屆大專盃在百齡球場舉行，這一屆的政大及海洋都很強，台大在預賽遇到政大，差一點翻船，一直到最後的終場前還落後 4 分，台大在政大陣前 10 碼的正集團，推入達陣，加踢得分，才以兩分勝出。決賽圈三隊跟去年一樣，台大、陸官及海洋，台大第一場對海洋，也是費了九年二虎之力，才小勝 3 分。最後一場決賽台大氣力放盡，大敗給陸官，連續三年的亞軍。

第 39 屆的比賽際遇不佳，全隊在賽前開拔到台南集訓，接受 25 屆 OB 辛久銘的指導，陣容士氣都非常令人期待，比賽在南台工專舉行，預賽第一場對東海大學，表現完全令人出乎意料，台大第一場就意外的輸給了東海大學，而無緣決賽。

### 雙屆並列冠軍的史詩時刻

但是接下來在挫折中回神的第 40 屆及第 41 屆，卻有著驚人的表現，這兩屆比賽有著非常高的相似性，兩篇史詩可以一起寫，張海潮為這兩場賽事，寫過專文（見本書第 313 頁）。兩屆的大專盃都在大雨滂沱的百齡球場舉行，兩屆的陣容幾乎八成一樣，都有過半的研究生在場上，最後台大跟陸官都在泥濘中打成平手，最後兩隊並列為冠軍。

第 42 屆是青黃不接的一屆，第 41 屆結束，研究生全部畢業，只剩下沒有大賽經驗的大四生（前兩年的大賽都由研究生擔綱）及為數不多的低年級學生。陸官這一屆搶著主辦大專盃，他們不想再在泥濘中跟台大打泥水戰，這是第一次大專盃進入軍區舉辦。第 42 屆先發球員中部分球員球齡很短，預賽連勝兩場之後，遇到那幾年異軍突起的政戰學校陷入苦戰，下半場打了 50 分鐘，被政戰逆轉後，哨音才響起，失去進入決賽的機會。

　　第 42 屆畢業了 9 位球員，第 43 屆的人員更吃緊，球齡更短，大部分上場球員，球齡不到一年，在預賽中跟成大打成平手，抽籤輸球，無法進決賽圈，跟第 42 屆一樣以第 5 名收場。但是第 43 屆招收到不少好手，包括三位 46 屆的僑生，為第 46 屆的冠軍埋下了伏筆。

　　經過了兩屆的低谷，第 44 屆有幾位後來的冠軍隊成員漸漸成熟，再加上幾位資深球員還在場上拚搏，台大再度恢復了爭冠的實力，在跟陸官爭冠的比賽中，台大球員在達陣區前，因為陸官球員不名譽的動作而發火，被判罰球，而失去得分領先的機會，終場以 0：4 小輸居亞。

　　第 45 屆已經出現了冠軍隊的陣容，台大在三月舉行的大會賽打敗了海大及甲組的黎明工專，最後輸給崑山工專，拿下亞軍。大會賽之後，就辦理了隊長交接，第 45 屆隊長王效文把球隊交給了第 46 屆隊長李光誼，並由李光誼領軍去打第 45 屆的大專盃。台大順利進入決賽圈，卻敗給了成大，這一年只拿下季軍，但是在大會賽中可以打敗甲組球隊，給這批年輕球員極大的信心。

## 相隔 15 年獨享冠軍獎盃

　　李光誼自己帶領第 46 屆時，這批中堅球員，已經在一起打球三年了，主力是第 47 屆的 10 位球員，而且第一次把球隊拉到海拔兩千公尺的台大梅峰農場訓練，球員不論是默契或體能都是顛峰，在淡專舉行的大專盃，在激烈的對抗下，4：0 完封陸官，拿下冠軍，距離台大上一次單獨拿下冠軍，已是 15 年前了。第 46 屆最特別的三位球員都是僑生。因為拿下冠軍，那年暑假，台橄 OB 集資，第一次安排全隊去日本菅平高原，海外移地訓練。

到了第47屆時，第46屆的3位球員都延畢，幾乎跟第46屆一樣的陣容，由原班人馬出戰，台大還是很強，但是陸官也不是弱者，兩隊在冠軍賽再度碰頭，今年的贏家是陸官。但是台大在大會賽中，則是斬獲了大專組的冠軍，決賽的對象是兩年前在大會賽打敗台大的甲組球隊崑山工專，這個冠軍得來不易，難度不亞於大專盃冠軍。

　　第48屆的大專盃跟大運會合辦，辦在中興新村。第48屆的實力也很強，第46屆拿下大專盃冠軍時，第47屆及第48屆隊員就已經是場上的主力球員了，再加上後面幾屆的即戰力學弟，第48屆在大專盃中順利的打進決賽，但是在決賽中，還是以一顆罰踢小輸三分得到亞軍。

　　總結從第31-48屆的18屆中，台大基本上是處於一個相對有競爭力的高原期，總共得到4座大專盃的冠軍及9座亞軍，偶爾參加的大會賽，則拿下一座冠軍及2座亞軍，而隨著第48屆畢業，台大專用球場被收回，台橄進入了另一個低谷的時期。

## 從失去球場到人力斷層：
## 台橄第 49 屆至第 62 屆在低谷的堅持與轉機

### 失去球場，台橄進入最長低潮

台大橄欖球隊在第 46 屆結束陸軍官校 14 連霸，獲得冠軍，第 47 屆及第 48 屆球員很多，球隊保有極強的戰鬥力。但從第 49 屆開始，球員人數變少，再加上原來專用的橄欖球場成為新體育館用地，建築期間附近築起圍籬，導致連續好幾屆都沒有球場可以使用，球員招募更加困難，台橄遇上創隊以來最長的低谷期。

第 49 屆人數不多，大四只有劉弘仁（匪幹）與葛宇甯（小葛）兩人，大三到大一分別有 6、4、3 名球員，再加上 4 位研究生 OB，勉強湊夠球員人數。只不過，一大隊人馬卻面臨沒有球場可練的窘境。台大新體育館在 1995 年動工，直到 2001 年 4 月、第 55 屆才完工，第 49 屆無奈只能在周圍的草地練球，最後在大專運動會中的橄欖球項目循環賽中拿到第三。

第 50 屆與上屆一樣，沒有橄欖球場可供練習，台大再次面臨隊員不齊的窘境，最後辛苦地拚得亞軍。

到了第 51 屆，還是沒有球場，更慘的是，連原本因體育館施工封閉，而留下的一小半草地也不能再使用，校園內遍尋不著夠大的場地練習，只好到附近尋找草地。曾經到青年公園、福和橋下公園，還有辛亥路上的國小、國中操場練習，但因為下雨，把學校場地踩爛，下次也不好意思再去。雖然在中正盃大專組贏得冠軍，但大專盃僅拿到第五名。

第 52 屆打大專盃時，大四只有隊長胡迪智等 3 人，加上學弟人數還是不夠，大專盃時時除了靠學弟們咬牙支撐，還有硬派（第 48 屆馮君傑）、牆壁（第 50 屆孫文祥）與卡通（第 50 屆黃建山）等研究生 OB 出場相挺。但最後仍在連續多日的大專盃比賽中打到無人可換，牆壁因為主辦單位陸軍官校用生

石灰劃線，整片大腿灼傷，還是得包紮後上陣，最後台大再次展現在困境中求勝的毅力，獲得亞軍。

### 🎽 人力枯竭，靠 OB 支撐火種

人數不足的情況在第 53 屆仍繼續困擾台大，就算加上研究生 OB，也無法湊成一隊報名，因此當年並未參加大專盃。不過，在台北比賽的大會賽有最多達 8 位 OB 上場，獲得冠軍。當年也首次舉辦「台大成大交流賽」，在人手不足、倉促成軍的情況下，台大以 10：17 敗給成大。

第 54 屆更只有隊長侯智雄（侯子）一名球員，之前支援在校生的硬派 OB 為工作休學及大三的李威廷（Bibo）受傷休學，侯子大專盃因故無法出賽，後衛的後三位（Back Three）只好由大一、大二的球員擔當。大專盃在預賽時輸給成大落入敗部，雖然後來連勝東吳、逢甲，仍只能獲得第四。

第 55 屆隊長侯智鴻是上一屆隊長侯子的弟弟，在球隊被叫做小侯。包括小侯在內，這屆還有黃信元、天哥（李渭天）以及林柏興共四名數學系隊員，但就算數學系的隊員很多，再算也算不出足夠的下場球員，台大延續前幾屆的缺員惡夢。還好，大專盃比賽開始前 40 分鐘，曾因工作一度休學的硬派 OB 復學後排除萬難，出現在球場，最後第 55 屆還是拿到亞軍獎盃。

台大在這幾屆大專盃，經常受人數不足之苦，除了因為招生問題外，還有一個因素。近幾屆大專盃由陸軍官校主辦，都在四月中旬開賽，與台大的期中考及研究所考試撞期，就算球員能出席，也常是身心俱疲、心不在焉。第 56 屆又遇到相同情況，再加上幾位主力球員受傷嚴重，那屆決定不報名大專盃；那年的台成賽為配合成大校慶，也撞上台大期中考，台大同樣未參加。

### 🎽 努力招生與外在衝擊

第 57 屆沒有參加大專盃的原因不同，台大記取連續多年人數不足的教訓，努力招生，人員是夠充足，沒想到當年大專盃卻因為 SARS（嚴重急性呼吸道症候群）而停辦。取而代之，台大參加了 SARS 隔年舉辦的大會賽，與陸

軍官校打成平手,但敗給甲組的光武工專(後改制台北城市科技大學),獲得第三。

然而人數不足的問題再次困擾第 58 屆,那年第 57 屆有 8 人畢業,大三(第 59 屆)原本有 6、7 人,卻在升大三時退隊離開,加上第 61 屆體優生褚瀚元在與外校友誼賽時拉傷大腿,另一位體優生楊瑞璋賽前熱身時腿被釘子割破,嚴重影響戰力。屋漏偏逢連夜雨,該屆比賽採單淘汰制,第一場就對上陸軍官校,而前來支持的周鼎贏(小笨)在比賽開始不久就不慎踩到對手的頭,被判紅牌出場,最後 14 打 15 人,輸了這場比賽,也輸了當年的大專盃。

第 59 屆也是在第一場就對上陸軍官校,前往支援的研究生 OB 侯智鴻(小侯)達陣了三顆,創下台橄球員的個人紀錄,但可惜的是,負責加踢的褚瀚元(蛇)3 球加踢都沒進,終場以 15:17 敗給陸官,進入敗部,僅能拿到殿軍。而陸軍官校在冠軍爭奪戰中狂勝對手近 50 分,只能感嘆台大籤運不佳,若是預賽分到另一組,比賽結果可能大不相同。

### 低谷中的新希望

褚瀚元(蛇)上一屆 3 顆達陣加踢都未成功,造成台大以 2 分飲恨,賽後陸官球員還跑過來向他致謝,大大羞辱一番。經過此役,蛇苦練踢球,第 60 屆大專盃上的加踢與罰踢百分之百命中。那年台大由大魔 OB(第 51 屆葉曾文)擔任執行教練,台大首戰遇上剛從甲組轉移到乙組的真理大學。剛開賽時台大球員只能被動防守,不斷擒抱,但後來隊長張來福在一次面對對手擒抱時用力回撞,撞擊力道之大,不僅全場觀眾都聽見,來福與對方球員同時倒地。神奇的是,這次猛烈的撞擊,似乎打倒了真理全隊的意志,也提升我方士氣,最後台大打贏真理大學,但還是以 14:17 敗給陸軍官校,拿到第三名。

第 61 屆台大仍處於隊員不足的低潮中,必須召集多名研究生 OB 幫忙參加大專盃,才能湊足人數成行。大專盃在長榮大學舉行,預賽遭遇海洋大學。當時亞洲明星隊前國手買乾舜在海大讀研究所,比賽中持續踢球到後場的空檔,讓台大年輕後衛疲於奔命,最後輸給海大,無緣晉級決賽。歷屆 OB 除了

參賽之外，也會在練球、經濟等多方面支持在校生，但都是以個人的零散方式應援。第 61 屆大四那年，正式成立「台大橄欖球促進會」，整合並制度化、系統化 OB 支持的力量。

　　歷經多屆以些微差距敗給陸軍官校的褚瀚元，為了一償打敗陸官的宿願，故意放棄一門課的期末考，寫信向教授請求延畢，同時在大五那年擔任第 62 屆隊長。不過，蛇當隊長的第 62 屆，因為研究生 OB 畢業，全隊球齡在一年以上的不到十人，在預賽連輸給成大、海大，那年海大冠軍、成大亞軍，根本沒有機會對上陸官。但是蛇當隊長時積極招生，嘗試新的訓練的方法，以及打球的觀念，有如種子般埋進台大橄欖球這片草原裡，果然不久後發芽成長，讓台大從低谷中一步步走向輝煌的時刻。

# 從低谷到榮耀：台橄第 63 屆以來的重生與傳承

### 🏉 從谷底出發，第 63 屆的轉捩點

第 63 屆（2009 年）是台橄一個重要的分水嶺，台橄經過了很長一段時間的低谷，而在第 63 屆發出了中興的新芽。新芽，應該是第 62 屆隊長褚瀚元努力招生的成果。另一個重要的原因是 2009 年之後，台大首次聘請專業且專職的教練來帶球隊，先是國家級教練莊國禎帶了 13 年，到第 77 屆時交給另一位國家代表隊選手，也是台大 OB 的林威名。在這長達 15 年的時間裡，台橄的成績雖然也有歷經一些低谷，但是始終在大乙組可以保持強大的競爭力。

在第 63 屆之前的幾屆裡，台橄經歷了一段不短的訓練動盪時期、戰績慘澹。義務性質的 OB 教練來來去去，還沒建立訓練體系就離開。大專盃連續兩年在預賽淘汰，每次在返校的巴士裡，球員們都難掩失望。

第 63 屆隊長陸奕瑋（小趴）並未因此而降低對球隊紀律的要求，反而嚴格要求隊員的出席、士氣、訓練表現，以體優生的標準讓隊員們知道：「校隊是什麼樣子。」

小趴針對球員「心態」的扭轉，在 2009 年春天的大專盃收到成果，在 15 人制預賽打敗了強敵陸官，相隔 17 年後再度擊敗陸官，這讓隊員們打從心底得到自信，以大專盃季軍開啟了台橄後續的一連串出色戰績。

### 🏉 正集團復興與黃金世代

第 64 屆是莊國禎教練完整訓練台橄的首個賽季，隊長溫閎元（老溫）認同莊教練「以堅實體能為基礎」的球隊戰略，球隊的整體體能大幅進步，並帶動場上的戰術執行率與球員自信，在大專盃脫胎換骨，15 人制全勝奪冠，7 人制比賽，甚至以 40：0 打得陸官潰不成軍。

莊教練從第 64 屆開始也為台橄注入了正集團的力量，他改變訓練模式，重視前鋒正集團的爆發力與合作，恢復當年正集團是台橄的招牌武器的傳統。

到了第 65 屆大專盃，台橄的正集團已在乙組無可匹敵，甚至能將對手的正集團逼退超過 20 公尺。隊長涂曜宇（小鐘）帶領的第 65 屆陣容也被視為前後幾年內的巔峰，主力球員之間彼此熟稔，對橄欖球的理解也逐漸成熟。

在大專盃乙組 15 人制準決賽 45：7 壓倒性擊潰成大，決賽面對體能與紀律出色的陸軍官校，則是 17：3 獲得達陣區完好無缺的勝利。完成大專盃 15 人制 2 連霸。

接管 2 連霸隊伍的第 66 屆隊長劉正揚深感凝聚隊員的重要，帶隊不僅著重出席與紀律，更連外宿租屋都盡量找隊友一起合租，讓隊員們有一個聚會的場所。到他們參加大專盃時，一面克敵制勝，一面傷病纏身，賽程尾聲面臨前鋒不足的窘境。大專盃乙組 15 人制決賽台大雖取得領先，卻得在比賽末段以僅存的前鋒陣容全力抵擋陸軍官校攻勢，最後力保領先不失，以 15：12 取勝，獲得光榮的 3 連霸。

第 67 屆隊長陳杰蔚也是 3 連霸的成員之一，他以延畢生身分扛下隊長的重任，雖獲大專盃乙組 7 人制冠軍，但因為連霸陣容主力球員畢業、新血不易接替，在 15 人制決賽卻以 15：17 惜敗於陸軍官校。陳杰蔚以此挫折為動力，持續返回球隊協助訓練。

### 傳承與挑戰並存

第 68 屆與第 69 兩屆的隊長謝秉益、林威名都是競技水準極為出色的體優生，在大學時就多次代表國家隊出賽，但也因為國手的身分而需犧牲帶領台橄的訓練時間。尤其因為大專盃乙組制度更改，不允許體優生在乙組出賽，林威名雖為台大學生，卻無法代表台大參與乙組賽事。

體優生隊長的優點之一，是有能力為球隊注入新式的訓練概念，也因此與莊教練產生訓練模式的交流火花。在他們出外為國家、縣市代表隊競賽與集訓期間，副隊長們就成為持續帶領台橄訓練、維持紀律的關鍵人物。第 68 屆副隊長王延傑（Deven）、第 69 屆副隊長吳承翰、陳翰燊都是當年確保球隊運作如常、隊員持續進步的要角，備受謝秉益、林威名感謝。這兩屆台橄雖未奪

冠，但在大專盃 15 人制都有前三強的戰績。

由第 70 屆隊長陳冠宇接任時，第 69 屆主力研究生都已經畢業，70 屆也只剩隊長及副隊長兩位，參加大專盃的主力隊員大多是大三及大二，平均球齡不高，在預賽碰上狀態正好的成大，雙方勢均力敵，最後台大以一分之差飲恨。第二場預賽碰上海大，對手有兩位來自巴布亞紐幾內亞的悍將屢屢突破，加上兩位體重超過 130 公斤的前鋒善用體型優勢，最後台大不幸預賽戰敗第二場，無緣進入大專盃 15 人制決賽圈。

第 71 屆王威鈞接任隊長後，汲取前一屆大專盃預賽受挫的教訓，格外重視練球出席率以及招募隊員。在學期中的北市聯賽，台大在體優生登場的優勢下，已能打敗大專乙組 15 人制實力最強的陸軍官校。可惜在大專盃比賽中隊員受傷率過高，在四強賽無法以完整陣容應戰，兩分之差敗給陸軍官校，最後獲得乙組 15 人制季軍。

這一年夏天過後，主力陣容多數留隊，加上新球員持續成長，成為第 72 屆戰力出色的關鍵。隊長施凱智與莊教練商議提前集訓，將體能訓練分散至 2-5 月，並在寒假前召開隊員會議，讓大學生與研究生隊友間達成出席率的共識與信賴。最後在大專盃一路連勝，以一般生陣容勇奪乙組 15 人制冠軍。

可惜的是，第 72 屆奪冠之後許多主力畢業或退隊，以至於第 73 屆隊長陳品彥屢屢面臨缺兵少將的困難，任內經常走訪退隊隊友與研究生 OB，聚攏球隊人馬。大專盃時，有數名研究生 OB 及交換學生助陣，加上準決賽一個可能的誤判達陣，進入乙組 15 人制決賽。但進入決賽對戰兵強馬壯的陸官，台大陣容已受傷折損，戰力跌落谷底，最後吞下 3：29 的慘敗，收下亞軍。

第 74 屆與第 75 屆台橄陣容中有數位球員都在新生階段經歷了第 73 屆的苦澀決賽，因此自主訓練格外勤奮，進步幅度顯而易見。第 74 屆隊長陳隆奕、第 75 屆隊長汪聖偉在大四時都是以乙組標準而言相當出色的球員，無奈遭逢新冠肺炎疫情，第 74 屆大專盃無法完賽；第 75 屆賽事中斷，在數月隔離期後重賽，球員難以發揮實力，乙組 15 人制排名第三。

第 76 屆隊長邱民翰是球技出色的體優生，他也將自己的技術訓練內容、

模式導入球隊訓練中，讓許多一般生的傳接球技術提升不少。在他任內，莊教練與他會在訓練前向球員闡明本次練習目標，並在訓練後再次做結論，為球員提醒重點，讓訓練內容更加深入球員意識。

台橄第 76 屆參與大專盃時，台灣尚未擺脫疫情侵擾，獲得乙組 7 人制季軍後，15 人制又因疫情波動而無法完賽。但是此階段留下的球員具有相當的向心力與球技基礎。待第 77 屆隊長康禧在冬天率隊參與第 3 屆元坤盃 7 人制賽事時，球隊的實力已突飛猛進，在各隊的訝異中奪得一般組冠軍。

康禧記得他入隊以來，面對陸官連戰皆敗，但球隊持續團結進步，在他領軍的元坤盃 29：0 完封陸官奪冠。當時台橄全隊將莊教練拋向空中慶祝，歡送他完成執教台橄的最後一個重要賽事。在新教練林威名（第 69 屆隊長）指導下，第 77 屆在大專盃勇奪乙組 7 人制冠軍和 15 人制亞軍，球隊核心成員的實力出色完備，隊長康禧強調：「我們要留下的不只是戰績，而是 Winners' Mindset。」

### 🎽 Winners' Mindset 與大滿貫榮耀

在第 77 屆傳承下的 Winners' Mindset 和林威名教練的新訓練模式交互作用下，第 78 屆台橄展現出更勝往年的基礎技術與攻守概念，在 2023 年年底的元坤盃決賽，以精湛球技與愈挫愈勇的鬥志，打敗陣中擁有 4 名新加坡青年培訓隊員的南洋理工大學，成功衛冕一般組冠軍寶座。

第 78 屆準備大專盃時歷經精密準備，但仍須面對 15 人制賽程改為周末聯賽制的考驗，對於需要平衡課業、考試壓力的球員們來說，幾乎比原先的賽制更難發揮實力。身為後衛線基石的隊長陳偉定更在大專盃開打前嚴重拉傷腿後側肌肉，在防護員的協助下積極復健，得以參與乙組 15 人制 5 場比賽中的 4 場。

攻守主力受傷，第 78 屆其他球員仍然穩定展現球技，處變不驚，一路完勝衛冕大乙組 7 人制。最後在百齡橋與陸官的 15 人制爭霸對決中，上半場台大前鋒正集團居於下風，下半場重振旗鼓、掌握大半攻勢，最後 19：26 屈居

亞軍。這場比賽成為台橄第78屆大專盃中唯一一場敗仗。

第79屆是豐收的一屆，贏得了全部重要比賽的冠軍，大四及大三的這批球員在一起打球三年，前面兩屆就已經展現出要贏得大滿貫的氣勢，可惜在大專盃15人制賽事中，都發生了一些失誤而痛失冠軍。就在第79屆的大四這一年，連本帶利全部贏回來。

第79屆先在上學期末的元坤盃7人制國際賽中，不只打敗了台灣的校隊，也打敗了來自新加坡、日本及韓國的強隊拿下一般組冠軍，取得三連霸。在第二學期的大專盃，在7人制冠軍賽中，全場壓制陸官，在絕對的優勢下以17：5擊敗陸官拿下冠軍。接著舉行的15人制比賽中，台大在預賽連勝三場，並在決賽中再遇陸官，也是全場壓制陸官，正集團更是全面摧毀陸官，再加上隊長林頎衡優異腳法，終場台大以21：7打敗陸官，拿下雙冠，這是送給台橄最佳的80週年大禮。

# 在沙漠中扎根：台大女橄的十年開拓之路

　　曾經橄欖球被視為男人的運動，但在女男平權的氛圍中，奧運會在 2009 年將女子橄欖球列入 2016 年正式競賽項目，這個創舉，立即改變了全球女子橄欖球的生態。台大女子橄欖球隊，與世界同步成立於 2015 年，創隊隊長是機械系的陳咨羽，成立大會與台橄 70 周年慶同步舉行，當年受到媒體大幅度的報導。

　　台大女子橄欖球隊從 2015 年第 1 屆至 2024 年的第 10 屆，歷經陳咨羽、鈴木春奈（Suzuki Haruna）、方家昕、陳庭羽、林采璇、彭美琪、楊宜瑄、范佳雯、陳怡安、周予婕等 10 位隊長，在 2018 年奪得大專盃橄欖球賽史上第一座女子組冠軍，之後獲得多座大專盃獎盃（冠軍：2018、2019、2021、2023，亞軍：2022、2024）。然而，對於隊員們而言，這段歷程的意義，遠不僅止於獎盃與榮耀。因為在台灣這片女子橄欖球的沙漠，台大女橄有時連大專盃的對手都不容易找，這讓球隊的維持變得格外辛苦。

## 成員與團隊

　　台大女橄成立於 2015 年，在大學女子橄欖球校隊的一片荒漠中開創先河。初期並不容易找到敢於嘗試橄欖球的本地台大女學生，如創隊隊長陳咨羽

台大女橄在 2015 年成軍，十年來在台灣這塊女橄沙漠中，持續耕耘。

台大女橄首任隊長陳咨羽，當時就讀機械系，來自泰國的僑生。

為僑生、第二任隊長鈴木春奈（Suzuki Haruna）是日本留學生，逾半主力成員亦為外籍生或交換學生，甚至是他校學生或社會人士。

隊員來源廣泛讓球隊的文化多樣性相當豐富，也使隊上成員出賽資格不一，出席率不易維持，曾有外籍隊友因為沒有健保，僅參與帶式賽事而不敢參加正式橄欖球比賽。

台大女橄參加 2021 年全國大專運動會。

台大女橄從第 8 屆起，逐步明確成員資格，凡入隊者皆須參與正式比賽。第 9 屆制定了明確的入隊條款，要求練習與比賽出席率，未達標者退出正式名單，仍可作為陪練參與。第 10 屆進一步開放資格，不限台大在校生，凡熱愛橄欖球並能保障出席者皆可加入。

這樣的轉變，得益於隊伍在招生上的積極經營。女橄在歷任成員努力嘗試下，建立固定招生模式，參與新生書院、社團博覽會、宿舍夜間活動、自辦茶會，並用心經營社群媒體，擴大隊伍能見度，有效穩定新血來源。現在台大女橄的本地球員人數，已超過外籍隊員。

除了招生，建立隊員向心力、提升認同感也是女子橄欖球隊重要的經營面向。台大女橄不定期舉辦健行、旅遊等活動，第 5 屆隊長林采璇也在疫情封鎖下，帶隊參與龍舟訓練與比賽，持續培養團隊精神。周末上午的龍舟訓練結束之後，她們會將舟艇划到百齡橋靠岸，走到球場繼續練球。

第 4 屆隊長陳庭羽則回憶，2019 年台大女橄第二次參加大專盃，有球技出色的學姐鈴木春奈助陣，讓包括她在內的許多球員安心不少。加上副隊長馮琪琪在賽前把陸官女子隊的宣傳影片台詞倒背如流，更讓隊友們忘記緊張。隔天台大以大比分完封陸官與高醫，衛冕成功。

第 6 屆隊長彭美琪在嘗試橄欖球之前，覺得自己不可能參與橄欖球運動。

在體驗過第一次練習之後，卻激起了好勝心和樂趣，持續訓練成為球技成熟的大專盃連霸成員。她強調，防護員林詠薇的幫助不可或缺，讓大專盃賽前扭傷腳踝的她得以恢復自信，投入正式競技之中。彭美琪相當欽佩同屆隊友楊宜瑄的鬥志與毅力，並指出在她擔任隊長期間，很幸運有認真的總幹事協助舉辦成功的招生活動，吸引到出色的新生加入。此外，她認為該屆成就之一，是球隊訓練後固定聚餐，讓體重不到 40 公斤的隊員螞蟻在賽季結束後達到 42 公斤。

## 訓練資源

台大女子橄欖球隊自成立以來，便與歷史悠久的男子隊共享球室空間、訓練器材等資源。但女子隊迄今被校方歸類為體育社團而非校隊，女子橄欖球「社團」第一任的指導老師，是台橄的長期管理 OB，第 25 屆的張海潮，後來學校以張海潮已經退休為由不得任社團指導老師，改由台橄第 43 屆隊長，生化所教授張茂山出任第二任指導老師。

台大女橄最初的教練為男子隊教練莊國禎與台橄第 65 屆 OB 蘇培易，建立女橄的基礎訓練模式。到第 4 屆下學期，莊國禎教練的學弟，台南市代表隊成員林曜偉，開始擔任台大女橄教練，此時女橄成員留隊率提升，接觸橄欖球二、三年的隊員獲得更進階的訓練，整體技術水準逐漸提升。

台橄第 69 屆隊長林威名於第 7 屆下學期接任女子隊教練，引入重視防守站位的意識與戰術紀律，並持續提供行政支援；第 65 屆 OB 曾昱晨則長期以亦師亦友的角色參與訓練，給予隊員技術建議與經驗分享。第 9 屆起，台橄第 68 屆隊長謝秉益正式擔任女橄教練，不僅以多樣化的訓練課程提升球員技術及身體素質，更以其幽默溫暖的領導風格，凝聚隊伍向心力。他也積極規劃集訓與移地訓練，為球員們留下深刻回憶。隨著隊伍發展，第 10 屆亦正式設立獨立的經理與物理治療組，隊長周予婕格外感謝這些幕後夥伴在重要時刻的默默守護。

## 交流經驗

台大女橄的成長，也反映台灣女子橄欖球環境的挑戰。台大男橄擁有 80

女橄大專盃比賽，經常因為隊數不足而取消。圖為台大女橄 2022 年參加大專盃。

年歷史，女橄僅 10 年，兩者發展程度落差顯著。早期台大女橄的正式比賽經驗僅能在大專盃累積，且多數友誼賽仍以無碰撞的帶式賽制為主。而競技能力出色的隊員如鈴木春奈，倪宏敏等則會參加社會組女子球隊的訓練與競賽，以把握競技機會。

女子 7 人制橄欖球賽，已經是奧運正式競賽項目，隨著女子橄欖球賽地位的提升，國內的女子橄欖隊也逐漸增加，台大女橄第 5 屆時就曾在隊長林采璇帶領下，搭火車到高雄與高醫女橄進行友誼賽和集訓。大專盃女子組的對手數目，2018 年第一屆時除了台大，僅屏東大學一隊，在最後一屆（2024）此項目已增長至四隊。

自第 8 屆起，女橄大幅增加正式 Tackle 交流賽的次數，對手從猴王俱樂部、國防大學、真理大學、北市大手球隊，逐步擴展至桃園市與新北市女子隊。為解決女子球隊競技交流的困難，第 10 屆女橄更開始與南門國中一年級的男子隊頻繁進行交流賽，持續累積實戰經驗。

在國際交流方面，第 8 屆迎來香港城市大學女子隊來台友誼賽，第 9 屆參加猴王俱樂部主辦的 Taiwan 10s 比賽，第 10 屆則與猴王女子隊建立穩定合作，定期舉行聯合練習與比賽，並再次接待香港城市大學及教育大學來訪，深化跨校交流。

### 外部環境

第 10 屆女橄隊長周予婕表示，對比台橄 80 年的歷史，台大女橄十年可謂尚在草創期，篳路藍縷，舉步維艱，每一屆都仍要面對體系與大環境的制約。第 7 屆時，因隊伍仍屬社團體系，資源有限，導致教練聘任與比賽報名困難。

第 8 屆至第 10 屆受到台橄促進會的支持，才能確保比賽與集訓不用擔心經費，卻苦惱於大專盃女子組賽事每年都撲朔迷離。

　　年復一年，女橄教練與幹部都需要花費時間多方打聽，期盼該年有其他女子校隊報名大專盃，實現競技機會。適逢女橄在 2025 年迎來創隊 10 周年紀念，第 10 屆隊員卻遭遇全大運女子組，沒有對手而無法比賽的遺憾。經過諸多協調之後，主辦方只開放一般女子組（乙組）的賽事報名，往年參賽的公開組（甲組）隊伍無法報名，比賽宣告流賽，台大女橄也因此無法打大專盃，難以設定明確賽事目標，凝聚團隊的努力方向。

　　台大女橄是大專盃女子橄欖球賽舉行以來，唯一每年持續參賽的隊伍，台大女橄的發展歷程，可視為台灣女子橄欖球發展縮影，每一屆隊員都必須面對並解決屬於當下的挑戰。第 7 屆隊長楊宜瑄面對制度與資源困難，努力為球隊尋找增加競技與發展機會的出路。第 8 屆至第 10 屆的隊員們則在制度逐漸健全後，推進球隊招生、訓練與交流，為隊伍扎下更穩固的根基。

　　第 10 屆台大女橄隊長周予婕，個頭不大，熱愛橄欖球，從大一入學打到大四畢業，由於欠缺賽事，球隊運作變得相當困難，周予婕感謝每一位曾經參與的教練、學長姐、球員、球經與物治。期待有更多熱愛橄欖球的女性加入充滿韌性與希望的台大女橄，一起享受橄欖球、推動女子橄欖球在台灣的發展與茁壯。

# 台橄歷屆故事：
# 代代相承的橄欖球血脈（第 1 屆至第 79 屆）

> 編者註：台橄從水牛隊開始，80 年一脈傳承，每一屆都有自己的榮耀與困境，且從一屆一屆的故事，縱觀台橄的歷史。

## 台大水牛隊大事紀

**年分**：民國 35 年-38 年（西元 1946-1949 年）

**隊長**：蔡滋浬（醫學系）

**隊員**：林維新（醫學系）、江萬煊（醫學系）、陳主仁（醫學系）、楊錦銓（醫學系）、宋潤德（醫學系）、陳定堯（醫學系）、林憲（醫學系）、羅銅壁（化學系）、郭炳才（土木系）、林文士人（醫學系）、李玉琛（醫學系）、林賓（醫學系）、林秀（醫學系）、張清雄（法學系）、蘇鴻儒（醫學系）、林肇基（醫學系）、張昭雄（地質系）、林水勝（電機系）、李德昌（政治系）、康佐榮（森林系）、鐘雙麟（電機系）、吳沃熙（電機系）、曾錦輝（化工系）、王光輝

**大會賽成績**：

第 1 屆（35.11 台北公園）冠軍、第 2 屆（37.1 台北新公園）冠軍、第 3 屆（38.3 台北新公園）冠軍、第 4 屆（39.1 台大法學院）冠軍。連四屆社會組冠軍。

**重要賽事回顧及故事**：

台大水牛隊創立：台大醫學系蔡滋浬發起，台北一中（建中）畢業的橄欖球好手何良二招募球員，後來得到訓導處張泉和先生及京都大學出身的葉世真先生的協助，在台大貼公告，招集有興趣打橄欖球者在新公園集合，來了三、四十個，由於人數太多尚需經過跑步速度的篩選才能成為正式選手，入選者包

括何良二找來的李卓然、林憲、吳建堂以及陳主仁、宋潤德、林肇基、黃國慧、黃國俊等……台大橄欖球隊前身水牛隊正式誕生，其中醫學院隊員佔了大多數，因此由病理科葉曙教授擔任總教練。

### 第一場比賽與第一個冠軍：

民國35年10月25日，第一屆台灣省運會在台大舉行，台大以獨立單位參賽，與代表台北市的虎隊比賽，虎隊的成員以淡江中學校友為主，吸引了滿場觀眾觀賽，成隊只有一個月的台大隊，因缺乏經驗而以0：5，一球之差敗給虎隊。台大球員於是心有不甘，比賽結束後，開始認真練球，僅僅花了二個月，就在同年十二月舉行的第一屆台灣省橄欖球錦標賽（即大會賽）中，在台北的新公園球場，在爆滿的滿場觀眾見證下，以一面倒的33：3擊敗虎隊，榮獲第一屆大會賽社會組冠軍。

### 以水牛為名：

台大拿下冠軍之後，有人提議為台大隊取一個隊名，有隊員說出：「管他什麼虎隊，我們就叫水牛吧！」隊長蔡滋浬認為橄欖球打球的姿態，讓人有水牛的聯想，同意以水牛為隊名，也得到大家的贊同。

台大以水牛為名，在後來幾年間所戰皆捷，經常大獲全勝，成為當時最強的球隊。民國36年開始的後幾年內，台大水牛隊也成為台北市的代表隊，代表台北市參加省運。

民國37年1月，第二屆大會賽在台北新公園舉行，台大水牛隊沒有意外的拿下社會組冠軍。同年有10位建中橄欖球隊員的畢業生考進台大，這對本來就已經非常強大的台大水牛隊，無疑是如虎添翼。在民國38年3月及民國39年1月舉行的第三屆及第四屆大會賽中，水牛隊也是毫無懸念的再連拿兩屆冠軍。

陣中主將之一的康佐榮談到他記憶最深刻的一場比賽，是大二時到台南參加省運，為了籌措出外比賽的經費，賽前球隊在學校租場地放電影，由球員負責賣票來籌措財源，後來再加上學校的經費補助，比賽經費還算充裕，球員從旅館到球場比賽是坐著三輪車去的，好不威風！比賽結果亦不出意料地以

58：5大勝台南工學院（今成大），拿下冠軍。

第4屆橄欖球大會賽，在民國39年在台大法學院球場比賽，以台大為班底的球員，以水牛隊為名參賽，社會組決賽對決艋舺隊，最後將士用命，以12：0打敗艋舺隊拿下冠軍，這是以水牛隊為名的最後一次大會賽，由當時的橄協理事長也是立法院院長黃國書，親自到場主持頒獎，水牛隊名單如下：領隊蔡滋浬，隊長何良二，隊員高琳濤、林文士人、林水勝、陳定堯、林志雄、林棋坤、康佐榮、張正雄、李德昌、張昭雄、曾錦輝、郭國純、洪顯智、呂盛元、郭炳才、林水德、吳沃熙。

### 青黃不接中斷兩屆：

第4屆大會賽結束後，多位醫學系的隊員因為實習或工作繁忙，讓出選手的位置而離隊，隊員只剩下郭炳才、林肇基、張正雄等人，新一批的建中畢業生，也沒人考進台大，因為人數不夠不足以組隊，台大水牛隊因此中斷了將近兩年，後來才由第8屆隊長蔡劍琛及第9屆隊吳文雄入校之後，重新組織台大校隊，開啟了另一章史詩。

（以下文字引用〈草原的傳說〉）早年的新公園右側，就是現在布置成亭台、樓閣、中國式亭園的地方，是一大片綠油油的草地。光復初期，這片青翠的草地上，經常舉行足球、棒球和橄欖球比賽。民國35年7月，台北市一群愛好橄欖球運動的人士，分為虎隊和烏鷲隊，在草坪上舉行友誼賽。當時觀眾中有服務於台大醫學院的幾位先生，和就讀於醫學系的學生。因此，由醫學院同仁和在學學生組成水牛隊，公推蔡滋浬先生為隊長（曾任中山醫學院校長）、林維新先生為副隊長（曾任奧林匹克

台大水牛隊由台大學生、校友及老師組成，連奪四屆全國冠軍。

台大水牛隊也是台北市代表隊主力，代表台北市參加台灣省運會。

大飯店董事長、醫師）、葉世真先生任管理（曾任進洋航業公司經理）。江萬煊（曾任台大醫學院泌尿科主任）、林文士人（曾任台大醫學院病理科主任）、何良二（曾執掌何耳鼻喉科診所）負責新進球員的訓練，還吸收李卓然、吳建堂、宋潤德、林憲等在校學生加入，假現在法學院操場演練，厲兵秣馬，希望將他們的企盼付諸實現。

民國35年10月25日，台灣省第一屆全民運動大會，在台灣大學舉行，蔣介石暨夫人親臨主持。當時台灣大學為獨立單位，和各縣市一同報名參加。水牛隊代表台大與其他八個縣市代表隊角逐橄欖球冠軍寶座。甫創立三個月的隊伍，在預賽中以壓倒性的比數擊敗了台中市隊及台南市隊。10月30日，大會閉幕前的壓軸好戲橄欖球總決賽，在黃昏前登場。上千觀察的鼓勵聲中，台大隊和台北市隊在現在足球場中纏鬥，攻城掠地，守池衛土，台大隊終於因為球齡尚稚，終場以一球之差負於虎隊化身的台北市隊，圍觀的台大學生默默不語，場中的選手傷心難過，大會旗在暮色中冉冉下飄，台大球員們心自問：「我們的努力還不夠嗎？」

「我們要更努力！」這是每個隊員回到操場的決心，法學院操場上奔跑的隊伍更加勤奮，更加賣力了。一個月之後，也就是同年12月1日，第一屆台灣省橄欖球錦標賽（大會賽）在台北新公園揭幕。這次比賽有七隊報名參加，

台大隊連勝兩場以後，於 12 月 3 日遭遇台北市隊。比賽一開始，我們就掌握了絕對的攻勢，屢次衝破對方防線，攻入敵陣，北市隊卻始終不能威脅我方。哨音響起，台大以 33：3（罰踢得分，並未達陣）擊潰北市隊。

四個月前，草坪上許下了諾言，經過辛勤的努力，這一刻終於從冠軍杯中掬飲勝利的醇泉。這批水牛隊的元老開創了傳統的台大橄欖球精神：台大隊的目標永遠是冠軍，並且深信勤恆和刻苦的練習可以使我們達到這個目標。

水牛隊的成員，原本以醫學院的同仁為主，後來逐漸招收在校學生。民國 37 年夏天，一批建中橄欖球健將考入台大，更增加了本隊實力。水牛隊時代共計六年，這段期間的對外比賽，有時候以水牛隊名義參加，有時候代表台大，或代表台北市參加省運，學校並沒有固定的經費，也沒有指定專人負責指導。民國 39 年奪得大會賽冠軍後，老將們紛紛宣布退隱，球隊失去主要的領導重心，水牛隊就形同瓦解了。但是水牛隊已經在台大埋下橄欖球運動的種子，為日後每一位台大隊隊員豎起了精神楷模。

## 第 7&8 屆大事紀

**入學年分**：民國 39 年（西元 1950 年）
**隊　　長**：蔡劍琛（物理系）
**同屆隊友**：洪健昭（外文系）、邱揚芳（地質系）、林森堂（森林系）、張振能（數學系）、黃依儀（農化系）、陳慶良（經濟系）、鄭重志（醫學系）
**大會賽成績**：第 7 屆及第 8 屆，連兩屆社會組冠軍
**大會賽比賽時間**：民國 42 年 3 月（第 7 屆）、民國 43 年 3 月（第 8 屆）
**大會賽比賽地點**：羅東體育場（第 7 屆）、台南市府操場（第 8 屆）
**重要賽事回顧**：

　　台橄復隊後，第一場參加的比賽，是在羅東第 7 屆的大會賽，事實上台橄並沒有第 7 屆的球員，當時由第 8 屆隊長蔡劍琛的帶領下第 8、9、10 屆的球

員參賽。睽違大會賽兩年之後，台大參賽，過關斬將，社會組三隊參加，分別是台大、淡江英專（現在的淡江大學）和羅東隊，台大在循環賽中，分別以5：3擊敗了淡江英專（現在的淡江大學）。第二場以3：0，在滂沱大雨中辛苦的打敗羅東隊，拿回失去兩年的社會組冠軍獎盃。這一場比賽，對外重振了台大球隊的聲譽，對內奠定了橄欖球隊在校園裡的地位，學校當局開始給球隊各方面的協助。

隔年的3月，第8屆大會賽時，原班人馬由第8屆隊長蔡劍琛領軍，參加在台南市舉辦的第8屆大會賽。冠軍戰由台大對上台南市，結果6：3，台大獲勝，蟬聯冠軍王座，蔡劍琛是台大首位連任兩屆隊長的球員。

**大學時代的球隊故事：**

台大水牛隊連得了四屆的大會賽冠軍後，醫學院的主要隊員都離開了，球員的補充銜接不上，台橄有將近兩年的時間沒有足夠的球員參加比賽。在民國40年吳文雄、黃德修、陳明達、鄭敦仁等4人加入球隊之前，台大學生裡打過橄欖球的只剩下蔡劍琛、陳慶良、黃依儀、張振能等4人。

後來有一批從成功中學畢業的學生，包括：顏有證、黃漢揚、高昭弘、林二、許文富、林尊德、邱正直、黃曾泉等人，雖然不曾打過橄欖球，因為不想上體育課，跟吳文雄等人一起籌組橄欖球校隊，蔡劍琛等建中OB出來登高一呼，成立了台大隊，由蔡劍琛任隊長，洪健昭任副隊長。不過第一年參加第7屆大會賽時，當時那批成功中學畢業進入台大的學生，大部分還無法下場。

當時的橄欖球大會賽，只分為中學與社會兩組，其中社會組並沒有限制球員的學生資格，所以曾經有幾位喜愛打球的校外人士（如林木德、王丕謨、張克修、林克明、簡弘毅等人）在集訓或在比賽時熱情贊助，一起練球及比賽。有一些雖沒有全程參與校隊訓練，卻也曾身為校隊成員一年半載的球

第7屆大會賽在羅東舉行，台大在大雨中苦戰鐵路隊後險勝。

台橄復隊第一次出賽，就拿下全國冠軍，校長錢思亮非常高興，接見橄欖球隊，並且請全隊吃牛排。

員，也參加比賽，所以校隊成立初期，隊員的組成比較多元，參加大會賽比賽時，也有校外人士。

民國 41 年校隊正式成立，一切都是草創，開銷十分拮据，當時的體育組長齊沛霖建議球隊找一位體育老師，掛名為指導教練。於是顏有證 OB 就去找到劉秋麟老師，劉老師答應擔任指導老師，讓球隊獲得學校的承認，成為正式的校隊，可以得到衣服、鞋子等基本裝備的補助，但集訓及比賽的經費還是要自己去尋求贊助。

民國 42 年春天，第 7 屆全省大會賽定在 3 月舉行，復隊之後操練了一年的球隊，懷著躍躍欲試的雄心參賽。但是當時學校經費短絀，橄欖球隊根本沒有編列預算。隊員們排除一切困難，合住宿舍集訓，準備比賽。當時普通教室旁邊，有三排木屋，原本是給患有肺病的同學住宿，後來患病的學生減少，成為空屋。隊員們決定住在第一排，每人繳一些米和少許菜金，由隊員們輪流煮飯作菜。百般艱難之中，開始嚴苛的集訓。每天清早，由新生南路跑到總統府，轉由羅斯福路回來，而且限時間跑完。黃昏時候，再操演一次，大家都咬緊牙關，把勝利懸在眼前。

民國 43 年第 8 屆大會賽在台南，為了籌措集訓和南下經費，隊員陳慶良想出了一個方法，租借植物園對面的科學館放映電影，由隊員分頭去賣票，電影票的銷路出奇的好，甚至有隊員居然賣出 1,500 張，可惜座位調配失當，有些人買了票沒有座位，隊員們只有笑著臉挨罵。籌足了經費，大隊南下衛冕成功，又捧回一座冠軍盃。

台橄第一次以台大校隊名義出去比賽，就得到冠軍，校長錢思亮非常高興，特別獎勵這項難得的榮譽，立即宴請了全體隊員吃西餐。第二年蟬聯冠軍之後，錢校長選了一家上海料理館辦桌，再請大家吃飯。根據當時球員的回

憶，錢校長的酒量相當的驚人，自己一人拿著紅露酒跟四桌的球員打通關，估計當天喝了約一百杯！而且錢校長的記憶力更讓黃德修 OB 嚇一跳，因為只有一杯酒之緣的介紹名字，在經過一年之後，校長一看到黃德修，就可以叫出他的名字。（以上內容摘錄自台橄 50 周年慶專刊）

## 第 9 屆大事紀

**入學年分**：民國 40 年（西元 1951 年）
**隊　　長**：吳文雄（土木系）
**同屆隊友**：黃德修（獸醫系）、陳明達（化工系）、鄭敦仁（機械系）、顏有證（外文系）、林景煌（外文系）、林尊德（農工系）、黃漢陽（森林系）、邱正直（土木系）、高昭弘（化工系）
**大會賽成績**：社會組亞軍
**大會賽比賽時間**：民國 44 年 3 月
**大會賽比賽地點**：豐原
**重要賽事回顧**：

　　復隊之後的台橄在第 7、8 屆，連拿兩次冠軍，第 9 屆也是兵強馬壯，大家都認為冠軍非台大莫屬。儘管實力備受肯定，台橄球員的平常日訓練、寒假集訓，都很認真練球，球員很有信心可以蟬聯，再拿一次三連冠。但是就在大會賽決賽前夜，部分隊員受邀去參加台中農業學院（建中同學舉辦）的畢業舞會而晚歸，在比賽進行中，有二位前鋒隊員腳部受傷影響戰局（當時比賽不能換人）。隊長吳文雄 OB 受訪時表示，驕兵必敗，是他當隊長時監督不周，要向球隊深深一鞠躬道歉，這個遺憾一直留至今日。

　　**（以下文字引用〈草原的傳說〉）** 大會賽中，一路晉級到決賽，和兩年前在羅東被打敗的英專隊交兵，以一球之差失去了冠軍。據當時的隊員黃德修先生敘述，球隊住在豐原，卻時常往台中跑，紀律不整，又因為連勝兩年，輕視對方，鬥志不旺盛，才敗下陣來。失去了冠軍，卻喚起台大球員對橄欖球精神深一層的認識。

第 9 屆豐原戰後拿銀盃者為隊長吳文雄,當年橄欖球員出門都著盛裝。

第 9 屆大會賽,台大痛失金牌,頒獎典禮時,全體隊員都難掩失望。

　　第 9 屆隊員跟第 8 屆隊員,是共同重建台大橄欖球隊最重要的兩屆,這兩屆球員的命運與經歷幾乎連在一切,他們一起聯手拿下了 7、8 兩屆的大會賽冠軍,但是第 9 屆大四獨當一面時,卻敗給了淡江英專(今淡江大學),而只得到亞軍。不過第 9 屆延續第 8 屆的實力,台大隊代表台北市隊拿到省運會的橄欖球賽冠軍。

## 大學時代的球隊故事:

　　民國 40 年代初期,社會經濟不如現今富裕,集訓時全部隊員一起住在教室,自己帶棉被、帶米到學校,沐浴設備很差,沒有熱水供應,伙食都靠隊員自力採買烹飪。隊員飯量又特別大,當時請學生宿舍餐廳的退伍老兵幫忙煮飯,有一次陳慶良 OB 先到餐廳,一個人就吃掉半桶飯,讓大家印象深刻又傻眼,而校方撥給球隊集訓的補貼很微薄,經費還是要靠校友捐款。

　　吳文雄就任第 9 屆隊長以後,球隊維持相當的實力。春天來臨,大會賽決定在豐原舉行。原有的集訓住處,因為學校移做別的用途,全體隊員集訓時,只好睡在後來的夜間部走廊上,春天夜間寒冷,大夥兒圍著喝酒,一人一口的取暖。

　　吳文雄為了籌措集訓經費,請總幹事胡榮灃擬一份計畫書,直接去找錢思亮校長申請補助,計畫中清楚地將球員每天需要的卡路里換算為食物菜單列出

來，錢校長當場拿出自己的算盤，精打細算一番之後，慷慨地答應全額補助伙食費，並提供住宿場所，才解決了球員集訓住宿及伙食等額外開銷，往後的三屆都是如此。而畢業 OB 們樂捐的金額，成為比賽時的額外開支（如：水果、飲料、啤酒及醫療費用等）。

胡榮澧回憶，第 9 屆的陳明達打的位置是 Flying Half（即今之 No.8），速度快又神勇，而他的笑聲更是台大達陣的代號，他們只要在 Scrum（正集團）中聽到陳明達的笑聲，就知道要達陣了。此外，當時球隊練習或比賽時，常有一位蔡小姐來加油，她是中文系的學生，據說是吳文雄的「好」朋友，隊員都非常羨慕，後來常常拿來開吳文雄的玩笑，說他長得帥，當隊長還可以交女朋友。

台大綠、白、黑的球衣的設計，就是在這個時候確定下來的，是由第 9 屆的黃德修及第 8 屆的陳慶良一起設計初稿，透過隊員表決，決定顏色設計而成。當時誰也沒有想到，這件衣服居然代表台大四處征戰了近一個世紀（註：在此之前水牛隊即台北市代表隊，因此球衣由台北市提供）。（吳文雄口述及台橄 50 周年紀念專刊節錄）

## 第 10 屆大事紀

**入學年分**：民國 41 年（西元 1952 年）
**隊　　長**：謝天真（經濟系）
**同屆隊友**：張銘遠（化學系）、林哲雄（化學系）、
　　　　　　林秀明（外文系）、陳秋江（醫學系）、
　　　　　　范揚鋐（農工系）、胡覺徹（醫學系）、
　　　　　　吳大誠（哲學系）、李天琳（森林系）、
　　　　　　范宏二（醫學系）
**大會賽成績**：社會組冠軍
**大會賽比賽時間**：民國 45 年 3 月
**大會賽比賽地點**：高雄體育場

第 10 屆隊長謝天真，領軍台橄在第 10 屆時，奪回前一年失去的金牌。

### 重要賽事回顧：

台大在第 9 屆大意失荊州，痛失大會賽王座之後，第 10 屆痛定思痛，由隊長謝天真帶領全隊苦練。第 10 屆大會賽民國 45 年 3 月在高雄體育場舉行，台大在準決賽打敗工學院（成功大學前身），決賽又遇到上一屆的相同對手——淡江英專。第 9 屆因為輕敵而以一球之差敗下陣來，再次在決賽遇到老對手，台大全場都全力以赴，不給對手任何機會，終於打敗英專，奪回失去一年的大會賽社會組冠軍。第 10 屆的社會組排名分別是台灣大學、淡江英專、工學院、高雄隊。

第 10 屆大會賽在高雄舉行，台橄全體隊員遠征高雄，在火車站前合照。

第 10 屆得到大會賽冠軍後，獻冠軍盃給錢思亮校長。

### 大學時代的球隊故事：

第 10 屆接手之後，肩負著重返榮耀的任務，在「草原的傳說」一文中指出，「謝天真先生繼續領導，準備在第 10 屆大會賽中雪恥奪標。住宿在走廊上，一有空閒就上下跑樓梯，鍛鍊體力。黃昏練球，一直到天全黑了為止。為了在昏暗中能看清楚，每一個球都漆成白色，寒風苦雨中，大家只有一個心願，拿回冠軍杯。3 月底終於在高雄的大會賽中，達成了心願。」

在第 10 屆以前，參加台橄的幾乎都是台灣人，全部都受過日本教育，大部分都是用日語溝通。一直到第 10 屆，有了一位化學系的張銘遠加入，第 8

屆的洪健昭說，只有張銘遠一個人不會講日文，球隊所有的台灣人都講日文，沒有一個講國語。張銘遠後來旅居加拿大，而且持續投入橄欖球相關活動，成為國際裁判，曾是 1976 年的亞洲盃橄欖球賽，中華隊的隨隊裁判。

早期台大水牛隊時期，大部分球員都是醫學系的學生，但是第 7 屆復隊之後，醫學系的學生不多，只有第 10 屆例外，有三位醫學系的球員，分別是陳秋江、胡覺徹及范宏二。陳秋江成來成為台大小兒外科的一代名醫，范良二在南部行醫，是直腸外科權威，一直到 90 歲高齡才退休。

## 第 11 屆大事紀

**入學年分**：民國 42 年（西元 1953 年）
**隊　　長**：胡榮灃（中文系）
**同屆隊友**：黃德謙（法律系）、鄭敦義（植物系）、徐茂銘（醫學系）、林大森（外文系）、林洪謙（醫學系）、劉國鎮（醫學系）
**大會賽成績**：社會組冠軍
**大會賽比賽時間**：民國 46 年 3 月
**大會賽比賽地點**：台北體育場
**重要賽事回顧**：

第 10 屆拿回失去的大會賽社會組冠軍之後，第 11 屆再加入了 6 位建橄畢業的新生，實力更是如虎添翼。第 11 冠大會賽在 46 年 3 月的台北體育場舉行。那年進入四強的球隊分別是台大、鐵路隊、宜蘭隊及豐原隊。經過準決賽後，由台大及鐵路隊進入決賽。在決賽中，台大也毫無懸念的打敗鐵路隊，衛冕成功，蟬連冠軍。

在第 11 屆及第 12 屆時，當時台灣聯隊隊員，基本就是以台大球員為班底，迎戰

第 11 屆拿下大會賽冠軍，隊長胡榮灃（中）與隊友合影。

來訪的日、韓等隊，是台大橄欖球隊的高峰時期之一。

**大學時代的球隊故事：**

第 11 屆當家時，台大橄欖球隊幾乎有一半的球員，是來自建中橄欖球隊的，不過隊長胡榮澧卻是來自宜蘭，第 11 屆建橄球員有黃德謙及劉國鎮，第 12 屆建橄球員有邱雲磊、林喜喜、蔡旭城、翁孝敏、江錕錫，第 14 屆建橄球員有吳宏基、蔡喜雄、古盛鈿、蔡賢、劉正昭、花雲順等 13 位，幾乎可以成立一隊了。

第 11 屆大會賽冠軍戰，台大對上鐵路隊，以 3：0 辛苦得勝。

台大擁有了這批建橄球員，不但有良好的球技和豐富的經驗，而且都非常認真勤奮的練球。胡榮澧之前曾經回憶：「那個時候沿著汀州路、北新公路有一條鐵道，集訓時長跑到景美，常和火車比快來訓練體力。」

隊長胡榮澧一生鍾愛台大橄欖球隊，是一位傳奇人物，當他考上台大時，受到蘭陽女中同學的質疑：「你是怎麼考上台大的？」因為胡榮澧在中學時代，每學期的公假幾乎超過一百個小時，不論是參加反共抗俄演講、遊行領隊喊口號、壁報比賽、作文比賽、鎮運、縣運、省運的橄欖球賽、田徑比賽等等都有他的份。平常下課後都在練橄欖球，天黑看不見球即改練田徑，晚上回家又騎著腳踏車找鄰居玩，別人眼中的他似乎沒有時間念書。

然而胡榮澧回應同學說：「只要我坐在教室裡上課，就一定認真聽課，在家則選晚上十二點到凌晨二點很安靜的時間看書，這已非常足夠讀好書了。」他的考試成績非常高分，可以進入醫學系就讀，但是他卻選擇進入自己的第一志願中文系。

胡榮澧是當年羅東高中唯一考進台大者，他的高中橄欖球伴都沒有進台大，所以進入台大之後，胡榮澧原本並不想繼續打橄欖球。但才到校門口，就

遇到高中時期曾經交手過的建中對手吳文雄等人，吳文雄就問胡榮澧：「為何還沒來球隊報到？」胡榮澧無言以對，心裡還想著這麼快就被抓到了，終於還是進了球隊。吳文雄後來經常揶揄胡榮澧，說他一直覺得自己來球隊報名不值錢，要等人去找他，才比較有價值。胡榮澧終其一生，都以身為台橄一員為榮。

## 第 12 屆大事紀

**入學年分**：民國 43 年（西元 1954 年）
**隊　　長**：邱雲磊（電機系）
**同屆隊友**：葉洪江（機械系）、林喜喜（外文系）、林衡約（農工系）、蔡旭城（電機系）、翁孝敏（機械系）、江錕錫（農經系）
**大會賽成績**：社會組冠軍
**大會賽比賽時間**：民國 47 年 4 月
**大會賽比賽地點**：台北體育場
**重要賽事回顧**：

第 12 屆當家時，球隊的實力已經相當雄厚，後衛表現非常優秀。在大三下迎來三位前鋒的生力軍，讓前鋒實力大增，使整個球隊實力達到巔峰。7 人制比賽在 5 月新竹舉行，順利奪冠。5 月底突然受命迎戰來訪的韓國海軍隊，台大在 7 人制結束後已經停止練習，球員都忙著準備大考，台大無備而戰，比賽結果只輸了一、二球，但對方打法出乎意料外的粗野，有不少球員受了傷，印象特別深刻。

第 12 屆大會賽拿下 7 人制及 15 人制冠軍，錢思亮校長與全體隊員合影。

第12屆大會賽，台大輕易打敗成大，完成三連霸。

接下來最重要的大會賽在台北舉行，台大隊以70幾分之差戰勝英專聯軍，進入決賽對決成大，以15：5打敗成大奪冠，完成三連霸。第12屆的球員運氣很好，球員質與量均優，輕鬆拿到大會賽15人制和7人制的冠軍。而且球隊經費充裕，得到了郭炳才OB及水牛隊的財力支援。

當時開始有國際性比賽，如韓國隊來訪和香港遠征隊等。唯一遺憾的是未能與國外著名大學進行友誼賽。（第12屆隊長邱雲磊，節錄自台橄50周年紀念專刊）

### 大學時代的球隊故事：

第12屆邱雲磊，從民國46年開始擔任隊長，當時的重要比賽包括3月的大會賽、5月的7人制賽和光復節的省運賽。橄欖球協會的賽事，當時還沒有設大專組，只有社會組和中學組，台大隊在社會組稱霸多年。主要對手有英專（現為淡江大學）、大同OB、淡江OB、台南、羅東、鐵路、成大及建中OB等。由於橄欖球人口少，社會組參賽隊伍不多，有些隊伍只參加省運或大會賽。社會組不像高中組有學籍限制，球員流動率高。後來還有美僑隊和高炮部隊組織的虎風隊加入。

台大隊的球員多來自建中、大同、淡江、羅東、台南一中、長榮等校，他們已有幾年球場經驗。部分球員入學後因學業繁忙而放棄橄欖球，但也有一些是在入學後才加入學習。當年的出色球員包括林衡約、林喜喜、蔡旭城等，他們大一入隊一直打到畢業。當時要培養新球員困難重重，球員上下課時間不一致，缺乏專任教練等問題。由於台大一直沒有專業教練，練習或比賽時，大多由老球員或隊長負責指導新球員，每年都會針對大會賽而展開集訓。

這一屆最特別的是為球隊發行了最早的刊物，是慶祝第8屆隊長蔡劍琛OB獲得清華原子能科學獎學金。當時的印刷技術簡單，也缺乏經費和經驗，

使得刊物出版成為一件艱難的任務。最終，隊員們通過拉廣告和同屆同學陳權太的努力，完成了刊物的出版，付出了很大代價，陳權太甚至因為太辛苦，因此掉了一顆牙齒。

這段歷史不僅見證了台大橄欖球隊的發展，也記錄了球員們的奮鬥與友情。通過這些回憶，得以了解台大橄欖球隊在困難中成長的過程，並向那些曾經為球隊付出努力的人們致敬。這些故事都是球隊歷史的一部分，激勵未來的球員們繼續努力。（節錄自台橄 50 周年紀念專刊，作者邱雲磊）

## 第 13 屆大事紀

**入學年分**：民國 44 年（西元 1955 年）
**隊　　長**：馮朝勳（植物系）
**同屆隊友**：孫正明（機械系）、陳英達（化學系）、徐世傑（畜牧系）、毛健光（經濟系）、陳權太（經濟系）
**大會賽成績**：預賽淘汰
**大會賽比賽時間**：民國 48 年 3 月
**大會賽比賽地點**：台北體育場
**重要賽事回顧**：

第 12 屆拿下大會賽社會組冠軍之後，台大橄欖球隊經歷了一段小低潮。在此之前的水牛隊時代，球員主要來自醫學院，後來大部分的球員，都畢業自建中，但是第 13 屆都不是在建中打過的球員，而由大同中學畢業的馮朝勳出任隊長，球隊的人員及實力都不如前。

第 13 屆當家時，大會賽在台北體育場舉行，台大第一場就遭遇由空軍高砲部隊軍人組成的高砲隊，意外輸球而在預賽就被淘汰，第 13 屆大會賽社會組最後由台南市隊拿下冠軍，打敗台大的高砲隊則拿下亞軍。

在畢業 65 年之後受訪，馮朝勳對於輸給高砲隊一役已經沒有印象，對於第 13 屆上場最有印象的比賽，卻是他們在大三時，第 12 屆大會賽冠軍賽，隊長是第 12 屆邱雲磊，外界普遍都不看好台大會拿冠軍。那年馮朝勳打翼鋒

（Wing），印象中對手是對大同OB，比賽非常膠著，雙方一直僵持到終場前，馮朝勳跑進去達陣，逆轉拿下冠軍。馮朝勳開玩笑的說，應該就是因為這一球，他才被選為第 13 屆的隊長。

**大學時代的球隊故事：**

第 13 屆隊長馮朝勳高中讀大同中學，沒有打過橄欖球，早期台大橄欖球隊非常有名，所以一到台大，馮朝勳就主動加入橄欖球隊，非常喜歡這個運動。受訪時年齡已

第 13 屆隊長馮朝勳（前右）長年旅居美國，近年返國定居，2024 年 9 月 4 日在林口養生村受訪（後立中為第 25 屆張海潮，前左為第 16 屆莊仲仁）。

經 90 歲，定居美國超過 60 年，對於 70 年前大學生的生活，早就忘得一乾二淨，對台大僅有的印象，只有橄欖球及一起打球的隊友。

第 13 屆在學時的隊長分別是第 10 屆的謝天真，第 11 屆的隊長胡榮澧，第 12 屆的隊長邱雲磊，馮朝勳對這幾個隊長都印象深刻，記得胡榮澧來自羅東，邱雲磊帶隊非常嚴格。

大學時代的集訓，球員住在溫州街那邊的第一宿舍（現在已經拆掉了），吃飯就跟第一宿舍包飯，早上大家有牛奶可以喝，學校會撥部分的集訓費用，不夠的部分，會跟 OB 募款，當時管錢的是經濟系的陳權太，陳權太畢業前就考上會計師，管錢管了好幾年。

集訓時沒有教練教球，都是高中時代打過球的學長，甚至是學弟來教大家打球，包括前任隊長謝天真、胡榮澧跟邱雲磊。高中打過球來教球的學弟，還有第 14 屆的蔡賢及第 15 屆的陳份來。水牛隊的前輩蔡滋浬學長，經常會回來教學弟打球，也會一起打球。

當時台灣的橄欖球隊不多，馮朝勳有印象的學校，除了台大之外，還有法商學院（後來的中興大學法商學院，現在的台北大學）、台中農學院（中興大

學）及台南工學院（成功大學）、師範學院（師大）。（2024 年 9 月 4 日訪談馮朝勳，陪同莊仲仁、張海潮）

## 第 14 屆大事紀

**入學年分**：民國 45 年（西元 1956 年）
**隊　　長**：劉正昭（經濟系）
**同屆隊友**：廖一久（動物系）、吳宏基（化工系）、黃守智（經濟系）、蔡喜雄（經濟系）、花雲順（土木系）、古盛鈿（植病系）、蔡賢（農藝系）
**大會賽成績**：社會組季軍（冠軍空軍虎風隊、亞軍台南市隊）
**大會賽比賽時間**：民國 49 年 1 月
**大會賽比賽地點**：台南市府操場
**重要賽事回顧**：

　　第 14 屆大會賽是台大參加社會組的最後一屆，在 13 屆預賽就被淘汰之後，第 14 屆重回前三名。那一屆比賽，空軍以虎風隊為名參賽，在決賽一舉打敗第 13 屆冠軍台南市隊，得到冠軍。

**大學時代的球隊故事**：

　　第 14 屆隊長劉正昭在建中高二時才開始打橄欖球，在此之前他看到小他

第 14 屆隊長劉正昭（前中）曾任中華隊副隊長，台橄 50 周年（1995 年時）與第 15 屆隊長陳份來（前右）、第 14 屆吳宏基共聚。

一屆的陳份來初中二年級加入橄欖球隊，他和同學吳宏基，看到橄欖球員練球時赤著腳跑運動場三十圈，都懷疑怎麼有人願意參加練球這麼辛苦的球隊。

但是後來劉正昭還是在高二時加入橄欖球隊，運動能力極佳的劉正昭，一入隊只練了兩個星期，就在一場正式比賽中代替一位受傷無法出賽的隊友，打 Second row，全場只摸到兩個球就得了冠軍。

劉正昭對運動投入的程度，惹來高中老師不只一次的責難，為了打球都不讀書，還要不要拚大學？但是大學聯考前兩個月，劉正昭發揮打球的精神與體力，每天睡三個鐘頭，還是讓他拚上了台大。

上了台大以後，劉正昭對不同運動更是如魚得水般著迷，除了橄欖球之後，也參加足球隊，這群球員打球成癮，一年之中只有過年休息一、二天，大夥兒都以打球為樂。

但是在早期時代，大會賽沒有大學組，大學隊必須參加社會組的比賽，因此球員對自己的大學比較無歸屬感，其中建中畢業的球員，在建中光榮歷史下，都對建中極有向心力，建中畢業的台大生，雖然人在台橄，但他們的重心及主力還是放在建中校友隊上，包括連續好幾屆建中畢業的台大隊長。

劉正昭的球齡相當長，在日本早稻田大學修習碩士學位期間，亦曾參與早大隊的訓練，然而由於訓練相當嚴格且辛苦，「記得我膝蓋的擦傷從來沒有結疤的時候！」又加上功課的壓力，在身心俱疲的情況下只好結束訓練。但這九個月的經驗給他完全不同的感受，並從中獲得許多對橄欖球新的啟示，使他在學成歸國後的表現令人刮目相看。

1969 年的第一屆亞洲盃，劉正昭當選國家代表隊，並且出任副隊長，當時的隊長則是台橄第 21 屆隊長林英雄。

「草蝦養殖大王」中研院院士廖一久，也是第 14 屆隊員。廖一久的父親在日本早稻田大學打過橄欖球，他從小喜愛運動，民國 45 年進台大，很自然就加入橄欖球隊，當時台橄處於全盛時期，幾乎是每戰皆捷，享有盛名，當時大四隊長胡榮灃對新生很照顧。廖一久在大二比賽後，手脫臼情形嚴重，加上課業繁重而沒有繼續橄欖球生涯，但隊友之間的那份手足之情，至今未曾稍

減，他認為這是橄欖球的傳統與迷人之處。

## 第 15 屆大事紀

**入學年分**：民國 46 年（西元 1957 年）
**隊　　長**：陳份來（園藝系）
**同屆隊友**：周廷光（植病系）、陳嘉吉（農藝系）、方濚通（心理系）、陳志宏（園藝系）、吳泰玄（地質系）、黃文源（農工系）、侯書武（考古系）、郭衛民（園藝系）、林於集（機械系）、薛振漢（商學系）
**大會賽成績**：大專組季軍（冠軍師大、亞軍成大）
**大會盃比賽時間**：民國 50 年 1 月
**大會盃比賽地點**：台北體育場
**重要賽事回顧**：

　　大會賽第一次設立大專組，將大專組從社會組中獨立出來，但是不像現在大專盃分為甲乙組，所以要在大會賽大專組中拿下冠軍，要打敗有甲組球員的學校，也不是一件容易的事。大會賽第一次設大專組，但是台大沒有拿下好的成績，那一屆的冠軍是甲組球隊師範大學，亞軍則是成功大學。

**大學時代的球隊故事**：

　　隊長陳份來在 50 周年時回顧，對於沒有領導球隊拿下冠軍，相當的自責，覺得對台橄有一份虧欠。第 15 屆的大會賽應該要贏的球，最後卻輸了，陳份來自我檢討認為是身為隊長的他，練球時督導不周，身兼三職，既是台橄隊長、也當畢聯會主席、又要回建中教球，卻把台橄練球的責任交給副隊長黃文源負責。因為當時高中球隊競爭激烈，而在台橄內部出現兩股勢力，一股是建中畢業球員、一股是非建中的球員；黃文源很盡責投入帶球隊，但是建中的球員似乎並不很配合，最後台大會輸球，陳份來認為絕大部分是他的責任。

　　因為覺得對橄欖球有虧欠，促使陳份來後來在台北市橄欖球的發展上，花了很多心力，他希望可以彌補一些過錯。陳份來擔任北市橄委會主委，推動許多發展基層橄欖球的活動，譬如招募一百多位國中生在宜蘭東山高中舉行橄欖

球的訓練營，奠定了往後十幾年橄欖球蓬勃的運動人口。

隊員陳嘉吉高中是大同中學足球隊的，偶然的機會與前一屆隊長劉正昭開玩笑約定，如果考得上台大，就去打橄欖球，想不到竟然成真了。大一時隊長邱雲磊訓練很嚴格，累到他蹲下去上廁所，竟然站不起來，還要喊人來幫忙。第12屆台大得冠軍，去一家日本料理店慶祝，陳嘉吉用冠軍杯裝了兩瓶紅露酒一飲而盡，然後還可以騎腳踏車回家，從此發現他的酒量極佳。

在台橄50周年（1995年）時，第14屆及第15屆隊友齊聚一堂話當年，第15屆出席的有隊長陳份來（前右二）、陳嘉吉、周廷光、陳志宏等OB。

橄欖球員食量驚人，當時集訓時是採包飯制，白飯和湯無限量供應，陳嘉吉每餐要吃九碗白飯，另一位隊員周廷光吃七碗，老闆禁不起飯量的消耗，看到陳嘉吉來吃飯，竟然把錢拿給一位隊友，拜託把錢退給陳嘉吉，請他以後不要再來，陳嘉吉覺得不好意思，只好轉移陣地到宿舍餐廳吃飯。陳嘉吉認為四年橄欖球隊訓練，讓他受益匪淺，一直記得前輩們的照顧以及講過的話：人生就是要拚。

陳志宏則是成功中學足球隊的，因為跟隊長陳份來是園藝系同班同學，被拉來打橄欖球，陳志宏說他最感到驕傲的是，他參加過的正式比賽從來沒輸過，原因是因為他是二線球員，遇到較弱的隊伍才會輪他上場，當然都不會輸。陳志宏認為橄欖球最優良的傳統就是服從，那種前輩與後輩間的倫理關係很明確，這在現代社會已經很少見了。（節錄自台橄50周年紀念專刊）

## 第 16 屆大事紀

**入學年分**：民國 47 年（西元 1958 年）

**隊　　長**：莊仲仁（心理系）

**同屆隊友**：曾章（電機系）、賴嘉祿（土木系）、薛明敏（中文系）、林瑞祥（經濟系）、陳卓（物理系）、黃萬生（法律系）

**大會賽成績**：大專組季軍

**大會賽比賽時間**：民國 51 年 1 月

**大會賽比賽地點**：台北體育場

**重要賽事回顧**：

　　大專組從社會組分出來的第二屆比賽，第 16 屆的台橄沒有前幾屆的明星球員，大部分的球員球齡不長，但是大家對比賽的信心及決心沒有一絲一毫的差別。隊長莊仲仁回憶當年大會賽的準決賽，對上甲組球員及一排後衛國手級的師大隊，不論身材及球技經驗都差一大截，但是台大打球就是黏，師大打的一點都不輕鬆，在拚盡全力之後，台大還是不敵師大，只能跟海事專校（現海洋大學）爭季軍，沒有懸念的獲勝。

**大學時代的球隊故事**：

　　莊仲仁高中就讀台南長榮中學，是學校足球隊的球員，進台大之後，同是長榮中學畢業的學長侯書武及黃文源（台橄第 15 屆 OB），已經是台橄一員，就邀請運動神經發達而且身材很好的莊仲仁加入橄欖球隊，從此與台橄及台灣橄欖球界，結下了不解之緣。

　　第 16 屆球員入隊時，球員的大本營還在舊的溫州街的第一宿舍（現已拆除）。莊仲仁說，那時一天到晚沒事就往宿舍跑，占了兩間宿舍，變相作為球室。大二的時候，移到現在女九餐廳所在地的「小僑生宿舍」，一樣占了兩間宿舍，球員陸續的搬了進來，包括薛明敏（第 16 屆）、蔡玉吉（第 17 屆）、萬國源（第 18 屆）、黃嘉松（第 18 屆）等。沒有住進來的隊友侯書武、黃文源跟其他人，中午就會來一起吃飯，沒課就在宿舍打屁聊天等著下午練球，有

第 16 屆合照，前排左一是第 16 屆隊長莊仲仁。

事無事都在宿舍，天天混在一起，彼此的情感比自己親兄弟還親。

畢業後一直慷慨捐獻球隊的中文系隊友薛明敏，在加入橄欖球隊前，也是熱愛運動的人，尤其喜愛長跑、國術與游泳，也是受長榮中學時代的學長黃文源 OB 邀約而入隊。當時台橄名將如雲，所以在大學時代，薛明敏並不是明星或主力級的先發球員，但是他辛苦卓絕的苦練了四年，甚至在大三及大四時還組了第二隊參加比賽。四年苦練讓薛明敏養成了過人的體力及驚人的毅力，畢業後轉行到旅館經營管理，而成為台灣的旅館管理大師級的人物。

第 16 屆年紀最小的物理系陳卓，本身的運動能力及身材非常優秀，但是家裡一直不同意他打橄欖球，大學時代打了五年的球，都是偷偷瞞著家裡來練球，練完球隊友就會分別幫他保管及清理球具。陳卓回憶在球隊的五年，儘管球隊中名將很多，很多是甲組及國手級的球員，但是卻跟球隊互動很少，所以那幾年球隊的成績都不理想，連續四年都沒有拿到冠軍。

陳卓最最難忘的一場比賽，反而是在大五那一年，跟著第 17 屆一起比賽，終於拿回了大會賽冠軍，決賽對手是陸軍官校。陸官的傳統兇悍、體力好，動作整齊劃一，但是太過機械化，陳卓認為台大的戰術比較靈活，懂得把握機會，打 Second row 的李仁旭進了第一球，穩定了軍心，最後台大以 2：1（達陣數）贏了陸官。

莊仲仁認為，第 16 屆是台橄承先啟後的一屆，第 15 屆以前台橄很多高中打過橄欖球的名將，但是因為一些內部整合的因素，成績不理想。在第 15 屆畢業後，名將都離校了，外界認定台橄已經不能成軍，甚至於台北市的邀請賽，台大隊已不在邀請的名單之列。但是沒有明星球員的第 16 屆，反而是團

結一致的一屆，他們培養了後起的第 17-19 屆，連三屆拿下冠軍，開啟了台橄的另一段盛世。

莊仲仁還提及另一段歷史，那時陸軍官校的球隊剛成立，他們沒有球衣，都穿軍衣來比賽，台大橄欖球隊會送給他們球衣，沒有球鞋，台大也會送他們球鞋，當時台大跟陸官球員間感情很好。

第 20 屆的張邦彥提到莊仲仁的趣事，畢業之後，莊仲仁還住在小僑生宿舍，他的蚊帳有兩個洞，張邦彥問他為什麼不把洞補起來？他說：一個洞讓蚊子飛進來，一個洞給蚊子飛出去，所以他的蚊帳內都沒有蚊子。

## 第 17 屆大事紀

**入學年分**：民國 48 年（西元 1959 年）
**隊　　長**：蔡玉吉（農化系）
**同屆隊友**：莊信夫（機械系）、陳正旺（農藝系）、陳順文（畜牧系）、柯哲洲（經濟系）、張建志（畜牧系）、王子勤（農工系）
**大會賽成績**：大專組冠軍
**大會賽比賽時間**：民國 52 年 1 月
**大會賽比賽地點**：台北體育場
**重要賽事回顧**：

在第 17 屆之前，台大已經在大會賽連續失利了 4 年，創下了創隊以來最長的低谷時期，所以在第 17 屆大會賽之前，沒有人看好台大有東山再起的機會。隊員陳順文回憶說，當時兵強馬壯的師大隊，根本沒有把台大看在眼裡，賽前遇到一位師大球員的挑釁：「台大不要贏我們啦，不然跟陸官不好打喔！」完全看不起台大。

雙方賽前評估實力，連台大自己都認為，打不贏師大很正常，因為當時師大隊幾乎全部都是國手，而且已經連拿兩屆冠軍，他們甚至覺得已經可以在冠軍盃上刻上師大校名（註：連贏三年者才能擁有冠軍盃）。

比賽開始之後，雙方勢均力敵，台大球員拚盡全力，師大沒有得到預期的優勢，雙方你來我往，賽況膠著。關鍵的進球，是在台大球門前25碼的正集團爭球（Scrum），2號勾球者梁志豐非常漂亮地把球直接勾到傳鋒（Half）蔡玉吉的手上，蔡玉吉傳球給小邊翼鋒（Wing）柯哲洲，突破對方防守線一路狂奔，不久柯被師

第17屆的冠軍陣容，前排右四是第17屆隊長蔡玉吉，右五是第18屆蔡勳雄（曾任經建會主委），第12屆邱雲磊OB（後右三），指導第17屆奪冠。

大名將林鎮岱追上並Tackle出界。柯哲洲與打五號位置（Second row）的陳順文平時搭配很有默契，柯在出界前陳順文正好支援（Cover）在旁，柯將球漂亮地勾傳給陳順文，這時對方陣前已經沒有防守球員，陳順文拿球一直跑向師大球門前，萬國源在後面大喊：「給我Try！給我Try！」陳順文於是把球傳給萬國源在中央達陣（Center try），可惜加射的Goal沒進，最後台大以6：3，不可思議的打敗如日中天的師大。隔天在決賽中，再以16：6打敗陸官，贏回失去4年的大會賽大專組冠軍。

第17屆的冠軍，開啟了新的時代，陳順文說，第17屆樹立一個成功的楷模，以實際的行動告訴所有後輩：只要下定決心，付出努力，沒有不可能的事。

贏得冠軍後，有11位台大選手當選台灣大專明星隊，由蔡玉吉隊長帶隊，遠征香港，征港戰績，三戰二勝一和。（節錄自台橄50周年紀念特刊）

**大學時代的球隊故事：**

第17屆算來是最苦的一屆……陳順文說，第17屆以前台大的戰績不理想，再加上許多建中好手都畢業，橄欖球協會竟認為台橄已經快解散，在完全沒有大牌球員的情況下，台大球員咬牙苦練，替自己也替台大爭了一口氣，也

第 17 屆隊長蔡玉吉（右二），獻冠軍獎杯給錢思亮校長（中）。

成為台橄數十年來的典範，打的是團體戰，不靠明星球員。

陳順文分析第 17 屆成功的關鍵，是因為有一個好的帶隊 OB——邱雲磊（第 12 屆隊長），邱雲磊畢業後就讀清華研究所，經常回到球場來指導在校學弟練球，邱雲磊告訴學弟：「橄欖球員的訓練就是不斷的跑，不要偷懶休息，只有回到定位才可停下來。」

而且第 17 屆有一個好的隊長——蔡玉吉，陳順文說，不論他的精神、時間、金錢、甚至往後整個家庭，全部都奉獻給了球隊，一直到他去世前，家中都無條件開放，供應所有在校球員吃、住不曾間斷。

陳順文說，第 17 屆也制定了許多球隊的規矩，而且延續執行了數十年：譬如球鞋必須到球場才可以換上；球衣只有在打橄欖球時才可以穿，在球場上不准穿其他衣服，穿球衣時不可坐在地上，不可以坐在球上面等等。更重要的是，從第 17 屆開始，也確定了「不參加練球者，不可以上場比賽」的原則，比賽時不再有「空降部隊」的情形發生，這對整個球隊重視出席訓練的發展而言，起了很大幫助，大牌球員不常練球因而造成球隊畸型發展的現象，不再發生。

第 17 屆也發生了一件好事，陳順文說，那一年體育館剛蓋好，球員都是第一次集訓住進體育館，像美國球員一樣有自己的櫃子可以放東西，備感尊榮。而且集訓的經費，因為蔡玉吉隊長的各方奔走而相當充裕，隊員都吃得相當營養且豐盛，在比賽之前隊員的體力已達顛峰狀態。

第 17 屆不只貢獻給台橄成功的冠軍經驗，陳順文說，在蔡玉吉隊長回學

校當助教後對球隊的長期付出,才是第 17 屆對台橄最大的貢獻。因為蔡玉吉的帶領,讓球員間的感情變得更親密,畢業的校友也因此常到他家聚會或球場打球。蔡玉吉本身的功課非常好,球又打得好,得過優秀體育青年,一直到現在,即使已經去世 40 多年,蔡玉吉還是球隊的一個典範。

那年才大一的張邦彥說,第 17 屆打贏了師大,這是第一次台大橄欖球隊下場比賽球員中沒有建中畢業的,所有球員都是靠台橄自己辛苦訓練出來,打敗了當時很強的師大隊,這是非常不容易的事。(節錄自台橄 50 周年紀念特刊)

## 第 18 屆大事紀

**入學年分**:民國 49 年(西元 1960 年)
**隊　　長**:黃嘉松(植病系)
**同屆隊友**:萬國源(植病系)、李仁旭(農工系)、蔡勳雄(法律系)、許英智(地質系)、劉文雄(農化系)、林明毅(物系)、廖忠夫(機械系)
**大會賽成績**:大專組冠軍
**大會賽比賽時間**:民國 53 年 1 月
**大會賽比賽地點**:台南市體育場
**重要賽事回顧**:

第 17 屆畢業之後,部分好手也離開了球隊,球隊的一些重要位置頓時沒有適當球員可以補上。第 20 屆副隊長張邦彥回憶說,第 18 屆非常的幸運,當時大一新生,剛好補進好幾位建中畢業的球員,包括林英雄、林泰生、賴漢威、李仁芳、陳淮、倪一偉、顏雅堂等,把空缺的位置都順利補上。即戰力人員補齊之後,第 18 屆就很變得很強。集訓時大家都非常的認真,承續第 17 屆的精神,誓言要衛冕成功。

第 18 屆大會賽移師台南舉行,黃嘉松隊長率全隊南下,抱著衛冕的壯志出發。準決賽打敗強敵陸軍官校。決賽對戰政大,激戰之後衛冕成功,奪下第 18 屆大會賽大專組冠軍。張邦彥說,第 18 屆能拿下冠軍,那些建中進來的球

員，功勞很大，否則以當時陣容的缺口，第 18 屆是很難拿下冠軍的。

## 大學時代的球隊故事：

第 18 屆的故事，很多都發生在小僑生宿舍中。橄欖球隊跟前幾屆一樣，占了兩間宿舍，變成橄欖球隊的根據地，每個房間可以住 6 人，經常住在宿舍的大約有 10 多人。張邦彥說，當時有繳宿舍費的大概只有一半，其他球員都是免費住在小僑生宿舍中。（小僑生宿舍，現在已經改為女九宿舍餐廳）

在張邦彥記憶中，第 18 屆的萬國源有很多趣事。張邦彥說，萬國源人長的又高又大，但是長相很普通。他大四時，球隊進來了一位大一的球員劉漢卿，萬國源一看到劉漢卿就很高興，不是因為新進一位優秀的球員，萬國源很欣慰的說，終有人比他長的更壯且長相更普通，他不用當全隊第一名了。

張邦彥說，民國 50 年代，台灣的經濟很不好，從南部上來的小孩，家裡都很窮，很多人都沒有錢買香皂或牙膏，宿舍中如果有人買香皂或牙膏，沒有收好，很快就會被隊友拿去用，香皂或牙膏沒幾天就被用完了。第 18 屆的許英智的外號叫「皮仙」，就是全隊最皮的，從來不買香皂，也不買牙膏，都用別人的，借不到就用洗衣粉洗澡。

第 18 屆隊長黃嘉松有時會買麵茶吃，沒吃完的麵茶就會藏起來，張邦彥說很奇怪的是，許英智總是可以找得到黃嘉松藏的麵茶，等黃嘉松想吃時，袋子裡面都是空空的。黃嘉松有一台日本富士牌的腳踏車，許英智借去騎了之後，卻被別人偷走了，這些都是發生在第 18 屆的往事。

第 18 屆還有一位認真的球員，就是法律系的蔡勳雄。張邦彥說，一般讀法學院的球員，讀到三、四年級時，都要搬到法學院宿舍住，練球就比較不常出來，但是蔡勳雄，大三大四還是堅持住在小僑生宿舍，白天趕到法學院上課，下課再趕回總區練球，大學四年都在認真的練球。蔡勳雄因為練球，肩膀受傷，很容易脫臼。經常比賽比到一半，肩膀就會脫臼，當時的黃嘉松隊長很厲害，可以把脫落的肩膀弄回去，蔡勳雄就可以繼續比賽。

有趣的是，蔡勳雄在成功嶺受訓時，有一次出操肩膀脫臼，痛得不得了，黃嘉松剛好在同一排，就幫忙把蔡勳雄的肩膀喬回去。黃嘉松因為「嘉惠同

袍」，放榮譽假一天。蔡勳雄的身體狀況不佳，隊友常常問他哪裡痛，他的名言就是除了頭髮不痛，全身都痛。

　　隊長黃嘉松回憶大一時（節錄自台橄50周年專刊），有一天來到球場，剛好一顆球滾過來，他把球高高的踢回去，沒有想到這一踢，就跟橄欖球結下了一生不解的緣，在台大打了五年的球，一生都心繫著台橄。

　　黃嘉松說每一場比賽，都用盡全力，也留下不可抹滅的記憶，但是一生最懊悔的一球是在第 17 屆的大會賽，跟強大的師大比賽，師大向來瞧不起台大，但是台大都拚著命在打，球到人到，All tackle，好不容易台大終於進了兩球，由黃嘉松負責射門加踢。第一球太靠近邊線，沒有踢進，但是第二球中央達陣，比數成為 6：3 台大領先，如果加踢可多得 2 分，擴大領先。場外 OB 們不斷提醒：「黃嘉松穩住，好好踢一個！」正當全場屏息以待時，黃嘉松竟踢到了土，球只飛出三碼，射門落空。最後結束前十分鐘師大一波一波的進攻，台大拚老命的防守，雖然師大控制攻勢且堅持要達陣，拚到最後哨聲響起，師大始終沒有再進球，全體隊員哭一團，心情已不知如何形容……。還好台大最後贏了，否則黃嘉松那顆吃土失足沒踢進的中央達陣射門，可能成為一輩子的陰影。

第 18 屆在大會賽決賽打敗政大，衛冕成功。

## 第 19 屆大事紀

**入學年分**：民國 50 年（西元 1961 年）
**隊　　長**：梁志豐（商學系）
**同屆隊友**：陳武雄（化工系）、蔡紘一（法律系）、蔡仟松（法律系）、胡忠義（法律系）、廖國男（地理系）、康杰（心理系）
**大會賽成績**：大專組冠軍
**大會比賽地點**：台大
**大專盃成績**：大乙組冠軍（第一屆大專盃）
**大專盃比賽地點**：台大
**重要賽事回顧**：

第 19 屆隊長梁志豐接任時，教育部為推廣大專的橄欖球運動，舉辦第一屆大專盃，比賽地點台大，錢思亮校長親自主持開球。開幕戰由台大對戰成大，開賽沒有多久，隊長就被成大一位身材碩大的前鋒擒抱壓倒在地，鎖骨折斷，離場就醫。沒有隊長指揮，場上以 14 人對抗 15 人，台大發揮以寡敵眾的精神力克頑敵，隨後又打敗師大、陸官，決賽對上政大。

對政大的決賽，上半場開始 15 分鐘，上屆隊長黃嘉松在擒抱對手時下唇撞裂，血流如注，只得出場。台大只剩 14 人對政大的 15 人（當時的規則，受傷也不能換人），即使人數較少，台大仍然鬥志旺盛，即使戰到一兵一卒，也要奮戰到底。

當時整個球場被滿滿的台大學生擠得水洩不通，可能是台橄史上最多觀眾的一場比賽，激烈競爭中，即使有幾位台大球員受傷出場，但在滿場台大學生的加油聲中，終場台大以一球之差，打敗政大，捧回史上第一座大專盃的冠軍盃。

第 19 屆的比賽，陳武雄高高躍起爭邊球。

隔年 3 月的大會賽，更是關鍵的賽事，台大在第 17 及第 18 兩屆大會賽二連霸。當時的比賽慣例是由冠軍隊得到獎盃，保管到下屆比賽時，再把獎盃帶回給大會。大會規定如果一所學校連續三屆拿下冠軍，冠軍獎盃就

第 19 屆軍容壯盛，贏得了所有比賽的冠軍。

由該隊永遠保留。第 19 屆的大會賽在也在台大舉行，全體隊員對於三連霸在台大校園完成，都抱著無比的期待與信心。

　　台大在準決賽中，遇到那幾年最強勁的對手台灣師大，師大隊擁有國手多達 7、8 名，可謂戰將如雲。師大在開賽 5 分鐘就以中央達陣（Center try）及加踢 Goal 連得 5 分，台大秉著不能輸的決心，苦拚再苦拚，一步步收復失土，最終以 3 分擊敗超級強敵，贏了一場不可能贏的賽事，終笛一響，所有隊員相擁喜極而泣。

　　大會賽的決賽，又遇到兩個多月前，第一屆大專盃中浴血中打敗的政大。台大想要三連霸，而政大想要一雪大專盃的敗戰之恥，兩隊在決賽中也是寸土必爭。經過艱苦的戰役，台大還是以些微的比數擊敗政大，完成大會賽大專組三連霸的空前偉業，永久保存冠軍獎盃。

　　台大可以永久保存這個冠軍獎盃，大家士氣非常高昂。當時獎盃曾被連得第 15 及第 16 兩屆冠軍的師大保管，他們原本以為第 17 屆的冠軍，非師大莫屬，在第 17 屆賽前預先刻上「師大」，讓師大可以永久保存此獎盃，卻沒有想到接下來的第 17、第 18、第 19 三屆的比賽，台大冠軍三連霸，獎盃永久保存在台大。

　　連奪大專盃及大會賽兩座冠軍獎盃後，台大參加了台北市舉辦的不分組的青龍杯（社會、大專皆可自由參加），台大在比賽中，連克實力強勁的大同 OB 及建中，勇奪青龍第二屆的冠軍。

連奪三座冠軍盃，全國橄欖球協會推派台大迎戰日本全國大學冠軍隊日本體育大學，是該隊來台友誼賽最後一場的壓軸賽。雖然台大最終輸球，但是台大高昂的奮戰精神，讓日隊大為驚嘆。日隊輕鬆地打敗台南市聯隊及台北市聯隊，但是與台橄的比賽，日隊拚盡全力才能攻克台大的陣地，是日隊在台得分最少的一仗。

第 19 屆所有參加的比賽，全部都拿到冠軍，包括大專盃、大會賽及台北青龍盃，贏得三個冠軍，是歷年來成績最好的一屆。

### 大學時代的球隊故事：

跟前幾屆一樣，第 19 屆的幾員猛將，都是在小僑生宿舍中，培養出比親兄弟更濃厚的感情。每天午餐時間，所有台橄兄弟，不管是不是住在小僑生宿舍，大家都端著飯，到小僑來一起吃飯，一起聊天開講。

第 19 屆背負了大會賽三連霸，留下冠軍盃的歷史使命，這個使命成為這一屆的共同語言，為了這個神聖的使命，第 19 屆主將之一陳武雄不惜違背已答應他父親不再打球的誓言：「如再碰橄欖球即斷絕父子關係！」背著父親，參加球隊賽前兩周的集訓及比賽。

陳武雄是在大二的大會賽決賽中，對決陸官時，有一球已經快達陣，陳武雄在達陣線前，被三個陸官球員頂出球場角落（Corner），撞到插角旗的鐵杆，但是不知道當下大腿肌肉已經裂開，內部出血，還是繼續打完比賽。結果在頒獎典禮時，陳武雄因肌肉大量出血，腿腫得兩倍大，眼前一黑就在場邊昏倒，不省人事，醒來時已躺在台大醫院床上，住了好一段時間。

從醫院回家，第 16 屆的莊仲仁背著陳武雄上樓，陪同回家的一群隊員，全都挨陳武雄父親一頓臭罵。從此父親就禁止陳武雄打橄欖球，嚴厲告誡他如果繼續打球，就要切斷父子關係。

但是熱血青年誰能割捨對台橄深厚的情誼？陳武雄不願放下兄弟之情，每天練完球後把球衣球鞋等裝備全都放在小僑生宿舍，請住宿舍的學弟們幫忙清洗，練球或集訓也常常缺席或是不能全程參加，但隊友們就像兄弟一樣，感情非常好，大家都了解陳武雄並非故意缺席，非常體諒和支持他。

第 19 屆還有一位很特別的球員,是打 Second 的廖國男,讀地理系大氣組,根據張邦彥的描述,廖國男長得很高但很瘦,是一位非常認真的球員,經常跟大家一起練球比賽,出席率很高。每次練完球以後,大部分的球員都會聚集在小僑生宿舍聊天,但是廖國男都跑到圖書館去念書,所以每一年都拿書卷獎。後來他到美國念書,拿到博士學位,在學術研究上非常有成就,主要研究的內容是大氣科學,後來廖國男被選為中央研究院海外院士,是台灣學術界最高榮譽,可惜在幾年前(2021 年)過世。

## 第 20 屆大事紀

**入學年分**:民國 51 年(西元 1962 年)
**隊　　長**:林富雄(農推系)
**同屆隊友**:張邦彥(副隊長,畜牧系)、吳慶佳(中文系)、陳永達(畜牧系)、羅楚雄(經濟系)、陳振義(園藝系)
**大會賽成績**:大專組季軍
**大會賽比賽地點**:台中市體育場
**重要賽事回顧**:

第 20 屆的大會賽在豐原舉行,之前台大已經在台灣大會賽三連霸,正準備迎接四連霸,而且這一屆的球隊成員相當的整齊,先發 15 人中,有 13 人可以說是 All Taiwan 最好的橄欖球員,就因為兵強馬壯,反而埋下驕兵必敗的引信。

第 20 屆軍容壯盛,擁有當時台灣橄欖球界的多位最佳選手(後排右六是隊長林富雄)。

大會賽在台中舉行，家鄉在豐原的隊長林富雄（最前躍起搶球者），率隊出征。

第 20 屆雖然實力被看好，但是卻因為輕敵而痛失冠軍，隊長林富雄（前排左四）在閉幕典禮上，低頭不語。

副隊長張邦彥回憶，當年大家都非常的自豪，都認為台大蟬聯冠軍是必然的結果。那一屆在學校集訓練球時，是歷年來最輕鬆的一屆，大家練球時都不認真。

大會賽第一場比賽對台中體專，台大贏得很輕鬆。第二天準決賽對戰師大，全隊都很鬆散，開賽後台大球員都沒有認真地比賽，上半場台大一直處於落後狀態。到了下半場台大還是沒有很認真的投入賽事。一直到下半場結束前 10 分鐘，主將林英雄被師大球員 Tackle 受傷之後，台大才驚覺可能會輸，開始真正認真的投入比賽，可是當時已經落後師大三球，雖然急起直追，但是為時已晚，最後台大輸給了師大，失去爭冠的機會。

張邦彥說，台大當時有最好的先發陣容，一直認為一定可以輕易的拿下冠軍，集訓不認真，比賽時態度也是屌兒郎當的，會輸也不意外。前面三屆在大會賽三連冠，但是卻毀在這一屆，沒有再連續拿冠軍。張邦彥說，這是一生痛苦的回憶，經常回想起這件事，就覺得非常非常的慚愧，對台大橄欖球隊很不好意思。

經過 15 人制的失利之後，下學期在宜蘭羅東舉行 7 人制大會賽，全隊秣馬厲兵務求扳回一城，台大一共報名了 4 隊參賽，第 4 隊以大一球員為主力，志在訓練新軍。最後台大主力隊在隊長林富雄及林英雄等人的領導下，攻城掠

地，打敗師大勇奪冠軍，一雪 15 人制敗戰之恥。

**大學時代的球隊故事：**

多年來一直熱心於球隊事務的第 20 屆副隊長張邦彥回憶，大一開學不久，畜牧系同學陳永達就告訴他，參加橄欖球隊好處很多，住小僑生宿舍可以不用繳住宿費，這對貧窮的南部小孩，誘惑力很大，在一次的物理實驗課後，陳永達就帶著張邦彥，去見當時在同一個教室修物理試驗的第 17 屆副隊長莊信夫。

張邦彥就這樣加入球隊，也住進免費的小僑生宿舍，當時小僑生宿舍有兩間，全部住著橄欖球員，共有 12 位隊友，包括張邦彥、吳慶佳、蔡勳雄、陳永達、羅楚雄等人，住在同一間寢室。

張邦彥說他剛進球隊時，要穿著自己的舊棉衣練球，認真練球多次後，當時的總幹事萬國源，就發了一件身經百戰略為破舊的球衣給他，成為正式的台橄球員，那一刻心裡覺得無比榮耀。一年後正式參加比賽，發了一件全新制服。當時萬國源也給了張邦彥一雙舊釘鞋，是皮革釘鞋，並告訴他要去哪裡修補鞋子，費用自行負擔。在那個年代，所有的物資都是二手老舊品。

當時球隊的重要決策，都是由參與球隊訓練，投入較深的幾位 OB 討論後決定，包括每一屆的隊長人選。在每次慶功宴上，由高輩分 OB 提名確認後再宣布。張邦彥記得他在學校時，投入指導球隊，熱心盡力的 OB 很多，包括第 12 屆的邱雲磊、第 14 屆的蔡賢、第 16 屆的莊仲仁、陳卓和薛明敏，還有第 17 屆的蔡玉吉和陳順文。

讀畜牧系的張邦彥也回憶了一些趣事，因為課程中的家畜解剖學，每次實習課後，張邦彥都會帶一些試驗後的馬肉、牛肉、狗肉、青蛙回小僑生宿舍烹煮，雖然有一點麻醉劑的味道，大家還是吃得津津有味。當時大家身體強壯，抵抗力強，第 18 屆的蔡勳雄一再告誡大家不可吃，但是大家還都是吃了，也無任何異狀。

另外一件人生難得的第一次，就是隊長林富雄帶大家上酒家，張邦彥說林富雄外號叫大塊，家住豐原，是一個非常豪氣的人。第 20 屆大會賽在台中比

賽，林富雄就帶著隊員上酒家喝酒。張邦彥說，這是他及很多隊員人生第一次上有酒家女的酒家，那次林富雄花了不少錢招待大家，令大家大開眼界。

## 第 21 屆大事紀

**入學年分**：民國 52 年（西元 1963 年）
**隊　　長**：林英雄（農經系）
**同屆隊友**：林泰生（心理系）、賴漢威（地理系）、黃國清（商學系）、許顯增（森林系）、李聯芳（農經系）、倪一偉（機械系）、陳淮（電機系）、顏雅堂（醫學系）
**大會賽成績**：大專組冠軍
**大會賽比賽地點**：台南善化
**重要賽事回顧**：

　　第 20 屆的大會賽，雖然台大兵強馬壯，卻在準決賽時，大意失荊州，敗給師大，進不了決賽，失去了衛冕冠軍的機會。第 21 屆的幾位主將，在第 20 屆大會賽中，就已經是場上主將，第 20 屆的失利，他們都親身經歷。

　　第 21 屆大會賽 15 人制，在台南善化舉行，進入決賽圈的另外三隊，都不好惹。準決賽台大打敗台中體專，陸官打敗最具冠軍相的上屆冠軍師大。根據第 22 屆劉欣光回憶，決賽前第 14 屆隊長劉正昭跟帶隊 OB 蔡玉吉說，比賽大約是三七波，台大的機會不大。但是這些話傳到球員耳中，卻激起大家旺盛的鬥志，一開賽就全力以赴。

　　劉欣光當時覺得，台大集訓這麼久，隊友的默契好得不得了。當時前鋒有李聯芳、張天鴻（老鳥）、林泰生、賴勝權、陳鐘杉、柯寬仁等人，後衛有賴漢威、顏雅堂、倪一偉、張喜雄、林英雄、柯哲淳等，都是久經沙場的名將，再加上劉欣光，被譽為當時台灣最厲害的傳鋒之一。隊友間默契十足，團隊合作是各球隊中最好的。

　　不幸的是，這一屆決賽前的損兵折將，卻比任何一年都嚴重。賴漢威在 50 週年受訪時說：「我大腿肌肉拉傷，倪一偉腳踝扭傷，老林（林泰生）踝骨

斷裂,前兩場都沒下場,決賽前按捺不住,毅然把石膏拆掉,決定出賽。隊長在安排陣容時更是傷透腦筋……。最後毅然決定讓大家都帶傷下場。」陸官向以潑辣勇猛出名,台大球員忍著身體的痛苦,堅持到最後一分鐘。比賽結果,台大以3球戰勝陸官,奪回冠軍。

第21屆隊長林英雄(左),曾當選第一屆亞洲盃國家隊隊長。圖為台橄60周年慶,與同屆隊友黃國清同回學校打球。

第23屆柯寬仁回憶這場冠軍賽,是四年橄欖球比賽中,最難以忘懷的一場球賽。陸官人高馬大,個個理個光頭,目光逼人,殺氣騰騰,令人不寒而慄。雖然台大球員體型較小,但也個個精神抖擻,而且台大向來以智取不以力拚聞名。開球後,兩隊短兵相接,震耳欲聾的喊殺聲不絕於耳,被裁判制止多次。球到哪裡,兩隊人馬便追到哪裡,一波波的進攻,雙方都有非勝不可的意志。兩隊都有好幾位球員受傷下場,球賽宛如戰爭般慘烈。賽前有位前輩預測台大鬥牛略居下風,當時擔任牛頭的柯寬仁心中真不是滋味,反而更激起鬥志,在全場的鬥牛陣中,台大在隊友劉漢卿(綽號老漢),張天鴻,林榮鴻(水牛)以及林茂宗(鐵牛)等最佳拍檔通力合作之下,把陸官的鬥牛陣推的潰不成軍。八成以上球均在台大,再加上左右翼鋒技術性的演出,台大隊得到最後勝利。

第21屆的7人制比賽,在基隆海洋學院舉行,準決賽台大勝海洋,文化勝師大。最後由台大對文化,比賽結果台大勝出,拿下15人制及7人制雙料冠軍。打傳鋒的劉欣光回憶7人制的冠亞軍賽陣容,前鋒賴勝權、林泰生、劉漢卿,傳鋒劉欣光,後衛是林英雄、倪一偉和張喜雄。這個是國手級的陣容,雖然當時文化有杜光富、胡俊、尤新吉與體育系的球員等在內,但結果還是被台大抱走冠軍盃。比賽結束時,兩隊都抱頭痛哭,台大流的是喜樂的眼淚,文

化隊員則嚎啕大哭,但冠軍只能有一個。

第21屆大會賽後,台大代表台灣,在台北體育場,接受日本經濟學大學橄球隊來台訪問比賽,日隊實力堅強,來台數戰,僅敗於大專聯隊,在中南部巡迴比賽,都是大比數橫掃台中聯隊、陸官隊及南市隊,但跟台大的比賽,過程高潮迭起,最後雙方以15:15握手言和。(節錄自台橄50周年專刊)

### 大學時代的球隊故事:

第21屆隊員,都是當時台灣橄欖球界響噹噹的角色,個個都有許多傳奇故事。隊長林英雄,人如其名,不只橄欖球打得好,在田徑場也是高手,百米跑11秒多,當年打破了好幾項校運會的紀錄,200公尺21秒多,保持了好幾年的校運紀錄。當選第一屆亞運橄欖球國家代表隊隊長,是台橄的傳奇人物,為人卻非常謙遜。

跟林英雄從幼稚園同學到台大的林泰生,高中因為林英雄的鼓吹加入建橄,從此愛球成癮。高中畢業一心只想上台大,目的是成為台大隊的一員。當年跟林泰生、林英雄一起考上台大的還有李聯芳、賴漢威、倪一偉、陳淮等人,這些人都是考上台大才開始打球。第21屆另一個大將,是建中高一屆的學長顏雅堂,這群建中學生,造就了台橄的另一段盛世。

林泰生說,四年的心理系沒好好啃過書,但操場的每一個角落,每一寸草坪,都滴過他們辛勤練球後的汗水,四年中贏得了三年的冠軍並非僥倖。台大的那四年,是真正體會並享受橄欖球的日子。對於橄欖球所提供「無形」的教誨更是受益終生。林泰生後來創辦了麗嬰房(Les Enphant),是一位成功的企業家。

第20屆的張邦彥回憶說,第21屆打球最認真的是黃國清,他是商學系的學生,很少去上課,每天不是在球場練球,就是去金門街「隨安文具店」,老闆是謝先生,黃國清常去幫忙賣東西。謝媽媽對球隊很好,他們家是一間違章建築而且很小,但是他們非常喜歡橄欖球隊員,蔡玉吉隊長常常帶球員去他們家打麻將,房間只有五、六個榻榻米大,大家打完麻將後,都擠在他們的小房間睡覺。

張邦彥回憶，民國 52 年，第 21 屆入學，那時台大全校學生中，大約只有 10 部左右的摩托車，但是第 21 屆台橄球員中，就有 5 人騎摩托車，占了全校的一半。騎摩托車的有林泰生、陳准、賴漢威、倪一偉及李聯芳等 5 人。那時騎摩托車的人，可說是非常非常的跩，常常聽他們說，要去西門町看電影，再 20 分鐘就要開場了，他們幾人就騎著摩托車去看電影都還來得及。

張邦彥說，賴漢威為人慷慨，大家跟他借摩托車，他都會大方的借，包括他跟黃國清等幾個會騎摩托車的人，都有跟賴漢威借過。

第 22 屆的劉欣光評論第 21 屆的球員時說，當時最欣賞林英雄的爆發力，在學生活動中心洗澡時，看到林英雄左右大腿上各多出一條肌肉，可能是他力量的來源，林英雄高中是田徑選手，平常沉默寡言，但胸中自有十萬甲兵。林泰生主司前鋒，身強體壯，基本動作純熟，腦筋甚為清醒，拿到球的動作相當標準，是前鋒中的靈魂人物。賴漢威是天才型的球員，平常練球不是每次到，體力也平平，但他是一個幸運的符號，往往將整支後衛線帶到最佳狀態。顏雅堂是最穩的隊友，接球萬無一失，基本動作一流，給人大哥的穩重感。曾有一次劉欣光半夜牙痛，顏雅堂叫他去刷牙解痛，劉照著去做，居然牙齒就不痛了。倪一偉雖不是橄欖球科班出身，但腳力足，速度快，基本動作甚為優美，Tackle 動作相當扎實，只是胃腸消化不佳，常常打嗝，是好人一個。

## 第 22 屆大事紀

**入學年分**：民國 53 年（西元 1964 年）
**隊　　長**：陳鐘杉（農經系）
**同屆隊友**：賴勝權（副隊長，歷史系）、林輝龍（數學系）、許乎忠（農推系）、劉欣光（政治系）、柯哲淳（機械系）、林逸朗（機械系）、周弘京（植病系）、魏賢明（機械系）、黃江隆（藥學系）、吳運嘉（中文系）
**大會賽成績**：大專組冠軍
**大會賽比賽地點**：台北市立體育場

**重要賽事回顧：**

　　第 22 屆 15 人制大會賽在台北舉行，準決賽對戰政治大學，打的很辛苦，傷了幾員大將，雖拿下勝利，但決賽對決陣容完整的陸軍官校，更是一場硬仗，賽前雙方陣式一擺出來，陸官不論在身高或體型上都明顯勝出一籌，各界預測這會是一面倒的比賽。

　　但是台大向來不管對手的強弱，一開戰就全力以赴，戰況格外激烈而膠著，陸官並沒有如外界預估的優勢，台大反而在技術上占有明顯的上風，攻勢一波接著一波。上半場第 23 分鐘時，台大率先得分，由陳增光攻入達陣區，一個漂亮的 Center try（中央達陣），加上加踢成功，獲得 5 分，上半場結束時，台大以一個達陣，打破外界眼鏡，以 5：0 領先。

　　下半場開始之後，落後的陸官隊，為了扳回局勢，攻勢比上半場更為猛烈，好幾次攻至台大陣前，險象環生。在下半場進行約 15 分鐘終於被陸官攻入一球，加踢得分，雙方形成 5：5 平手，比賽回到原點。

　　台大求勝之心旺盛不下陸官，平手之後，台大的攻勢再起，陸官則拚命防守，伺機突襲進攻，雙方都想再進球。比賽進行到 25 分鐘時，台大在自己陣前犯規，陸官罰球得分，後來居上，以 8：5 領先。

　　比賽進入最後倒數階段，落後的台大鬥志更加高昂，陸官此時努力防守只想守住勝利，時間一分一秒過去，在場的台大球員及學生，都揪著心，期待扭轉劣勢。終於，在比賽結束前 3 分鐘，台大在邊線附近一個巧妙的傳球，給前來支援的李明德攻進一球，但加踢未進，只獲得 3 分，雙方 8：8 再度平手。

　　一直到終場雙方都沒有再越雷池一步，以 8：8 握手言和。橄欖球沒有延長賽，平手就是以抽籤決定勝負。

　　大會在進行抽籤時，由兩隊隊長代表抽籤，雙方隊員站在中線排成二排相對而望，此時場內一片平靜，全場鴉雀無聲。大家都非常緊張，台大隊長看了籤條就哭了出來，大家都以為台大完了，部分陸官的隊員甚至跳了起來，當台大隊長平靜地跟大家宣布台大獲勝，衛冕成功。隊員們聽到勝利，很多人相擁痛哭，有人躺在地上啜泣，有人抱頭不語。

第 22 屆大會賽的先發隊員名單包括：陳鐘杉（隊長）、許乎忠、賴勝權、柯哲淳、劉欣光、劉漢卿、張喜雄、張天鴻、柯寬仁、林茂宗、顏雅堂、辛久銘、陳增光、鄭偉光、李明德。（以上內容摘錄自民國 57 年 1 月 10 日《大學新聞》）

第 22 屆的大會賽 7 人制，也是一場驚心動魄的比賽。劉欣光回憶說，這是這他一生中記憶最清楚的比賽，台大對上甲組的文化大學，輸了上半場，但最後贏得冠軍，比賽地點在台北體育場，比賽結果 11：10，台大逆轉險勝。

第 22 屆在隊長陳鐘杉領軍下，大會賽衛冕成功。

當時第 21 屆的林英雄等大國手，都已經畢業，台大前鋒是賴勝權、劉漢卿、陳鐘杉，傳鋒劉欣光，後衛是張喜雄、顏雅堂、柯哲淳。

上半場被文化大學郭晉穠和杜光富各跑進一球，都加踢得分，而後哨音響起，文化以 10：0 領先上半場的比賽。當時很多人都以為台大大勢已去，台大 OB 已有人先行離場，想必是怕慘敗之後嚎啕大哭的窘境吧。

下半場文化的攻勢沒有停止，而且一直把球踢到場外，以爭邊球來拖時間。7 人制半場只有 10 分鐘，台大球員心中都暗自著急，但是文化已經開始有守成就能贏球的心態。下半場開賽不久，台大前鋒勾來一球，劉欣光跑了數碼後，右傳給張喜雄，張喜雄帶球疾跑至靠邊線處達陣，加踢沒進，比數 10：3。幾分鐘後，劉欣光在對方一次傳球失誤中撿到球，獨跑 30 碼，雖然被文化的球員在達陣區中央擒抱，但已經倒地達陣，台大加踢又失手，比數變成 10：6。眼看比賽就要結束時，劉欣光又拿到球，長傳張喜雄達陣。由於前兩踢都失手，劉欣光特別跑去跟顏雅堂說：「這球你一定要踢進。」顏雅堂大腳一踢，球應聲過桿，台大以 11：10，一分之差險勝文化，在大家不看好情況下抱回冠軍盃。

第 22 屆大會賽冠軍戰與陸官互有領先，平手之後，抽籤勝出，圖為冠軍戰台大達陣鏡頭。

## 大學時代的球隊故事：

第 22 屆隊長陳鐘杉接任時，球隊畢業了幾員猛將，整體的實力大受影響，也明顯影響士氣。當時第 8 屆 OB 洪健昭剛好從美返台，每天下午都到操場陪著球員跑步練球，替大家加油打氣。第 17 屆隊長蔡玉吉，則是肩負指導球隊的任務，陪第 22 屆隊員一起集訓，蔡玉吉連自己的婚禮都放在一邊，一直到結婚前三天，才趕回台南去籌辦婚禮，大家念茲在茲的就是希望台大在大會賽衛冕成功。第 22 屆大會賽在台北的舉行，台大全體隊員將士用命，把代表榮譽的冠軍盃留下來，獻給蔡玉吉 OB，作為結婚賀禮。

陳鐘杉建中初三時，就開始接觸橄欖球，高中考上建中加入橄欖球隊，大學考上中興大學，但學校沒有球隊，重考進入台大，立即加入橄欖球隊，一直打到大四畢業。陳鐘杉說他四年間幾乎每天下午 3 點以後便在操場，學期開始選課時，就盡可能避開下午 3 點以後的課。第 22 屆每天必到操場報到的還有賴勝權、林輝龍（九碗仔）、陳增光等人，後來陸續有劉欣光（東吳轉學台大）、許乎忠、柯哲淳（第 17 屆柯哲洲之弟）、林逸朗、周弘京、魏賢明、陳文光、吳運嘉等人加入。

林輝龍外號叫「九碗仔」，是有一次幾位隊員跟林輝龍打賭，看他能吃多

少碗飯,那時小僑生宿舍一餐五塊錢,但是飯隨便吃,他居然吃了九碗,從此「九碗仔」就變成他的外號。

陳鐘杉在 50 周年特刊中,特別提到最懷念的是 OB「阿吉仔」(蔡玉吉)對球隊的熱心,學校方面是劉秋麟老師,校外有謝先生及謝媽媽,以及多位常來球場的 OB 如洪健昭、莊仲仁、蔡勳雄、陳順文等人,隨時隨地陪在校生練球、比賽、集訓、加油打氣、持續著傳承台橄之精神。每次集訓記憶最深刻的是,寒冬清晨起床之百般不願意,下雨天練球後第二天起床時,穿著濕冷球衣的哆嗦,還有早晨練完球後享受熱騰騰的土司及台大農場濃郁香醇的牛奶,霎時間一切辛勞都能拋在腦後。

劉欣光一直是最佳傳鋒(Half),當時被不少前輩譽為當時全台灣最好的傳鋒(Half),劉欣光評論陳鐘杉是冷靜而盡職的隊長,是運用智慧打球的球員。賴勝權是苦練出師的球員,在場上是標準的拚命三郎,而且身上有多處的傷痕,是老好人一個。

賴勝權因為念研究所,而跟第 25 屆的張海潮,兩人共同接續了第 17 屆阿吉仔的任務,在學校帶領在校生一段時間。

## 第 23 屆大事紀

**入學年分**:民國 54 年(西元 1965 年)
**隊　　長**:劉漢卿(政治系)
**同屆隊友**:張天鴻(副隊長,植病系)、 林茂宗(副隊長,機械系)、林榮鴻(經濟系)、陳賜鄉(政治系)、薛琦(經濟系)、柯寬仁(圖館系)、蔡吉源(經濟系)、李明德(醫學系)、黃伯伍(經濟系)、吳英璋(心理系)、蘇貞昌(法律系)
**大會賽成績**:大專組亞軍
**大會賽比賽地點**:台北體育場
**重要賽事回顧**:

第 23 屆承接前屆的連霸成績,壓力山大。副隊長張天鴻記得在大三升大

四的時候，前一屆的隊長陳鐘杉與副隊長賴勝權拿下大會賽冠軍，是靠抽籤贏陸官的，大家就預言明年會有更大挑戰。到了大會賽時，台大被師大以 0：3 的些微比數擊敗，張天鴻與水牛（林榮鴻）抱頭痛哭，隊長老漢則臉色鐵青，一言不發。林英雄 OB 看情況不對，及時給老漢安慰，說球賽總有輸贏，不要太自責。老漢聽完 OB 的安慰才淚如潰堤，現在回想起來可能那時大家擔心老漢會想不開。

這一屆大會賽決賽場上，上演真正的兄弟鬩牆，代表台大的顏雅堂與代表師大的顏凱堂都是各自陣中主將，當時還在讀建橄高二的顏家老三顏景堂（台橄第 28 屆隊長）在場邊觀戰，也不知要為哪個哥哥加油。

根據顏景堂的回憶，那場比賽，師大在上半場不久就以罰踢得 3 分，之後就採用保守戰術，當年的規則還沒「離球門 22 公尺線外踢球直接出界時，在踢球點爭邊球」的那條規則，所以師大就在場內任何地點直接踢球出界，占取地利，並且極力避免和台大強勁的後鋒對峙，成功地磨耗大半場的時間，整場比賽膠著慘烈，台大盡全力搶攻，數度壓境，但直至終場，雙方都無法再得分，以 3：0 告終。

後來 7 人制比賽，在政大舉行，遺憾的輸給師大，也未能衛冕。台大前鋒的經驗及戰技絕對超過師大，本想靠前鋒控球進攻為主，但是師大的教練洞悉台大的戰略，一方面以下馴對上馴的策略在亂集團消耗台大的體力，又多用高踢球讓台大屢屢回防，高踢幾次以後，台大後衛體力就跟不上了。賽後阿吉仔自責沒能及時改變策略，台大球員力竭之際，對比賽結果只能搖頭。

7 人制冠軍戰，再度上演顏家兄弟爭冠戲碼，顏景堂回憶那邊比賽，師大後鋒全場以高踢戰術配合一位百

第 23 屆大會賽 7 人制及 15 人制冠軍，都上演兄弟鬩牆，大哥顏景堂代表台大，二哥顏凱堂代表師大，讀高中的三弟顏景堂在場邊觀戰。

米短跑選手長程攻擊，下半場師大以體力取勝，兩次達陣，比數8：0。

張天鴻說，第23屆還跟來訪的日本體育大學比賽，也與紐西蘭海軍訪問艦隊球隊對戰，其實只要正確Tackle，纏住對方的腿，讓他跑不動，不管多高大的身材，都能放倒，如能搶到球，再Hurry pass（快速傳球）就有機會贏。

民國57年日本產經大學來訪，台橄第22屆領軍，代表台灣應戰。（圖：國史館）

（以下文字引用〈草原的傳說〉）劉漢卿多年後回憶：「那場比賽，師大畏於台大的聲威。一開始就採取嚴密守勢，讓我們無機可乘。到了下半場，我們心浮氣躁地搶攻，反而自亂陣腳。」終場鳴笛，全隊才恍然驚醒，冠軍杯已經從台大手中輸掉了。劉漢卿甚為難過，此後每年的大會賽前夕，他緊張得失眠，年復一年，台大始終不能拿回冠軍，夜裡常常從輸球的噩夢中驚醒。

**大學時代的球隊故事：**

由於打球會影響到課業，球員父母多持反對態度，但是每位球員都已經過了爸媽可以拿皮鞭教育的年齡，副隊長張天鴻的父親就對他說你自己看著辦。張天鴻只好跟老漢（劉漢卿）私下拜託，希望他能接任隊長，而張天鴻願意承擔副隊長責任，但是如果張天鴻被選任為隊長，那他只能選擇退隊。因為好不容易考入台大，如果因為課業1/2不及格被退學，就可能會家庭革命。

當年主導的林英雄等OB知道這情況，在第22屆慶功宴時，就讓老漢擔任隊長，張天鴻與鐵牛林茂宗兩位任副隊長。兩位副隊長分攤每天練球的帶隊任務。當年在舊體育館二樓集訓，冬天清晨5時就起床，先跑三千公尺當做熱身，由校門口跑到和平東路師大門口，繞到瑠公圳旁新生南路再回操場，按表

操課兩小時後，回到體育館二樓，再由樓梯青蛙跳一階階跳上去。集訓前幾天有不少球員都有橫紋肌受傷的症狀，到第二周才算慢慢改善。集訓期間學校有給加菜金，每天可以多吃一個雞蛋，但是當時大家的食量大增，水餃一頓起碼 30 粒起跳，一天一個雞蛋根本不夠，大家吃飯時都像餓鬼一樣。

當年沒有女球員，女朋友願意來看球的也不多，張天鴻記得大四時 7 人制在政大比賽，事前張天鴻在課外活動中認識了一位美國金絲貓，張天鴻先向她預告他會下場比賽，也許橄欖球員在美國是一般學生的偶像，她非常興奮地說一定會來看球。張天鴻就拜託同班的女生陪同，這位台大女同學本來就是張天鴻心儀許久的對象，她原本沒興趣去政大看球賽，但是因有要陪美國女生的緣故，兩人就一起到了政大。結果比賽三場，打贏前兩場，金絲貓非常盡情地大聲加油。老漢就問張天鴻那是誰，張天鴻得意的說是「馬子群」其中一員，結果第三場輸了。散場時，同班女生沒有安慰輸球者的經驗，倒是金絲貓說：「Good game，you will get them next time.」張天鴻對此記憶印象深刻，美國女生如果還活著應該已經是 80 歲的老太太了。（以上內容由張天鴻提供）

第 23 屆有三位政界名人，分別是曾任行政院長及民進黨主席的蘇貞昌、台北市教育局前局長的吳英璋、還有經建會前副主委薛琦。不過，吳英璋、蘇貞昌、薛琦三人都沒有打到畢業。吳英璋大二時的一次比賽，撞壞了肩胛骨，被家人禁止繼續打球。蘇貞昌從屏東北上念台大時，就參加橄欖球隊的訓練，沒想到大一升大二的暑假回屏東參加縣運橄欖球比賽，因為碰撞太激烈鎖骨斷裂，父親非常擔心他，他只得退出橄欖球隊。蘇貞昌表示，最懷念的是在台橄集訓時，每天早上都有熱熱的牛奶跟一整條土司麵包可以吃。

## 第 24 屆大事紀

入學年分：民國 55 年（西元 1966 年）
隊　　長：張喜雄（農工系）
同屆隊友：王兆釧（土木系）、李哲秋（農推系）、李明（農藝系）、陳文光（醫技系）、顏啟榮（經濟系）、高德生（植病系）、廖華根（經濟系）、

張耀勳（機械系）、鄭偉光（心理系）、胡水元（商學系）、周義華（土木系）

**大會賽成績**：（大專組）15人制季軍、7人制季軍
**大會盃比賽地點**：15人制台南市立體育場、7人制台中體育場
**重要賽事回顧**：

**大會賽 15人制**：首場對淡水工商（現真理大學），輕鬆取勝。準決賽對省體，戰況膠著，雙方都沒有達陣，但是台大一直被吹犯規，這場比賽裁判偏頗，判兩個近程順風Penalty（犯規罰踢）給省體，判一個遠程逆風Penalty（犯規罰踢）給台大，省體就靠著兩個罰踢以6：0險勝台大。台大前鋒傳統的優勢，後衛線的強攻猛守，因應對手11秒的速度，特地調第25屆吳文讚防守，成功追趕後Tackle（擒抱）成功。後衛線由隊長張喜雄與顏雅堂OB搭配最強的正鋒Center，鄭偉光調打殿衛（Fullback），雙方打得夠激烈，但不精彩（光彩），台大最後輸球！哭了！但已盡力而為！

季軍賽對陸官，原想可以輕鬆打，但前一天的球員除了顏雅堂（第21屆）、鄭偉光（第24屆）及胡水元（第24屆）外，其餘的第24屆隊員，全部提前交棒離隊，拒絕再打比賽，臨時改以第25屆還不太整齊的陣容，迎戰有備而來的陸官隊，幾位初試啼聲的隊友表現值得稱讚，整體而言，激烈而不精彩，最後0：0收場，台大抽籤勝，獲得季軍。

**大會賽陣容**：隊長張喜雄（15號）、王兆釗（1號）、胡水元（2號）、阮登發（3號，第25屆）、曹善偉（4號，第25屆）、蔡正人（5號，第25屆）、顏啟榮（6號）、胡德夫（7號，第26屆）、辛久銘（8號，第25屆）、張耀勳（9號）、周義

第24屆大會賽，台大對省體賽前列隊備戰。

第 24 屆大會賽，季軍戰對決陸官。

華（10 號）、鄭偉光（11 號）、顏雅堂（12 號，第 21 屆 OB）、吳文讚（13 號，第 25 屆）、陳文光（14 號）、江清標（球經）。

大會賽 7 人制比賽在台中舉行，台大主力是綠隊，首場勝淡江，準決賽 5：10 負師大 B 隊，季軍戰勝逢甲，6：0，獲季軍！第 25 屆張海潮、楊宏章、李元東組後衛線，取代原陣容上陣，不負所望，贏得掌聲連連。

**其他重要賽事回顧**：3 月參加淡江中學舉辦的清忠盃，跟有經驗及底子的社會組球員比賽，戰績平平。5 月參加艦長盃 7 人制公開賽，在美國學校（現中正高中）舉行，台大組綠、白兩隊參賽，對手大多是各校校友及社會組、忠誠隊，賽程一天，綠隊勝很多場，包括美軍隊。決賽台大負巨人隊，獲亞軍。

**秋季有台北市運會 15 人制**：台大代表古亭區出現，印象中只記得跟建中 OB、巨人隊比賽，細節已不復記憶。（賽事內容由第 25 屆吳文讚提供）

大學時代的球隊故事：

　　第 24 屆時就已是先發球員的第 25 屆吳文讚指出，第 24 屆戰績不盡理想，留下一些遺憾及微詞，但全力訓練了第 25 屆的學弟，培養出第 25 屆高強度的前鋒陣容，時稱台大前鋒是全台灣最「黏」最難打。第 24 屆大會賽的後衛線，到第 25 屆時僅留吳文讚一人，訓練出第 25-27 屆的海潮、宏章、元東、辛明、文城、良全、景堂等學弟，延續台大的實力，無縫接軌。

　　張海潮盛讚第 24 屆隊長張喜雄，是他此生所見最天才的球員。張喜雄是淡江中學的橄欖球員，高中時期與建中抗衡，但是屢戰屢敗。有一次在台北體育場大會賽，淡江又敗給建中，張喜雄在換衣服時，大會播報「台大橄欖球隊」進場，他看著綠白黑球衣的台大球員進場倍受禮遇，心中暗暗立誓：「以

後要穿這一套球衣。」幾經奮鬥，當兵退伍之後，才考上台大。但是當他考上台大之後，反而心想好好讀書，不想打橄欖球了。但是一下課，就被第 21 屆隊長林英雄，捧著球衣在教室外等他，只好加入台橄，成為台橄傳奇之一。

第 22 屆的劉欣光評論第 24 屆隊長張喜雄，說他是最平易近人，在自信中常帶著一絲的嘲弄，他跑起來，也是一陣風，而且反應快，手勢誇張，有點像日本東京車站上的大力推，球在他手上別人很難搶走，而且很會鑽，常常會在亂軍中得分和林英雄一樣，不過每次賽前都拉肚子。

## 第 25 屆大事紀

**入學年分**：民國 56 年（西元 1967 年）
**隊　　長**：呂豐盈（社會系）
**同屆隊友**：張海潮（副隊長，數學系）、張重俊（總幹事，圖館系）、曹善偉（土木系）、楊宏章（數學系）、阮登發（經濟系）、李元東（農工系）、陳增光（醫學系）、蔡明介（電機系）、廖文城（中文系）、辛久銘（農藝系）、邱水金（考古系）、吳文讚（森林系）、蔡憲宗（農經系）、蔡正人（中文系）、陳正宗（數學系）
**大會賽成績**：（大專組）15 人制季軍，7 人制亞軍
**大會盃比賽時間地點**：

15 人制，民國 60 年元月在淡水工商管理專科學校（現真理大學前身）及淡江中學；7 人制，4 月底在清華大學。

**重要賽事回顧**：

大會賽 15 人制，首場對政大 12：0，進 4 個中央達陣（Central try），因泥濘，球重，射門都沒有進。準決賽對決國手級的師大，後衛線面對師大堅強陣容處於劣勢，在大雨中不斷的 Tackle，最終以 0：9 小輸 3 球，但海潮、宏章、元東，已盡全力。季軍賽對淡江文理學院 9：0 贏球，在淡江中學更泥濘的場地，台大前鋒發揮壓制性的能力，整場比賽沒有遇到太多阻力。

這屆比賽，最可惜的是第 25 屆主將辛久銘，因病無法參加集訓及比賽，對整體實力影響不少，如果由他指揮前鋒，成績一定會更好。

**大會賽成員**：隊長呂豐盈（2 號）、邱水金（1 號）、吳繼豪（第 27 屆，替補 1 號）、阮登發（3 號）、曹善偉（4 號）、蔡正人（5 號）、張重俊（6 號）、蔡明介（7 號）、顏景堂（8 號，第 28 屆）、辛久銘（9 號，因病後由第 27 屆洪良全替補）、張海潮（10 號）、呂辛明（11 號，第 26 屆）、楊宏章（12 號）、吳文讚（13 號）、廖文城（14 號）、李元東（15 號）。

大會賽 7 人制，台大綠隊是主力隊，第一場 18：0 勝文化。準決賽 18：8 勝師大 B 隊，師大開球，老大（曹善偉）接到後直線突破獨跑半場達陣，楊宏章 Intercept（攔截）達陣，重創對手士氣。決賽負師大 A 隊，老大肩傷退場，下半場以 6 對 7，5：21 得到亞軍。

第 25 屆畢業前五月中參加艦長盃（7 人制，在士林美國學校），隊長呂豐盈率隊，有第 25 屆曹善偉、張重俊、吳文讚、張海潮、楊宏章及第 28 屆顏景堂，另有第 24 屆隊長張喜雄 OB 支援。比賽分別以 8：0 勝美僑 A（地主隊）；8：5 勝海雁（基隆）；18：5 勝文化學院；決賽 0：29 敗於忠誠 A，得到亞軍。（吳文讚提供）

第 25 屆大會賽對淡江，賽後全隊成了泥人。

**大學時代的球隊故事：**

　　第 25 屆人才眾多，在台橄歷史上有很重要的地位，其中張海潮、楊宏章，曹善偉（老大），畢業之後，經常返校帶球隊，對後輩的訓練及傳承貢獻極大，對球員在課業上，生活上等的照顧很多。張海潮從美國回來，在台大數學系任教，幾乎全力全意都放在球隊上，是繼第 17 屆蔡玉吉 OB 之後，台橄數十年來的指標性人物。第 25 屆人數眾多，但沒有努力招募新球員，第 26 屆只有呂辛明一人，是第 25 屆失職的地方。（吳文讚提供）

第 25 屆張海潮出國深造前，隊友報名社會組 7 人制比賽，為其送行。

　　**（以下文字引用〈草原的傳說〉）** 第 25 屆在歷年中陣容最為整齊，14 個人幾乎可以組成一隊。蔡玉吉先生天天到場督陣，和球員們共甘苦。曹善偉因家庭反對，不能參加集訓，張海潮和楊宏章在每天晨操完畢後，騎腳踏車陪他長跑，幫助他做完應作的訓練。後來曹善偉比賽中受傷，和家裡的關係惡化，吳文讚鼻子被撞歪了，張重俊嘴唇被撞裂，好久無法吃飯和說話。這一切心血，都在淡水的大會賽中付諸流水。球員們相擁而泣：「勝利如此昂貴嗎？」

　　台大橄欖球隊默默耕耘，屢挫不餘的精神，很受學校當局的重視，決定劃出專用場地，供球隊練習。前體育組長齊沛霖先生和劉（秋麟）老師的努力之下，拆除十一宿舍和足球場間的違章建築，劃製橄欖球場。這是全國第一個屬於大學的橄欖球專用場地，球隊擁有了自己的練習場地，是時是民國 60 年（第 25 屆）。

## 第 26 屆大事紀

**入學年分**：民國 57 年（西元 1968 年）
**隊　　長**：呂辛明（圖館系）
**副 隊 長**：吳繼豪（第 27 屆，電機系）
**同屆隊友**：孫慈悌（藥學系）、胡德夫（外文系）
**大會賽成績**：大專組殿軍
**大會賽比賽地點**：台南市體育場
**重要賽事回顧**：

　　第 25 屆 14 位球員畢業後，第 26 屆球員只剩下隊長呂辛明一人。第 26 屆大會賽於民國 60 年 12 月在台南市體育場舉行，台大雖然有雄心壯志，但實力比上一屆差很多，第一場面對中國醫藥學院以 25：0 獲勝，第二場面對甲組師大隊，雙方實力懸殊，以 0：30 吃下敗仗，並不意外。但是第三場比賽，卻出現了意外的場面，台大面對政大，要爭季軍。

　　第 27 屆張文寬指出，在大會賽之前，政大曾來台大進行友誼賽，友誼賽在大雨中進行，政大根本不堪一擊。那次的勝利，讓台大在大會賽比賽時失去戒心，台大把主力球員，像第 27 屆主力傳鋒（Half）洪良全等人，全部換下場。主力球員只剩下第 27 屆趙磊、第 28 屆顏景堂，其他幾乎都是派出新兵，凡是沒上過場的全部排上去，有些隊友進球隊尚未滿兩個月。

　　比賽一開始，政大就喊出盯緊顏景堂，顯然政大是有備而來，當時教練蔡玉吉開始為自己的輕敵懊惱不已，但是已經來不及了，因為當時的賽制，一位球員都不能更換。球賽進行到一半，已經有球員開始在場外啜泣，全隊潰不成軍，台大以 6：26 輸球。政大獲得參加大會賽有史以來的最佳成績，全隊歡呼不已，能打贏台大是一件令他們大快人心的事。

　　當時大二的顏景堂回憶第 26 屆的事蹟指出，第 26 屆是在 1971 年 9 月開學以後勉強湊成的新軍，經驗技術嚴重不足，全數隊員都是初次挑大樑，景堂自己則是在 10 月底才從前鋒（Flanker 6/7/8）轉任正鋒（Center 12/13），還需

要大幅調適。

大會賽前參加兩場比賽，台北市運動會敗於建中在校生 0：29，青龍盃敗於開南 OB 0：26，全隊還沒有攻勢和章法。

經過大會賽前集訓後，稍有延續第 25 屆餘威的心態，自認可以與甲組體校一搏。直到面對師大整排國手級的後鋒時，才發現實力還是天差地遠，毫無招架之力。

後來聽說政大在賽前抽籤決定對手是淡江大學時，感覺大有希望（避開三個種子隊省體專、師大、台大），開始努力集訓備戰，實力與之前在台大友誼賽時不可相比。

政大預賽果然與淡江戰平，抽籤勝晉級，準決賽輸省體專 50 幾分。台大確實因不明敵情而自陷於深淵，留下痛苦的回憶。以台大當時的戰力，真是沒有本錢輕視任何對手。

當天晚上住在台南的第 29 屆 OB 吳政聰的父親熱情招待，請全體隊員吃飯，晚宴安排在台南市有名的阿霞餐廳吃海鮮，該餐廳果然名不虛傳，活跳跳的紅蟳、鮮蝦，大家吃得不亦樂乎，暫時忘了白天球賽的不如意。

### 大學時代的球隊故事：

第 26 屆是台橄早期極有名的「一脈單傳」的一屆，大四時全屆只有一位球員，就是新竹五峰鄉的泰雅族原住民呂辛明（族名：谷倖巴度），根據第 27 屆張文寬回憶，他大一下入球隊時，第 26 屆隊員還有 7-8 位，但是後來就陸續離開球隊，到大四時只剩下一位。

第 26 屆之所以會剩下一位球員，主要是因為第 25 屆球員質與量都很好，全屆高達 14 位球員，幾乎可以組成一隊了，造成在正式比賽時，第 26 屆的球員上場的機會被排擠，當時球隊也沒有人注意到這個問題，等第 25 屆一畢業，回頭才發現第 26 屆球員都走光了。

第 26 屆離隊球員中，有一位原住民歌手胡德夫，胡德夫跟呂辛明高中時就是同學，就讀橄欖球名校淡江中學，高中時兩人就是勇將，兩人的革命情感延伸到台大，可惜胡德夫在台大只讀了兩年就休學了，跟台橄的緣分也只有兩

第26屆一脈單傳，只有隊長呂辛明一人，該屆胡德夫休學離隊，但兩人宣稱是異父異母的親兄弟，圖是呂辛明（中）與台橄OB參加胡德夫兒子婚禮。

年，但是跟呂辛明的感情是一輩子的，兩人對外宣稱是異父異母的兄弟，經常有空就相聚喝一杯。

呂辛明在2020年過世，他的女兒前電視主播拉娃谷倖說，他父親生前對於橄欖球的描述不多，曾提到假日時，因為沒有車錢回新竹山上，只有橄欖球陪著他。同學都回家了，他一個人在學校，拿著球在球場上奔跑、高踢，很舒壓也抒解想家的情緒。而每次練完球後，萬分疲憊時，可以吃一碗8元的牛肉麵，是人生至大的享受。

以下是第28屆隊長顏景堂回憶第26屆的下學期整軍經武的過程。1972年春季，球隊改選黃敦陸任第27屆隊長，副隊長施復華，吳繼豪升任管理。那是重整旗鼓的時節，除了例行操練之外，經常安排比賽，每星期六都和巨人隊練習賽，吸取經驗，也參加過幾次正式比賽，對實力提升頗有助益。

三月青年節表演賽對師大，是第26屆大會賽的原班對手，實力仍然懸殊，0：38戰敗。四月初清忠盃在淡水首戰小輸被淘汰，但損兵折將：黃敦陸手指骨折，施復華腳踝扭傷。

接下來四月中全國7人制（在基隆海洋學院）少了二員後鋒主力，只能臨場啟用還沒出道的林宗柏，並派吳繼豪填補後鋒。首場遭遇來勢洶洶的文化學院A隊，那是去年和第25屆OB們慘烈廝殺的老對手，以台大跛腳陣容迎戰，的確是凶多吉少。在大雨中，開賽不久文化就中央達陣，但踢門沒進，0：4，對方似乎也不以為意，感覺勢在必得。台大在雨水中打爛仗，硬撐死守，沒再失分。終場前在文化22米線正集團，文化得球但不慎落地，被「小Half」洪良全（第27屆）補一大腳滾到球門線前，隨即追上撲倒在球門邊達陣，攻門成功而以6：4逆轉勝，有些僥倖，卻是拒絕放棄的又一寫照。當天

比賽完才臨時去找旅館留宿基隆，因為事前蔡玉吉 OB 並未期望我們可以戰勝晉級，所以也沒有安排住宿。第二天對台北體專，李潮湘（第 27 屆）被撞破眼角，流血不止，在大雨泥水中失去戰力，也不能替補，等於以 6 打 7，0：12 輸三個達陣被淘汰。

五月中台北市長盃，台大有機會在沒有壓力的狀況下打了四場球，有些球隊派出五專、高中的學生充員參賽，台大竟然連贏了三場，全隊都有進步，建立些許信心，作為第 27 屆的張本。

隨後蔡玉吉 OB 準備出國深造，第 25 屆老大（曹善偉 OB）退伍後接管球隊，台橄前鋒的堅韌特性得以重現，當時老大 OB 在建築事務所任職，於校內生化大樓興建處監工。

同年老橄（第 30 屆王秋華）進入外文系，信守之前與顏景堂的約定參加台橄，開學前的暑假就報到練球，老橄是景堂在建中的學長，雖不曾在建橄打球但與建橄大多數的 OB 都熟識。老橄原為籃球高手，在海軍陸戰隊服役時也打橄欖球，退伍後苦讀參加聯考來到台大，在之後的歲月中為台橄立下汗馬功勞。

另外王武正（第 29 屆）也是大約在同時加入球隊，體型雖小，但速度、靈活度、悟性均屬上乘，僅三五個月的練習就已進入狀況，挑起大樑。

從此，台橄在第 26 屆跌到谷底後，以既有的第 27-29 屆班底，加上幾位生力軍，開始一段新的歷程，繼續傳承台大水牛精神。

## 第 27 屆大事紀

**入學年分**：民國 58 年（西元 1969 年）
**隊　　長**：黃敦陸（電機系）
**同屆隊友**：吳繼豪（電機系）、李潮相（電機系）、趙磊（電機系）、張文寬（法律系）、施復華（圖館系）、洪良全（經濟系）、廖本慶（考古系）、張振堯（商學系）

**大會賽成績**：大專組亞軍
**大會賽地點**：台南善化
**大專盃成績**：冠軍（第二屆）
**大專盃比賽地點**：政治大學
**重要賽事回顧**：

　　隊長黃敦陸：第 27 屆的球賽成績相當好，得到第二屆大專盃冠軍。也與忠誠隊競技 7 人制及 15 人制的決賽，大會賽輸給省立體專，得到亞軍。

　　有很多場歡喜的勝利，但是記憶最深刻的一場球賽，就是黃敦陸帶隊的一場 7 人制比賽。多年來將這個長久跟著黃敦陸的遺憾轉變成正能量的教訓與大家分享：驕兵必敗，千萬不要低估對手。

　　這場比賽是 1973 年 5 月，在台南舉辦的全國 7 人制，第一場對抗淡江。在那之前的 1 年內，台大曾經三度擊敗淡江。第一次在 72 年 5 月台北市長杯，第二次在 72 年 12 月善化大會賽，第三次 73 年 1 月政大大專盃；贏得一場比一場輕鬆。所以台大一開賽就很有信心，上半場連續三度達陣領先，淡江沒有得分。台大達陣後的加踢，只有一球踢過球桿，但是大家也都無所謂，覺得輕易可取得勝利。下半場台大的防守鬆散，拓克路也沒做好，被淡江老手們連趕三個達陣再加上兩個達陣後加踢得分。台大小輸 2 分被淘汰！

　　下場後，慚愧面對老大曹善偉及在場邊的球員們。接受第 28 屆葉騰瑞當面的微詞，可是隊友間深厚的情誼永在，後來 2023 年還與他在台北歡聚回味。在鳳山服兵役的張海潮 OB 搭車到台南旅館時失望的發現我們已經敗北遷出，後來聚會中他

第 27 屆大會賽在台南善化舉行，經過第 26 屆的重整，第 27 屆已現中興之象。

經常會提起。（黃敦陸提供）

（第 28 屆隊長顏景堂的回憶）與第一屆相隔 8 年之後的第 2 屆的大專盃在政大舉行，預賽台大輸給了驃悍的陸官 0：3，但比勝負積分晉級循環決賽，苦戰 12：0 打敗地主政大，再以 28：0 勝成

台橄第 27 屆打敗陸官，拿下第 2 屆大專盃冠軍。

大，16：0 勝政戰學校，捧回第 2 屆大專盃的冠軍獎座。

而在 7 人制大會賽中輕敵敗北後，全隊痛定思痛，在兩周後的台北市市長盃準決賽中，遭遇建中校友，分數落後進入下半場，將士用命，在大雨中全力反撲，終於以 20：10 反敗為勝。決賽 6：20 敗給陸軍忠誠隊，拿下亞軍，在這一年中，台人以一個乂學校的球隊，沒有頂尖高手，卻能在社會組比賽中充分表現團隊精神，頻出黑馬，而得到外界極高的評價與讚賞。

**大學時代的球隊故事：**

隊長黃敦陸回憶，大一時和電機系隊友在體育課劉秋麟老師鼓勵下加入橄欖球隊。當時球隊陣容強大高手如雲，主力是高年級的第 24 和第 25 屆，由教練蔡玉吉（阿吉仔）指導，參加各項比賽常常得勝。球隊的目標很清楚，就是在大會賽拿冠軍。這屆的新手接受高年級球員的指導努力練球，同時了解球隊的文化及傳統。

高年級的速度體力和體格都較強，這一屆低年級時上場比賽的機會很少，但是學長們都積極鍛鍊學弟。黃敦陸入隊後，先打後衛右翼鋒（Wing），吃力的緊跟著正鋒（Center）第 25 屆吳文讚操練，同時也跟著第 25 屆張海潮、楊宏章學習。還有更資深的 OB 賴勝權、莊仲仁及光頭 OB 洪健昭常來指導。前鋒則有老大曹善偉等教導。

第 24 屆畢業後，第 25 屆隊員還很多，記得他們經常到球場的就有十多位。可是第 25 屆畢業之後，第 26 屆就只有呂辛明 1 位，加上第 27 屆的 8 位，球隊乃面臨了嚴重斷層。除了呂辛明及第 28 屆建中 OB 顏景堂外，球齡

都沒超過兩年，而且當年敬愛的蔡玉吉教練正好出國進修，那時比賽常常吃敗仗的滋味很不好。

有次第 24 屆隊長張喜雄來到球場，黃敦陸想找捷徑，就請教張喜雄有沒有一些戰術可用在比賽上，張只有簡潔的回答說：「再多練吧！」就是要加強訓練，把基本動作搞好。

第 27 屆畢業典禮，校長閻振興與台橄球員合照。

雖然比賽常輸，但有第 25 屆的老大曹善偉常來教球（老大是服舊制預官役，一年退伍後，受僱於郭炳才 OB 的建築師事務所，在生化研究所大樓新建工程時的監工，方便到球場督導，其他 25 屆 OB 都去服兩年兵役）。前後屆隊友，一直咬著牙繼續努力苦練，相信這是球隊優良的傳統信念驅使。

苦練 6 個月後，球隊實力漸強，能打出隊形來，才開始贏球。也驗證了張喜雄所說的，先練好基本的技能後，就可以輕易的切過對手的防守。後衛默契增強，極為可靠的傳鋒（Half）洪良全把球給接鋒喬治夏快傳後衛線，和顏景堂之間可以做長短調動，左右兩翼林宗柏跟王武正能繞過對方防守或靈活回傳，殿衛（Full back）施復華試圖插入或接了高飛球後以其速度衝鋒陷陣。

前鋒的牛頭（Scrum center）李潮湘鉤球穩健，兩位強力前排廖本慶，陳中，二排（Second）有高大的張文寬和趙磊支撐正集團及奪取邊線球，（6、7、8 號）吳繼豪、葉騰瑞、王秋華（老橄）迅速包抄突擊。台大用強而有力的前鋒們，壓制對方而獲得進攻球權，後衛得到可靠的球源盡力發揮。一年後台大進步到常能打進決賽，在 73 年政大主辦的大專盃奪冠，士林美國學校艦長杯 7 人制亞軍及台北市長盃亞軍（兩場都敗於忠誠隊）。四年飛快的過去，市長盃也是第 27 屆畢業前最後的正式比賽。

黃敦陸說，回想這段球隊的經歷極為豐富。能達陣贏球固然高興，真正有

意義的是從不會打球，轉變成常勝的隊伍所經歷的成長過程，那是極為珍貴的經歷，讓這屆球員一生受益，感謝教練，OB 們的指導和一起打球的隊友，維持球隊的優良傳統。

黃敦陸說，他最懷念蔡玉吉教練的啟蒙，懷念過世的呂辛明隊長、吳繼豪、李潮湘、廖本慶、林宗柏、劉焜滉與大家合力拚搏，馳騁球場，一同成長的日子。

## 第 28 屆大事紀

**入學年分**：民國 59 年（1970 年）
**隊　　長**：顏景堂（機械系）
**同屆隊友**：葉騰瑞（副隊長，法律系）、林宗柏（副隊長，藥學系）、陳中（總幹事，園藝系）、喬治夏（機械系）、陳照賢（考古系）、劉焜滉（心理系）、張振堯（商學系）、顏清洋（歷史系）
**大會賽成績**：大專組亞軍
**大會賽地點**：台大
**大專盃成績**：大乙組冠軍（分組預賽：勝淡江 52：0，勝逢甲 50：0，勝中興 40：0；循環決賽：勝成大 28：0，勝政大 15：3）
**大專盃比賽時間**：1973 年 12 月
**大專盃比賽地點**：台中逢甲學院（今逢甲大學）
**重要賽事回顧**：

第 28 屆於 1973 年 1 月起接棒，在 1973 年 6 月前的各項比賽中，仍得到第 27 屆學長的支援：

**1973 年 4 月參加美軍艦長盃 7 人制錦標賽（士林美國學校）**：勝淡江 OB 22：4，平巨人 0：0（抽籤勝晉級），準決賽勝台北體專 14：0，決賽負於陸軍忠誠 4：6 得亞軍。

**1973 年 5 月參加全國 7 人制錦標賽（台南體育場）**：14：16 負於淡江，遭淘汰未進入前四名。上半場後鋒進攻暢順，在開賽後連進三球。淡江陣中有

三位資深建中校友，經驗豐富，能掌握機會重創對手，下半場因輕敵鬆懈而被逆轉，這是一場最難忘的敗仗。

**1973 年 5 月參加台北市市長盃錦標賽（台北體育場）**：勝基隆海雁 12：6，準決賽勝建中 OB 20：10，決賽負於陸軍忠誠 6：20 得亞軍。這是第 27 屆 OB 們畢業之前的最後一次正式比賽，海雁成員大多是基隆中學校友，相當於基隆市代表隊，全場僵持拉鋸，勉強以一球取勝。

建中 OB 具有長久傳統，實力堅強，自然勢在必得。相較之下，我們的後鋒沒有任何優勢，上半場落後 6：10，下半場我方前鋒發揮體能優勢，貼身短傳，直線突破，終場前連進二球，得以 20：10 逆轉得勝，晉級決賽。

決賽對陣陸軍忠誠，對手相當於職業球隊，我方確實在各方面都難與抗衡，但沒有因為大幅落後而放棄比賽。下半場持續搶攻，由王武正在封阻對方踢球後獨跑半場扳回一球。

台大隊歷來參加社會公開組，對陣台灣北部主要球團勁旅，技術、經驗都處劣勢，沒有任何勝算，全靠體能和鬥志拚搏到終場。這次比賽在雨中連打三場泥水球能有此等表現，頗得球界好評。

**1973 年 10 月參加台北市運動會（台大橄欖球場）**：第 27 屆畢業離校後，暑假照常每周六天操練，市運會是考驗成果的機會，籤運好，淘汰賽只需打兩場。準決賽負於陸軍 OB 4：10，三四名勝建中 OB 16：0 得季軍。

**1973 年 11 月參加第 28 屆全國錦標賽（大會賽，地點台大橄欖球場）**：準決賽勝政戰學校 14：4，決賽負於台中省體專 4：7 得亞軍。

**1973 年 12 月參加大專盃（地點台中逢甲學院）**：由於一個月之前和台中體專在大會賽爭冠戰況激烈，這回參加大專盃乙組，有的對手學校可能在心理上已經放棄，未盡全力。預賽三場輕騎過關，循環決賽先勝成大後，對政大爭冠則頗有阻力，被罰踢一球而失去完封零失分的紀錄，終場 15：3 得以圓滿衛冕。

**大學時代的球隊故事：**

台橄第 27-28 屆兩年期間，因蔡玉吉 OB 赴美進修，由第 25 屆曹善偉 OB

服役退伍後回校義務指導訓練,並得到第 25 屆張海潮 OB、楊宏章 OB 在就讀數學研究所期間親身支援多場比賽,包括第 28 屆大會賽對台灣省體專的冠亞決賽。

當時台大橄欖球場(今棒球場)是台北地區唯一的橄欖球專用球場,交通方便,每週六、日下午,各方好手雲集,邀約比賽。台大每週一至週五正規練習,週六則經常常和巨人隊友誼賽,巨人隊是當時北部的主要橄欖球俱樂部(和建中校友爭霸),因球技和經驗的差距,勝少敗多,但長年的磨練,使台橄在心理和技術上快速成長,面對大專乙組球隊則遊刃有餘。

顏景堂論及第 28 屆的隊員,多是樸實無華,為球隊默默地盡力付出。副隊長葉騰瑞是大一剛開學就來了,大二以後每週六天從法學院到學校參加練習,四年如一日,踏實地帶隊練球,是球隊的中流砥柱。

陳中和陳照賢是從球場到生活的兩大支柱(1 號及 3 號支柱)。陳中在大三大四任總幹事掌管球隊財務,安排後勤支援;阿賢熱心幫忙維持全隊的聯繫,直到現今,每有 OB 回台,他都主動熱心安排聚會。

喬治夏(10 號接鋒)在球場是最可靠的傳球機,總在第一時間把球傳交

台橄第 28 屆的大專盃在逢甲舉行,台橄肩負衛冕之任。1973 年 12 月。

第 28 屆在逢甲大專盃，台大列陣準備對戰政大。

給 Center 發揮，防守鮮少失誤。畢業後回到僑居地在日本大阪地區發展有成，長年大力支援台橄。

倭寇和阿柏是兩位怪才，除了在球場上常出奇兵，生活中也是奇事連連，不勝枚舉。

阿柏（14 號翼鋒或 15 號殿衛）初來球隊時身材瘦小，速度緩慢，但拚勁十足，勇往直前，絕無退縮。比賽時經常當炮灰以卵擊石，與敵同歸於盡，那種打法竟然能存活四年，必有神祐，到大四時體重已有 65-70 公斤，加上速度的增快，動量龐大。第 28 屆大會賽對省體比賽，他專為球隊解圍，從球門下獨跑殺出一條血路，再展開反攻。

倭寇（9 號傳鋒）大學時代已開始進出股市，資源比較充裕。除了在球場上的詭譎傳球技巧外，他還善用長鏡頭相機幫大夥留下珍貴的影像。1970 年間還是膠捲相機的時代，錄影機和現場轉播在當時是無法奢望的。

除了無窮盡的密集練球以外，當年生活的重心其實是當時的「球室」，第 28 屆在 1970 年入學時，在球場跑道旁邊一棟陳舊的獨立平房，裡面有 4-5 個運動器材儲藏室，橄欖球隊和田徑隊各分得一間作為更衣室，設備齊全，有水電廁所，搬些傢俱入內，就成為隊員休息聚會的地方。平時課間空檔，隊員們總會聚集在球室內或坐或臥，閒談交流。台橄先後有不少隊員曾經住在球室裡，比住宿舍還要寬敞方便。當時校園圍牆內靠新生南路的土地還是一大片違章建築，有不少小吃攤販店鋪，飲食也不成問題。

1971 年底台大清理了校園內這些死角，驅逐違建，拆除了我們的「別墅球室」，把整片空地劃為橄欖球場，成為第 26 屆以後台橄的搖籃。

之後球室搬到舊體育館舞台左側下方的雜物間，裡面有已停用的鍋爐和大

水槽等設備，在體育館裡面，失去了無人干涉的自由，進出時間也受到嚴格限制。雜物間稍作清理後，只作為更衣室使用，第 28 屆就在這間球室度過剩餘的兩年半。

（第 31 屆林玉呈回憶第 28 屆大會賽對省體的決賽）那是一個有雨的季節，台大的健兒在預賽中如預期的過關斬將順利的進入決賽。比賽在下

第 28 屆隊長顏景堂在比賽中開球。

午舉行。全省各地來的球迷在中午已陸續來到。當天無雨但氣溫頗低。但是當天球場的熱度則已因當日報紙體育版斗大的標題——「世紀之戰、生死之鬥」而吸引來的人山人海的橄迷而升高……

這是一場大衛挑戰巨人的比賽……哨聲響起，但見全體台大球員隨球而出、奮力向前。全場的觀眾息氣凝視，無不震懾於這股氣勢。許多老前輩不禁失聲的說道：「這就是台大隊，這會是場真正的橄欖球賽。」球賽中，不時的傳出驚呼與鼓掌聲。而所有的驚呼與鼓掌大部分皆是為讚美台大隊隊員進攻時通力合作，全體支援，防守時球到人到、前仆後繼的英勇表現……

比賽就在獨臂隊長（景堂賽前肩胛骨已斷）咬緊牙關身先士卒的領導下與對手做殊死戰。其慘烈的狀況可想而知。而即使是連續稱霸國內多年的省體隊，在台大隊強攻重防的積極態度下全隊疲於奔命、毫無占到優勢……（編者註：當時大家都以為隊長的鎖骨或肩胛骨骨折，根據顏景堂正確的說法，那場比賽前他的傷勢是「肩膀壓傷脫臼」。）

就如所有讓人惋惜的故事一樣，這場球台大仍然輸了。雖然，只是少許的三分。但所有在場的觀眾沒有一人認為省體贏了這場球。因為論體力、談精神、講團隊台大都超出對手太多太多。也因為如此，球賽結束後，觀眾紅著眼眶豎起大拇指，久久不忍離去。

## 第 29 屆大事紀

**入學年分**：民國 60 年（西元 1971 年）
**隊　　長**：劉烈明（大氣系）
**同屆隊友**：王武正（副隊長、植病系）、楊立奇（土木系）、吳政聰（動物系）、孫本華（機械系）、陳秀銓（森林系）
**大專盃成績**：大乙組季軍
**大專盃比賽地點**：崑山工專
**重要賽事回顧**：

　　第 28 屆畢業後，第 29 屆及第 30 屆隊員人數不足，那一年就放棄大會賽，直接準備打大專盃，那屆大專盃在台南崑山工專舉行，預賽全勝進入準決賽，對手是台南地主成大隊。劉烈明回憶那年的大專盃在 11 月舉行，那時台南天氣非常炎熱，這對習慣在北部寒風細雨中練球的台大很不利，一直流汗，熱身完大家差不多都虛脫了，那場球的裁判是台南橄界名人許水野先生。

　　進入準決賽的雙方實力相差不大，比賽你來我往的互有攻防，比賽很激烈，但是因為天氣關係，成大明顯占上風，但始終無法突破彼此的防線。最後兩隊都沒有得分，比數 0：0，抽籤決定勝負，台大抽籤輸，失去爭冠的機會。

　　劉烈明回憶這一場關鍵比賽時，有一段插曲，過去三年劉烈明都是打 2 號鉤球員的位置，大四時才把鉤球員的位置，交接給當時大二的林昌源，劉烈明則抽出來打側翼前鋒。中場時，林昌源跟劉烈明說，請他回去打鉤球的位置，因為成大的鉤球員，都會踢他的脛骨，非常的痛，讓他都鉤不到球。下半場劉烈明再回 2 號位鉤球，而成大的 2 號球員，正是劉

第 29 屆隊長劉烈明（前右二）與隊友合照。

烈明的親弟弟，親兄弟各為其校打拚，打相同的位置。林昌源說，劉烈明回來鉤球，他的弟弟就不好意思踢哥哥了。

抽籤輸掉準決賽的台大，季軍賽中打敗政大，拿下季軍，這是大專盃開辦以來，台大第一次沒有獲得冠軍獎盃。冠軍賽成大對戰陸官，成大拿下該屆冠軍。劉烈明認為，比賽如果在台北舉行，台大一定可以贏成大。

第 29 屆與政大友誼賽。1974 年 5 月。

孫本華認為，第 29 屆在崑山工專的戰績雖然苦澀，但還是必須面對。有幾件事是那年大專盃中值得提出來說的，首先，必須要感謝第 25 屆的楊宏章 OB，以研究生的身分參賽。那時預賽的對手之一的中國醫藥學院（中醫藥）陣容中，有一位體型高大，移動速度極快的後鋒，是中醫藥的得分關鍵人物，中醫藥靠他一人，就達陣了好幾次。宏章 OB 以他的經驗，研判這位球員的跑動及移動慣性，採取近戰防守策略，在對方還沒有產生高動量前，將對手擒抱放倒（Tackle），阻斷對方的攻勢。這個策略非常成功，台橄因而順利過關，如果沒有宏章 OB 的參與，台橄能否進入決賽，還很難說。

其次是預賽的第一場比賽，對上中正理工，孫本華在高速追球且在沒有拿球的狀況下，左邊的太陽穴受到對方球員猛烈的撞擊，當場口吐白沫，人事不知的被移到場外，這個意外對人手緊缺的台橄，有嚴重的負面的影響。準決賽對戰成大時，面對缺兵少將的困境，阿吉仔教練，不得不問孫本華，能否上場比賽？孫本華回答，沒有問題，上場比賽並且打滿全場。但是按照正常的腦震盪處理的 SOP，這時絕不該做猛烈運動，誘發的副作用太多，所幸沒有發生更嚴重的後果。孫本華認為，今後的台橄球員，萬一有腦震盪的問題，必須嚴格按照醫生指示處理。

孫本華一直認為這場比賽台橄有贏球的機會，特別是下半場時，台大的前

鋒兩人一前一後，突破成大的防守，以二對一的態勢，逼進25碼線。持球員有三個選擇，拉開與孫本華的橫向距離，吸引唯一的成大防守人員向他逼近，然後向前小踢讓孫本華在空檔的狀況下，去追球及控球即可得分。或可以採取傳擋戰術，製造空檔讓拿到傳球的孫本華有機會跑進達陣區達陣，還可以踢滾地球的方式，越過對方的防守員，讓跑得快的台橄球員，有機會達陣。台大的持球員，選擇向前踢滾地球的方式，不幸的是力道過猛，球直接從底線出界，失掉這個得分良機。

第29屆隊友，（左起）孫本華、王武正、賴漢威（第21屆）、楊立奇合影。

比賽結束，雙方0：0平手，按慣例應該是由兩隊隊長，代表抽籤定勝負。不過，那次裁判居然別出心裁，要求場上的15個人，全部都要參加抽籤賽，比贏籤總數的多寡。雖然孫本華抽到「贏」籤，但台橄在整體上抽輸了比賽。

**大學時代的球隊故事：**

在〈草原的傳說〉的文章中，記述第29屆時寫著：「二十九屆是最黯淡的一年，連大專盃王座都讓給別人。隊長劉烈明在送舊會上涕泗縱流，殷殷告誡：『要隨時培養一批新血。』他手下只有十二名戰將，還不夠組成一隊，以新手補充可以應景，一但有人受傷，就不可收拾了。」

劉烈明回憶第29屆的情形指出，台橄歷年來就是某兩三屆球員人數多，之後某一兩屆人數就會特別少，第25屆人數非常多，第26屆人數就只剩一人，第27及第28兩屆人數很多，第29屆大四時，後衛的主力球員陳秀銓也離隊，全屆只剩下5位球員，加上可上場的第30屆的7位，只有12位球員，其他球員球齡都太短，所以打起來非常的辛苦，連大會賽都不敢報名。

劉烈明主要是打鉤球員，高中以前踢球的他，在正集團中出腳快，鉤球功

夫了得。他說比賽時，台大投球的得球率是百分百，對方投球，被他鉤回來機率超過六成。副隊長是王武正打後衛，個子小但是速度非常快，百米 11 秒多。

　　從大氣科學系轉到機械系的孫本華，曾經得過 4 次機械工程系的書卷獎，是台橄球員力求「讀書與打球並重」的篤行者，他的身高 177 公分左右，體力很好，曾經得過校運會 800 公尺比賽冠軍及 1,500 公尺賽的季軍。在爭邊球時站第四位，彈跳能力強，皮膚很黑，丟邊球的暗號是「山頂洞人」。在正集團時，打 4 號，就是第 2 排左方的 Locker。孫本華說他的聲音高亢，而且聲量很大，在球場上，經常一邊跑一邊大喊：「台～大～」或：「RUSH～」不但能提振我方士氣，還有驚嚇及鎮懾對方的作用。吳政聰則是打側翼前鋒（Flanker），不論攻擊或是防守都非常厲害，當時跟第 30 屆的聶森各打一邊的側翼前鋒（Flanker），兩人都很強。土木系的楊立奇是很好的翼鋒（Wing），但是近視一千多度，比賽時，都是憑直覺在打球。

　　第 30 屆的聶森對第 29 屆的大專盃比賽非常有感。聶森那時大三，功課非常的重，去台南打大專盃前，就決定打完大專盃要退出球隊，專心讀書。結果第 29 屆大專盃，台大沒有拿到冠軍，全隊台南開檢討會。隊長劉烈明非常嚴肅，在聶森心目中是硬漢是鐵漢，是打不倒的巨人，但是在檢討會時，講著講著就哭了，聶森看著劉烈明的眼淚一顆顆的流下。輪到副隊長王武正講話時，也是眼淚一顆顆掉下來。聶森說在加入橄欖球隊前，很少看到男人哭，但是男人的眼淚比女人的有力量多了。聶森感動莫名，就此打消了退隊的念頭。

　　孫本華分析了第 29 屆戰力不佳原因：第一，缺少了一個領導者及安定的力量，那個時代的台橄一向靠著畢業的 OB 義務的回校帶球隊及訓練球隊。很長一陣子，在農化系任教的第 17 屆阿吉仔 OB（蔡玉吉），挑起這個重擔，第 27 屆及第 28 屆時，阿吉仔出國進修，第 25 屆老大 OB（曹善偉），犧牲自己事業的發展，毅然決然的擔起義務的 Fulltime 教練的角色，使得第 27 及第 28 屆分別交出了相當不錯的戰果。第 29 屆時，老大 OB 遠赴宜蘭工作，阿吉仔則剛學成歸國，有許多學術上（本業）及家事要處理，花在台橄教球的時間相

對少許多。重建 15 人隊伍的第 29 屆，處在缺乏教練教球，沒有相關的影片或錄影帶可參照自修的狀況下，成長緩慢，戰績不如前幾屆，也是意料之中。現在的台橄，有專職的教練負責訓練球員，是非常可喜的轉變。

第二，台橄通常會把速度快的新人擺在後鋒培訓，體型壯碩的放在前鋒磨練，所有球員都是透過苦操，來增加體力及求勝的意志力。Scrum half（傳鋒）及 Standoff（接鋒）是整個球隊進攻的發起人，人選必須頭腦靈活、有球感，同時身手靈活。不幸，第 29 屆忽略了這個基本原則，以至於新的攻擊發起中心，一直無法訓練成型。在關鍵位置沒有選訓適當的人，苦練了近一年，都無法有效的提升戰力。所得的教訓就是，人盡其才是接班選角必須遵循的要點。

第三，第 29 屆時球隊缺乏有魅力且具親和力的領導人物，沒有人能把所有球員桶箍起來。不但 3 年級或 4 年級的老球員，因為小事處理不好，而輕易的揮揮手離開，新來的球員因為沒有歸屬感，也留不住，不但存活率低，存活時間也短。這種現象，不但發生在第 29 屆，也發生在其他屆。未來球隊接班的時候，要特別留意領導統禦能力的傳承。

## 第 30 屆大事紀

**入學年分**：民國 61 年（西元 1972 年）
**隊　　長**：葉海萍（法律系）
**同屆隊友**：王秋華（外文系）、聶森（機械系）、褚耐安（歷史系）、張筱農（公衛系）、閻大勝（外文系）
**大會賽成績**：大專組冠軍
**大會賽比賽地點**：台大
**大專盃成績**：大乙組冠軍
**大專盃比賽地點**：台大
**重要賽事回顧**：

第 30 屆贏得大會賽及大專盃的雙冠王，隊長葉海萍在當年的大學新聞中，寫了一篇動人的賽事報導。民國 64 年，第 30 屆大會賽在台大操場舉行，

大專組共有 9 支球隊參賽，其中北體、師大、輔仁、文化等 4 隊，是以體育系為班底的甲組球隊。台大在前兩場比賽，分別以 32：0 及 16：0 打敗政大及輔仁，第三場冠軍戰，遇上多位國手的文化大學。

台大在大會賽拿下大專組冠軍，已經是 8 年前的第 22

第 30 屆全隊隊員團體照。

屆，在開賽之前，沒有人會看好台大可以拿下冠軍，但在預賽及準決賽連兩場完封對手，進入決賽之後，隊長葉海萍說，冠軍夢突然從球員及 OB（畢業隊友）的腦中浮現。

冠軍賽在 12 月 16 日，寒冷冬天的台北，連下了好幾天雨的台大操場，泥濘的像被眾多水牛踐踏蹂躪過凹凸不平的水田。雙方開賽前的列隊行禮，對手文化大學選手個個人高馬大，台大選手的身材相較起來像青少年選手，但是開賽之後，台大前鋒的兇悍與機動，足以令文化國手群震懾。

文化大學後衛的腳法非常的好，常常一腳踢回來，就是 70 公尺，台大前鋒再持球一寸一寸的反攻回去，往往攻到文化陣前，稍有失誤，又被文化後衛大腳踢回台大這半場，台大前鋒再一寸一寸反攻回去。而在賽前，台大最重要的後防大將，可以大腳踢球的球員，因為要參加重要的考試，而不得不缺席這場重要賽事，如果台大也有大腳可以反攻，前鋒也不會打得那麼辛苦。

其間台大傳鋒白銀堂因為膝蓋脫臼而不得不傷退，台大下半場有很長的時間，只能以 14 人打文化的 15 人（當時的規定不能換人），下半場被調去打殿衛的鄭玉山，眼角被撞破，滿臉鮮血，仍然全場浴血不退。80 分鐘的賽事跟台大操場的泥濘一樣的膠著，雙方都無法攻進對方的達陣區，最終以 0：0 和局收場，兩隊必須以抽籤定勝負，最終台大抽籤勝，拿下睽違 8 年的大會賽冠軍。

比賽當天非常寒冷，在結束等待抽籤時，臨時被調去打殿衛（Full back）

全場疲於奔命的鄭玉山，精疲力竭全身抽筋且失溫，躺在地上痛苦萬分，在場邊的第 32 屆學弟蔡仲誦馬上把他背到男 12 舍的浴室，一直沖熱水，救回鄭玉山，緩解了他的抽筋之苦。

第 31 屆的林玉呈說，決賽結束，確定贏得冠軍後，大家都很想哭，但都不敢哭，只有王秋華（老橄）邊走邊哭，大家都回浴室洗澡，才放聲抱在一起痛哭，只有共同經歷生死之戰，才會爆發出這種情感，連親兄弟的感情都無法比擬。

隔年（民國 65 年）4 月的大專盃，一樣在台大操場舉行，大乙組有台大、海官、成大、逢甲、政大、中正、陸官、淡江、東吳 9 隊參賽，台大分別在預賽中以 8：3、4：0、12：00 勝逢甲、陸官、淡江。奪得預賽 A 組冠軍，在循環決賽中，以 33：6 勝海官，11：3 勝成大，奪得大乙組冠軍。

### 大學時代的球隊故事：

在第 29 屆痛失大專盃王座之後，經過一年生聚教訓，終於在第 30 屆爆發出來，第 30 屆的成員不多，只有 7 位，但是得到第 31 屆（12 位）及第 32 屆（8 位）的強力支援，造就了第 30 屆的王朝。

在拿下大會賽冠軍之後，有 8 位台大球員入選國手，橄協發出國手當選證書，但是當選國手要投入三個月的訓練，再去參加亞運，必須跟學校請長假休學，當選國手的球員，都以學業為重，放棄了加入國家隊的訓練。國手之一的聶森說，當時阿吉仔對此事不重視，不但沒有跟大家宣布，甚至要當選者低調，這 8 位當選者，分別是第 30 屆的葉海萍、王秋華、聶森、鄭玉山、第 31 屆吳穎虎、楊甫元、白銀堂及第 32 屆的吳清隆。

第 30 屆人不多，但是個個是好手，聶森大二才加入球隊，但是身體素質非常好，打 8 號的位置，拿球跑出來，無人能擋。聶森說，那時阿吉仔還特別為他設計了一套 8 號進攻戰術。

聶森入學時是籃球隊大一聯隊的成員，另外王秋華（老橄）及張筱農也是，但是只是跑跑龍套的角色，後來第 29 屆同系學長孫本華邀請他入隊，誘餌是第 28 屆隊長顏景堂的課堂筆記，聶森說他看到顏景堂工整的內容，嚴謹

完整的筆記大為驚豔,當即加入球隊。聶森說,只要認真看景堂 OB 的筆記,很快就掌握與學習機械系專業課程,輕易可以拿到高分。

聶森回憶同屆的狀況,副隊長是公衛系鄭玉山,球打得很好,同系的張筱農是鄭玉山拉進球隊的。張筱農的個頭很大,身高超過 180,球踢的很好,打 15 號殿衛,守最後一道防線可以安定軍心。張筱農大學時代就抽中免役,一直都在準備出國,大會賽最後一天正好遇到 GRE 考試,無法上場非常可惜,冠軍戰就調鄭玉山去打張筱農的位置。張筱農後來去美國讀書,定居美國。鄭玉山降轉法律系,跟第 31 屆一起畢業。

王秋華的外號老橄,聶森形容老橄是一個為橄欖球而生的男人,非常熱愛橄欖球,連頭形都長得像橄欖球,所以才有老橄的外號。在這一屆中,老橄是最懂橄欖球的人,因為服完三年兵役後重考,老橄比同屆的同學大了五歲。

聶森說,台橄向來要求前鋒,球到哪裡人就到哪裡,但前鋒從亂集團中抽出身子時,根本搞不清楚球在哪裡,不知要往哪裡跑。但是老橄最懂球,他永遠知道球在哪裡,所以聶森從亂集團中出來,不去找球,他只找老橄,老橄往哪跑,他就往哪跑,一定不會錯。

閻大勝是緬甸僑生,打球時精神非常好,喊聲很大,前後屆球員都非常佩服他的精神,但是運動神經很普通。聶森形容他跑步有時都會出現同手同腳的情形。閻大勝的硬筆字寫得很好,是老橄外文系的同班同學,老橄帶進球隊,後來跟老橄的妹妹結為連理。

褚耐安歷史系的,比較晚才加入球隊,球齡比較淺,上場機會比較少,但是文筆很好,他撰寫的草原上的傳說,講述台橄前 30 屆的奮鬥,真是一篇很有價值與

第 30 屆拿下大專盃冠軍後,全體在體育館前合影(持獎盃者為蔡玉吉)。

力量的台橄簡介。

至於讀法律系的隊長葉海萍，聶森形容他的為人非常嚴肅而內向，當隊長話也講得很少，訓練很嚴格。從葉海萍寫在大學新聞中的文章，述說第 30 屆奪冠的過程，文中熱情澎湃，看得出來葉海萍外表嚴肅，但內心也是熱血青年。

第 30 屆還有一個職位叫管理，阿吉仔指派最年長而且橄欖球資歷最深的王秋華（老橄）出任。

## 第 31 屆大事紀

**入學年分**：民國 62 年（西元 1973 年）
**隊　　長**：鄭英傑（電機系）
**同屆隊友**：趙世晃（醫學系）、時安隅（數學系）、楊甫元（經濟系）、白銀堂（商學系）、劉興祥（數學系）、林峻名（牙醫系）、林昌源（法律系）、余志誠（歷史系）、鄭玉山（法律系）、吳銳騰（吳穎虎，歷史系）、林玉呈（歷史系）、楊榮毅（醫學系）
**大專盃成績**：大乙組冠軍
**大專盃比賽地點**：成大
**重要賽事回顧**：

民國 65 年年底，第 31 屆大會賽移師新竹比賽，台大作為大會賽的衛冕者，首戰遭遇勁敵台灣師大隊。台大掌握了六成以上的攻勢，但是一直無法得分，始終欠缺臨門一腳，師大是體育系的甲組球員，不像台大是業餘球員，能跟師大等甲組抗衡的，只有敢拚及肯拚不服輸的精神。但是運動能力的反應及身高體型都不如師大球員優秀，在比賽過程中，只要台大球員一有失誤，師大就會馬上發起快速反擊，很有效率的達陣，但是台大卻始終無法攻進達陣線，最終輸給師大，無法打進決賽圈，失去了衛冕大會賽的機會。

民國 66 年春天，大專盃在成大舉行，台大立誓要一雪大會賽落敗之恥。

第 31 屆參加在成大舉行的大專盃，與成大冠軍賽前大合照。

第一場就遇到那幾年實力堅強的逢甲大學，那時大三的第 32 屆蔡仲誦回憶，上半場跟逢甲打的很辛苦，勉強以 3：0 領先上半場，中場的時候教練阿吉仔就說，如果下半場沒有達陣 4 球以上，我們就打道回台北。經此激勵，下半場台大有如神助，一再摧毀逢甲的防線，連續達陣，最後以 33：3 贏了第一場。

進入決賽圈之後，第一場對上陸軍官校，比賽還是很激烈，蔡仲誦說，台大防守成功，陸官沒有達陣，終場以 19：3 台大勝出。成大作為主辦的學校，賽程安排「精心設計」對台大不利，台大跟陸官的比賽是前一天的下午，第二天一早就要出戰成大，台大雖然已經很疲憊，但是還是全場壓著成大打。上半場在成大陣前的正集團，成大的球，但是成大在傳球時發生失誤，被快速前來防守的側翼前鋒蔡仲誦攔到球，跑進中央達陣，再攻門得分，台大取得 6：0 的領先，吃了一個定心丸。

下半場台大得到一個罰踢攻進 3 分取得 9：0 的領先，就在終場前，台大在處理高踢球時，球被成大球員封阻（Charge），成大因而在邊角達陣，取得 4 分，終場台大以 9：4 打敗成大，順利贏回大專盃的冠軍。

**大學時代的球隊故事：**

第 31 屆人數比較多，畢業時有 13 位，隊長鄭英傑是一個傳奇。大學聯考放榜，確定上台大，還沒有開學，就加入了球隊。鄭英傑不但是電機系的學霸，球也打得好，跑得很快，但是打球容易受傷。第 31 屆總幹事林玉呈說，當時大家最擔心的是鄭英傑的手指頭受傷，因為鄭英傑是具有職業水準的鋼琴

演奏家，是從美國來台當老師的知名音樂家蕭茲的學生，台大合唱團的伴奏都由鄭英傑彈鋼琴。橄欖球與鋼琴，兩種完全不同，甚至可能有衝突的運動和音樂專長。鄭英傑在大學四年中，兩個角色都有非常傑出的表現。

林玉呈說，第 31 屆的鄭玉山、楊甫元、鄭英傑三人是高中同學，高中時期就一起踢足球，鄭玉山順利考上台大，楊甫元跟鄭英傑晚一年進台大，後來鄭玉山降轉法律系，三人大學時代又成了同屆的台橄代表隊。因為高中踢足球，楊甫元進球隊，就成為主將，打負責踢球的接鋒 10 號位。

余志誠是一個大帥哥，長的白白淨淨，一點都不像打橄欖球的樣子。大學聯考，考上哲學系，因為聯考歷史考超過 90 分，入學後就轉讀歷史系，跟林玉呈同班，被林玉呈拉來打橄欖球。有趣的是當兵時，余志誠在步校受訓，林玉呈推薦余志誠加入軍中球隊，吉甫車到步校接余志誠，接人的軍官看到白淨的余志誠，還以為找錯了人。

吳穎虎（外號老虎）是第 31 屆的奇才，父親是維吾爾族，外型高大挺拔，從小讀蔣夫人為國軍遺族所創的華興學校，認蔣夫人當乾

第 31 屆的大專盃冠軍戰對海官，以大比分勝出得冠軍。

第 31 屆勇獲大專盃冠軍後全隊合影。

媽，從小是華興唱詩班的一員，多才多藝。第 30 屆的聶森說，有一次集訓住在舊體育館內，樓上傳來美妙的鋼琴聲，結果是吳穎虎在彈。第 29 屆的楊立奇，在 2007 年吳穎虎北京過世後，寫了一篇專文紀念老虎，文中說：「吳穎虎允文允武，能打球，也能彈琴、拉二胡、唱平劇、畫得一手好畫、寫的一手好字，對人客氣、彬彬有禮、又博學多聞、為人幽默、會講故事，走到哪裡都受歡迎。」

林玉呈記得一位醫學系楊榮毅，打球也是拚命三郎，比賽時打到血尿，甚至腳打斷了，打了石膏還來到球場，精神令人感佩，後來不知什麼原因沒有打到畢業就離隊了，很可惜。

鄭玉山第 30 屆入學公衛系，降轉法律系從第 31 屆畢業，林玉呈說，鄭玉山是一個非常嚴謹而且規矩的人，打球、做人、做事都是一板一眼，後來成為法律人，也是適得其所。

林玉呈說，劉興祥剛加入球隊時，速度不快，但是經過苦練之後，後來也打得非常的好，速度都練出來了。後來練習賽時，林玉呈說他都很怕站在劉興祥的對面當對手。另外一個白銀堂（小白）的速度也不快，但是打球的精神很好，苦練傳鋒，後來打的非常好。林玉呈說這就是台大橄欖球隊的包容性，跟其他的運動校隊不一樣，不論個人運動條件如何，只要願意加入橄欖球隊不離開，都可以成為橄欖球隊的一分子。

## 第 32 屆大事紀

**入學年分**：民國 63 年（西元 1974 年）
**隊　　長**：聶森（機械系）、蔡仲誦（法律系）
**同屆隊友**：蔡予容（土木系）、劉燦勳（動物系）、吳峰華（經濟系）、朱正煒（經濟系）、吳清隆（大氣系）、廖俊德（經濟系）、余榮修（農化系）
**大專盃成績**：大乙組亞軍
**大專盃比賽地點**：台南崑山工專

**重要賽事回顧：**

　　雖然第 30 屆拿下了大會賽冠軍，但是第 31 屆在大會賽第一場就鎩羽而歸，到了第 32 屆，受到人力的限制，決定把重點放在大專盃，而放棄了在台南舉行的大會賽。

　　那年的大專盃在台南由崑山工專主辦，台大在預賽全勝進入決賽，進入決賽圈的還有成大跟陸官。對官校的比賽，蔡仲誦回憶，雙方實力在伯仲之間，勢均力敵，比賽你來我往，最終都沒有攻下分數，終場比賽 0：0，抽籤結果，台大勝出。

　　關鍵的比賽是對成大，即使過了 47 年，蔡仲誦對那場比賽裁判的判決，還是耿耿於懷，很不想去回憶那一場比賽。在跟陸官比完之後，台大傷兵太多，後衛線缺人嚴重。由於正選的劉燦勳受傷，無法上場，於是就派第 34 屆楊鎮榮臨危受命去打 10 號接鋒（Stand off），當年才大二的楊鎮榮第一次打 Stand off，後衛線只剩顏景堂（顏景堂也有傷在身），沒有人可以打正鋒（Center），就調吳峰華打 Center，蔡仲誦自己去打 15 號殿衛（Full back）。

　　跟成大的比賽前鋒沒有輸，但是臨時成軍的後衛線，在進攻時非常困難。蔡仲誦回憶那場比賽，最離譜的還是裁判，有非常嚴重的問題，至少有三個在成大陣前的犯規處罰（Penalty），蔡仲誦去處理球時，都被判越點（Over point），反而變成對方的球。蔡仲誦甚至跟裁判眼光交會，示意確定位置之後，才去處理球，結果還是被判越點。蔡仲誦說，如果這幾球都可以順利處理，達陣機會非常的大，台大一定有機會贏球。但是天不從人願，台大就這樣輸掉那場比賽。蔡仲誦說，至今記得那位裁判，成大教練的吳姓學生。

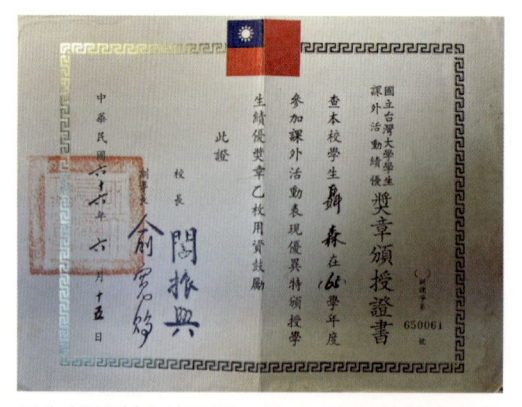

因為新舊制度的改變，第 32 屆罕見的出現了兩位隊長，第一任隊長為第 30 屆的研究生聶森，還因此獲學校頒獎。

這一屆是第 8 屆的大專盃，成大氣勢很盛，從預賽到決賽連勝五場，最後一場對台大冠軍戰勝出，成大拿下第二座大專盃乙組冠軍獎盃，台大亞軍，陸官季軍。

**大學時代的球隊故事：**

阿吉仔帶球隊帶到第 31 屆，蔡仲誦說，到了第 32 屆時，阿吉仔就去兼做貿易公司的生意，工作很忙，就很少到球隊來教球了。大專盃前三個月都沒有教練，前鋒就由隊長蔡仲誦跟第 30 屆念研究所的聶森來幫忙帶，後衛則由第 28 屆隊長顏景堂來帶，顏景堂當兵退伍之後，考上機械所，回來帶學弟，繼續打校隊。

第 32 屆隊長蔡仲誦，號稱與蔡玉吉（阿吉仔）最麻吉的師徒，被形容為情同父子。

蔡仲誦回憶大學時代，印象最深刻一次賽事是第 30 屆大會賽，比賽地點在台大，總共打了三場比賽，0 失分，冠軍戰 0：0 平文化，抽籤拿下冠軍，文化的足球國腳，一腳都可以踢 70 碼。那時台大的主力殿衛 Fullback 張筱農，是彰中足球隊的，大腳一隻，但是比賽那天他要去考試，所以無法上場，如果有張筱農應該不會打 0：0，台大勝出的機會很大。那時台大的前鋒是全台灣最強的，跟擁有體育系甲組球員的學校比賽，台大前鋒不會輸。

蔡仲誦說，第 32 屆最多的共同回憶，都是發生在新生南路三段的一間日式房子，是台北市的主官宿舍，這位官員兒子就讀台大公衛系，那時第 30 屆公衛系的有張筱農跟鄭玉山（後來降轉法律系），所以很多球員就經常往新生南路三段跑。第 30 屆之後好幾屆，前後有 10 多人都會借住在這裡，這間官邸就變成台橄球員經常聚會的場所。那時學校還沒有固定的球室，平常練完球，大家就會窩到這裡來，晚上經常在這裡聊天，周末打完球來辦舞會。住在官邸第 31 屆的吳穎虎則近水樓台，後來成了這位局長的女婿。也因為這同住的因緣，蔡仲誦跟吳穎虎成了終身的莫逆之交，後來吳穎虎在中國大陸身故，都是蔡仲誦協助善後。

第32屆還有一段奇特的插曲，一屆出現了兩位隊長，因為在第31屆大專盃結束之後，主辦單位決定把原本在上學期舉行的大專盃改為下學期。原本配合大專盃在上學期舉行，台大隊長交接在大專盃結束之後的年底。如果大專盃改為下學期，隊長交接時間也要改為下學期結束，因此預期第32屆要負責1年半（三個學期）的隊長。

　　原本教練阿吉仔要蔡仲誦直接接隊長，蔡仲誦回憶說，大三寒假前，經過長期集訓去新竹打大會賽，台大兵強馬壯，但是卻第一場比賽就莫名奇妙的輸掉了，令他非常的不舒服，他就跟阿吉仔講不想接隊長。於是阿吉仔只好請當時在讀碩二的第30屆聶森當隊長。聶森說，他研究所畢業時，因為擔任隊長，校長還頒發了優秀社團負責人的獎狀。

　　聶森說，蔡仲誦一直很有主見，經常跟阿吉仔意見相左，而由於蔡仲誦「抗命」不接隊長，阿吉仔就宣布「開除」蔡仲誦，但是蔡仲誦對阿吉仔「開除」的命令，繼續「抗命」，沒有離開球隊，照常練球，比賽時也都排上場，大家都一起打球，隊友也沒有覺得奇怪。聶森當了一學期的隊長後，蔡仲誦才在大三下正式接任第32屆的隊長。從第32屆至今，隊長交接就改為下學期大專盃結束之後。

## 第33屆大事紀

**入學年分**：民國64年（西元1975年）
**隊　　長**：劉延直（化工系）
**同屆隊友**：楊耿明（地質系）、宮守業（地質系）、陳其瑩（獸醫系）、湯聿光（獸醫系）
**大會賽成績**：大專組亞軍
**大會賽比賽地點**：永和福和橋球場
**大專盃成績**：大乙組季軍
**大專盃比賽地點**：台中體育場

## 重要賽事回顧：

民國 68 年 2 月第 33 屆大會賽在永和福和橋球場舉行，大專組只有台大及輔大兩所學校報名，面對甲組的輔仁大學，台大也足以跟輔大抗衡，上半場靠著兩次的罰踢得 6 分，台大以 6：4 領先達陣一次的輔仁大學，不過下半場輔大發揮速度優勢，達陣 3 次，台大終場以 6：16 輸給輔大，得到亞軍。

這一屆的大專盃在台中體育場舉行，當時已是陣中主將的第 34 屆嚴永明回憶，大專盃預賽第一場對手是中興大學，台大好像一直沒有進入狀況，打起球來懶懶散散，上半場打完才以 7：0 小小領先，中場時蔡玉吉教練就很嚴厲的指責大家漫不經心，如果下半場沒有贏超過 30 分，就直接回台北，不打大專盃了，大家受到振奮與刺激，下半場才認真打，頻頻達陣，最後大贏 30 多分，經此一役，大家才進入比賽的狀態，也順利進入決賽。

進決賽的 3 強分別是台大、陸軍官校及成大。決賽第一場台大對陸官，台大不敵陸官敗下陣來。決賽最後一天，由台大對上成大，上半場成大先達陣一球，取得 4：0 領先。下半場打翼鋒的第 34 屆嚴永明接獲傳球，獨跑達陣，結果嚴永明太高興，從邊線跑到底線後，就把球觸地達陣得分，完全忘了跑往中央達陣，以增加加踢進球的機會。因為在邊角達陣，台大就只能在邊線加踢，加踢沒進，沒有得分，雙方打成 4：4，一直到終場，兩隊都沒有再得分。嚴永明說，這個失誤，讓台大失去領先的機會，他記得一輩子。平手收場後，台大派出大一的馮大年去抽籤，結果抽籤輸，台大只得到季軍。這一屆是陸軍官校第一次拿到大專盃冠軍，成大亞軍。

## 大學時代的球隊故事：

經過第 30-32 屆三屆的輝煌時代，第 33 屆又遇到一個球員人數的小低潮，嚴格說起來，畢業同隊只有 3 位，加上獸醫系讀 5 年的陳其瑩及

第 33 屆主要帶隊的是管理陳其瑩，大專盃跟成大打成平手，抽籤輸，得到季軍。

沒有打到畢業的湯聿光。不過第 34 屆的人數很多，因而成為第 33 屆打大專盃及大會賽的主力陣容。

這屆比較特別的是讀獸醫系大五的陳其瑩，由於是全隊球齡最資深的球員，被教練阿吉仔派任球隊的管理，阿吉仔宣布，管理對球隊的主導權大於隊長，於是這一屆在練球時，很多時間是由陳其瑩帶領。

隊長劉延直個性比較溫和，但是當了台橄的隊長，一定要秉持嚴格的訓練，劉延直打的位置是 8 號，是前鋒攻擊的樞紐位置，嚴永明形容劉延直是一個認真而且球技很好的球員。當時球隊由大五的陳其瑩當管理，盡心的協助安排練球。由於劉延直個性溫和，嚴永明說，相對於其他屆的隊長，劉延直算是比較安靜的隊長。

楊耿明是第 29 屆隊長劉烈明的弟弟，也是打 2 號牛頭（Hooker）負責鉤球的位置，劉烈明的大弟劉高明則是讀成大機械系，在成大也是打 2 號位置，三兄弟在不同球隊，不同屆，卻剛好都打相同的位置，也是一頁傳奇。

林玉呈說，湯聿光讀獸醫系，在台橄打了好幾年的球，代表台大打過大會賽及大專盃，打球非常拚命而且認真，總是笑臉迎人，讓人印象深刻，後來不知什麼原因，退出球隊，沒有打到畢業。

地質系的宮守業個子小，第 30 屆的聶森說，那時他看剛入球隊的的宮守業跟楊耿明都不太會跑步，跑步好像打太極拳一樣的緩慢，但是台橄的包容性就是這麼大，後來宮守業及楊耿明苦練之後，也都練出成績，可以上場比賽，獨當一面。

## 第 34 屆大事紀

**入學年分**：民國 65 年（西元 1976 年）

**隊　　長**：林鴻志（法律系）

**同屆隊友**：林盈沼（副隊長，經濟系）、嚴永明（法律系）、王健敏（植病系）、張順浪（農化系）、歐斐生（農化系）、施坤育（農化系）、

徐肇宏（農化系）、王貞偉（商學系）、楊鎮榮（商學系）、莊德豐（商學系）、黃崇憲（中文系）、萬光文（機械系）、鍾德憲（物理系）、陳明暉（法律系）、鍾永發（法律系）

**大專盃成績**：大乙組亞軍

**大專盃比賽地點**：崑山工專

**重要賽事回顧**：

在大專盃舉辦多年之後，台橄也逐漸把比賽的重心從大會賽移到大專盃，第34屆大會賽在台南舉行，台大沒有報名參賽。

民國69年的大專盃，在台南的崑山工專舉行，經過一輪預賽循環，最後進入決賽3強的三所學校，連續好幾年都是由台大、成大及陸軍官校三足鼎立爭冠軍。台大已經連續兩屆都以些微的比數，與冠軍失之交臂，第34屆率領第35-37屆也是兵強馬壯，立志要一雪前恥。

根據第34屆林盈沼的回憶，這一年的陣容是近年來最整齊的一屆；光是第34屆大四就有14人，再加上二、三年級的眾多高手，還有青年國手李雨龍的加入，如虎添翼，全隊自信滿滿。

決賽第一場由台大對成大，前兩屆對決成大，台大一負一和，也是勁敵，成大也是對冠軍虎視眈眈。台大從教練蔡玉吉（阿吉仔）到全體球員，都對這場比賽，不敢掉以輕心，阿吉仔賽前的調度及耳提面命，比賽中，全體球員的將士用命，用心協力，漂亮防守，一再化解了成大的攻勢。

林盈沼回憶那場比賽，雙方你來我往，互有攻守，比分一直很接近。台大致勝一球在下半場，

第34屆人數眾多，感情極好，後排右二為隊長林鴻志。

第 34 屆隊長林鴻志（左二）與第 34 屆及第 35 屆隊員合照（右二為第 35 屆隊長陳貴賢）。

一個亂集團後，傳鋒（Half）傳了一個低球給林盈沼，林盈沼快傳給楊鎮榮，再快速傳給左翼鋒（Wing）劉朝俊（第 36 屆隊長），劉加速獨跑 40 碼，突破對方最後兩重防線，達陣得分。

林盈沼看到在場加油的 OB、場邊的在校生歡聲雷動，因為兩年前就在同一個球場（崑山工專），台大敗給了成大，輸掉冠軍，兩年後一雪前恥，大快人心。

不過，離冠軍還有一場硬仗，隔天中午，要面對衛冕軍陸官。贏了成大之後，全隊都沉浸在勝利的滋味之中，那一天晚上，阿吉仔同意全隊球員去洗三溫暖，在台南火車站附近。全隊的人，都洗了一場激烈又耗時的三溫暖。

當時是很舒暢，但是沒想到這個澡，卻成了隔天比賽的致命傷。林盈沼說，三溫暖內冷熱水交替，泡久了，又出了許多汗，耗掉不少體力，相當於又打了一場比賽。而且心情及肌肉，在不知不覺中鬆懈了，想在一夜之間，再重新調整，已力不從心。

第二天比賽是在中午一點舉行，南台灣的天氣酷熱難耐。對長期在台北集訓時的陰雨天，非常的不習慣。林盈沼說，如果不是靠著長期的集訓培養出來的體力及一股作氣的高昂士氣，很難取勝。但是前一天的三溫暖，鬆懈了體力與士氣。賽前練球熱身時，就覺得不順，但是全隊還是提起士氣，全力要奪回冠軍。

比賽的上半場，台大還能跟陸官抗衡，陸官體力充沛，全場快速奔跑，但沒什麼戰術，也無法突破得分，台大在關鍵時刻總缺臨門一腳，難以突破達

陣。上半場結束時，台大以些微比數 3：6 落後。下半場換邊攻擊之後，情勢逆轉，台大的體力明顯下滑，不論前鋒或後衛，都與前一場對成大的比賽判若兩隊，後衛奔跑無勁，前鋒集結緩慢。陸官靠著快速的傳球和移位連連得分，最後以 6：0（達陣數），打敗台大，蟬聯冠軍。

事後檢討對官校之戰，大家都難以解釋為什麼打不出應有的實力，林盈沼事後回想，應該就是前一晚的三溫暖，導致的體力的流失與士氣的鬆懈。

一個月之後，台大的原班人馬參加在百齡球場的青年盃，同場競技的對手實力不弱，台大竟輕鬆贏得冠軍，林盈沼認為，這可以證明那年的台大是有實力可以奪冠的，但賽前的調適活動安排不佳，竟把應可奪標的機會拱手讓給了別人。（節錄自台橄 50 周年紀念專刊）

### 大學時代的球隊故事：

第 34 屆球員人數相當多，畢業時高達 14 人，人數跟第 25 屆並列為台橄人數最多的一屆，幾乎可以一屆自組一隊。

嚴永明大一被選入籃球隊的大一聯隊，有一次練完球後在浴室洗澡，興高采烈的談著籃球比賽，忽然聽到旁邊一位身材高大的彪形大漢說：「打什麼籃球，為什麼不試試橄欖球？」（這位大漢就是第 31 屆的吳穎虎，維吾爾人），嚴永明大一下加入了橄欖球隊，從此就沒有再離開過橄欖球了。

嚴永明說，他大一加入球隊沒有多久開始比大專盃，就被派上場比賽，當時同屆大一有上場的球員包括楊鎮榮、王貞偉、萬光文、歐斐生、林盈沼等人。其中歐斐生打完大一就離隊，萬光文也只打了大一及大四的大專盃。

隊長林鴻志大二時才進球隊，雖然比較晚進球隊，但是林鴻志練球出席率很高，大三時幾乎天天出來練球，非常的認真，教練阿吉仔就挑選林鴻志當隊長。

第 34 屆的特色就是有非常強的後衛線，嚴永明回憶當時的後衛陣容，包括：副隊長林盈沼、王健敏、張順浪、楊鎮榮、嚴永明，再加上第 35 屆的徐其宏。到了大四的時候，第 36 屆隊長劉朝俊也可以上場打翼鋒（Wing），一條完整而且強大的後衛線。還有一位施坤育（鰻魚）主打 8 號前鋒，有時也可

打 15 號殿衛（Full back），鰻魚經常自嘲是一位不會踢球的 Full back。

前鋒部分由隊長林鴻志領軍，率領機動性很好的第 34 屆前鋒，包括鍾德憲、莊德豐、萬光文，再加上第 35 屆幾個大塊頭的前鋒陳貴賢、林碧煌跟孫一明以及第 36 屆的胡佳君等，傳鋒（Half）由第 35 屆的徐其宏擔綱，基本上從前鋒到後衛，是陣容非常整齊的一屆。

第 34 屆對球隊的向心力很強，林鴻志跟嚴永明剛畢業後幾年，還經常回學校指導學弟，除了出國的球員，第 34 屆的球員經常回學校打球，是那幾年 OB 隊的主力球員。

## 第 35 屆大事紀

**入學年分**：民國 66 年（西元 1977 年）
**隊　　長**：陳貴賢（電機系）
**同屆隊友**：徐其宏（農經系）、孫一明（化工系）、蔣國雄（數學系）、林碧煌（經濟系）、張宏堯（農經系）、徐振忠（農經系）
**大專盃成績**：大乙組季軍
**大專盃比賽地點**：台大
**重要賽事回顧**：

大專盃回到台大主辦，全員士氣高昂，預賽前三場比賽對上東吳、北醫、海洋，分別以 72：4、52：0、22：0 比分取勝。但真正的挑戰是在決賽與陸官、成大之戰。隊長陳貴賢說，無庸諱言，陸官在傳統上無論在人力上或體型上，都遠遠超過任何乙組隊伍。比賽一開始，台大馬上就感受到極大壓力，陸官立即兵臨城下。在全場觀眾的加油下，台大守住城池。下半場有多次在對方門前廝殺衝鋒，可惜都未能達陣，幾次 Penalty goal（罰踢射門）也無功而返，最後以 7：12 一球之差飲恨。

當時已是陣中主將的第 36 屆劉朝俊（阿俊）在評論這場比賽時提到：「第 35 屆的戰力遠超陸官，但是卻沒有施展開來。下半場快結束前，我在左側甩

第 35 屆與 OB 練習賽前大合照（中右七為隊長陳貴賢）。

開對方防守，單手持球前進，對方已無法 Tackle 到我，但是沒想到球卻被拍掉，痛失贏球的機會！」陳貴賢說，其實比賽中的失誤不可避免的，隊友間就是要互相 Cover，不諉過、不氣餒才是最重要的。

　　大專盃最後一場對成大之戰，賽程安排上對台大極為不利，與陸官之戰排在對成大之戰前一天的最後一場，對成大之戰則是排在隔天的第一場，兩場激烈的比賽相隔才半天，台大球員完全得不到休息，體力負荷極為嚴酷。雖然前一天對陸官之戰，台大球員的體力都已經透支，但是對成大之戰，大家還是全力以赴，台成大戰，雙方多次拉鋸，有來有往。下半場幾次台大得分後，大家都以為可以結束比賽，但是後來被成大趕上來，最終以 16：17 一分之差而屈居第三。

　　阿俊回憶第 35 屆對成大之役時說：「對成大時，快結束前本已反轉超前，但是當對方踢球進我方達陣區，因為看到對方右側人少，有機會突破，所以接球後，我沒有壓地，持球跑出達陣區，傳給接應的隊友，沒想到出現 Knock on（拍前球），Scrum（正集團）對方球，結果被對方進球反轉戰局。」

　　第 35 屆的大會賽，民國 70 年 1 月也在台大橄欖球場舉行，大專組只有三隊報名，分別是甲組的輔仁大學、台大及台北醫學院。台大第一場對上輔大，雖然台大全力以赴，但是輔大陣中有多位國手，包括打 10 號位置的國家隊名

將陳有村，輔大全場勢如破竹，台大全力防守，也無法有效阻擋輔大的攻勢，終場輔大以 62：0 大勝。隔天第二場比賽，台大對上同是乙組的北醫，台大正常發揮，終場以 16：4 打敗北醫，獲得大會賽大專組的亞軍。

**大學時代的球隊故事：**

陳貴賢說，雖然第 35 屆人數不多，但在蔡玉吉（阿吉仔）教練的領軍下，再加上後兩屆新秀劉朝俊、鄭富書、楊志達等隊友的參與，以及劉燦勳、楊耿明、余榮修等研究生 OB 的支援，整隊的氣勢相當可觀。大專盃回到台大舉行，在地利與人氣都在台大，全隊士氣罕見的高昂。

在連續三屆與大專盃冠軍無緣之後，阿吉仔教練為了奪回冠軍盃，在集訓期間除了早晚練球之外，中午也多練一次。一天練三次的經驗令人終身難忘，好像每天都以球場與體育館為中心。有時候練完球還加菜跑操場 20 圈，這是台橄獨有的直道衝刺、彎道調整呼吸的練法，一般球員都在第一星期陷入肌肉痠痛的低潮，但是一旦熬過了就能體驗直道衝刺時一路超車的快感，讓隊員體驗體能無上限。

陳貴賢說，大專盃中印象深刻的是與北醫之戰，有多位隊友被對方的小動作惹毛了，大叫：「北醫不要抓老二！」而北醫的阿岱教練每次當裁判

第 35 屆的大專盃在台大舉行，賽前準備上陣的台橄球員，立者為隊長陳貴賢。

第 35 屆球員合影。

的時候，往往覺得判得不妥當。以前的時代沒有錄影重播可以解決爭議判決，而且球員對裁判是絕對的服從，所以對於不適當的判決，往往只能悶在心裡。

陳貴賢回憶大四畢業之後，有一場台大 OB 對北醫校友的比賽，阿岱教練那時打 Full back（殿衛），有一個高踢球直飛阿岱教練而去，陳貴賢也追上去。阿岱教練接到球之後，本來有很多時間可以處理，卻躊躇著找不到後援，也沒將球踢出，最後被阿賢重重 Tackle 倒地。賽後阿吉仔叫阿賢去跟阿岱教練道歉。陳貴賢說這是他一生難忘的一個 Tackle！

陳貴賢說，40 年後再回想當年的比賽，不免有艱苦訓練之後與冠軍盃錯過的遺憾。然而經歷台橄的訓練磨出吃苦耐勞的意志，從一開始有「勇氣」加入球隊、過程中有「毅力」接受磨練、最後被「升格」排入比賽先發 Member、再進而「以台橄為榮」、 成為台橄的一分子才是最重要的，勝利永遠是我們的目標，挫折也可以成為我們成長的養分，陳貴賢以此與大家及學弟們互勉。

## 第 36 屆大事紀

**入學年分**：民國 67 年（西元 1978 年）
**隊　　長**：劉朝俊（地理系、阿俊）
**同屆隊友**：胡佳君（副隊長、法律系、小粹）、嚴立巍（化工系）、楊芳賢（法律系）、馮大年（哲學系、小年）
**台北市中正盃成績**：大專組冠軍
**大專盃成績**：大乙組亞軍
**大專盃比賽地點**：台灣師大
**重要賽事回顧**：

一、1981 年 6 月 6 日，基隆體育場 7 人制：比賽在風雨中進行，台大報名綠、白、黑三隊，綠、黑隊是以在校生為主，白隊則由年輕 OB 組成。

白隊比賽時，見識到傳說中的林英雄 OB 的身手，有一球對方後衛突破防

第 36 屆的大專盃冠軍決賽對上陸官，地點在師大分部，圖為雙方球員爭邊球。

守，林英雄反身快速追上相距 5 公尺外的持球者，將對方 Tackle 倒地，在場觀眾吆喝和掌聲立即響起。

二、1981 年 9 月 26-28 日，百齡球場，台北市中正盃：比賽在芒草及膝的百齡橋球場連闖三關奪冠，過程中不少隊友受傷：第一場對中國海專 20：8，劉燦勳 OB 受傷，縫 11 針、羅幼華肋骨受傷；第二場對光武工專 26：4；吳峰華 OB 受傷，眼角縫 5 針；最後一場對台北醫學院 12：8，周肅宏耳朵受傷。第二天比賽當天曹善偉 OB（老大）結婚，以冠軍祝賀老大婚禮。

三、1981 年 4 月 5-10 日，大專盃，師大舉辦：乙組預賽小組循環三場，分別對上東海、政大及成大，三連勝後進入三強循環賽。比賽期間，全隊都是一起步行往來於台大和師大的比賽場地，當作是賽前的熱身和賽後的緩和運動。賽前一天會宣布預定上場名單，並根據對手比賽的錄影進行分析和對策的演練，提醒隊友攻防移位的路線、應負責任和注意事項。

預賽第一場對東海，順利過關，不過終場前隊長阿俊受傷，影響後續的調度計畫。

第二場對政大，前鋒展現 Scrum Machine 練習的成效，一開賽，正集團就明顯地取得優勢，數次不斷的推進，從 5 公尺、10 公尺……，將對手整個推垮，要求 Scrum 再推。前鋒有優勢，後衛打起來就輕鬆許多，其中，第 39 屆余榮熾在右側快速飛躍，與彈起的球一起飛入達陣區的畫面，至今仍深刻腦中。晚上檢討時觀看楊宏章 OB 拍攝的錄影，全場充滿歡笑，尤其是前鋒。

預賽第三場對上成大，雙方實力相差不大，得分雖不多，確實掌控球賽。比較遺憾的是大四胡佳君和大三的李讚麒比賽中受傷。

三隊決賽第一場對海洋大學在師大本部比賽，順利過關。但是劉燦勳 OB

在 Tackle 時，對方竟然抬腳，踢到他的眼角，縫了好幾針。當晚分析陸官比賽的影片，辛久銘 OB 特別針對決賽時可能發生的 Scrum 旋轉，進行應對戰術的演練，可惜胡佳君受傷沒有參加，以致決賽時無法順利執行。晚上 10 點半左右，海潮 OB、阿俊、阿熾、等人到阿吉仔（蔡玉吉老師）家，聆聽指導。

最後一場與陸官的對決則是移師到公館師大分部，台大夜間部啦啦隊也前來為台大加油。冠軍戰因為劉燦勳受傷，殿衛吳峰華改打正鋒，殿衛則請蔡仲誦擔任，前鋒 8 號胡佳君和李讚麒都帶傷上場。

兩隊實力在伯仲之間，比賽有來有往，非常的激烈。阿俊回憶了幾個印象深刻的片段，包括：上半場台大高踢，李讚麒追上去 Try（達陣），但是越位在先，達陣不算，這一轉折讓氣勢大受影響。下半場，胡佳君的 Screen pass（擋人側身短傳）很成功，兩人連結（Binding）前進很長的距離；戰術「勝新太郎」的效果不錯，有突破但是離達陣線太遠，沒能達陣；蔡仲誦 OB 用肩背撞擊對方球員，救下一球；阿俊被 Tackle，場外的 OB 要他躺下，不要急著起身，擔任大會解說的陳照賢 OB，也廣播提醒裁判要檢視球員受傷的狀況；陸官後衛閃切，阿俊 Tackle 失誤，被對方切穿防線而達陣；陸官在中線附近犯規，為了緩和壓力，吳峰華 OB 要求射門；洪富峰在中場 10 公尺線附近，開始以踢滾地球的方式，不斷盤球前進，最後順利穿越對方防線成功達陣，比數追為 8：10；無奈終場哨音很快響起，再次飲恨。

### 大學時代的球隊故事：

1981 年第 35 屆大專盃之後，球隊主要是由第 25 屆張海潮 OB 帶領球隊，賴政國和許恆森等人在這時候加入球隊。

暑假練球 8 月 1 日開始，新生余榮熾加入，每次練球他主動為大家所準備的冰涼檸檬茶成為

第 36 屆大專盃冠軍戰對陸官，台大球員奮力擒抱對手。

暑假練球後的期待和享受。為了淡化枯燥的練球，8 月 15-16 日到金山活動中心露營，沙灘橄欖球。

8 月 20-25 日間，時任橄協秘書長的阿吉仔推薦張海潮和阿俊去參加橄協在台南舉辦的教練講習，由日本國家代表隊的教練岡本先生主講。

講習後的練球除了台橄傳統練習之外，開始融入講習時所學得的觀念和方法進行，每次都由 20 分鐘的熱身伸展運動開始。練球時強調個人基本動作的正確與熟練，以及整體結合時跟進的時機、順序和動作，前鋒 Scrum 的集結和推進；後衛的練習則依不同的情境：考量傳球所需時間、防守方速度、站位、移位……，來調整戰術，如 13、24。整個過程特別強調 Calling、複誦 Signing！讓所有隊友都了解要執行的戰術、每個人的跑位、隊友的位置，也給隊友心理上的支持。

張海潮 OB 綜合講習內容以及台大歷年來帶隊 OB 的意見，整理完成台橄第一本訓練手冊。

北市中正盃前一周，海潮 OB 為了增進隊友之間的連繫，9 月 19 日周六中午在他舟山路的宿舍包水餃，下午練球時在球場準備點心茶飲感謝返校的 OB 們。

10 月 17 日周六為了歡迎張克振老師到台大任教，邱雲磊 OB、莊仲仁 OB、張海潮 OB、曹善偉 OB 和楊宏章 OB 特地邀請張老師到學生活動中心用餐，表達要將球隊交給張老師，請張老師擔任台大隊教練。

接下來，台橄用了很久一段時間的 Scrum machine（別稱藍色大水牛）登場，Scrum machine 是老大 OB 先到西湖工商觀測，再考量台大球員的身材設計、監工，木材都經過防蛀防水耐曬的處理。完成後在上學期末舉辦贈送儀式，由邱雲磊、莊仲仁、曹善偉、陳照賢等 OB 代表球隊，將 Scrum machine 贈送給學校（體育組），希望學校也能幫忙照顧和保養。

下學期主要目標就是大專盃，海潮 OB 為了整合球隊讓隊友多培養默契，將集訓規劃為兩個階段。第一個階段，3 月 1 日至 3 月 12 日，住在體育館三樓柔道場，早晚各練一次球。第二個階段，3 月 14 日至 4 月 3 日，住進體育

館左側二樓看台下，也是早晚各練一次球。

集訓時長跑的距離漸次增加，有兩次印象較深刻。一次是跑運動場 25 圈，10 公里，當時還在讀大一的日本籍選手和田（Wada）很輕鬆的跟上阿俊，阿俊還以為跑太慢，再加些速度，他還是可以跟上。幾年後與和田聊天時談起，才知道其實他是賣力的跟上，並非輕鬆有餘力。

第 25 屆老大 OB（曹善偉）製作的 Scrum machine，在第 36 屆時送給在校生練習。

另一次是田徑場熱身後出發，經舟山路出校園，過辛亥隧道後，由辛亥路四段 21 巷斜坡上山頂，再回台大，耗時過久，只有長跑沒有練球。

集訓最後一個周六（4 月 3 日），約師大隊進行友誼賽，全隊感覺還不錯，對比賽更有信心。

阿俊記得一個有趣的插曲，大專盃賽程抽籤在師大舉行，由張克振老師和阿俊參加。進行抽籤時，師大行政人員依序問抽籤者代表哪一個學校？沒想到竟有人回答「台大」，在旁聊天的張老師和阿俊都很好奇地轉過頭看向抽籤處，心想怎麼會有另外的人代表台大？行政人員又問了一次代表哪個學校？「台大？」才聽到回答：「不，是陸軍官校。」張老師和阿俊相視微笑，心裡想著：台大是陸官心中一直掛念的對手。

在多年之後，隊長阿俊回想起來，覺得第 36 屆真是得天獨厚的一屆，有蔡玉吉 OB 引進日本國家代表隊打球的觀念和練球的模式；有新加入的張克振老師幫忙指導練球和處理校務相關事宜；有張海潮 OB 編纂完成的台橄第一本訓練手冊做參考；有海潮 OB 一整年的投入，還有經驗豐富的老大 OB 以及言簡剛中的宏章 OB 支援配合；有賴勝權 OB 返台期間抽空到校教導踢 Spin 的

球；有老大 OB 設計、監造的台橄第一台 Scrum machine；有辛久銘 OB 新觀念的挹注、教導，攻守對策的分析和演練；有五位研究生 OB 助陣：劉燦勳、余榮修、楊耿明、吳峰華、蔡仲誦；還有平時、周六以及集訓時一起奮鬥的隊友和返校關心協助的許多 OB；首次有錄影、分析、講解及對策演練的專業團隊：楊宏章 OB、辛久銘 OB、張海潮 OB 及曹善偉（老大）OB；應該是歷屆 OB 們關注和投入最多的一屆！

同時也要感謝台大夜間部啦啦隊在冠軍賽時到場加油。

## 第 37 屆大事紀

**入學年分**：民國 68 年（西元 1979 年）
**隊　　長**：鄭富書（土木系）
**同屆隊友**：謝啟禮（電機系）、戴芳瑜（化工系）、賴政國（地理系）、洪富峰（地理系）、顏榮郎（醫學系）、趙善楷（醫學系）、李讚麒（數學系）、程燈貴（數學系）、李雨龍（電機系）
**大會賽成績**：季軍（在台大比賽）
**大專盃成績**：亞軍
**大專盃比賽地點**：台南崑山工專
**重要賽事回顧**：

民國 72 年 1 月的第 37 屆大會賽，在台大橄欖球場舉行，自從有大專盃比賽之後，台大就會選擇性的報名大會賽，因為這一屆在台大舉行，才報名參加。大專組只有有三隊報名，台大第一場對陸軍官校，雙方實力接近，比賽有來有往，台大總

第 37 屆的大專盃在台南崑山工專舉行，全隊開拔進住開元寺。

是欠缺臨門一腳，最後陸官以兩次達陣，8：0收下勝利。

第二場比賽對台北醫學院，之前對北醫的比賽，台大很少輸球，所以隊員在備戰的心理上，沒有很積極，幾位主力球員也沒有排上先發陣容，結果上半場被北醫一輪猛攻，再加上台大在關鍵得分時刻的失誤，上半場以0：15落後，下半場台大才開始急起直追，達陣三次，但是打順手的北醫下半場也有分數進帳，最終北醫以26：12勝出，陸官冠軍、北醫亞軍、台大季軍。

至於最重要的大專盃，則是在台南崑山工專舉行，全隊在賽前一周，拉到台南賽前集訓，住在台南市開元寺中，接受辛久銘OB的指導。台大在預賽遭遇到東海及成大，沒有意外的取得勝利。決賽與宿敵陸軍官校爭冠，球員人數不足，球齡不長的老問題浮現，最重要的是有兩位大三的主力前鋒退出球隊，造成正集團（Scrum）戰力嚴重不足。對上陣容穩定，兵強馬壯的陸官，就很難取勝，陸官的8號球員從正集團中持球衝出，往往如入無人之境，台大辛苦的防守，但終究不敵敗下陣來，再度在大專盃中屈居亞軍。（鄭富書、戴芳瑜口述）

另外，根據顏榮郎回憶，第37屆參加全國中正盃，比賽在11月的台大橄欖球場舉行，天氣非常好；決賽對手是甲組的黎明工專，時間為星期天下午，場邊擠滿了觀眾，很熱鬧。黎明有一彪形大漢，外號是大象；終場前5-10分鐘，落後的黎明發起最後一波攻擊，大象帶著前鋒衝台大右翼底線，被台大翼鋒Tackle阻攻，大象倒下，台大化解這一波攻勢，不久終場哨聲響起，台大贏得冠軍。

### 大學時代的球隊故事：

第37屆在校時，有兩件很重要的事情，一個是來了一位有橄欖球專長的張克振老師，來當橄欖球隊的指導老師。另一件重要的事情，就是橄欖球隊終於有了自己的球室，改建自位在舊男生11舍跟12舍之間的車棚，有了自己的球室之後，球員終於有地方可以洗澡，不用去宿舍洗澡了。

不過張克振老師因為尊重台大學長教球傳統，一直都沒有直接加入指導行列，只是擔任行政指導的角色，不是專業教練的角色。之前一直有蔡玉吉（阿

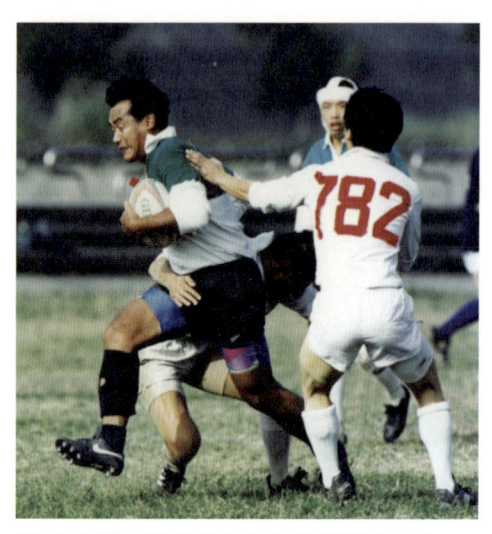

第 37 屆隊長鄭富書在場上總是拚勁十足。

吉仔）OB 擔任教練的角色，後來加入了張海潮 OB，但是第 37 屆當家時，阿吉仔 OB 忙著做生意，一個月才出現在球場 1-2 次，海潮那一年去美國進修，所有練球的責任，都落在隊長身上。

隊長鄭富書說，他當時一直要逃避出任隊長的角色，但是在交接典禮上，他被 OB 宣布擔任隊長。在那個時代，台橄 OB 意志至上，在校生也只得遵守，他只好跟歷任很多不情願但不得不接任的隊長一樣，努力、辛苦的走過這一年。

由於學期中球員練球的出席率不高，阿書隊長就利用寒假球員返鄉過年的時間，沿縱貫線南下，在每個球員的家裡住個一兩天，跟球員博感情，希望他們能繼續打球，但大家用各式各樣的理由推託不想打球，其中有四、五位球員都說是家中獨生子不能打球，也有球員說父母鬧離婚導致心情不佳不想打球，阿書用了一個寒假的時間，盡全力把大家都拉回球場，大專盃才勉強成軍。

阿書說，基本球員人數不足，平均球齡不足，未受到專業教練指導，土法煉鋼式練球，幾乎是每一屆隊長的宿命。

## 第 38 屆大事紀

**入學年分**：民國 69 年（西元 1980 年）
**隊　　長**：楊志達（土木系）
**同屆隊友**：許哲偉（公衛系）、羅幼華（農工系）、周肅宏（外文系）、簡崇仁（農化系）、陳俊男（農經系）、謝立德（造船所）
**大專盃成績**：大乙組亞軍

**大專盃比賽地點**：台北市百齡橋球場
**重要賽事回顧**：

　　第 38 屆的大專盃在預賽就遇到大麻煩，小組賽遇到政大打得非常辛苦，先被政大達陣之後，就一路苦苦追趕，打到終場前 5 分鐘還無法扳平落後之勢，大家都非常緊張，很怕會輸球，輸球就連決賽資格都沒有。在終場前最後一次的進攻，台大在達陣線前 10 碼左右，取得正集團（Scrum）的機會，前鋒下暗號要把正集團直接推進去達陣區（註）。在大專盃這種大比賽中，要把對手正集團推進去達陣，是非常罕見且困難的。打一號的陳俊男說，當時他非常的緊張，在推正集團時，全部 8 個人團結一致使盡全力，一點一滴，一尺一寸慢慢地穩定地推動正集團，硬生生的把政大的正集團一路推進達陣區後，壓球達陣，逼和政大，加踢射門又進球，最後小勝政大 2 分，台大才得以分組第一進入決賽循環。

　　進入決賽三隊是台大、海大與陸軍官校。大家把焦點放在對陸官的比賽，但是第一場對決海大時，也打得不輕鬆，最後只小贏 3 分。

　　決賽第二場對陸軍官校，進入整個賽事的最高潮，但是當天天氣突然轉熱，熾熱的陽光讓整個春冬都在陰冷天氣集訓的台大球員非常不適應，再加上前兩場比賽對政大及海大，都打得很激烈，體力耗盡，又傷兵累累。諸多不利因素使得台大最後一場對決陣容整齊的陸官時，就顯得左支右絀難以跟陸官對抗，得分相差很多大敗而歸，台大也只能取得亞軍。（內容由陳俊男、張海潮提供）

　　（註：台大正集團推進的 Sign 叫墓碑，據說在橄欖球場上，把對手的正集團推進去達陣，是男人可以寫在墓碑上的功勳。）

第 38 屆在消失的台大橄欖球場上練球。

## 大學時代的球隊故事：

第 38 屆入隊時隊長是第 35 屆的陳貴賢，訓練非常嚴格，大一時很多新球員加入，光是農經系就一大群人，但是沒多久很多人怕受傷就陸續退出，農經系剩下許哲偉及陳俊男，再加上隊長楊志達、羅幼華、周肅宏，這五人從大一加入一直打到大四畢業。至於肌肉發達的像阿諾的健美先生簡崇仁大二加入球隊，一路打到研究所，簡崇仁告訴大家如果肌肉練得左右不對稱，在健美比賽時是會被扣分的。

周肅宏號稱鐵頭，因為經常有人在球場上被他用頭撞到痛得哇哇大叫。有一年暑假聽說他為了體驗人生和鍛鍊體魄，去搬家公司打工，還有一年跑去某個寺廟跟和尚住了一段日子。

許哲偉外號土匪，是副隊長，打球很賊的 Half，跟陳俊男是農經系同學，經常混在一起，感情很好，當兵時一起到金門，有緣睡在上下鋪，退伍之初還經常聯絡，後來就斷了音訊，前幾年聽說已經過世，令人惋惜。

第 38 屆在校時，有兩件重要的事情發生在大二時期，一個是橄欖球專長的張克振老師加入學校，一個是舊的男十一舍及男十二舍中間，建了一間專用的球室，讓球員打完球有地方可以洗澡，不用再偷偷摸摸地跑去男生宿舍洗澡。

第 38 屆球員不多，大四時一起上場比賽的學弟，包括第 39 屆的詹宏薰、第 40 屆的陳崑焜、候德發、楊順財、吳宗信及第 41 屆的黃振芳都很強悍。隊長楊志達及簡宏仁在讀研究所時，繼續比賽，也是第 40 屆及第 41 屆連兩年

第 38 屆隊長楊志達開球，全體球員全力以赴。圖為第 38 屆在台北百齡球場參加中正盃比賽。

跟官校並列冠軍的重要成員。

　　至於老謝謝立德，大學時代讀海大。海大畢業後進入中科院上班時，考入台大造船所博士班，屆次比照第 38 屆，老謝在讀研究所時，代表台橄打了很多重要的比賽。2003 年端午節老謝在百齡球場參加巨人隊的節慶賽，因身體不適而過世，令人感傷。

## 第 39 屆大事紀

**入學年分**：民國 70 年（西元 1981 年）
**隊　　長**：詹宏薰（電機系）
**同屆隊友**：和田英作（副隊長，國貿系）、林宏吉（機械系）、吳永志（農化系）、吳奕宏（化學系）、余榮熾（動物系）、李牧民（數學系）
**大專盃成績**：大乙組第五名
**大專盃比賽地點**：南台工專
**重要賽事回顧**：

　　民國 73 年 12 月，第 39 屆大會賽在百齡球場舉行，台大在預賽第一場勝淡江大學，準決賽對上陸軍官校，上下半場各被達陣一個，0：8 敗陣，季軍賽對戰崑山工專，0：18 輸球，拿到殿軍。

　　隔年的大專盃在南台工專舉行，根據當時球隊實際的教練張海潮的回憶，當時大四的林宏吉，比賽前一天在台北參加考試，考完連夜趕到台南，跟球隊會合。隔天預賽第一場對上東海大學，東海大學突然提出要求，要檢查台大球員的學生證。台大在賽前一夜，已經把學生證交給隊長，但是連夜從台北趕到台南的林宏吉，並沒有把學生證交給隊長保管，學生證還放在飯店裡，只好緊急回旅館拿學生證，而錯失了上場比賽的機會。原本這場比賽安排林宏吉打殿衛，只好臨時調大三的吳宗信打殿衛，但吳宗信沒有打過殿衛，這個臨時的調度，打亂了比賽的節奏，而據在場上比賽的球員回憶，在比賽一開始，台大的確有些輕敵，結果非常意外的在第一場敗給了東海，雖然之後的預賽都勝出，

第 39 屆的大專盃在南台工專舉行，台大首戰東海大學，就意外敗北。

但是最終只能得到分組第二，無法進入決賽圈，只能打 5-8 名的排名賽，排名賽也是全勝，無奈只能以第五名做收。

### 大學時代的球隊故事：

第 39 屆算是非常意外，跌破眼鏡的一屆，這是台大橄欖球隊第一次把集訓拉到台南舉行，由第 25 屆的辛久銘擔任集訓教練。辛久銘在台南是專業的橄欖球教練，從國外引進很多新的觀念與打法，是當時國內最先進的教練。當時的陣容除了第 39 屆之外，還有前幾屆的研究生 OB，再加上後幾屆的好手，實力非常被看好的。這一屆不但拉到台南集訓，而且集訓時間很久，卻在第一場就輸到過去不曾敗過的對手，真的非常意外。

因為學生證問題而無法上場的林宏吉非常的自責，林宏吉說，他大二加入球隊之後，除了上課及打球之外，幾乎完全沒有其他的活動了。林宏吉讀機械系，功課應該是台大所有系中最重的，為了打球所有的其他活動都排除，每天練完球，吃了晚飯，就去圖書館，但是打球太累，先在圖書館打了個盹，才開始寫功課，往往寫到一點還寫不完，只好帶回宿舍繼續寫。

林宏吉加入球隊之後，就全心全意的投入，真正是「讀書第一、打球第二，沒有第三」的典範，林宏吉說，有一次約好要跟女朋友去看電影，但實在放不下和隊友一起練球的機會，只好請機械系同班最好的同學陪女朋友去看電影，結果被女朋友念了好久。還有一次跟女朋友約好練完球一起吃飯，結果練完球後就跟隊友一起去吃飯，吃完飯就衝到圖書館去念書，完全忘了女朋友有約，讓女朋友在寒風中舊球場的欄杆旁等了兩個小時（還好女朋友後來有嫁給他）。

第 39 屆的隊長電機系詹宏熏，林宏吉說詹宏熏的個性比較溫和，是一個

好好先生，但是因為擔任隊長，壓力相當的大，帶領一個有傳統的球隊，真的很辛苦，付出了非常多的辛苦與努力，但是卻在第一場重要的比賽意外的輸球，對詹宏熏而言，是一個不小的挫折。根據第 40 屆吳宗信的回憶，那時台北常常下大雨，有好幾次下午練球時，只有隊長阿薰跟他兩人出席，兩個人怎麼練球？就兩個人在十一舍前積水幾乎 5-10 公分高的球場來回 Running pass……

為了備戰大專盃，第 39 屆全隊拉到台南集訓，卻在第一場比賽輸球，圖為第 36 屆隊長劉朝俊（研究生），被擒抱之後，將球傳出。

這一屆還有一位特別的人物，就是副隊長和田英作（Wada），和田是台橄第一位外籍球員，林宏吉說和田的個性非常好，很有禮貌，個子小小的，主打 Half（傳鋒），打球很認真，從做事的嚴謹及打球的認真態度，都是非常典型的日本人。

林宏吉後來讀研究所，為台橄繼續在場上拚搏，在第 40 及第 41 屆連兩年跟陸官打成平手，並列冠軍，參與那兩屆冠軍的第 39 屆成員，還有余榮熾，他們一起延續第 39 屆的戰力，在後兩屆發光發熱。

## 第 40 屆大事紀

入學年分：民國 71 年（1982）
隊　　長：陳崑焜（土木系）
同屆隊友：侯德發（副隊長，數學系）、吳宗信（總幹事，機械系）、楊順財（農化系）

**大專盃成績**：大乙組冠軍（與陸官併列）
**大專盃比賽時間**：民國 75 年 4 月
**大專盃比賽地點**：百齡球場
**重要賽事回顧**：

　　當年大專盃在百齡球場比賽，據張海潮 OB 描述，場地是「一團漿糊」。低年級的學生在場外拿水桶和毛巾，只要死球，馬上跑進去幫高年級擦臉，清洗眼睛中的汙泥。當時前鋒一個亂集團下去，爬起來時滿頭爛泥，只能靠感覺繼續向前跑。

　　第 40 屆準備打大專盃，當時的陣容大致上由在校生打前鋒，研究生打後衛。後衛的陣容是 10 號接鋒劉朝俊（第 36 屆）、正鋒阿熾（余榮熾，第 39 屆）、小黑（陳志明，第 42 屆）、翼鋒林宏吉（第 39 屆）、阿狗（賴振國，第 37 屆）、殿衛余榮修（第 32 屆），其中只有小黑一位在校生；前鋒是鄭富書、陳光仁、楊順財、李明欣、黃振芳、廖學藝、林明洲、侯德發、曹克農和隊長陳崑焜，傳鋒張大炘、吳宗信，其他球員包括林津鋒、吳棟傑及新生。

　　上半場官校先達陣，但是射門沒進，戰事拖向下半場。官校以 4：0 領先了大半場，眼看著時間一分一秒的過去，一直打到最後還剩下十分鐘左右，台大的前鋒持球英勇且瘋狂地往前衝，一個亂集團之後又形成另一個亂集團，一

第 40 屆四大金剛，後排左起吳宗信、陳崑焜（隊長）、侯德發（副隊長）、楊順財，前排嚴永明（左，第 34 屆）、詹宏薰（右，第 39 屆）。

第 40 屆全隊赴北海岸露營合照。

寸一寸地前進，連續推進到對方 22 公尺前，眼看著攻勢開始停滯，9 號張大炘趁隙把球傳給 10 號劉朝俊，阿俊拿球之後突然往內切了兩步，將對方後衛吸引之後，再往前切，彎腰傾身拋了一個漂亮的拋物線傳球，越過第一個正鋒小黑，長傳給第二個正鋒阿熾，這時對方的後衛防守線大亂，正鋒和翼鋒中間露出一個大洞，被阿熾直衝進去，然後再傳給翼鋒阿狗，在球門旁邊兩碼處達陣，但可惜射門不入，最後 4：4 與陸官打平。

第 40 屆吳宗信在對陸官比賽中，在泥濘中飛身傳球，登上報紙刊頭照片。

由於當時橄欖球沒有延長賽，依照之前比賽的慣例，平手就要用抽籤分出勝負，但是陸軍官校不願意抽籤。台大在過去的賽史中，多次發生平手抽籤分勝負的前例，抽籤有勝有負，所以台大對抽籤沒有意見，但是因為陸軍官校的堅持，最後大會破天荒的決定，兩校並列冠軍。

**大學時代的球隊故事：**

第 40 屆隊長陳崑焜接任不久，蔡玉吉 OB 辭世。見報的那一天，早上十點在校生打中正盃。張海潮、老大（曹善偉）與張喜雄幾位 OB 到球場為在校生加油，在比賽前集合球員為蔡玉吉 OB 默哀。這一年有好幾位研究生在學，第 36 屆劉朝俊，第 37 屆鄭富書、李讚麒、洪富峯、賴政國，第 38 屆楊志達、周肅宏、簡崇仁，第 39 屆余榮熾、林宏吉，再加上博士班研究生第 32 屆余榮修，已經超過下場人數 15 人的一半。

第 40 屆球員就是四大金鋼，隊長陳崑焜體型壯碩，看來就是兇悍的猛將，副隊長侯德發是身高超過 180 的大漢，，另一位是場上飆死人不償命的阿財（楊順財），三人組成的前鋒，非常強悍。外加一位身材瘦小但動作靈活腳

法很好的吳宗信（以前是足球隊），吳宗信有好幾年的時間都是台橄當家的傳鋒（Half），同時身兼射門工作，無可取代。

　　侯德發說，由於他的身材突出，一入學就被球隊數學系的第 37 屆學長李讚騏盯上，一直緊迫盯人，每天請他吃「小豆豆雞排飯」當誘餌，他是第 40 屆第一個入隊的球員。大一才練幾個月，侯德發就獲得先發上場的機會，第 37 屆的大會賽在台大舉行，雖然兩場比賽都輸球，但是兩場比賽都是先發球員，讓侯德發信心倍增，一直打到大四，侯德發都是球隊的主力先發球員。

　　第 40 屆應該是台大史上研究生人數最多的一屆，由於研究生人數多，排擠到在校生在重要比賽上場的機會，也造成後來兩三屆球員相當頻繁的進出球隊。

## 第 41 屆大事紀

**入學年分**：民國 72 年（西元 1983 年）
**隊　　長**：黃振芳（畜牧系）
**同屆隊友**：羅銘康（公衛系）、廖學藝（人類系）、張大忻（資工系）、劉中超（資工系、外號韓國）、張錦江（資工系，外號東加）、陳鎮宏（法律系）、張偉欽（資工系）、陳寬博（獸醫系）
**大專盃成績**：大乙組冠軍（與陸官併列）
**大專盃比賽地點**：台北市百齡球場
**重要賽事回顧**：
　　上一屆大專盃決賽台大跟陸官以 4：4 打成平手，陸官不願以抽籤決定名次，創下兩隊並列冠軍的新紀錄，陸官賽後很不服氣，一整年都在拚命加強訓練，這一屆大專盃出場時，陸官全體隊員令人驚訝

第 41 屆再次與陸官打成平手，並列冠軍，用冠軍杯飲酒慶祝。

第41屆全隊前往羅東高工友誼賽。

地都剃了個大光頭，顯然立志要贏下大專盃的「唯一」冠軍雪恥。

本屆大專乙組共有11隊參賽，陸官在分組預賽時勢如破竹，以懸殊比分橫掃同組各校，分組預賽各校跟往年一樣，遇到官校就保留實力不硬拚，但進入決賽時遇到台大就拚命打，在決賽前半段時，台大球員已經是傷痕累累，情勢對台大相當不利。

冠軍決賽當天百齡球場大雨如注，兩支攻擊火力旺盛的球隊，攻勢全都陷入泥濘之中。開賽12分鐘，土木研究所的阿書OB（鄭富書）在亂集團中被打斷鼻骨，血流如注，立刻送往台大醫院急救，未能奮力打完全場，鄭富書曾說是他終生遺憾。官校在上半場33分鐘時，率先達陣，但射門不進，以4：0領先上半場。

進入下半場，台大全體球員在落後的情況下，仍然鬥志高昂奮戰不懈，前鋒如潮水般不間斷地一波又一波的進攻，但官校的防守也是堅如銅牆鐵壁般難以攻破，終於在終場前六分鐘台大攻至陸官陣前5碼Scrum陸官球，當時陸官傳鋒快速出球傳給接鋒時，側翼前鋒（Flanker）阿財（楊順財）如箭一般奔出，直接正面擒殺（Tackle）陸官接鋒，球往前落地的瞬間，傳鋒吳宗信奮力一撲達陣得分，全場觀眾鼓掌歡呼。由於是在正中間達陣，只要射門加踢成功，就有機會領先陸官而獨享冠軍，可惜天雨泥濘加上雨天皮球吸水過重，竟然攻門失利，終場前雙方都無法再得分，最終兩隊以4：4再次言和。

第 41 屆 30 重聚，昔日戰友，再聚台大。

重演第 40 屆冠軍賽的戲碼，兩隊都不願以抽籤決定名次，創下連續兩年兩隊並列冠軍的紀錄。比賽結束之後，陸官對於未能獨霸大專乙組，竟又和台大分享天下，在比賽結束後，在上級長官命令之下，全隊剃光頭的球員，無奈地在泥濘場地蛙跳全場，結束驚滔駭浪的比賽。

本屆大專盃，台大球員中，共有黃振芳（第 41 屆隊長）、鄭富書（第 37 屆隊長）、洪富峰（第 37 屆）、余榮熾（第 39 屆）、陳志明（第 42 屆隊長）等五位球員，獲選為大會的明星球員。

本屆報名大專盃的隊員如下：隊長黃振芳（畜牧四）、副隊長陳志明（數學三）、總幹事廖學藝（人類四）、以及土木所鄭富書、楊志達，機械所吳宗信，林宏吉、地理所洪富峰、賴政國、生化所余榮熾、公衛四羅銘康，法律三吳棟傑、林津鋒、林明洲，人類三李明欣，動物三閔明源，土木三廖泚良，植物三曹克農，機械二吳雄明，醫學二洪禹利、魏昌國，動物二張茂山，藥學二林邦德，畜牧二歐景騰，機械一林瑞祥，土木一黃主清，農化一姚啓元，畜牧一柳堯文，法律一呂元璋。

### 大學時代的球隊故事：

第 40 屆與陸官併列冠軍，第 41 屆則肩負衛冕的責任，但是第 41 屆卻是人丁單薄的一屆，如果不是大三有總幹事廖學藝的加入，隊長黃振芳幾乎也面臨了跟第 26 屆一樣的單脈相傳。

黃振芳在加入台大之前，曾經短暫在成大讀過，在成大時有接觸過橄欖球，對這項運動很感興趣，重考上台大畜牧系，就主動跑到操場要求加入球隊，當時的隊長是第 38 屆的楊志達。

第 41 屆開始時，人丁頗旺，其中有六位資工系的球員，個個都很驃悍，

在第 38 及第 39 屆兩屆的比賽，都是比賽場上很重要的成員。可惜在大三時因考研究所或其他因素退出球隊，第 41 屆只剩下黃振芳一人，後來人類系的廖學藝加入，才有寶貴的同舟共濟的同屆隊友。

　　黃振芳回憶，第 40 屆大專盃結束後，管理的 OB 張海潮特別要求他要去拜託研究生 OB 回來打球，他在接任隊長之後，就一一去拜託研究生 OB 再來打大專盃。所以第 40 屆時的主力研究生 OB 在第 41 屆的大專盃比賽期間，雖然都面臨了論文的壓力，都很自願地出來支援第 41 屆打大專盃，這份對球隊深深的情感寄託超乎言語可形容，研究生再加上第 42 屆的支援，儘管人丁單薄的第 41 屆，最後還是能順利地衛冕成功。

## 第 42 屆大事紀

**入學年分**：民國 73 年（西元 1984 年）
**隊　　長**：陳志明（數學系，小黑）
**同屆隊友**：林津鋒（副隊長，法律系）、吳棟傑（總幹事，法律系，吳棟）、林明洲（法律系）、陳光仁（動物系）、李明欣（人類系，肉粽）、曹克農（植物系）、左士嘉（植物系）、曹以會（社會系）、王宏源（數學系）、吳伯政（數學系）、馮祥勇（農推系）、廖述良（土木系）、閔明源（動物系）、王偉成（數學系）、陳克強（農推系）。
**大專盃成績**：第五名
**大專盃比賽時間**：民國 77 年 5 月
**大專盃比賽地點**：陸軍官校
**重要賽事回顧**：

　　民國 77 年大專盃五月在陸官舉行，預賽分成四組，分組的第一名進前四名循環決賽，分組第二名打 5-8 名排名賽。台大跟政戰學校還有另外兩所學校（逢甲跟高醫）同組，前兩場台大大概

1988 年初，第 42 屆赴台南寒訓，由第 25 屆辛久銘 OB 指導。

第 42 屆舉辦赴陽明山擎天崗露營活動。

都贏 20-30 分，預賽最關鍵的比賽是對政戰學校，兩校前兩戰都贏，哪隊贏就進四強，輸的只能打 5-8 名。

這一年的政戰學校也是有備而來，他們從前一年就聘了前國手陳良乾當他們的總教練，實力有明顯的進步，而且陳良乾教練不時在場邊指導攻擊我方弱點。

比賽剛開始時雙方勢均力敵有來有往，但在陣地占有率的攻勢上台大略有優勢，上半場台大有兩顆達陣暫時領先政戰的一顆達陣，比賽進入下半場的最後 5-10 分鐘，台大仍然以 12：7 領先政戰，這時卻發生比賽時間已超出很多，但裁判不明原因不吹哨結束比賽的反常的事情。

在第 41 屆大專盃發生成大隊長劉俊寬因 Tackle 陸官球員時，當下遭跳起的陸官球員的膝蓋猛烈撞擊頭部，送醫數日後不治死亡事件，這屆大專盃有兩項新措施來保護乙組球員。一項是所有上場球員都要帶 CAP（護頭軟盔），第二項是把球賽時間由原來的半場 40 分鐘縮短為 35 分鐘。但台大對政戰比賽的下半場，打到了 40 分鐘比賽卻沒有停下來，這時比數仍為 12：7，第 25 屆辛久銘 OB 在場外按捺不住大聲抗議，竟被裁判警告，這時大家都在等待比賽結束的哨音，場上雙方球員似乎也已筋疲力盡，但是裁判就是不吹哨，時間彷彿無限的被延長。

比賽進行超過 50 分鐘，政戰在台大陣地距離達陣線大約 30 碼附近獲得 Scrum（正集團）攻擊的機會，政戰的 Scrum 先刻意大幅度旋轉 150-180 度之後（當時規則允許），這時體型高大的 8 號球員拿起球直接往小邊進攻，台大小邊 Wing 是曹以會，沒能擋下 8 號球員，但隨後被 Fullback 張茂山 Tackle 倒地，對方 8 號在倒地前把球傳出去，接應的政戰球員獨跑在達陣區球門中間達

陣,加踢得分,比數被逆轉成為 12：13。此時裁判才響起結束的哨音,下半場整整打了 53 分鐘,漫長的這場比賽成了第 42-43 屆很多球員一生的遺憾。

台大無法晉級決賽,失去跟陸官爭冠的機會。那年的大專盃也失去了文武對決的話題,在 5-8 名的排名賽中,台大輕鬆但帶著遺憾地贏了三場比賽,其中一場對上了同是天涯淪落人的成大。少了台大的對抗,陸官在沒有太大壓力下,拿下那一屆的冠軍。

## 大學時代的球隊故事：

第 42 屆大專盃是史上第一次進到陸軍官校校園內比賽。由於第 40 屆及第 41 屆大專盃在多雨的台北春天舉行,百齡球場場地非常的泥濘,陸官跟台大兩屆都打成平手,陸官怪罪場地不良,於是積極爭取民國 77 年的大專盃到南台灣的陸軍官校校園內舉行,也創下首度進入官校比賽的先例,後來的大專盃,就經常在陸軍官校舉行。

由於連兩屆併列冠軍,所以本屆大專盃未演先轟動,又是拉到陸官舉行,賽前陸官就揚言,一定要單獨拿下冠軍,不要再跟台大共享。

然而,第 42 屆卻陷入了青黃不接的窘境,前兩屆打下江山的研究生 OB,大多數都已畢業,只剩下機械所的第 40 屆吳宗信 OB 及延畢的農化系楊順財 OB。雖然第 42 屆球員看起來不少,但是除了三位幹部打滿四年外,其他球員都是進進出出球隊,大多球齡都不算太長,陣容無法跟第 40 及第 41 屆相比。而且這一年海潮 OB 赴美進修一年,球隊是處於自立更生訓練的狀態。大四時的練球,幾乎都是隊長小黑在帶隊兼教練,前鋒則由總幹事吳棟傑球員兼教練,只有寒假集訓時到台南接受辛久 OB 的指導。小黑隊長則是藉由一位美式足球

第 42 屆週六練習賽後的餐聚。左起曹克農、曹以會、林津鋒、林明洲、陳光仁、洪紹書（第 44 屆）、陳志明。

員與我們一起練球的因緣，引入了全套新的熱身動作。

第 42 屆隊員進出球隊頻繁，其中數學系的吳伯政、王宏源及農推系的馮祥勇大學時代離開球隊，但是在念研究所時，都回到球隊打球，跟後來的幾屆繼續奮戰。第 46 屆打敗陸官奪冠時，王宏源正是球場上主力球員，打 15 號位置。

第 42 屆大四時，就是民國 76 年及民國 77 年，當時橄欖球場發包整修，結果卻被人倒了新生南路建案的建築廢土，不但沒有改良場地，反而讓土質變得更硬，最嚴重的是土中還有裸露的鋼筋及鋒利的磁磚，對球員的安全造成嚴重的威脅，後來又重新發包整理場地及種草，那是第 43 屆以後的事了。

## 第 43 屆大事紀

**入學年分**：民國 74 年（西元 1985 年）
**隊　　長**：張茂山（動物系）
**同屆隊友**：洪禹利（醫學系）、吳雄明（機械系）、童松錩（數學系）
**大專盃成績**：第五名
**大專盃比賽地點**：百齡球場
**重要賽事回顧**：

　　大專盃在分組比賽中和成大 3：3 打成平手，抽籤不幸輸掉，落入 5 到 8 名之爭，最後獲得第 5 名。因為隊員人數不足，沒有參加其他比賽。

　　當時球隊管理兼教練張海潮回憶，第 43 屆時對成大那場比賽，是第 46 屆的郭陵玉（老二哥）第一次上場比賽，打 11 號。成大把球踢過來，他回身救球，面對對方多位球員進攻，老二哥竟然異想天開，用兩手和兩腳撐在地上，把球保護在腹下，身體沒有任何一部分接觸球，他以為這樣不算倒地玩球。成大球員趕到要拿球，老二哥用腰用屁股去阻擋成大球員拿球，裁判直接判了罰球給成大，成大射進這一球之後，雙方變成 3：3 和局，抽籤結果台大輸了，失去了決賽的資格。

## 大學時代的球隊故事：

張海潮在民國78年初，結束赴美國進修一年的任務返台，正好遇上第43屆為準備大專盃集訓。張海潮回憶第43屆練球的幾件事，10號紹書和12號正鋒小弟（吳雄明）在「二一交叉」時互撞，碰的一聲兩個人都躺在地上，小弟脖子歪了，從此只能接從左邊傳過來的球；當時球場的狀況非常差，集訓一開始，當家9號老葉（葉鴻興）就被一個碎玻璃瓶把膝蓋割裂，縫了十幾針，他的位置只好由李敏生代替。

張海潮回顧，第43屆的球員多是新手，大部分球齡不到一年，除了隊長及幾位大四學長外，幾乎都沒有

第43屆寒假赴台南集訓，由隊長張茂山（後右二）領軍。

第43屆前後隊友返校參加校園馬拉松之後，跟張老師合影。

大專盃比賽的經驗，但是他們展現了有史以來最強的意志力。雖然最後在大專盃未能進入決賽，只得到第5名，但是這些人沒有一個離開球隊。三年後由當時大一第46屆的三位僑生球員李光誼（大馬）、周雅淳（泰國）、郭陵玉（韓國）領軍，帶領了大三的第47屆、大二的第48屆、大一的第49屆重奪大專盃的冠軍。「這個光榮，屬於第43屆。」張海潮說。

洪紹書說張茂山是很嚴格的隊長，經常在振興草皮練到月上山崗。當時大

三的洪紹書回憶說，球隊在振興草坪練球，每天從四點多練到七點，結束後大家穿著釘鞋，在月光下走在椰林下的柏油路上，非常的悲壯。

第 43 屆在振興草坪練球的時間，比在球場上更多，因為當時球場被堆了建築廢土，很長的時間都在整理場地及植草種草，張茂山說他跟幾位球員連續兩個暑假，都在第 28 屆的園藝系教授陳中 OB 的帶領下，在球場上種草，但是土質太差，後來台大球場的場地狀況一直都不理想。

打了四年的橄欖球，張茂山回想，到底橄欖球對人生意義或價值是什麼？曾經在第 41 屆青澀也無知地和資深隊友共享冠軍的榮耀，也曾經在第 42 屆 Tackle 對手後茫然地看著對方達陣後，自己內心的絕望。讓他懷念的是在練球後極度疲累下看見舊球場樹梢上的落日餘暉，也非常羨慕隊友或自己曾經在球場上奮戰的態度，年輕時總以為這一切辛苦終將成為日後成長的養分，只是這一切終將蘊化成被慢慢淡忘的回憶，人生每個階段都會面臨不同的難題，不必然能把球場上的訓練當成是唯一的解方。

## 第 44 屆大事紀

**入學年分**：民國 75 年（西元 1986 年）
**隊　　長**：歐景騰（植物系）
**同屆隊友**：洪紹書（副隊長，法律系）、王凱弘（農化系）、葛慈陽（造船系）、鐘志勝（造船系）、傅中樂（法律系）
**大會賽成績**：大專組亞軍
**大專盃成績**：大乙組亞軍
**大專盃比賽地點**：崑山工專
**重要賽事回顧**：

　　第 44 屆的大會賽在百齡球場舉行，當時乙組的台大與甲組的黎明工專和崑山工專同組，王凱弘回憶到，最值得一提的戰役是台大打敗了甲組的黎明工專。在與當時擁有 4 名國手的崑山工專對戰時，攻勢有來有往，上半場結束時只輸一球，最後雖然只拿到亞軍，但是全場氣勢如虹，Scrum 甚至推贏崑山，

打出了第 44 屆最佳戰役。

第 44 屆大專盃在台南崑山工專比賽，罕見地連續大雨，兩天比賽後場地變得非常泥濘，每位球員都感覺球衣都黏在身體了，手腳不好施展。台大在決賽對上陸軍官校，球賽開始沒幾分鐘，陸官一個快傳到翼鋒（Wing），台大球員飛身擒抱對手，但只抓到對方的腳，單腳被捉住的陸官球員，將球回傳給 15 號殿衛（Fullback）突破達陣，陸官取得 4：0 領先。

第 44 屆參加全國中正盃對醒吾商專（民生報報版）。

副隊長洪紹書回憶，此後戰情進入膠著，雙方你來我往，都無法突破對方的防守，就在最後三分鐘的時候，台大在陸官達陣線球門前五碼處正集團（Scrum），台大前鋒張洒楨霸氣喊出「墓碑」，計畫要把陸官的正集團摧毀達陣（Scrum try）。洪紹書認為，當時台大體型占優勢加上訓練扎實，可以說是當時所有學校中最強的前鋒，在與其他學校比賽中，即使球權在對方，台大還有把握下進攻 Sign。所以在當時的情況下，台大絕對有機會可以達成「墓碑」戰術，正集團推進得分。就在台大正集團全力推進時，擔任傳鋒（Half）的葉鴻興在拿球時竟遭陸官傳鋒抓住下體，葉鴻興一氣之下憤而出手揮拳打了對方，結果被裁判鳴哨判故意犯規（Penalty），球權轉到陸官手上，台大因此而喪失了成功戰勝的機會，最終比數 0：4，台大屈居亞軍。王凱弘遺憾道，大專盃場地泥濘，Scrum 無法釘住，前鋒優勢無法展現，否則極有可能擊敗陸官。

**大學時代的球隊故事：**

副隊長洪紹書回憶，第 44 屆球員在大一當年，正逢成大隊長在賽事中發生不幸，很多住家裡的球員都面臨家長反對而退出或無法參加集訓。第 44 屆當家後，遵循第 43 屆、第 44 屆的慣例，在暑假安排到台南，接受辛久銘 OB

第 44 屆王凱弘（右）與第 43 屆隊長張茂山（左）合影。

的系統性集訓一周。開學後，從美國進修研究回來沒多久的張海潮 OB，就投入訓練、比賽位置安排等。大四寒假後球隊開始在周六比賽後，到師大巷子的泡沫紅茶店聚會整晚，透過張海潮生動的口述台橄歷史，鮮活的演繹了歷屆 OB 的球場英姿及血淚交織的歷史，讓每個隊員緬懷過去的光榮歷史，進而對台橄產生了歸屬認同感。透過不斷地訴說過去的傳奇故事，激勵了一代又一代新加入的球員的使命感，長江後浪推前浪，開創每一代球隊新的傳奇故事。

洪紹書說，他是在大一暑假參加第 42 屆隊長陳志明（小黑）舉辦的夏令營，因為到台南接受辛久銘 OB 的先進觀念而感興趣留下來。大二上學期時，覺得花太多時間在打球影響念書，而有意退隊，但是那時第 42 屆大四有吳棟傑、林津鋒、林明洲等三位法律系學長，怕以後見面尷尬而留下來；大三時，覺得第 43 屆隊長張茂山根本湊不成隊伍，就情義相挺苦撐下去；升到大四後，體力球技成熟，打球就不再是負擔，帶領球隊在大專盃奪冠變成一種責任。

洪紹書說，校隊每天四點練球，根本沒法參加其他多采多姿的大學社團，再者，校隊訓練太苦了，對於就業並無幫助，心裡經常萌生退隊念頭，但想到畢業後每周六可以回到台大球場上一起跟前後屆的 OB 打球聚會，也就這樣留下來了。

如碰到有人要離隊，他也可以理解隊友的選擇，不會積極的去勸說挽留，但能留下來的，都成為一輩子最好的戰友。洪紹書說，因為打球的原因他大二以後就很少去教室上課了，隊友彼此自嘲是台大橄欖球系。球隊訓練中培養的榮譽、團隊、紀律等品格，在功利現實的社會中越顯稀有珍貴。畢業後在工作碰到挫折時，支撐自己前進的動力，就是球隊所淬鍊出的求勝鬥志，懷抱初心，向著前方的目標奮勇前行！

## 第 45 屆大事紀

入學年分：民國 76 年（西元 1987 年）
隊　　長：王效文（法律系）
同屆隊友：張迺楨（土木系）、李敏生（農工系）、鍾和憲（法律系）、葉鴻興（夜法律系）
大專盃成績：大乙組季軍
大專盃比賽地點：南台工專
大會賽成績：大專組亞軍
大會賽地點：台北百齡球場
重要賽事回顧：

　　第 45 屆參加大會賽社會組拿下亞軍之後，就交棒給第 46 屆隊長李光誼帶隊打大專盃，但高年級還是繼續參加大專盃的集訓。王效文說，那年大專盃比賽，他已經是 OB 了，在對政大時，他被安排打 8 號，雖然他低年級時曾打過 2 號勾球員跟 4、5 號的 Locker，但未曾打過 8 號，而且後來都在練後衛，早已不熟悉前鋒的節奏。但他記得，那場比賽，有好幾球都是他一個人帶球衝出去，被兩三個對手抓住。有一球自己跑了數十公尺達陣後，整個人幾乎虛脫。張海潮 OB 回憶，王效文是跑了 80 碼去達陣。

　　那一天台南非常熱，又是第一場比賽，王效文達陣之後，熱到受不了，要求下場休息；但張海潮覺得王效文體力沒問題，留在場上有穩定軍心效果，就請他再撐一下，但把他換到殿衛 Full back 的位置，最後這場比賽台大贏了。不過，那年的大專盃台大對成大輸掉，所以只拿到第三名。王效文說，對成大比賽前他右手腕在前場比賽已經受傷，早上刷牙連牙刷都拿不起來，所以後來是把整隻手腕包起來下場比賽。

　　民國 80 年三月參加第 45 屆大會賽，那年大會賽大專組有四隊參加，在循環賽中，以 24：0 打敗海洋大學，19：0 中打敗甲組的黎明工專，但以 9：39 輸給另一支甲組崑山工專，得到亞軍。

第 40 屆吳宗信，訓練第 45 屆小葉（葉鴻興）的傳鋒動作，不久小葉就成為台橄傳鋒主力。

### 大學時代的球隊故事：

第 45 屆開啟了台大橄欖球隊歷史上的創新，引進了經理制度。王效文說，這是經過管理張海潮的同意，第 47 屆的張瑚松（大條松）去找了第 48 屆的葉孟忻（中文系）跟陳佩鑾（法律系，後來嫁給第 42 屆王宏源）到球隊擔任經理。以前的時代，球員如果帶女朋友來球隊看練球，都會被側目，但是卻在第 45 屆時，一下子跳到允許女同學來球隊當任經理，這是台橄數十年來沒有的大改革，也因為有經理的協助行政及後勤支援，減少球員既要打球，又要處理行政瑣事的困擾。

王效文回憶，當年有一次跟淡江大學女生聯誼，他事先宣布這是球隊的活動，所以不得無故不到，後來 47 屆的陳仰莊跟倪周陽不知為何沒來，隔周就被罰蛙跳球場來回兩趟。「當時覺得這種為了維持紀律的處罰沒什麼不對，但現在想想，因為沒去跟女生聯誼而被罰蛙跳，聽起來似乎有點奇怪。」王效文說。

第 45 屆在三月在完成大會賽之後，就辦理了隊長交接，由第 45 屆隊長王效文交接給第 46 屆的李光誼，所以在五月舉行大專盃時，第 45 屆的在校生都是以 OB 的身分參加大專盃。第 45 屆成為沒有大專盃比賽的一屆，但是第 46 屆卻帶隊打了兩屆的大專盃。

## 第 46 屆大事紀

**入學年分**：民國 77 年（西元 1988 年）
**隊　　長**：李光誼（農化系）
**同屆隊友**：周雅淳（化工系）、郭陵玉（森林系）
**大專盃成績**：冠軍

**大專盃比賽地點**：淡水工商專校
**重要賽事回顧**：

第 46 屆帶隊時，很幸運的擁有 10 多位高球齡的大三（第 47 屆）和練球非常認真的 6 位大二（第 48 屆）球員。因為每個位置的球員都很整齊，戰力堅強，所以很長的一段時間，在跟 OB 周末的練習賽，都把 OB 打得潰不成軍。

這一屆也是在台灣首次把橄欖球帶到高地上集訓的球隊，因當時一位隊員從日本的雜誌上得知在高原練球的成效非常好。我們在寒假把球隊帶到梅峰寒訓，半天練體能，半天忙農務。加上第一次有年輕的 OB（第 42 屆隊長小黑 OB）每天的陪伴和鼓勵，集訓期間大部分隊員都每天出席，大家士氣很高昂。不過也有隊友不習慣，而在夜裡流淚。

因為經過寒訓和集訓長達 1 個多月後，大專盃正式比賽時，上場的隊員真是如猛虎出閘，特別是前鋒，什麼動作都是標準的，整屆的比賽中，只有對成大時，在大比數領先時稍微鬆懈，被攻進一球外，其餘幾場都是完封對手，可見防守的扎實。記得第一場對淡大時，下半場他們都呼叫不了加油了。

所以第 46 屆能得到大專盃的冠軍，可以說是充分準備而來。（李光誼提供）

值得一提的是，第 39 屆余榮熾 OB，以博士生的身分參加大專盃，一直是場上主將，決

第 46 屆打敗陸官，終絕陸官的 14 連霸，登上報紙頭版。

奪冠後，全隊遠赴日本菅平高原移地訓練。

為了打敗陸官，第 46 屆空前創舉，寒冬到梅峰進行高地集訓。

賽對上陸官的比賽中，阿熾突破調人之後，將球傳給翼鋒賴彥男，攻進致勝的一球，台大相隔 5 年之後，再獲得冠軍。阿熾參加的第 40 屆、第 41 屆、第 46 三屆大專盃均獲得冠軍，在台大隊史上是一項非常難得的紀錄，阿熾在大專盃及各項比賽中，都非常的拚命，成就非凡。

**大學時代的球隊故事：**

這一屆三位隊員都是僑生的身分。隊長李光誼來自馬來西亞、周雅淳來自泰國、郭陵玉來自韓國。第 46 屆跟下兩屆隊員的凝聚力很強，午餐時很多隊員會到當時的男十二舍打菜後到（舊）球室邊吃邊看全黑隊比賽的影帶，沒課的同學，就還留下來在球室睡午覺，準備 4 點訓練。

因為長期的訓練及比賽，前鋒與後衛之間的 8、9、10 三個位置，都是老班底，默契非常的好。李光誼打 8 號，老葉（葉鴻興）OB 打 9 號，宋志豪 10 號，一整年幾乎在星期六練習賽後，在茶店裡爭論比賽中的的戰術或配合，所以默契很好，比賽中可以迅速的決定下一球怎麼打，隊友也很清楚，這是很關鍵的。

另外特別一提的是，第 46 屆的幹部領軍，打了二屆的大專盃（第 20 屆、第 21 屆）。首次上梅峰試驗農場冬訓。賽前集訓時，晨晚段都有 20 多位球員出席。球員球齡高，前鋒身高體重等體型都是突出。雖然應屆都是僑生，大家都很融洽。

第 46 屆還有一件空前的事件，在拿下大專盃冠軍之後，OB 非常高興，就募款讓全體在校生到日本的橄欖球聖地──菅平高原移地訓練，這是台橄史上的第一次，那一次去日本的移地訓練，大大的拓展了球員甚至台橄球隊的視野。（李光誼提供）

## 第 47 屆大事紀

**入學年分**：民國 78 年（西元 1989 年）
**隊　　長**：莊雅仁（心理系）
**隊　　友**：張振崗（副隊長，化學系）、陳仰莊（森林系）、倪周陽（大氣系）、洪世全（造船系）、賴彥男（造船系）、張瑚松（農機系）、宋志豪（牙醫系）、鄭乃仁（法律系）、趙世鶴（農工系）、張建六（土木系）
**大專盃成績**：大乙組亞軍
**大專盃比賽地點**：百齡橋球場
**大會賽成績**：大專組冠軍
**大會賽比賽地點**：百齡橋球場
**重要賽事回顧**：

　　大三時第 46 屆的大專盃，台大以 4：0 勝陸官，拿下睽違已久的冠軍。比賽中 Wing 賴彥男在角旗達陣以 4 分領先，之後陸官狂猛反撲，只記得在球門前一直推 Scrum，最後終於守住陸官的攻勢拿下冠軍。到了第 47 屆大四的大專盃，因為第 46 屆的 3 位 OB 都延畢，幾乎跟前一屆是原班人馬，台大還是很強，但是在冠軍賽輸給陸官。

第 47 屆人數眾多，實力堅強，號稱 10 年來最強的一屆，是第 46 屆打敗陸官的主力。

第 47 屆是打敗陸官的主力，多數隊員都隨同赴日本移地訓練。

大四在打大專盃前，已經先打一個比賽（可能是中正盃或是青年盃），台大大勝成大 40 幾分，那時球員都感覺台大真的很強。當時覺得整個集訓期和比賽期時日都好長，在體育館住了很久。

第 47 屆賴彥男，在第 46 屆的大專盃，突破陸官防守比撲達陣的關鍵冠軍達陣鏡頭。

大二第 45 屆時，台大在百齡球場的大會賽上，對上甲組的黎明工專，台大的前鋒是直接推垮他們的正集團（Scrum），犯規的罰球（Penalty kick）或是自由球（Free kick）台大也選 Scrum，推正集團達陣（Scrum try），強大的前鋒，覺得練推正集團訓練器（Scrum machine）是有用的，當時台大的前鋒真的很強大。第 45 屆的大會賽，台大最後輸給崑山工專，拿到大專組的亞軍。

但是到了第 47 屆時，台大就在大會賽中一舉擊敗崑山工專，拿下大專組的冠軍，這一屆的大會賽有 4 隊參賽，採單循環賽制，台大分別以 15：5 擊敗崑山、22：5 擊敗北醫、43：0 擊敗海洋大學。

**大學時代的球隊故事：**

第 47 屆共 10 幾人，是前後幾屆人數最多的，不少人高中都曾接觸過橄欖球，練球的時候人多，感覺很不錯，但是練球和平時討論的時候意見也比較多。大三（或是大四的時候）男 12、13 等宿舍拆除，球室旁有不少廢棄的木頭桌椅床，吃完晚餐後會在球室外用那些木頭升起營火唱歌喝酒。

第 47 屆在大三、大四連續兩年的寒假，都去梅峰集訓，天氣很冷，每天都摸黑晨操，什麼都看不到。還有跑不完的斜坡衝刺，有一次跑（走）去合歡山，沿路大家的心中一直 OOXX。

球隊第一次有了女性經理，球場外的生活變得比較豐富，經理葉孟昕踢球甚至好過一些球員。（張振崗提供）

## 第 48 屆大事紀

**入學年分**：民國 79 年（西元 1990 年）
**隊　　長**：趙家賢（人類系）
**同屆隊友**：黃文柏（森林系）、甯其遠（森林系）、馮君傑（法律系）、魏辰舟（法律系）、段世同（歷史系）、張智彥（農推系）、葉孟昕（經理、中文系）、陳佩鑾（經理、法律系）
**大專盃成績**：亞軍
**大專盃比賽地點**：南投中興新村
**重要賽事回顧**：

　　第 48 屆有多次與國外隊伍交流的機會，當年有日本國鐵隊來台灣交流比賽，在張老師安排下，其中一場就是跟台大比賽。除了對方全隊人數眾多之外，印象深刻的是在賽後聚餐時才發現日本球員有很多型男，可以在打完球就恢復頭上造型且西裝筆挺參加晚宴，相較於我們好像兩個不同世界。

　　寒假集訓時，和來台灣集訓的韓國高麗大學練習賽，比賽前就知道是不同等級的對手，因為是在集訓期，沒想太多就出發去比賽，這是 48 屆歷年比賽中，第一次遇到一支球隊在一個半場比賽中沒跨越過對方的中線。

　　大專盃集訓時正逢台灣舉辦泛太平洋青年盃橄欖球賽，當時有一支薩摩亞球隊來台大做賽前練習，聊天之下才知道南太平洋的橄欖球練球方式是先打 Touch（碰觸式比賽）兩個小時之後才開始正式練球，難怪每個人都體力充沛。雖然對方是高中球員，但是在體型和力量都讓我們在練習時不得不全力以赴。前鋒在和我們正集團練習時，周雅淳 OB 也正好來協助，他說那

第 48 屆大會賽在百齡球場舉行，台大對上海洋大學。

是我們這組正集團在一年來姿勢最低的一次，讓我們對南太平洋國家的橄欖球實力有了真實的體驗。

大四那年的大專盃跟大專運動會一起舉辦，主辦是當時的台中省體，因為沒有球場，所以居然把橄欖球安排在南投中興新村，當年大一的葉曾文（大魔）回憶，在那樣的地方，住宿當然是個很麻煩的問題，當年也不流行汽車旅館，加上又要省錢，所以學長找到一家「愛的」旅館，再請櫃台把謎片頻道關掉，免得影響比賽戰力。

那次下場的大一新生有不錯的表現，其中，大魔上了體育版的報導，九五林翰廷多次在爭邊球陣裡嘔吐，都令人印象深刻。前面幾場比賽，台大都以十幾分的差距獲勝。不過，贏了二、三顆以上的達陣，並不表示勝得輕鬆。舉例來說，對政大的比賽，台大雖然以 30：0 獲勝，但是雙方各有三名球員受傷下場。

在與陸軍官校的冠亞軍決戰，是連續第五天的比賽，台大上場的球員滿是傷兵。那天，不知道從哪裡跑來一大堆女生，在場邊替陸官加油；但台大則有從各地趕來的 OB 們幫忙加油。

上半場，前鋒在陸官陣前以亂集團推進，做了小幅度旋轉後，壓地得分，取得領先。當時全隊士氣大振，可惜不久哨音響起，上半場結束，氣勢無法延

第 48 屆在舊球室拆遷前的大合照。

第 48 屆有了第一位女球經葉孟昕，隨同球隊前往菅平高原。

續。下半場陸軍官校先達陣一球，之後又獲得一次罰踢得分，終場官校就以一顆罰踢，小贏 3 分，拿到那年的大專盃冠軍。

第 48 屆沒能拿到大專盃冠軍，但我們知道自己努力過。後來引起不少風波的跨年裸橄活動，是跨千禧年時大家想出來的私下活動，也是從第 48 屆開始的。（甯其遠提供）

### 大學時代的球隊故事：

第 48 屆在大二的寒假，第一次到台大的山地實驗農場集訓，因當時農場有在園藝系當老師的陳中 OB，所以就協助台橄利用梅峰農場來進行高地訓練。第一次高地訓練後的第 46 屆，就終結了陸官連霸大專盃的紀錄，小黑 OB（第 42 屆隊長陳志明）是當時的帶隊 OB，後來連續兩年我們都到梅峰移地訓練。

拿下冠軍的那一年暑假，開啟球隊第一次到日本菅平高原的海外移地訓練，也第一次感受到球場的草地是踩起來會隱約有彈性的，也不知是第一次在海外打球還是球場太好，每個人在跟當地球隊友誼賽時都有超乎平常的表現。

第 48 屆升大三時，當時的大四球員（第 47 屆）應該是那幾年人數最多的一屆，當時對外大大小小的比賽幾乎很少輸球，那年還同時報名了大會賽和大專盃，結果因為賽程安排的時間接近，球隊集訓的時間整整有 40 天，有人系上同學還以為他休學了。那年大會賽贏了甲組的黎明工專，拿到大專組冠軍。游添燈老師也在這一屆開始成為台橄的指導老師，在游老師的大力協助下，招收了許多新生，包括綽號「九五」、「一二五」、「百三」等數字系列隊員，那些外號就是當初他們入隊時的體重數字。只可惜，最後只有九五留下來，打到畢業。

## 第 49 屆大事紀

**入學年分**：民國 80 年（西元 1991 年）
**隊　　長**：劉弘仁（資管系）

**同屆隊友**：葛雨甯（土木系）
**大專盃成績**：季軍
**大專盃比賽地點**：陸軍官校
**重要賽事回顧**：

　　第 49 屆大四下學期的大專盃 15 人制在陸軍官校舉行，一樣跟大專運動會一起辦。共有超過 10 隊參賽，分三組循環，各組優勝晉決賽三隊循環。台大預賽同組有 4 隊，所以打到決賽，要在 6 天內打完五場 15 人制比賽。預賽，台大、高醫、海大、成大同組；第一場對上高醫贏了很多，第二場跟海大也贏了 3、4 顆，但隊長劉弘仁（外號匪幹）在一次邊線的跳入達陣時，鎖骨被海大防守球員壓斷，雖然仍把那場比賽打完，但之後的比賽都沒上場。分組預賽最後一場對上成大，辛苦獲勝，晉級決賽。但連續出賽五天，陸續出現的傷兵，兵源不足，無法調節實力。

　　決賽第一場對上陸官輸了 8 分，決賽最後一戰遇上逢甲，逢甲當屆的 Scrum 很強，1 到 5 號體重可能超過 550kg，不巧賽前又下大雨，場地變成爛泥巴，還到處積水，Scrum 一架好還沒用力就開始打滑，完全沒有辦法推。即使把打 8 號的洪世全 OB 拉去前排，還是被推爆，九五更因為場地泥濘，一隻鞋子埋在泥巴裡面不見。跟逢甲的比賽以一顆球的差距落敗，只拿到第三名。

　　第 49 屆也有參加大會賽的社會組，當做是大專盃的熱身賽，輸給甲組等級的陸光、巨人、世界、猴王等隊，敬陪末座。

　　大四上舉辦了大專盃 7 人制比賽，在真理大學舉行，台大報名綠、白、黑三隊，其中綠、白兩隊是較成熟的大二以上舊生，黑隊由大一新生組成。比賽最後由綠、白兩隊分別

第 49 屆大會賽，台大報名社會組，當做大專盃的熱身賽。

拿到冠亞軍，但因為在北部舉辦，陸官跟成大並沒有參加。雖然綠白拿到冠亞軍，但因為沒有執行先前預定的戰術，多次拿了球就顯得慌張地踢球，雖然結果仍獲勝，但賽後除了最資淺的黑隊外，其他球員當場被海潮 OB 罰跑操場。

第 49 屆參加民國 84 年大專盃，對陸官的比賽。（圖：國史館檔案史料文物）

### 大學時代的球隊故事：

隨著第 48 屆畢業，第 49 屆大四只剩下隊長匪幹跟副隊長小葛兩名球員，大三隊員有牆壁、卡通、阿棠、楊能奇、阿祥與阿正；大二有大魔、九五、陳誼誠、怪獸；大一則為卡弟、Butter，雖然還有研究生球員老謝（謝立德）、大顆（張振崗）、阿全（洪世全）、宋志豪，但板凳深度不夠，成了球隊戰力的最大缺憾。

何英毅（怪獸）說，那一年在校生的後衛大換血，只剩牆壁是老手，其他位置的後衛幾乎都是新練的。對面的 OB 隊則常是全盛時期的阿山哥（張茂山）、王效文與 Yoshi 等人，有時前鋒才剛從 Scrum 起來，就看到後衛已經被突破。卡弟回憶，那時他剛進球隊，當時的 OB 隊很強，每周六的練習賽都被 OB 壓著打，出去參加大會賽，對上陸光的那場是他人生第一場正式對外比賽，結果被狂電了 70 幾分。第二場對上巨人，台大還一度旗鼓相當，他印象很深刻，聽到場外其他隊伍的前輩說「台大打得不錯」，結果巨人後來拚上全力，最終贏了 50 多分。直到大專盃，他才首次嘗到在比賽中獲勝，覺得「原來我們還蠻強的」。

第 49 屆隊長劉弘仁的外號叫「匪幹」，因為他在大二加入球隊時，剛與家人從中國大陸旅遊返台，又剪了平頭，到球隊常戴著一頂從對岸買回來的中共幹部小帽，被隊友戲稱是「匪幹」，結果這個外號就跟了他一輩子。

## 第 50 屆大事紀

**入學年分**：民國 81 年（西元 1992 年）
**隊　　長**：楊睿峰（能奇）（法律系）
**同屆隊友**：李德祥（植物系）、黃建山（資工系）、孫文祥（資工系）、鄭旭棠（物治系）、黃國正（心理系）、葉家瑜（森林系）
**大專盃成績**：大乙組亞軍
**大專盃比賽地點**：百齡球場（大專運動會）
**重要賽事回顧**：

　　第 50 屆那年沒有單獨辦大專盃橄欖球賽，橄欖球是當年大專運動會中的一個項目。雖然賽事名稱不叫大專盃，但是賽程跟大專盃一樣密集，黃國正預賽對上逢甲時，膝蓋受傷，劉政憲那場比賽腰傷復發，兩人都無法再上場，台大再次面臨隊員不齊的窘境。所幸，那屆有研究生 OB 張茂山與謝立德（老謝，在海大球隊外號「大貓」）上場支援，發揮了很大的作用。

　　大專運動會的決賽，台大對上陸軍官校。陸官那年的 8 號球員體格相當壯碩，也憑籍自己大隻的身材，經常從正集團拔出來，從正集團側邊發動攻擊，但即使是突破了前鋒的防守，也會被擔任翼鋒的第 43 屆隊長張茂山擒抱下來。

第 50 屆大專盃決賽對上陸官，最後不敵陸官，拿下亞軍，坐在地上的就是老謝 OB。（圖：林勝賢攝）

　　那屆陸官的打法特殊，因為陸光隊駐紮在陸軍官校的關係，陸官一整年都跟陸光一起練球，所以除了保有陸官一向的體力與硬度以外，觀念、打法，都整個往上一個層級。葉曾文回憶說，那場比賽台大打了大概 15 分鐘的好球，不僅成功防守了陸官的進攻，還因為搶攻獲得罰踢機會，先以 3：0

對陸官的決賽，雙方球員激烈爭搶。（圖：林勝賢攝）

領先，但之後就看陸官表演了。

陸官運用速度以及機動性，撞人倒地以後，甚至不等 Ruck 亂集團，就把球往後滾，後面來的人撿了球繼續往前。台大在上半場體力還夠的時候，尚能在 Ruck 反推破壞他們的攻勢；但到了下半場，跟不上對手的節奏，大概防守 3 波攻擊後，就沒人可以跟上了，最後還以 3：27 不敵陸官，獲得亞軍。

## 大學時代的球隊故事：

球員不足經常是台大球隊的困境，其中有不少人因為家人反對而退出球隊。第 47 屆的阿六（張建六）曾在大一加入球隊，但因家人認為危險反對而退出。正巧，第 50 屆的黃建山與第 52 屆黃建峰兄弟的父親是阿六的高中導師，與阿六的母親熟識，便以「消費者」的身分向阿六母親說明橄欖球運動，並說明兩兄弟並未受斷手斷腿的重傷，讓阿六讀研究所時，在家人的同意下重返球隊。

隊友之間除了練球、比賽，也相互照顧生活，第 50 屆的一位隊友「阿歪」（為免發生家庭變故，姑隱其名，稱為阿歪）失戀，長期吃不下飯，隊友們除了送蜜豆奶等流質食物到宿舍，也輪流到寢室陪阿歪喝酒、解悶，還貼心地在周日陪他到球場踢球。所幸，阿歪因為經常到女生宿舍門口前守候變心的女友，因而認識了新女友、現在的妻子，目前生活幸福。

第 50 屆也常在球室烤肉、喝酒，當年中秋節烤肉，當晚帶著酒意黃國正與張海潮打賭泳渡醉月湖，結果只有阿正脫個精光，下湖游到醉月亭。

## 第 51 屆大事紀

**入學年分**：民國 82 年（西元 1993 年）
**隊　　長**：林翰廷（九五，土木系）
**同屆隊友**：葉曾文（大魔，農化系）、陳怡誠（Lata，政治系）、何英毅（怪獸，動物系）、鄭龍壕（恐龍，土木系）
**大專盃成績**：大乙組第 5 名
**大專盃比賽地點**：陸軍官校
**重要賽事回顧**：

　　因為台大要蓋新的體育館，橄欖球場變成工地的一部分，無法使用，第 51 屆是台橄沒有自己球場的第一屆，而且也無法使用操場。

　　這一屆的大專盃在陸軍官校比賽，一整年沒有球場的流浪練球，在大專盃小組預賽第一場就付出代價，輸給了政大，失去進決賽圈的機會，只能爭 5-8 名，最後在排名賽中全勝，得到第 5 名。

　　不過，在對政大的比賽發生了著名的「政大球員 Mark 處理 Free kick 事件」。葉曾文（大魔）回憶，有一球台大踢球，被政大的選手在 22 公尺線內接到，喊了 Mark。但大魔說，他覺得恐怕是旁邊的人幫忙喊的，因為根據事件後續發展，接球的人可能連什麼是 Mark 都不知道。

第 51 屆球員在大專盃的大合照。　　　第 51 屆大專盃賽後在陸軍官校內合照。

大魔說，Mark 後要處理 Free kick，接球的選手顯然是新手，不知道該怎麼辦，他的學長走過來教他，但可能覺得一時教不會，於是直接幫他處理，點球後把球踢出界。當時裁判沒發覺異狀，但海潮 OB 在旁邊就跟裁判大喊：「Mark 要自己處理啊，怎麼可以別人幫他處理？」裁判突然好像頭被敲了一棒，還喊說：「喔對啊！」然後跑去跟政大選手講：「Mark 要本人處理。」接下來學長只好在場上教學，但這位學弟不會踢球，學長只好教他，點球以後傳給後面的學長，讓學長把球踢出去。

第 51 屆再赴梅峰集訓，但因發生車禍而提早結束集訓行程。

不幸的是，那位學弟點球了以後，把球往後傳了一個小便球。林翰廷（九五）在對手點球的同時，就衝出去了，當後面的學長接到球的時候，九五已經幾乎在他到面前，當他接到球起腳，直接被九五 Charge down，壓地達陣。

**大學時代的球隊故事：**

由於沒有專用球場，也沒有操場可使用，第 51 屆的練球方式變成非常的奇特，那時 Scrum machine（正集團的訓練機器）放在泳池前，前鋒只能在游泳池前的小草地練習推 Scrum machine，後衛只能離開學校到附近的橋下練習。整整一年的時間，球隊幾乎都無法集合訓練，也沒有 OB 與在校生練習比賽的機會。

何英毅記得，那年換了新的 Scrum machine，是冬天送來。為了替新的 Scrum machine 訂製專用的防水帆布罩，何英毅當時跑了好幾家帆布行去訂製，所以印象特別深刻。

一整年中最重要的一次整隊集訓，是千里迢迢遠赴梅峰做高地訓練，卻因為發生車禍，隊員在高地失溫等意外因素影響，集訓只有短短三天就草草結束。

沒了球場，大專盃成績也不理想，這種漂流的感覺，卻反而讓這一屆球員

始終能維持著齊心合力的團結，一直參與球隊的練習，讓台橄的傳統繼續下去。

第51屆大一的新生入隊時，所有球員的綽號，都是用體重來命名，例如九五、一二五、百三、百五等，不過後來只有體重最輕的九五留在隊上，一直打到畢業。第51屆大四時吸收的大一新進球員（第54屆），最後也都沒留下，只剩下大二轉學到台大的侯智雄（侯子）。

大魔分析，其中一個原因，可能是第51屆大專盃罕見地輸給政大，比賽結束後，隊長九五踢了幾個摩囉哩（More running）懲罰大家，更有OB在Circle的時痛斥「我們從來沒輸過政大」。他研判，比賽結束以後很多低年級選手離隊，或多或少也跟這些責罵有關。他呼籲，輸球沒有人會開心，但是比完賽已經輸球，大家又累又難過，希望未來OB，不管比賽結果怎樣，都要多多給學弟鼓勵。

第51屆何英毅認為，因為舊生不足，不少球技及經驗都還不足的新球員都必須下場比賽。高強度比賽帶來的體能消耗與心理壓力，都超出負荷，可能也是導致大專盃後，新生紛紛離隊的原因。

## 第52屆大事紀

**入學年分**：民國83年（西元1994年）
**隊　　長**：胡迪智（Butter，資工系）
**同屆隊友**：黃建峰（卡弟，資工系）、
　　　　　　劉政憲（憲哥，醫技系）
**大專盃成績**：大乙組亞軍
**大專盃比賽地點**：陸軍官校
**重要賽事回顧**：

　　除了大專盃對陸官決賽外，第52屆的所有賽事全勝。只有對陸官那一場比賽沒有得分，0：8落敗。賽後隊長Butter

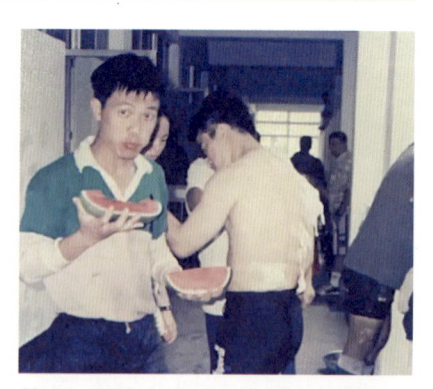

第52屆的大專盃在陸軍官校舉行，陸官居然用生石灰畫線，造成第50屆研究生OB孫文祥（背部貼紗布者）背部大面積灼傷，而無法繼續比賽。

第52屆只有三人，隊長胡迪智（後左三）跟黃建峰（後左二）及體優生劉政憲。

跟卡弟聊到這一場比賽，其實比賽當下實在不知道該怎麼辦，不管打短的、長的，或是踢球，會的招式似乎都用盡了，也嘗試利用個人能力突破，但是對手防守非常扎實，完全無法突破。可能當時是台橄的打法，賽前從不去了解對手，只求把自己的球路打順，如果能事前研究對手可能的弱點，擬定不同打法，遇到僵局時下半場大膽採行 Plan B，會讓大專盃的比賽更精彩。

大專盃最後一場比賽對海大，決定誰是第二名。當時已經連續多日出賽，研究生台北高雄奔波，又傷兵滿營，最嚴重的是牆壁前一場被畫線的白石灰大面積灼傷，硬是綁了像木乃伊的紗布，套上球衣，但這怎麼能下場比賽。怪獸（何英毅）從來沒打過後衛，臨危受命站了翼鋒（Wing）；張瑚松 OB 下半場坐在地上望著海潮，卻沒辦法得到換人指令，真的非常的可憐。最後雖然贏得了球賽，拿下亞軍，但是傷兵無人可換的困境，年年都在上演。Butter 回想到他在研究生時參賽，大腿後側拉傷，已經不能跑，再加上右眼被戳傷內出血，連球都看不清，也是沒有辦法換下場，隔天還得繼續比賽。

## 大學時代的球隊故事：

第52屆打大專盃時，大四人很少，多虧學弟們咬牙支撐，還有研究生拔刀相助。後衛有三名研究生，硬派（第48屆馮君傑）幾乎每次都能突破防線、牆壁（第50屆孫文祥）、卡通（第50屆黃建山）的攻擊以及協防有多年默契。兩邊側翼卡弟（黃建峰）與 Bibo（李威廷）非常稱職，不但能擴大突破機會，而且經常能快速壓制對手後防（Back three）並且製造受迫時的失誤，獲得了許多得分契機。更重要的是突破之後所有人跟進都做得非常扎實，歐狗（歐耿宏）跟短褲（陳英傑）當時三年級，體力超群，每個亂集團（Maul & Ruck）都一定到，所以台大經常有長距離的地面推進，以及大量的得分。

人力嚴重不足，第 48 屆研究生 OB 馮君傑（右二），特地趕來支援。

Butter 說他作為隊長以及接鋒（Stand off），能做到在每一次的進攻或防守，都選擇當下最能夠發揮優勢的戰術，有機會的時候全力支援，沒效果或是失誤的時候全力阻擋擒抱，得到隊友義無反顧的支援，打球非常愉快。

憲哥（劉正憲）是出身於六信的亞青國手，集聰明敏捷於一身，力量又強大，對比賽的視角比起一般的球員都高出一大截，只是在多年腰傷以及膝傷影響之下，出賽的機會有限。但是憲哥把日常練球以及集訓的內容做了許多變革，針對比賽情境模擬小組攻防，並結合技術在體能訓練中，把練習變得更貼近比賽情況，而且更有趣。

記得大二時某周六練習賽異常激烈，牆壁在賽後 Circle 說：「我知道今天大家很累，但是明天還有比賽……」當時嚇了一大跳，Butter 真的覺得隔天不可能再跑了。牆壁這時冷冷地說，大專盃就是這樣，只是要大家有心理準備。連續的比賽是每個球員不得不面對的無情挑戰，不知道現在是否還是這樣。幸運戰勝自己，通過考驗，個人能力都提升到新的層次，傷疤成為大家的勳章。（胡迪智提供）

## 第 53 屆大事紀

**入學年分**：民國 84 年（西元 1995 年）
**隊　　長**：歐耿宏（會計系，歐狗）
**同屆隊友**：陳英傑（化工系，短褲）、陳瓊雅（農化系）、李佳芬（農藝系）、陳振哲（造船及海洋工程學研究所，阿哲）、張耀中（化工所）、王秋猛（醫學系）、吳鴻康（醫學系）
**大會賽成績**：大專組冠軍
**大會賽比賽地點**：台北市百齡球場

## 重要賽事回顧：

　　第 53 屆大四時只有兩位隊員，第 54 屆一位，第 55 屆人數也不多，加上研究生，也無法湊齊 15 人，那時大專盃沒有 7 人制，只好放棄南下高雄陸官參加大專盃，也是台橄史上少見的場面。

　　雖然沒有南下參加大專盃，但是卻參加在台北舉行的大會賽，第 53 屆大會賽大專組有三隊參加，台大、海洋及逢甲，第一場對逢甲大學，除了在校生，有 8 位研究生 OB，包括第 45 屆的張洒禎及第 48 屆的馮君傑等人上陣，完全輾壓對手，以 52：0 完封勝。第二場對上海洋，有幾位研究生 OB 有事無法參加，就打得比較辛苦，上半場兩隊打成平手，下半場台大達陣 4 球，以 22：12 小勝海洋大學，拿下冠軍。

　　第 53 屆還有一個創舉，就是首創「台成交流賽」，隊長歐耿宏說，台橄被動的接獲學校通知，要台橄跟成大進行一場台成交流賽。

　　當時台大校方想仿效劍橋、牛津兩校長期的划船競賽來提升學校的運動風氣跟促進兩校交流，在新竹行之有年的交大與清華的梅竹賽，也有前例可循。於是台大體育室就安排台大跟成大進行運動賽事交流，由兩校輪流舉辦，競賽項目也由兩校共同決定，首屆在台大舉辦，由兩校最具傳統的橄欖球隊進行交流。

　　歐耿宏說，87 學年度，台成賽安排在大專盃之後，台橄人數要成軍還是很勉強，除了在校生之外，加上四位研究生，人數還是不足，後來加入新球員，才勉強湊隊成隊，進行第一屆台成賽的賽事。雖然是臨時成軍，有多位新球員上陣，台大還是秉持全力以赴的傳統，結果比數是 10：17，台大以一球小敗給成大。

第 53 屆人數少到無報名大專盃，圖中三人，最右邊的陳振哲大四也離隊，只剩隊長歐耿宏（中）及副隊長陳英傑（左），背景是興建中的新體，上有大幅招生廣告。

### 大學時代的球隊故事：

第 53 屆只有隊長歐耿宏及副隊長陳英傑兩人相依為命，歐耿宏外號歐狗，是因為名字的諧音。陳英傑外號短褲，據說大學時代，他天天都穿著短褲，就要大家叫他短褲就行了。

歐狗回憶大學時代，每天下午練球時間一到，球場往往只有他跟短褲兩人，兩人互相扶持，兩人就自己傳接球，互相高踢或練小踢（Short punt），人數不足無法比賽，就把球隊發展的重心，放在新血的招募及培訓上。

第 53 屆舉辦的暑訓，人數少到不足以報名比賽。

歐狗就讀會計系，就從會計系挖學弟進球隊打球，當時大一第 56 屆就有五位會計系的球員加一位球經，包括第 56 屆隊長黃聖凱。第 57 屆則有四位，包括隊長林志祥，這段時間相當有趣的，是會計系在台橄的盛世。歐狗被學弟封為台橄會計系的祖師爺。

除了會計系之外，同時間有另一群數學系加入球隊，主要是第 55 屆隊長侯智鴻（小侯），招呼了同班的另外三位同學加入球隊。歐狗說，那時副隊長短褲的職責就是跟數學系的學弟打屁搏感情，讓他們能在球隊繼續打下去。

大學時代印象最深刻的事情是跟周華健拍廣告，那時周華健剛拍完「朋友」的 MV，當時的電信公司就找周華健拍廣告，找了台北市幾所大學橄欖球隊一起拍橄欖球廣告，台橄當時入鏡的有歐耿宏、胡迪智（第 52 屆隊長）、黃信元（第 55 屆）、黃聖凱（第 56 屆隊長）、李彥傑（第 56 屆），而客串演教練的，第 19 屆隊長梁志豐 OB。

第 53 屆的兩位球經陳瓊雅跟李佳芬，是台橄第二代的球經，大一下時經由 BBS 站的招募而加入球隊，兩位球經都很活潑又周到，很快就融入台橄的大家庭，為充滿陽剛氣息的大男生張羅打點賽事後勤支援。

## 第 54 屆大事紀

**入學年分**：民國 85 年（西元 1996 年）
**隊　　長**：侯智雄（植物系）
**同屆隊友**：無
**大專盃成績**：大乙組殿軍
**大專盃比賽地點**：陸軍官校
**重要賽事回顧**：

　　第 54 屆只有隊長侯智雄一名球員，陣容中的 OB 包括第 51 屆的林翰廷（九五）在畢業當完兵後回來念研究所；第 50 屆的孫文祥（牆壁）畢業當了一年兵後，回台大念書，兩人參加了當年的大專盃。第 55 屆的李渭天回憶，當時的研究生還有第 48 屆的馮君傑（硬派）因工作而休學、李威廷（Bibo）受傷休學，未打大專盃，後衛的後三位，改由大一的林志祥跟譚鎮傑以及大二的黃聖凱主打，預賽時先以 12：15 輸給成大，再以 15：10 贏海大；進入第二輪贏東吳 12：0、逢甲 44：0，最後獲得第四。

　　第 54 屆的台成賽第二次舉辦，台大在前一屆的台成賽中 10：17 輸給成大，第 54 屆的台成賽在上學期的十一月舉行，這次則由台大獲勝。黃聖凱於比賽第二天在 PTT 上記錄了賽事經過，成大上半場兩次正集團（Scrum）都搶走台大球權，連續二十多分鐘把台大逼在自己的半場內，並在上半場一次達陣後加踢取得領先。所幸上半場後半段台大隊逐漸打出隊型，中場前

第 54 屆在陸官舉辦大專盃，全體隊員賽前合影。

台大隊靠著大邊翼鋒李威廷（Bibo）達陣，扳成 7：5。

下半場開始後，成大球員體力雖開始下滑，但仍有多次驚險進攻。台大球員奮力防守，侯智鴻（小侯）與隊長侯智雄（侯子）兩兄弟先後受傷下場，侯子更是鼻血流不止。小侯下場後，台大翼鋒陳漢屏達陣；替補侯子的李渭天上場不久，台大於混亂中取得了球權，反攻 40 公尺後，出球由正鋒黃建峰（卡弟）達陣，最後台大以 17：7 打敗成大。

**大學時代的球隊故事：**

李渭天回憶，第 54 屆是中止多年後，再度出現跨年裸橄的一屆。另外，近年球衣有「傳統配色」的爭議，而第 54 屆在大專盃沒有穿著「綠白黑」配色球衣，因為當年的綠白黑長袖球衣太厚，在高雄打大專盃實在太熱，只好臨時換上短袖的直條紋的練球用球衣，還自己用手寫上背號。

第 54 屆是第 26 屆之後再次出現單傳的屆數，全屆只有隊長一人，小一屆的李渭天說，他加入球隊時，第 54 屆還有好幾位球員，但是後來都陸續離開，大二才加入球隊的侯子隊長，一直堅持到大四，維繫了台橄的傳承。

## 第 55 屆大事紀

**入學年分**：民國 86 年（西元 1997 年）
**隊　　長**：侯智鴻（數學系）
**同屆隊友**：周鼎贏（工科所）、李渭天（數學系）、黃信元（數學系）、林柏興（數學系）、李威廷（工管系）、黃莉婷（園藝系）
**大專盃成績**：大乙組亞軍
**大專盃比賽地點**：陸軍官校
**重要賽事回顧：**

侯智鴻（小侯）想起大四那屆的大專盃，印象最深刻的是決賽當天練球前 40 分鐘，硬派 OB（馮君傑）出現在球場上的感動。由於這幾屆，隊員人數不夠，因此需要 OB 支援。雖然最後還是沒能贏過陸軍官校，但是，感動永遠在。

第 55 屆的大專盃還是由陸官主辦，賽前全體隊員合影，包括張老師、游老師及張海潮OB 都到現場加油。

　　打過大專盃的人都知道，由於接連出賽，賽事到了最後階段，大家的體力已接近極限，不少人身上還有傷。當年大二的游秉翰回憶，在連打 4 天比賽後，第 5 天早上對上海洋大學，賽前雙方笑笑地說「隨便打就好」，結果上半場一路被海大的大隻前鋒壓著打，甚至被對方先達陣，上半場比數相當接近。當時大三的子彈（呂仲豪）中場時很激動地說：「你們頭殼裝屎嗎，人家說隨便，你們就真的隨便，人家有跟你隨便嗎？」一席話罵醒了大家，進攻防守才漸漸恢復水準，最後以 32：5 勝海大。

　　游秉翰說，有一球從亂集團中出來，他看見對方約 185 公分、120 公斤左右的 8 號，拿球衝了出來，正有一點遲疑：「我擋得下來嗎？」但念頭還來不及想完，碰轟一聲巨響，「神秘助拳人」硬派 OB 已經直接 Tackle 海大的巨人 8 號，對方掉球，人躺在地上，後來是抬出場的。李渭天回憶，那年大專盃，5 天連打 5 場，台大跟陸官預賽分在同組，第二天比賽對上陸官，雙方激戰之後，以 0：17 落敗。台大以分組第二進決賽，決賽四隊循環，預賽成績帶進決賽。決賽第一場對成大，也是一場硬仗，終場台大以 12：10 險勝，最後一場對海洋勝出。陸官 5 戰全勝拿下冠軍，台大 4 勝 1 敗，屈居亞軍。

**大學時代的球隊故事：**

　　第 55 屆幾乎都是數學系的。是在數學系教授張海潮的威脅利誘下，信元、天哥（李渭天）以及林柏興都在大二時加入校隊。雖然資質都不是頂尖，

第 55 屆大專盃台大獲得亞軍，代表領獎的黃信元，拿著獎盃，若有所失。

但是全部都很努力堅持到最後，當中有人集訓時，突然消失，最後還是歸隊。

小侯回憶印象最深刻的是第 45 屆 OB 張洒楨，在游泳池前面的草地上把某一位隊員操到哭的一幕。而大專盃的第一場比賽，對上逢甲大學，小侯說他在開場 5 分鐘就撞到腦震盪，但是，居然打完整場。事後聽林志祥說，小侯在比賽中及比賽結束後，一直問現在幾點了，還被海潮罵。殊不知，小侯說他只是腦震盪。

此外，小侯認為，不得不說當時全隊最帥的 Bibo（李威廷），大一大二時覺得他超酷超帥的，每次打球都有女生幫他加油。另外，小笨 OB（周鼎贏）原本是海洋大學最強的球員，本著打不過就挖角的作法，挖他來台大念研究所，準備痛宰陸軍官校。

黃莉婷是這一屆的球隊經理，小侯說多謝她多年的照顧，讓大家堅持了下來。（侯智鴻提供）

## 第 56 屆大事紀

**入學年分**：民國 87 年（西元 1998 年）
**隊　　長**：黃聖凱（會計系）
**同屆隊友**：羅凱元（會計系）、李彥傑（會計系）、呂仲豪（工管系）、趙國豪（電機系）、黃哲南（醫學系）、許駿毅（醫學系）、劉宛鑫（會計系）
**大專盃成績**：未參賽
**重要賽事回顧**：

第 56 屆參加的比賽，只有清忠盃。雖然那一年決定不打大專盃，但是球隊還是集訓了一個月，然後報名了 5 月在淡江中學舉辦的清忠盃。那一屆清忠盃大專組有五隊參加，除了台大，還有淡江大學、政治大學、海洋大學、中正

理工等北部大學球隊。經過集訓的台大，四場比賽都以大比數贏球，拿下清忠盃大專組冠軍。

**大學時代的球隊故事：**

　　第 56 屆沒有報名大專盃，根據當時是研究生的李渭天回憶，那幾年的大專盃，都是陸軍官校承辦，幾乎都辦在 4 月中，跟台大的期中考及研究所考試都衝在一起，他曾經代表台大跟主辦單位反應，但是都無法改變。第 55 屆大專盃時，就有球員打完球，馬上衝到機場，搭飛機回台北考期中考（當時還沒有高鐵，只能搭飛機），對球員打球的心情及陣容的排定都造成很大的困擾。再加上當時有幾位主力球員受傷嚴重，新球員的練球情形也不理想，青黃不接再加上時間不對，所以球隊的管理張海潮 OB 跟當時的研究生球員跟球隊幹部討論之後，決定不報名大專盃。

　　第 56 屆隊長黃聖凱及當時的研究生葉曾文在當年的 PTT 曾有一段留言，也反映了當時的情形。「近幾年來，每一屆的大專盃都是由陸軍官校主辦，而參賽的學校，校方對於賽程的排定是完全搞不懂狀況，可能以為打橄欖球跟打籃球一樣，可以天天打；主辦單位則是不加以考慮，以前這樣，所以現在當然這樣。於是在賽前的會議，對於賽程是完全不會有意見，人家說好就好。譬如今年的賽程，竟然排在期中考與研究所考試的期間，實在是莫名其妙。大專乙組的同學，

第 56 屆赴花蓮美崙田徑場寒訓，在住宿處保祿牧靈中心前合影。

第 56 屆寒訓從台大球室出發前合影，前右三為隊長黃聖凱。

打球是樂趣，課業才是應該要重視的地方，如此比賽實在是本末倒置。」

除了大專盃外，那一年的台成賽，也沒有橄欖球項目的比賽，原因也是因為卡到期中考。台成賽是辦在上學期，第一屆由台大主辦，第 56 屆時是第 4 屆台成賽，由成大主辦，成大為了配合該校校慶，將那一屆的台成賽辦在 11 月中，正在台大的期中考周，海潮跟球隊幹部討論之後，決定放棄去成大比賽，因為台成賽是選三項運動項目進行交流，也不一定非橄欖球不可，所以第 4 屆的台成賽，成為少數沒有橄欖球的台成賽。

第 56 屆成員中 7 位球員及 1 位球經，包括 3 位球員（黃聖凱、羅凱元及李彥傑）及球經（劉宛鑫）是會計系的，另外有兩位球員是醫學系（許駿毅、黃哲南），這屆是會計系及醫學系為大宗，會計系人才鼎盛，是第 53 屆隊長歐耿宏回系上招兵買馬的成果。另外有一位體優生工管系的呂仲豪（外號子彈）及唯一電機系的趙國豪。李渭天說。趙國豪大一入隊，大二下跟巨人隊友誼賽撞破脾臟，父親就禁止他打球，但是大三時，偷偷回來打球，比了一場完整的大專盃，也是他唯一的一場大專盃比賽。

## 第 57 屆大事紀

**入學年分**：民國 88 年（西元 1999 年）
**隊　　長**：林志祥（會計系）
**同屆隊友**：周恆文（醫學系）、周致圻（會計系）、游秉翰（會計系）、余軒（會計系）、譚鎮傑（動物系）、梁秉鈞（土木系）、黃珮琳（公衛系）、溫力柔（農化系）、錢漢恩（機械系）
**大會賽成績**：大專組季軍
**大會賽比賽地點**：百齡球場
**大會盃比賽時間**：民國 92 年 2 月
**重要賽事回顧**：

（這一屆大專盃因為 SARS 而停辦）第 57 屆的大會賽於 2003 年 2 月在百

齡橋球場舉行，台大的目標仍是擊敗陸軍官校。游秉翰（油餅）回憶，當年台大的陣容相當整齊，平均球齡超過 4 年，對陸官那場比賽的先發隊員，正集團前排黃信元、余軒、李彥傑（LEO）；正集團第二排 Locker 周恆文（蠻牛）、梁秉鈞；側翼前鋒 6、7 號是陳英傑（短褲）、羅凱元，8 號由侯智鴻（小侯），後來呂仲豪（子彈）也上場支援 8 號，9 號傳鋒是周致圻，油餅自己站 10 號接鋒，12、13 號的正鋒是周鼎贏（小笨）和黃聖凱，左右翼鋒（Wing）是黃哲南（大南）和譚鎮傑，隊長林志祥打 15 號殿衛。

第 57 屆參加全國中正盃比賽，隊長林志祥賽前跟隊員提醒。

「那場比賽就像湘北對山王工業，我們精銳盡出。」林志祥用漫畫《灌籃高手》的情節比喻那場比賽的心情。他說，當時台大隊型算相當完整，把對上陸軍官校的這場比賽當做冠軍賽在打。

油餅說，對陸官的比賽中，小笨不斷突破對方的防守，雖然對方明明鎖定他，但就是抓不住。只見小笨一次又一次地突破，聖凱則是在下半場小聲告訴油餅：「球不要傳給我，我的手斷了。」但後來還是看到聖凱發揮硬派本色，奮力擒抱（Tackle）對手。

比賽上半場在陸官達陣線前五碼，周致圻很靈活地傳小邊給大南，大南擠進去助台大先馳得點，下半場林志祥在對方達陣線前小踢，球飛過對方防守球員，志祥一個人打 4 個人達陣得分，之後譚鎮傑又在右邊角旗再下一城，達陣顆數在終場前 3 球比 1 球。但可能大家都以為贏定了，而有所鬆懈，反而讓陸官 8 號隊長，在終場前連續達陣 2 顆，最後 17：17 平手收場。

林志祥說，台大在對陸官的比賽全力以赴，氣力用盡，第二天以 12：17 敗給光武工專，另外以 58：5 勝逢甲，最後陸官冠軍、光武亞軍、台大季軍。

### 大學時代的球隊故事：

第 57 屆因之前學長招生效果不錯，人數眾多，球員號稱有「一二三四」：一名土木系、二名植物系、三名動物系（蠻牛後來轉醫學系，打了 7 年）及四名會計系，但因為大四那年春天遇到 SARS，停辦大專盃，大專盃後來延到該年的 12 月，疫情緩解之後才舉行。只是那時第 57 屆已經畢業，時間也不在球隊的訓練節奏上，所以台大沒有參加。

第 57 屆台成賽在台大舉行，雙方戰況激烈。（圖：林勝賢攝）

游秉翰說，大學球隊的生活中，總免不了有一些隊友來來去去，和他同屆的章魚，練習了一整年，卻在比賽前一天，追一顆高飛球而手指骨折，後來就比較少出現；國企系有一位帥帥的阿誠，常來練球但是沒有比過賽，後來也沒出現了。游秉翰自稱「總是遜遜的」，升大三後開始打 10 號的位置，或許他的表現並不讓所有人滿意，但是他自己覺得打球很快樂，也繼續打了下去。他回憶，張海潮 OB 曾說，他和余軒：「球隊就要被你們一隻手、一隻腳拖垮啦。」當時小侯（侯智鴻）OB 的名言則是：「我很佩服條件不好的人但是很努力。」而自認體力不佳的游秉翰只要表現出累得快要吐的樣子時，海潮就會說：「油餅，要吐也要吐在陸官的 Scrum 上！」

## 第 58 屆大事紀

**入學年分**：民國 89 年（西元 2000 年）
**隊　　長**：李俊霖（生工系）
**同屆隊友**：無
**大專盃成績**：單淘汰賽制第一場對陸官落敗淘汰

**大專盃比賽地點**：陸軍官校
**重要賽事回顧**：

當年大專盃為單敗淘汰制，台大第一場就對上陸軍官校。當時大一的褚瀚元回憶，2004 年大專盃前，台大與政大友誼賽，對方有一球獨跑，他回頭 Tackle，人雖然抓到了，但對手倒在他的腿上。他說，當時只聽到「啪」的一聲，「我就知道不妙了。」當晚連下床都要用爬的，膝蓋痛到連翻轉的力量都沒有，但他但安慰自己，距離大專盃還兩個月，有足夠的休息時間，也擔心一旦醫師診斷，會無法上場比賽，所以一直休息到大專盃前都沒有去就醫。

禍不單行，與褚瀚元同屆的楊瑞璋（小楊）在比賽前熱身，倒地時大腿被釘子劃破，血流如注。牙醫師宋志豪自告奮勇，立刻親自替小楊縫合，只可惜，雖然小楊仍上場比賽，但戰力嚴重受到影響，原本實力堅強的台大正集團也未能發揮。

屋漏偏逢連夜雨。比賽開始 20 分鐘，周鼎贏（小笨）OB 在退出一次亂集團時，踩到地上對手的頭，對方被抬出場，小笨也遭判紅牌，台大 14 打

第 58 屆大四時，只剩隊長李俊霖（後右二）一人，當時得到眾位研究生 OB，包括第 34 屆王健銘 OB（中右五）的保證，大專盃才能順利報名。

15，最終以以 25：35 落敗。

**大學時代的球隊故事：**

　　第 58 屆的大專盃，台大第一場就對上陸軍官校，落敗出局。賽後 Circle 時，OB 安慰說「雖敗猶榮」，隊長李俊霖（五百）回憶比賽結果感嘆，其實輸就輸了，沒有什麼可以猶榮的。隊員人數不夠，是輸球的主因。第 55 屆的李渭天說，第 58 屆的球員是由第 55 屆負責招生而來，他坦言，那年招生情況不太好，到了第 56 屆的隊長黃聖凱又招了幾位第 58 屆的球員，但是這些人到了大三也都離開了，所以大四時就只剩五百一人。

　　五百說，他在大二轉學進台大，當時隊上同屆的低年級球員就不多，記憶中，同屆有一位從中山大學轉學到台大的隊友、一位就讀植物系、還有一位大一就加入的陳信達，但都很少來練球，也未參加大專盃，打到大四的僅有他一人。

　　大四那年正好遇到大顆 OB（張振崗）在大專盃前與球經葉家瑜（孟妹）舉行婚禮，有許多 OB 到場。五百回憶，當時張海潮 OB 在婚禮上勸說在台大念研究所的 OB 支援在校生比賽，不少在場 OB，都向他保證會支援大專盃，最後包括阿敏（第 34 屆王健敏）、阿男（第 47 屆賴彥男）等畢業多年的 OB 都下場比賽。

　　當時大一的褚瀚元回憶，第 58 屆去台南移地訓練，不到 10 人參加，住進台南武廟附近的一間怪怪的小旅館，看起來就像是人家的「砲房」，房間四周都是鏡子。住進去第一天，覺得不對，五百就跟硬派 OB 求救，後來硬派就幫忙介紹到他的岳父家中住。那一年去台南集訓，人雖然不多，但是第 56 屆的黃聖凱及第 53 屆的陳英傑（短褲），還是研究生，有一起去台南集訓。

## 第 59 屆大事紀

**入學年分**：民國 90 年（西元 2001 年）
**隊　　長**：郭士維（社工系）

**同屆隊友**：傅紹懷（醫學系）
**大專盃成績**：大乙組殿軍
**大專盃比賽地點**：陸軍官校
**重要賽事回顧**：

　　大專盃第一場就對上陸官，前往支援的第 55 屆侯智鴻 OB（小侯）達陣了三顆，當時在場上的幾名球員都說，陸官的球員不知為什麼，突然恍神，讓小侯在 5 分鐘之內跑進去達陣三次，也算創下台大球員的個人紀錄。可惜的是，褚瀚元（蛇）三次射門都沒進，最後比數 15：17，台大落敗，只能爭取第四名。

　　褚瀚元說，他一直覺得自己在那場比賽狀況很差，球門中間達陣的一個加踢射偏了。比賽結果，台大與陸官都進三球，最後陸官多進了一顆加踢，以 2 分之差獲勝。他說，比賽結果就是這樣，只能怪自己練得不夠勤了，但令人難以忘記的，是陸官有兩個球員在比賽結束後，跑來跟褚瀚元說「謝謝」。褚瀚元說，他永遠都不會忘記對手的「風度」，「這是我第二次淚灑大專盃。」台大以 2 分飲恨，而那年的決賽，冠亞軍決賽，陸官狂灌對手 4、50 分，只能怪台大籤運不佳。

**大學時代的球隊故事**：

　　郭士維回憶，當年同屆只有傅紹懷、陳信達和「山雞」。但陳信達後來不打，山雞因學業成績被退學，都在升大三那年離開。

　　褚瀚元說，郭士維大二下才加入球隊，但有令人印象深刻的毅力，當年郭士維的名言是：「路只有一條，叫做走下去。」雖然到大四時，全屆只剩下郭士

第 59 屆在陸官打大專盃，趕來支援的第 55 屆研究生侯智鴻（右三），大發神威一人達陣 3 球，可惜射門沒進，小輸 2 分。

維一個人，但總是在思考怎麼樣計畫等會兒的練球。球隊的各項大小事一手包辦，自己也默默的在練傳球。不僅如此，因為郭士維與褚瀚元在同一棟系館，郭也時常關心褚的課業。

第60屆張來福說，第59屆在隊長郭士維帶隊下，台大全隊移師到宜蘭集訓，過程很充實。只不過球隊練習的球場在雨後出現大量咬人的蚊蟲，連皮帶肉咬的那種，超癢又超痛，讓人難以忘懷。

第55屆黃信元OB，為了回來打球，考進了博士班回來跟在校生一起奮鬥大專盃。

## 第60屆大事紀

**入學年分**：民國91年（西元2002年）
**隊　　長**：張來福（土木系）
**同屆隊友**：莊佶穎（土木四）
**大專盃成績**：第四名
**大專盃比賽地點**：陸軍官校
**重要賽事回顧**：

那年大專盃的賽制，是單淘汰制，輸了直接打包回家。台大第一場對上首次從大專甲組降到乙組的真理大學，沒跟他們打過球賽，不知球風及打法，無法提供建議，只能照著平常練球打法先打看看。

賽前2至3個月，隊長張來福的右手大姆指因練習賽受傷，打鋼釘休練1至2個月，拔完鋼釘後開始緊湊加強鍛鍊手的握力、肌力及

第60屆的大專盃還是在陸官舉行，台大第一場對甲組降組的真理大學，就是一場硬仗（持球者為隊長張來福）。

上半身肌力，並加入團練。賽前，大魔教練（葉曾文，第 51 屆 OB）、研究生 OB 及在校生，尤其是從沒打過大專盃第一次上場的大一生，應該難免感到緊張。來福自己也很緊張，畢竟休息養傷 1 至 2 個月，球感、肌力及肌耐力等，能恢復或發揮到受傷前的多少，也不敢確定。但是身為隊長，且後面有大三至大二等至少一起打過多年比賽的隊友，加上這屆大一新生無論體格、反應、毅力及頭腦都相當優秀，且有體優生陸奕瑋（小趴）。再細想一下，就算甲組，也沒啥好怕的。

跟真理的比賽開賽後，對手有兩三位球員閃切、撞人轉身、冒爾或拉克倒地等動作都相當扎實（應該有甲組的身手），造成台大的球員，只能被動防守，不斷擒抱（Tackle），但控球權很難拿回來，真理也因此士氣比台大高很多，讓台大打起來非常的辛苦。

後來發生了一件情勢逆轉的事，有一球對方攻到達陣線，發生失誤，球從正集團（Scrum）中蹦了出來，小趴拿到球傳給來福，就在接球一剎那，真理球員全速衝上來 Tackle 來福，來福立即壓低接球姿勢全力撞擊防守球員。一撞之後，大家都愣住，防守球員不知後退多少步，倒在地上站不起來，裁判立即喊暫停。隊友及場邊的人都說，聽到很大的頭殼撞擊聲，來福也後退兩步、掉球及失憶了一下下。小趴及其他隊友馬上過來確認來福的意識跟傷勢，幸運的是來福大喊沒事後，盯著對方並伸展一下手腳，等待真理處理好自己球員的傷勢後，再繼續比賽。

奇妙的是，在那一球之後，真理的防守就不再那麼有壓迫感，台大的防守及攻擊都完全熱絡地展開，回到了熟悉的比賽節奏，一來一回之間，局勢逆轉。最後，台大順利拿下首場勝利，讓這群大一新生感受到，即使對手是甲組球隊，台大也有不會輸的自信，更有信心地帶領下一屆學弟。那次劇烈的碰撞，來福也不是全身而退，當晚洗完澡集合開會檢討時，慣用的右上下背已出現拉傷或挫傷，雖然持續冰敷，但對後來的海大、成大比賽，多少有影響到靈活度及肌力，只能打一場算一場。（隊長張來福提供）

第 61 屆褚瀚元（外號：蛇）說，每一年大專盃都是忘不了的歷史。第 60

第 60 屆的大專盃對戰陸官，雙方勢均力敵，最後還是輸了一個罰踢的 3 分。

屆也值得回憶，這屆上場的球員，有一半是大一生。第一場比賽對上實力不容小覷，身材經驗都老到的真理大學，台大靠著團結奮鬥打敗了真理，是場難忘的比賽。順利晉級決賽後，對上老對手陸軍官校，最後比數 14：17，再次與勝利擦肩而過。但是蛇說，在這一年之間他一直練習射門，這一次大專盃射門的命中率是 100%，只是結果是再一次抱著遺憾的心情坐上回台北的車。

大專盃隊員：許駿毅（醫學七）、郭士維（社工五）、莊佶穎（土木四）、褚瀚元（社會三）、張曜亘（財經三）、林彥廷（生工三）、何恆贊（獸醫二）、彭康為（生科二）、陳聖倫（電機一）、徐英祺（機械一）、陳鏡文（生科一）、蔡高超（生科一）、陸奕偉（圖資一）、黃鈺軒（森林一）、楊瑞璋（社會一）、曹佩均（歷史，經理）。

## 大學時代的球隊故事：

張來福回憶，很難忘第 58 屆隊長五百帶他們去台南集訓，打沙灘橄欖球。也很難忘前隊長士維帶他們去宜蘭集訓，練習球場在雨後會出現喜好亂咬人的蚊蟲，連皮帶肉咬的那種，超癢又超痛的。

張來福說，從五百開始到郭士維，連續兩屆都只有一個隊員，到了他這一屆也只有兩個人，為了替未來的球隊留下更多球員，他們用最原始的方法招生：印製傳單之後，幾個人一起去宿舍「陌生拜訪」，一間一間敲門，向大一的新生介紹橄欖球隊，告訴對方練球的時間，邀請他們一起來看台橄練球，可以次日一起練。他說，大一新生剛到台大，都不會無禮地直接拒絕，但看表情就知道這個人是否真的會到球場，對於有希望招募的對象，就留下聯絡電話，持續與他接觸。他說，這種挨家挨戶推銷的方式效果不錯，那屆新生招到了五、六人。

招生過程艱辛，球隊的集訓也特別辛苦。因為那年沒有借到新體育館的集訓中心場地，晚上只好睡在當時的球室小白屋。雖然集訓時只能睡小白屋，但蛇（褚瀚元）說，第 60 屆招到不少新生，大家都很認真的練球，成長非常的快速。然而，面對其他學校大多是久經沙場的老將，一上場就顯現了台大球員經驗的不足，需要更多的磨練。

## 第 61 屆大事紀

**入學年分**：民國 92 年（西元 2003 年）
**隊　　長**：張曜亘（財金系）
**同屆隊友**：褚瀚元（社會系）、楊瑞璋（人類系）、林彥廷（森林系）
**大專盃成績**：預賽出局
**大專盃比賽地點**：長榮大學
**重要賽事回顧**：

　　隊長張曜亘回憶當年集訓時，人數很少，訓練非常辛苦。那年大專盃在長榮大學舉行，預賽遭遇海洋大學。當時有亞洲明星隊的國手買乾舜在海大讀研究所，買乾舜是國家隊的第一好腳，比賽中持續踢球點洞，台大後衛疲於奔命，最後輸給海大，無緣晉級決賽。

　　那幾屆在校生人數不多，經常需要召集研究生 OB 來幫忙參加大專盃，包括第 47 屆的張瑚松、第 48 屆的黃文柏、第 53 屆的短褲（陳英傑）、第 56 屆的黃聖凱等多位研究生，才勉強成軍。

　　不過，根據副隊長褚瀚元（外號：蛇）回憶，第 61 屆的後衛線其實是很強大的，但因為前鋒新生較多，前鋒搶不到球，後衛便難以發揮。

台橄促進會在第 61 屆時成立，多虧第 61 屆隊長張曜亘的全力支持，籌備工作才順利完成，圖為發起人邱雲磊 OB 的致詞。

第 61 屆兵敗預賽，副隊長褚瀚元（持球者），決定自請延畢，要再拚一次大專盃。

## 大學時代的球隊故事：

第 61 屆大四時，正式成立「台大橄欖球促進會」。過去台橄 OB 們都零星支援在校生，促進會的成立，是為了整合力量、集中資源。促進會籌備的相關工作相當繁重，成立大會辦得非常盛大，當時剛卸任的行政院長蘇貞昌也以 OB 身分回來參加。籌備工作的執行，幾乎都是由在校生隊長張曜亙負責。

蛇說，張曜亙當隊長非常辛苦，他身為副隊長，沒有幫上什麼忙，覺得很愧疚。張曜亙從台北商專插班台大財金系，是非常優秀的學生。大二加入球隊前，沒有打過橄欖球，以前打過籃球，運動能力很好。蛇還透露一段秘辛：原本應該是他來當第 61 屆隊長，當時執行教練葉曾文與他談話，表示希望由張曜亙來擔任隊長，這樣他就不會離隊了。蛇說他當場就答應了，因為他很欣賞張曜亙。

蛇回憶說，他認識的轉學生能力都很強，安排事情總是比別人更有條理，張曜亙就是這樣。第 62 屆的高銘揚也是轉學生，做人做事一樣出色。

張曜亙說，這一屆招生，大一只招到兩位隊員，分別是土木系的溫閎元與心理系的黃普嵩。當時剛好遇到多數研究所 OB 畢業，球隊的經營變得異常艱困。他回憶自己做得最好的事情，就是讓招募到的一般生都留下來，也讓球隊湊齊 15 人，完成大專盃的比賽。

大專盃比賽，輸給陸官，大家再度淚灑球場。蛇說他記得老溫（溫閎元，第64屆隊長）在場上流著眼淚說：「如果當初我多練一點，也許就能給隊友多一點支援。」

賽後，小毅（周鍵孝，第64屆）對已經大四的蛇說：「明年就沒有你了！」這句話從不同角度觸動了蛇的內心，讓他開始掙扎，並燃起對下一年度的渴望。

畢業典禮過後不久，蛇偷偷決定留下來，故意錯過某一科的期末考，寫信給老師表示想延畢。蛇留下來，與第62屆並肩作戰，繼續書寫台橄的歷史。

## 第62屆大事紀

**入學年分**：民國93年（西元2004年）
**隊　　長**：褚瀚元（社會系）
**同屆隊友**：高銘陽（財金系）、蔡紹宇（生技系）
**大專盃成績**：預賽淘汰
**大專盃比賽地點**：台南市立橄欖球場
**大專盃比賽時間**：2008年4月26日至5月3日
**重要賽事回顧**：

大專盃共有七隊參加，分為兩組預賽，台大跟成大、海大及逢甲分在同一組，第一場贏了逢甲，但是接下來的兩場比賽，分別輸給成大及有前國手買乾舜領軍的海洋大學，無緣晉級決賽。隊長褚瀚元（外號：蛇）說，從大一到大四跟陸軍官校對戰，都是以些微的比數落敗，他不甘心，所以故意延畢讀大五，希望可以在大學時代打敗陸官。但是他當隊長的第62屆，研究生OB都畢業了，球齡在一年以上的不到十人，其他都是新生，所以在預賽連輸給成大、海大（海大是當屆的冠軍，成大是亞軍，陸官只能打三四名），根本沒有機會進決賽圈跟陸官對決。

蛇回憶說，這一屆的人數真的勉強成軍，大專盃對成大的比賽，他原來打15號殿衛，結果前鋒有人受傷，沒有替補的人，他只好去打1號位置，後衛

為了拚大專盃，第 61 屆副隊長褚瀚元自請延畢一年，並出任第 62 屆隊長，無奈預賽輸給狀況極佳的海大及成大，而無緣決賽。

再換別的更年輕的學弟上場。

不過第 62 屆在上學期時，參加了台北市中正盃的比賽，因為有許多交換學生的助陣，辛苦地贏了甲組的光武工專，拿到大專組冠軍。褚瀚元說，這場比賽印象非常深刻，當時正規比賽時間已經到了，台大在最後一波的進攻機會的亂集團中，紐西蘭的交換學生林韋忠（Daniel），拿球衝出來，獨跑達陣，在超時的時間中，完成了不可思議的逆轉，戰勝甲組的光武，拿下冠軍。這場比賽的勝利，是因為有交換學生的加入。上學期結束之後，交換生回國，無法參加下學期的大專盃，台大戰力就明顯的下降。

第 62 屆的台成賽，橄欖球沒有被列入台成賽的比賽項目，從第 59 屆到第 62 屆，台成賽中都沒有橄欖球項目。

### 大學時代的球隊故事：

第 62 屆隊長褚瀚元（蛇）入學時是第 61 屆，大四下學期結束前，故意當掉一科，延畢讀大五（見第 61 屆故事），而當了第 62 屆的隊長，但是接任隊長時，球隊幾乎沒有什麼球員。

蛇接任隊長後，思考沒有人就沒有戰力，用心的參加社團聯展，要吸引更多新生加入，他跟副隊長高銘揚及其他在校生，在社團聯展時花了很多心力去做造型，立了很多大型的製作物來吸引新生。

蛇還去語言中心貼招生傳單。蛇認為，外國人比較了解橄欖球，有些學生以前打過，可以找到上場的即戰力，而且身材比較好。因此徵到六位外籍學生，包括兩位來自美國的交換生羅利和艾略特，還有兩位來自紐西蘭的語言中心的華裔學生，林勝利（Philly）和林韋忠（Daniel），這四位即戰力的交換生，在隨後舉行的中正盃發揮了很大的功效。另外一位是來自索羅門的

Fredy，離開了球隊一陣子，後來再回球隊打球，參與到後來的三連霸時代。還有一位來自聖文森外籍生，打了一陣子就離開，姓名已不可考。

蛇說，那一屆的迎新烤肉 Party 辦在當時的球室小白屋，可說是盛況空前，特別感謝第 48 屆的甯其遠 OB，搬來整套的樂團音響，在小白屋開演唱會。蛇自己去麥當勞買了 50 個吉事漢堡，又拿了很大的金屬盤子，買了 1,000 元的炒飯跟很多其他的食物。因為當天來參加迎新的人數，超出預期，大約有 40 多人參與。

第 62 屆在大專盃成績不佳，但是卻培養出大批的新秀，為後來的三連霸打下了深厚的基礎（持球者為第 64 屆周鍵孛）。

蛇說，那時他有在宣傳單上做了個小手腳，就是在傳單的右下角，放了一張 AV 女優的照片，不知道這是不是吸引這麼多人來參加迎新 Party 的原因。

經過迎新 Party 之後，第 65 屆新生留下來練球的新生多達 23 人，這批新生打到大四，還有 8 位。第 64 屆之後，台橄在大專盃三連霸，不得不說人多就有戰力，這也是第 62 屆努力招生所展現的成果。

蛇說那時大一新生很多，有很多特別的人，可惜很多人只練了一陣子就離開了，以往年的新生留存率來看，大約就是三分之一吧。

蛇當隊長時，都會為新生取綽號，當時有一位新生說他沒有綽號，而在這位新生前的兩位新生，一個綽號叫基奇，另外一位叫喬巴，蛇當場就說那你就叫「基巴」吧！而這位被賜名「基巴」的是第 65 屆的主將曾昱晨，而基奇跟喬巴後來就消失了。

第 65 屆隊長涂曜宇回憶，剛進球隊的時候，球隊並沒有固定練球日，而是每周 5 天都有晚間訓練，每個隊員必須挑其中 3 天出席。而全勤出席訓練五天的，就是負責帶領訓練的隊長「蛇」。

## 第 63 屆大事紀

**入學年分**：民國 94 年（西元 2005 年）
**隊　　長**：陸奕瑋（圖資系）
**同屆隊友**：黃鈺軒（森林系）、蔡侑倫（生技系）、陳鏡文（生科系）
**大專盃成績**：大乙組 7 人制季軍、15 人制季軍
**大專盃比賽地點**：崑山工專
**重要賽事回顧**：

　　第 63 屆之前，已經連續好幾年在大專盃成績都不好，前兩屆甚至在預賽就被淘汰。第 63 屆的大專盃成績大有起色，雖然在決賽敗給成大及海大，無緣奪冠，但在預賽打敗強敵陸官，讓陸官在預賽淘汰，為接下來三連霸取得好兆頭。當時還是大三的第 64 屆隊長溫閎元（老溫）說，那場打敗陸官的比賽，是他球員生涯中記憶最深刻的一場。

　　隊長陸奕瑋（外號：小趴）領軍南下崑山工專比賽，台大在預賽跟陸官同組，陸官在比賽中占有較長時間的攻擊主動權，台大大部分時間都在自家半場努力地防守。在終場前 20 分鐘，小幅領先的陸官還在台大陣前強勢圍攻，台大全體隊員捨身防守，力保城池不失。

第 63 屆的大專盃在崑山工專，預賽對上陸官，台大老將第 47 屆宋志豪（右），連手第 63 屆隊長陸奕瑋，阻擋陸官前進。

　　溫閎元說，當時已經全力防守到不知道是領先還是落後，只想著：「為什麼比賽結束的哨聲還沒響。」在短線接觸的肉搏戰中，台大奮力搶得球權，將球踢出解圍。拚盡全力的老溫，在陸官邊線球擲入場內的混亂中奪到球權，接著把球交給黃俊豪，再傳球給周

鍵孝（小毅），小毅一路從台大陣地的 22 米線，帶球突破到中場，再以一個俐落的 Hand off（掌推）推倒陸官 Fullback（殿衛）鎮守的最後防線，一路奔向達陣區，台大以 17：10 逆轉獲勝。

第 63 屆在預賽打敗陸官，是台大相隔 17 年之後，再度打敗陸官。

　　台大藉著這場重要勝利，相隔多年之後重新回到大專盃的決賽圈，準決賽遇上國手買乾舜領軍的海大，以 12：17 敗下陣來，季軍戰以 30：0 贏國防。雖然季軍並非目標所在，但是預賽擊敗陸官的比賽讓老溫及全體隊友知道：「我們的實力有在進步，我們也是可以在大專盃贏球的。因為這場比賽的勝利，大專盃三連霸及一連串的成果從此開始。」

### 大學時代的球隊故事：

　　隊長陸奕瑋從進入台大橄欖球隊開始，就被學長和 OB 們灌輸「陸軍官校是宿敵」的觀念，訓練也總以在大專盃擊敗陸軍官校為目標，大一時他才知道，台橄上一次打贏陸官，要追溯到 17 年前（台橄第 46 屆）。

　　以橄欖球專長體優生身分進入台大的小趴，對於台橄挑戰陸官的心態，一開始有點不以為然，心想：「我們有不只一個體優生，怎麼可能打不贏呢？」結果從大一到大三，連輸三年。

　　小趴回想，在這三年間，除了在招生上做努力，不斷積極招兵買馬外，最重要的是心態上的改善。當初，他認為可以單憑體優生的力量跟其他球隊抗衡，但這三年中，我們不只是輸給陸官，成大、海大、政大，台橄都嘗過敗績。所以他意識到，提升隊友的競爭能力，比增加體優生人數更重要。

　　在小趴大四這年，靠著所有隊員的努力，還有新來的莊國禎教練的帶領，加上 OB 們始終的支持，台橄在預賽擊敗陸官，終結了大專盃交手的連敗紀

錄，可惜的是最終氣力放盡，台大無緣得冠。

小趴認為，經過這一年洗禮，開啟後面幾年的大專盃連霸，是他大學球員生涯最感欣慰的事。他說，「很高興能跟這些隊友並肩作戰，在這段大學生涯也認識了很多一輩子的好朋友，得到了很多學長、同學和學弟的協助與支持，真的很幸福能成為台大橄欖球隊這大家庭的一分子。」

第 65 屆隊長涂曜宇（外號：小鐘）認為，前一屆（第 62 屆）隊長褚瀚元（外號：蛇）招募了大批新生入隊，小趴的嚴厲風格汰選出了一批好球員，使這些球員能夠適應嚴格強硬的球隊訓練與文化。小鐘回憶，小趴剛開始把「真正校隊標準」應用在台橄時，嚴格到有點「不人道」。「不只訓練嚴格，他對士氣表現也要求很高，要是大家喊聲不夠響亮，他會要求我們站在達陣區，喊聲直到他在對面的達陣區聽起來滿意為止。」

第 66 屆隊長劉正揚記得，剛加入台橄時自己的心態還遠不及校隊標準，因此會觸犯小趴奠定的紀律。集訓中某日，劉正揚因故缺席晚間練球，回到集訓中心竟看到老溫等隊友被連坐處罰在兩張桌子間「吐著」（雙手雙腳長時間撐地的傳統體罰），讓他內心震驚又羞愧。

第 64 屆隊長溫閎元則說，小趴擔任隊長前半段期間，球隊的教練來來去去，往往還沒有建立一個體系就離開了。但小趴並未因此鬆懈或沮喪，訓練時始終維持嚴格的標準，並且在比賽中總是能夠激勵隊友繼續努力。

## 第 64 屆大事紀

**入學年分**：民國 95 年（西元 2006 年）
**隊　　長**：溫閎元（土木系）
**同屆隊友**：黃普嵩（心理系）、官有訓（心理系）、周鍵孝（歷史系）、黃俊豪（哲學系）
**大專盃成績**：大乙組 7 人制亞軍、15 人制冠軍
**大專盃比賽地點**：台南橄欖球場（決賽）

**重要賽事回顧：**

第 63 屆預賽打敗陸官，預言了台大的中興，果然在第 64 屆在預賽再度打敗陸官，決賽打敗成大，重新奪回失去 18 年的大專盃 15 人制冠軍頭銜。當時大三已是陣中主將的曾昱晨回憶相隔太久才拿到大專盃冠軍，在大夥苦練了三年才達成目標，記得那時大家都為辛苦奪冠而哭。

在第 64 屆隊長溫閎元（老溫）帶領台橄奪冠之前，球隊已有太久太久沒有拿下大專盃冠軍。這一屆大專盃三場預賽，台大以 22：17 打敗海大、以 22：6 打敗陸官、以 40：10 擊退國防，決賽台大以 27：14 打敗成大拿下冠軍。

老溫回憶，加入球隊之後，經歷過不少動盪低迷，球隊一直缺少穩定的教練。在他接任隊長時，得到重要幫助之一，就是第 47 屆 OB 宋志豪（豪哥）回到台大攻讀 EMBA，積極參與球隊訓練、捐款，並鼓舞球隊士氣。老溫回憶，當時豪哥在訓練中從不偷懶，力求和在校生達成一樣的訓練量。

在 2009 年大專盃之前，莊國禎教練加入台橄，提供了不同的體能、正集團訓練模式及全場觀念。老溫回想，等到他擔任隊長，面臨大專盃（2010 年）

第 64 屆台成賽在台大舉行，兩隊軍容壯盛，比賽結果台大勝出。

第 64 屆的大專盃在台南市舉行，台大一路過關斬將，在決賽以 27：14 打敗成大奪冠。

的時候，核心成員都已經一起訓練 2、3 年，而且在莊教練的要求下具備良好體能基礎。

老溫說，「那年大專盃，因為有莊教練帶出來的體能，我們在場上才終於能實現隊上體優生過去傳授的戰術和動作。」同時他自己初次在大專盃賽場上感覺到：「體能充沛到在場上可以思考、進行判斷。」

當年擔任第二排鎖鋒（Lock）的老溫在訓練中也會被調換位置，有時要去參與後衛。他說，這種訓練方式增進了隊員彼此之間的熟悉度，良好默契搭配充沛體能，他們在大專盃賽程中扭轉過去兩年的頹勢，順利殺入決賽，打敗陸官。

老溫回憶，儘管台橄第 64 屆隊員參與大專盃之前的訓練狀態不錯，但終究因為前兩年戰績不佳而緊張，當時豪哥 OB 在飯店餐廳的演講，激勵了整隊的勇氣，讓大家在賽前充滿了鬥志。

## 大學時代的球隊故事：

老溫大二時的隊長是第 62 屆褚瀚元（蛇）。在他的記憶中，蛇是性格活躍、很有群眾魅力、好相處的「大哥」，褚瀚元在隊長任內招募了很多球員，把球隊經營得很活絡，很有一個大社團的感覺。平常和隊員們有說有笑，但是他在比賽場上投入的熱情與脾氣，對沒有橄欖球經驗的老溫等一般生球員來說是前所未有的感動經驗。

老溫大三時的隊長陸奕瑋（小趴）治軍嚴厲，老溫指出：「小趴讓我們知道，什麼是校隊該有的紀律。」老溫印象最深刻的例子，就是 7 點前集合的晨練如果有隊友遲到，身為總幹事的他就要負責帶學弟們浩浩蕩蕩前往男生宿舍「叫床」。

老溫回憶，他接任總幹事之後，訓練態度轉為認真，也開始嘗試擔任團隊的凝聚者和領導者角色。他接任隊長時，同屆的體優生隊友黃俊豪跟他說，「別人當隊長我都不服，你當隊長，我會聽你的。」老溫說，黃俊豪年輕時性格狂狷，但在球隊裡就是會挺小趴和老溫。

　　老溫進入球隊之後幾年，球隊都還沒有穩定的教練。還好有蛇和小趴這幾位體優生帶領，隊員們勉力跟隨體優生要求的訓練內容和士氣，把握上場機會。在比賽中，老溫會在場上帶動前鋒士氣，後衛則有小趴和小毅（周鍵孝）領導。

　　老溫大二時的大專盃，台大在預賽被淘汰。他目睹隊長蛇在落敗後痛哭，在北返的遊覽車上，老溫和蛇聊天時，忍不住落淚許諾，未來會認真練球，更加投入球隊。

　　大三下學期，莊國禎教練受邀前來執教。老溫回憶，莊教練帶來的正集團技巧和球員培養觀念讓球隊實力更上一層樓。例如 Scrum machine（正集團推進器）的訓練方式，就從原本的耐力式訓練轉換成更務實的爆發力訓練，原本前鋒群只推得動裝載 2、3 個人的鬥牛車，到大專盃前，鬥牛車上坐滿 7、8 人，前鋒依然穩定推進。但最重要的是莊教練對球員體能的嚴格要求。

　　老溫記得，莊教練第一次測試隊員 4k 跑步，連實力最好的小毅都需要跑 19 分鐘，其他人喘得要命也未必能達到 20 分鐘的基礎要求。一個學期過後，全部人的體能大幅提升，主力球員大多能跑進 17 分鐘，小毅本人 15 分鐘就跑完了！

　　老溫回想，當年青壯年 OB 與在校生的互動緊湊，不僅有張迺禎 OB 提供的打工的機會，還有高頻率、高張力的月賽，青壯年 OB 對球隊傳統的要求相當強烈，在月賽與 OB 起衝突，會被罰跑自是不在話下。當年老溫只是因為比賽達陣時沒有 Jump try（飛身達陣）就被處罰。他笑著回憶，「太嚴格了！簡直瘋狂。」卻也使他在該屆大專盃留下：「我保證每個達陣都 Jump try！」的豪語。

　　由於前一年橄欖球隊被列為學校重點運動項目，學校支援比較多的經費，

在校生在暑假可以出國移地訓練，第一次出國移訓是 2009 年暑假，第 64 屆老溫剛接任隊長時，地點是到香港，跟香港城市大學及一些社區球隊進行訪問比賽。

## 第 65 屆大事紀

**入學年分**：民國 96 年（西元 2007 年）
**隊　　長**：涂曜宇（小鐘，機械系）
**同屆隊友**：曾昱晨（土木系）、謝曜謙（生工系）、陳偉宏（中文系，小白鯨）、蘇培易（醫學系，唐牛）、劉恩諭（森林系）、楊典（會計系）
**大專盃成績**：大乙組 7 人制、15 人制雙冠
**大專盃比賽地點**：長榮大學
**重要賽事回顧**：

　　在前後屆隊長溫閎元、劉正揚看來，在大專盃 3 連霸中間的第 65 屆陣容堪稱是前後幾年的巔峰，前鋒的正集團所向無敵，可以把 Scrum try（正集團直接達陣）作為固定戰術。甚至在泥濘降雨的大專盃賽事中，留下以正集團從中場推進到 22 米線的紀錄。當時的主力柱鋒（Prop）陳偉宏（小白鯨）賽後說，因為當下已經消耗很多體力，誤將對手的 22 米線看成達陣線，否則他們一定會直接推到對手陸軍官校的達陣區裡面得分。

　　當時的主力陣容不僅個人球技熟稔，彼此間也十分有默契，在場上不用轉頭看，就明確知道支援球員的位置、路線，能夠以流暢攻勢突破對手防線。在大專盃之中，一度在上半場就得到 50 分，當時的隊員都躍躍欲

辛苦贏得的勝利，令人欣嘉，台大完成衛冕任務，二連霸。

試，想要單場突破100分。但教練陸續換下主力，讓新人在大幅領先下獲得登場時間。該年大專盃準決賽面對成大，台大以45：7壓倒性取勝。

曾昱晨回憶，第65屆參與大專盃時陣容正值巔峰，整體的球技、體能都有一定水準，更有數位體優生融入球隊中，球隊在每場比賽都能按照計畫作戰。儘管陸官體能也相當強悍，還有幾個突破能力出色的球員，但台大在賽前研究對手、制定計畫後，在決賽緊迫盯人封鎖陸官主力攻擊手，上半場以5：3領先，最後以17：3勇奪大專盃15人制二連霸。

第65屆肩負著大專盃衛冕重任，面對著陸官頑強的抵抗，勢必要發揮更強的壓制力。

## 大學時代的球隊故事：

對第65屆的隊長涂曜宇（小鐘）來說，印象最深刻的比賽不是球隊威風凜凜獲勝的時刻，而是大一的大專盃連戰連敗，在預賽被淘汰之後的轉變。那年台大接連敗給成大、海大，要打包回台北。小鐘禁不住沮喪而哭泣落淚，當時的第63屆學長陸奕瑋在旁看到，默默地問他：「哭什麼？你有練很多嗎？」

小鐘回想，當年被陸奕瑋當頭棒喝，驚覺：「難道我真的努力過了？」回台北之後更加投入橄欖球隊訓練，到大四在同屆諸多隊友之間被票選為隊長。小鐘說，「我想所有台橄球員都有經過這個時刻，第一次比賽回來，會從挫折中轉變，練球態度脫胎換骨，訓練態度認真起來，對自己的球技發展也有個方向。」

小鐘認為，第65屆陣容之所以成為那幾年的巔峰，受惠於前面幾屆隊長的努力與球隊文化共鳴的成果，其中一個關鍵是「學長學弟制」。

他說，學長學弟制儘管有其被批評的缺點如階級觀念等等，但這種制度下學長嚴厲的態度，自然會篩選掉不適合橄欖球隊傳統文化的人，留下來的人能

大專盃 7 人制及 15 人制雙料冠，再加上最佳教練，三喜臨門。

夠在認同感支持下適應校隊、有效率地成長。

小鐘擔任隊長期間，球隊戰績輝煌，隊員間團結融洽。他謙稱，因為能留下來的都是能適應傳統台橄文化的人，自然能夠緊密凝聚。重視隊員感情，經常舉行團隊娛樂活動的小鐘說：「每個隊長受自己入隊時的隊長影響最深，所以我帶隊會跟隨蛇（褚瀚元）的風格，比較歡樂、融洽。下一屆的劉正揚就比較像小趴（陸奕瑋），比較嚴格。」

小鐘說，這樣的嚴厲校隊要求，搭配學長學弟制，讓留下來的隊員能夠成長為具備堅強共識與團結氣氛的隊伍。但時代改變，過往能夠凝聚球員的制度、具有魅力的領導風格，不一定能在今天的校隊裡面發揮一樣的效果。

曾昱晨記得從第 65 屆大三開始，台大橫掃所有比賽，全部都拿下勝利。十人制的比賽還可以拆兩隊報名，最後決賽打內戰。

暑假球隊第二年出國移訓，這年是去日本菅平高原暑訓交流，跟日本拓殖大學、日本產經大學進行交流賽，只贏過交通流經大。

## 第 66 屆大事紀

**入學年分**：民國 97 年（西元 2008 年）
**隊　　長**：劉正揚（土木系）
**同屆隊友**：林樂（工科海洋系）、林又銘（人類系）、陳杰蔚（大氣系，第 67

屆隊長)、王嘉豐(哲學系)、杜立剛(土木系)、陳玉揚(經濟系)、洪偉誠(生工系)

**大專盃成績**：大乙組 7 人制冠軍、15 人制冠軍
**比賽地點**：長榮大學
**重要賽事回顧**：

第 66 屆大專盃決賽時，上屆隊長小鐘等主力已畢業離隊，對手陸軍官校則在新任教練張威政指導下，實力逐漸逼近台大。隊長劉正揚表示，張威政過去也曾接受台大教練莊國禎指導，雙方訓練模式在大專乙組中都相當新穎且強勢，因此台大已不再像前兩屆那樣，能輕鬆戰勝陸官。

劉正揚回憶：「當年技術還不成熟，擒抱只求攔住對手，脖子被撞到也無所謂。」結果在對上海大的比賽中，被噸位過重的對手衝撞頸椎，導致神經壓迫。當時他並不知道已經受傷，只感覺激烈動作後整隻手臂發麻，擒抱後手臂甚至痛到動彈不得。

當年台大實力仍位居大專乙組頂端，以 34：7 擊潰成大，順利晉級決賽，以衛冕者之姿面對陸軍官校挑戰。劉正揚回憶，決賽戰況膠著激烈，陸官人手一向比台大充足，而台大在小幅領先情況下，卻因球員傷病纏身，無人可替補前鋒，只能硬著頭皮上陣，上半場台大僅以 5：0 領先。

劉正揚說，陸官在比賽後段發動猛烈反攻，若最後被突破，比分就會被逆轉。他在防守中勉力擋下對手，痛到只能坐在地上，手臂無法舉起，向場邊的莊教練比出換人手勢。莊教練回答說：「你下場，要換誰上？」他只好咬牙起身，繼續拚戰。

比賽時間即將結束，領先局勢卻岌岌可危。就

第 66 屆要完成三連霸大業，所有人的眼神都充滿了渴望。

連敗兩年之後的陸官，也聘了新教練，第 66 屆已不如前那屆那樣具有優勢的勝利。

在這時，隊友洪偉誠（毛毛）將他推向場邊，說：「我來，這個我來守！」多年後回想起當時情景，劉正揚仍感動不已：「就是身為隊友，他願意幫我跳火坑。」

終場哨聲響起，台大艱辛守住微小分差，以 15：12 奪下大乙組三連霸寶座。劉正揚當場激動歡呼，與隊友一同慶祝這來之不易的勝利，結果還因此被一向堅守「寵辱不驚」傳統的張海潮 OB 訓斥了一番。

第 64 屆隊長溫閎元（老溫）以研究生 OB 身分參與第 66 屆決賽。這場比賽之艱辛，連已兩度奪冠的老溫都難以忘懷。決賽當天，台大前鋒傷病纏身，轉任後衛一年多的老溫也被莊教練調回前鋒線應戰。

老溫回憶，當比賽進入末段，台大連續守下陸官好幾波攻勢，他已經累到腦袋空白、快撐不下去，正當此時，聽到隊友蘇培易（唐牛）大聲喊道：「沒關係，後面有我幫你守！」忽然感到心情安定，得以繼續撐下去。老溫說：「那場比賽後，很多人都哭了。不只是因為再度奪冠，更因為過程真的非常、非常辛苦。」而隊友間的堅定支持與情誼，也在那場苦戰中展現無遺。

除了大專盃雙冠，第 65 屆台大同時拿下：全國中正盃大專組冠軍、台北市青年盃 10 人制冠軍、全國 7 人制冠軍，台成賽亦順利勝出。

### 大學時代的球隊故事：

劉正揚說，自己剛進球隊時，有著「一般死台大生」的心態，參加了很多活動，什麼都想表現出色，但時間有限，無法兼顧。他甚至曾為了與女友約會，在集訓期間蹺練。想不到回來時，看到隊友因自己缺席而被隊長陸奕瑋（小趴）處罰。

劉正揚被小趴訓了一頓，心情受挫，半夜收拾行李準備離隊。他提著背包走到臥室外，卻發現小趴還未就寢，主動詢問他為何想離隊，並與他深談：

「校隊球員應該具備什麼態度？為什麼隊員要共同承擔責任？」劉正揚說，當下他既愧疚又感動，從退隊邊緣轉為決心留下：「那場談話，讓我第一次感到歸屬感。」

接任隊長後，劉正揚治軍嚴謹，對不守紀律的隊員態度強硬，甚至連體優生也

通過驚濤駭浪，第 66 屆辛苦取勝，完成三連霸偉業，隊長劉正揚（蹲地者）已經流下辛苦的男兒淚。

對他的嚴格頗有微詞。不過，許多學弟仍認為他是最有號召力的隊長之一，包括那些曾受不了他「機車」作風的隊友。

劉正揚不僅在場上身體力行，也經常舉辦場外活動，甚至邀請幾位隊友一起在台大周邊合租房子，讓其他人能隨時前來聚會，球隊的凝聚力也在日常生活中逐漸形成。

劉正揚回憶，上任前曾請教小趴：「怎麼當一個好隊長？」小趴回答：「不管什麼時間，隊員來到球室，只要看到燈是亮的，裡面有人陪他，那支球隊一定會成功。」劉正揚傳承這個精神，讓球隊保持溫度，將這個溫度延伸到隊友們的生活之中。

## 第 67 屆大事紀

**入學年分**：民國 98 年（西元 2009 年）
**隊　　長**：陳杰蔚（大氣系）
**同屆隊友**：鍾偉宗（生工系）、楊晨甫（機械系）、吳紹旋（藥學系）、莊浚生（哲學系）、菊原翔平（Shohei）
**大專盃成績**：大乙組 7 人制冠軍、15 人制亞軍

**大專盃比賽地點**：陸軍官校

**重要賽事回顧：**

第 67 屆參與大專盃的地點與第 66 屆相同，都在陸軍官校，陸官始終有著主場澎湃的優勢。這一年的比賽，台大在陸官的主場獲得大乙組 7 人制冠軍，但在 15 人制決賽中，以 2 分之差屈居亞軍。第 67 屆隊長陳杰蔚表示，從前一年開始，陸官就已跟上台大的實力水準，因此在決賽中兩隊互有來往，對抗激烈。

準決賽對上成大，台大直到比賽正規時間結束前由洪偉誠在邊邊接到球衝刺達陣追平，27：27。曾昱晨（第 65 屆，時為研究生）回憶，那時由他操刀達陣後的加踢。主場陸官學生在背後敲鑼打鼓，上百名穿著迷彩運動衫的軍校生大喊：「踢不進！」曾昱晨不為所動，從邊線附近穩穩的精準命中球門，終場以 29：27 逆轉勝，台大進入決賽，成大球員停留在達陣線上不甘痛哭。

在那場決賽之前，主力接鋒（Stand off）曾昱晨就已經發現骨折，改由體優生大三謝秉益（阿秉）擔任攻擊主導位置，但是後衛線無法在原本熟悉的節奏下進行攻擊，阿秉只得多次親身衝擊對手防線。

台大最初落後，但靠著劉正揚（第 66 屆隊長，研究生）和謝秉益的達陣咬住比分，卻接連在達陣加踢中失手，而陸官則連續兩次把握住加踢，因此在下半場形成 10：14 的小幅差距。

陳杰蔚回想，他是隊上的資深成員，比賽中擔任攻守主力的 Wing（翼鋒）或 Fullback（殿衛）。決賽尾聲，他獲得一個沿著邊線進攻的空檔，突破防線

第 66 屆打敗陸官已經非常辛苦了，第 67 屆遇到的挑戰更劇烈，台大勢必要付出百分之兩百的努力，才能衛冕。

後加速衝刺，卻在對方 22 米線處被最後一個防守者推出邊線，失去最後逆轉機會。最後台大以 15：17 小幅差距屈居亞軍。

陳杰蔚說，當下非常難過，「不免會想『15 人制大專盃連霸是結束在我手上』。」但他並未持續困於遺憾之中，而是在後來的延畢期間，持續回到球隊練習，協助台橄學弟們成長。

台大與陸官實力相當，雙方你來我往，最終台大以 2 分惜敗，失去衛冕的地位。

### 大學時代的球隊故事：

第 67 屆隊長陳杰蔚是第 66 屆的球員。當年他受到同班同學劉正揚（第 66 屆隊長）邀請，第一次來橄欖球隊練習，他回想加入球隊時的光景，「練習時間，我第一次走進球室，就看到我同學（劉正揚）脫個精光在那裡換衣服。」是他第一次見識台橄豪爽的風格。當時陳杰蔚正在考慮轉系，同時也想要從原本的棒球轉換一個運動興趣，就此投入了橄欖球隊。

參與台橄的 15 人制 3 連霸之後，陳杰蔚留在台大續讀大五，此時升大四的隊友分別來自阿根廷（鍾偉宗）和香港（莊浚生）。有一天晚上被老溫（第 64 屆隊長）、劉正揚等年輕 OB 邀請到球室，被詢問是否有意願擔任下一學年的隊長。

陳杰蔚說，「一來是我延畢比較有空，二來是若我不接，那下一屆隊長講話的時候應該沒人聽得懂。」

陳杰蔚回想，當時台大橄欖球隊不僅在大乙組實力出眾，更在場上有著強悍的作風，若是隊友被對手用規則外的手段攻擊，隊友們會毫不留情地強烈反擊。和他同屆入學的林樂就是個強悍的執法者。

在第 67 屆決賽惜敗之後，台橄直到 2018 年（第 72 屆）再次問鼎大專乙組 15 人制，中間經歷預賽淘汰的低谷。卸任隊長後持續返回球隊協助訓練的

陳杰蔚反思，自他大三、大四時，球隊的陣容已相當堅強，許多經驗豐富的球員登場鞏固三連霸。相對地，初學者、新生較難得到比賽上場機會，因此常常有「苦練之後缺乏表現機會」的挫折感，留隊率開始下降，也因此在第 66 屆以前的主力球員畢業離隊後，球隊戰力出現斷層。

在陳杰蔚擔任隊長時期，球隊的許多行政、財政事務開始真正轉移到總幹事的職責中。在此之前，都是經理學姐曹佩均不問回報地為球隊打理。陳杰蔚和溫閎元（第 64 屆）等歷任隊長都認為，佩均不僅將球隊物資、財務整理地井井有條，更是促進會與在校生之間關鍵的溝通橋樑。

## 第 68 屆大事紀

**入學年分**：民國 99 年（西元 2010 年）
**隊　　長**：謝秉益（森林系）
**同屆隊友**：吳政緯（工科海洋系）、王延傑（土木系）、孫以恆（數學系）、賴東賢（人類系）、黃俊儒（會計系）、田中俊一（Toshi，政治系）
**大專盃成績**：大乙組 7 人制亞軍、15 人制亞軍
**大專盃比賽地點**：陸軍官校
**重要賽事回顧**：

歷經第 64 屆至第 66 屆的三連霸，第 67 屆及第 68 屆兩屆的大專盃都在陸軍官校比賽。第 68 屆隊長謝秉益說，那兩屆隊員實力出現斷層，比賽開始偶爾會輸球。但儘管處於落後的局面，還是能感覺到球隊團結全力以赴的熱情。在陸軍官校登場比賽

第 68 屆參加全國中正盃，逢期中考，只能以 11 人對抗陸官 15 人，結果令人意外的居然還贏球，創下奇蹟。

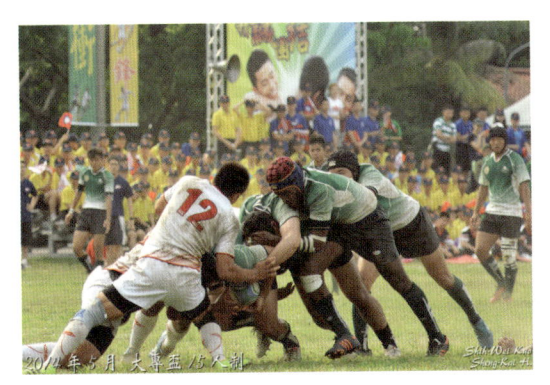

第 68 屆渴望拿回失去的大專盃 15 人制冠軍。

的時候，陸官動員校內學生來加油，軍樂隊在旁邊鑼鼓喧囂助陣，或許有些人備感壓力，但謝秉益表示，他很享受這種盛大舞台的感覺，可惜最後以 5：7 小輸一個攻門，沒能在全場陸官師生面前，打敗陸官，拿下冠軍。

不過在全國中正盃另一場跟陸官的比賽中，卻出現了不可思議的比賽過程及結果。謝秉益回憶大四的中正盃，是一個周三下午，那周正好是學校的期中考，雖然有 5 位體優生到場，但是大會規定，場上最多只能有 3 位同時登場，其他球員則因為期中考，來了不到 10 人，最後台大以 11 人對上陸官的 15 人，而且在比賽過程中，台大球員因為犯規拿牌而被禁賽，有一度台大是以 9 人對付陸官的 15 人，怎麼想都不可能贏。

但是令人驚奇的是，最後台大贏球，還不是只贏 1 個達陣，而是壓倒性的打敗對手。賽後陸官每位選手都在哭，而且是痛哭。謝秉益說，這是他這輩子印象最深刻的比賽，因為從來沒看過對手哭得那麼慘的。

第 68 屆除了大專盃的 7 人及 15 人制都拿下亞軍之外，中正盃打敗陸官拿下冠軍，那一屆的台成賽也是由台大獲勝。

### 大學時代的球隊故事：

隊長謝秉益是體優生，曾經是國家隊的主力球員，球技自不在話下。阿秉說他剛進台大的時候，有點低估一般非體優生的球技，來台大後發現一般球員比想像中厲害，基本動作不錯，如果他們全力訓練，會有甲組水準。

阿秉說那時候台大球員互動很緊密，下午 5 點多練球，晚餐結束後會回球室天南地北聊到 11、12 點。前幾屆的正揚、老溫等年輕 OB，都還會參加球隊練球，球隊給人一種「不管出什麼事都有人挺你的感覺」。阿秉說，他打過幾支球隊，在台橄才有這種感動，那時候下課之後都很期待球隊有活動可以參加。

功虧一簣，在大專盃決賽中，台大終場小輸 2 分，未能在陸官滿場主場觀眾眼中，打敗陸官，拿回冠軍盃。

阿秉說他當隊長的時候，本來擔心自己沒那麼有召集力，球隊的團結感沒辦法傳承，但是副隊長王延傑（Deven）把球隊凝聚得很好。阿秉那時候剛選上國家隊，去集訓時無法顧及校隊，就只好請 Deven 多辛苦一點，維持球隊士氣。阿秉說，他除了感謝 Deven 擔任副隊長的努力，也盛讚 Deven 是進步幅度最令人印象深刻的球員，一個連跑步都不太行、虛胖的人，到了畢業的時候完全變成另一個人。

阿秉說他喜歡球隊緊密凝聚、有溫馨家庭感，他大四時把森林系學弟王威鈞拉入球隊，事後看來是這是他當隊長期間最正確的事，因為威鈞的招生能力真是太好了！舉辦橄欖球營、橄欖球週等等招生活動都很成功。

阿秉認為，球員的社交活動、招生活動，都是球隊很重要的層面，不僅台大作為乙組球隊有需要發展，他經歷過的甲組球隊其實也很缺乏，球員在訓練和比賽之後，常常分散成各自的小群體，無法凝聚更大的向心力與動能。

## 第 69 屆大事紀

**入學年分**：民國 100 年（西元 2011 年）
**隊　　長**：林威名（社工系）
**同屆隊友**：陳翰燊（昆蟲系）、吳承翰（會計系）、程鏡羽（土木系）、蔡易

臻（社工系）、羅培華（土木系）、潘俊偉（人類系）、周宗奇（地理系）、蔡敏言（土木系）、廖浩竣（土木系）、莊佰諺（社工系）、楊智傑（經濟系）

**大專盃成績**：大乙組 7 人制亞軍、15 人制季軍

**大專盃比賽地點**：長榮大學

**大會賽成績**：大乙組季軍

**重要賽事回顧**：

　　隊長林威名參加國家隊集訓，大專盃由兩位副隊長吳承翰及陳翰燊領軍，吳承翰說，第 69 屆大專盃的陣容已不若前一年的經驗豐富，在關鍵比賽前主將謝秉益、楊智傑受傷，使得後衛線威力大減。儘管場上隊友非常努力，卻因為一些臨場判斷的失誤，導致失去關鍵時刻的球權。例如接到高踢球後受迫將球帶入自己的達陣區壓地；邊線球快攻時在邊線五米內接球等等，因為對規則的不熟悉而居於劣勢，相當可惜。

　　另一位副隊長陳翰燊補充說，當時幾位有經驗的前鋒戰將像杜力剛等都已畢業離隊，使得正集團的反擊、邊線球的爭奪都頗有不及。他說，「比賽整體上還是很熱情刺激，但在各種關鍵時刻的技術，都少了一些細膩的味道。」到四強賽時已有主力前鋒受傷，能夠進行的戰術變化就更有限。他舉例，「在投邊線球的時候，成大的前鋒經過幾次爭奪，已經看穿我們前番（第二位）起跳的時機，但我們卻沒有辦法像練習的時候那樣，趕快轉換到後番（第四位），因為替補球員技術還不純熟。」

　　第 69 屆大專盃台大在 4 強賽時負於成大，吳承翰表示，成大整體經驗較為豐富，但忌憚於台大的氣勢，打得保守謹慎。雙方

第 69 屆缺少有經驗的前鋒帶領，大專盃四強輸給成大，無緣爭冠，在大會賽中遇到陸官，也無法與陸官抗衡。

儘管士氣如虹，可惜經驗及條件不如陸官，在全國大會賽中敗下陣來。

勢均力敵，下半場僵持 17：17 平手時，成大在背水一戰的壓力下，冒險加緊攻勢取分。而台大則是在翰燊、阿秉等前鋒帶領下正面對抗追求逆轉，卻在正規時間結束後的攻勢中，被裁判無故吹停比賽，無緣決賽。

**大學時代的球隊故事：**

　　第 69 屆入學時，大專體總已經規定限制體優生打大專盃乙組，隊長林威名在大二、大三之後，花更多的時間在國家隊的訓練上。大四當隊長時，努力爭取國家隊表現機會，在台大帶領校隊的時間不多，主要負責帶領球隊是副隊長吳承翰，林威名說他很感謝承翰。

　　第 69 屆的兩名副隊長，吳承翰和陳翰燊都表示，那時林威名嘗試引進自己學到的體能訓練方式，和莊教練的訓練內容頗有不同。兩人都以強化球隊表現為出發點，提出自己認為最好的方法，有過幾次激烈的討論。

　　儘管莊教練有提供一些訓練時段讓威名嘗試，但威名前往國家隊訓練期間，負責帶領隊員訓練的副隊長還是以莊教練指導的模式訓練，那是他們較為熟悉的訓練方法。

　　陳翰燊表示，林威名引進的訓練方式在當時感覺很有潛力，但無法長期維持、讓球隊以比賽成績證明此方法的效益，實在可惜。

　　吳承翰則說，莊教練的體能訓練分量極大，他還記得集訓時跑著跑著，聽到兩個隊友在討論，「太多了，真的跑不動了。」而他自己則是咬緊牙關跑完。如此練到大專盃期間，感覺身體已經是緊繃到極限的橡皮筋，需要去拜託

教練降低訓練量。不過也因此在賽場上真的不會感覺喘或累，因為比賽場上對體能的挑戰比不上集訓時的艱難。

吳承翰回憶大三大專盃時的體能巔峰：「陸軍官校的 10 號在後場接我們的高空球，等球要進他手上，我們已經逼到他眼前了。他常常嚇到球都接不好，直接 Knock on（往前掉球），這對一個打橄欖球沒幾年的一般生來說，很有成就感。」

陳翰燊也說，大三、大四時，台橄後衛搶占陣地的意識和能力都很強，讓前鋒打起比賽相當舒服。莊教練龐大的體能訓練量，讓他在比賽中不會因為體能不佳而焦慮，可以平常心應戰。

可惜兩位副隊長在大四大專盃都無法健康完賽，吳承翰在賽前就已經感到鼠蹊部疼痛，靠著忍耐和貼紮支撐，賽後才發現是雙腿疲勞性骨折。陳翰燊則是在準決賽時壓到了不應該用來畫場地線的生石灰，軀幹嚴重灼傷，決賽無法登場。

在第 69 屆隊友中，兩位副隊長印象最深刻的是大三加入球隊的楊智傑。吳承翰說，楊智傑將他過往鍛鍊跆拳道的體能和力量運用到球場上，並用一種狂熱的態度投入橄欖球，「這種瘋狂會感染隊友和學弟。」

陳翰燊則說，「楊智傑根本就是從漫畫中走出來的人！」看他打球和互動，會覺得：「這傢伙在熱血什麼？打球有這麼爽嗎？他應該要大一，不對，應該一出生就加入橄欖球隊。」

吳承翰回想，他們畢業時收到一塊台大橄欖球促進會頒發的獎牌，上面刻字：「請協助學弟奪回大專盃冠軍、奮戰到底永不停息。」他看到當下忍不住想：「我們這屆是表現很差嗎？」楊智傑卻將這塊「獎牌」放在桌上，直到 2018 年第 72 屆時，台橄在大專盃乙組再次奪冠才收起來。吳承翰也相信，第 69 屆堅持到底的態度、身體力行的協助，影響了接下來數屆的台橄球員。

## 第 70 屆大事紀

**入學年分**：民國 101 年（西元 2012 年）
**隊　　長**：陳冠宇（電機系）
**同屆隊友**：蕭丞翔（土木系）、簡毓均（高分子所）、周庭宇（經濟系）
**大專盃成績**：大乙組 7 人制季軍、15 人制未晉決賽
**大專盃比賽地點**：長榮大學
**重要賽事回顧**：

　　大專盃的 15 人制，共有 6 隊報名，預賽分成兩組，台大、成大及海大分在同一小組，另一組則是陸官、高醫大及政大。預賽第一場對成大，隊長陳冠宇認為大家的表現還不錯，但就是差了一點點，最後小輸一分以 7：8 敗給成大。

　　預賽第二天對海大的比賽，則讓人比較意外，陳冠宇說，那天海大有兩位黑人外籍生，打球很靈活有經驗，再加上海大有兩位體重超過 130-140 公斤的前鋒，對台大的前鋒形成很大壓力，非常難防守，海大在兩位外籍生的領軍下，表現的很穩定。台大那場打得很辛苦，最後以 10：19 敗下陣來，預賽敗北兩場（一勝逢甲），而無緣進入決賽圈。

　　後來重考成為第 71 屆隊長的王威鈞談到第 70 屆打大專盃比賽內容，其實並不好。雖然陣容看起來還不錯，但場上的狀況卻不太理想，球員普遍的球齡都偏低，整場比賽的防守有很大的問題，外線經常漏掉，前鋒的支援速度不夠快，後衛陣容問題更大。第 70 屆上場的後衛，本來大多是打前鋒出身的，像洪維邦、大寶基本上都不是正規後衛，只有施凱智算是後衛型球員。

　　而且隊員人數嚴重不足，王

第 70 屆台大前鋒的重量很夠，可惜經驗不足，無法掌握優勢，而在預賽敗給成大及海大，而被淘汰。

儘管全體都拚盡了全力，終就技不如人，兩場比賽都小輸收場，隊長陳冠宇難掩失望與無奈。

威鈞記得全隊只有 17 人出賽，比賽時場邊只有兩個候補球員，其他的人全部都要上場，雖然球員在場都很拚，但是終究因為人員不足，基本功不夠扎實，都以些微比數敗下陣來。

第 70 屆的台成賽在台大比，成大的研究生都沒有出來打，比賽結果台大以 27：10 勝出。

### 大學時代的球隊故事：

講到第 70 屆在大專盃的預賽淘汰，跟第 69 屆之前的幾屆戰績有很大的落差，王威鈞覺得，前幾屆招生狀況不理想，結果都反映在第 70 屆的戰績上，第 69 屆之前各屆人數不算多，但是還有研究生撐著。第 69 屆畢業了一大批人，尤其是後衛群，畢業了 7、8 個，研究生也同時在第 69 屆全部畢業。

陳冠宇接任第 70 屆隊長時，球隊剩下的球員不多，暑假集訓時人數都很少，當時升上大四的球員，只剩下陳冠宇跟副隊長蕭丞翔，同屆的隊友大多都已離隊。球隊只能靠大二、大三的學弟們硬撐。

第 70 屆還有成大 OB 簡毓均（外號：熊大）考上高分子所，加入台橄。王威鈞說，熊大在成大時，正值台大三連霸的高峰，本來以為來台大可以再一起拿個冠軍，結果卻遇上了台橄的低谷期，只打了一年就離開去拚學業了。

陳冠宇說，第 70 屆本來有些一起打球的同學，但是在大二大三時都陸續離開，大四時只剩下他跟副隊長蕭丞翔，蕭丞翔的體重非常重，應該有 130 公斤左右，陳冠宇對於蕭丞翔能夠在橄欖球隊拚到畢業，而且還承擔了很多協助球隊球員招募及訓練的工作，他真的非常佩服。

比陳冠宇小一屆的王威鈞說，他在森林系讀到大三，在大三上打完台成賽後，就決定退出球隊，專心準備重考大學。但是到了第二學期準備大專盃時，蕭丞翔跑來找他支援，那時候第 70 屆人數少到連 15 人制可能都打不成。於是

第 70 屆成立了女橄隊，也是台大橄欖球的里程碑。

王威鈞重新投入球隊的訓練，一邊準備繁重的重考功課，一邊認真的練球，但是第 70 屆練球跟集訓時的出席狀況不好，這也導致後來比賽成績不佳的重要原因。

第 70 屆剛接任隊長的暑假，全隊帶去名古屋移地訓練，一起去名古屋的球員很多，那時第 69 屆剛畢業，全隊帶去名古屋移地訓練，跟名古屋大學舉行友誼賽。

第 70 屆時也承辦了台橄 70 周年慶，那時周年慶辦的非常熱鬧，很多老 OB 都回來球隊，而且同時也成立了台大女子橄欖球隊，是很值得紀念的一屆。

## 第 71 屆大事紀

**入學年分**：民國 102 年（西元 2013 年）
**隊　　長**：王威鈞（獸醫系）
**同屆隊友**：何思為（社工系）、李柏宣（圖書資訊系）、洪維邦（政治系）、鍾瑞輝（物理系）、大寶（BOLD-ERDENE SUKHCHULUUN，政治系）、李秉儒（物治系）、張聿宏（森林系）、鄒以諾（財金系）、姜瑜婷（政治系）、藪野健彰（Yabuno Takeaki）、Fin Field、Bill Savaroitch、Vincent Fischer、Ben Chen、Sam L. Herring（飛龍）

**大專盃成績**：大乙組 7 人制季軍、15 人制季軍
**大專盃比賽地點**：長榮大學
**大會賽成績**：大專組冠軍
**大會賽比賽地點**：台北百齡球場
**重要賽事回顧**：

　　這一屆大專盃在長榮大學舉行，隊長王威鈞記得，當時前鋒陣容的身材超越乙組水準許多，正集團甚至可以和甲組球隊一起訓練，原本是對大專盃充滿期待的。但是王威鈞認為，當時訓練過量過大而導致大專盃期間傷兵頻繁，無法發揮全力，最後決賽兩場比賽，都以些微的 2 分輸給陸官跟成大，只得到季軍，真的非常可惜。

　　第 71 屆大會賽 3 月在台北百齡球場舉行，共有四隊報名，台大分別以 17：0、36：0、40：7 打敗了陸官、海大及淡江，拿下大專組冠軍。

　　在大會賽中碰到北上參賽陸官，這場很接近大專盃的比賽，在大雨中進行，台大打敗陸官。王威鈞記得，那時「大家是有一種鬆口氣的感覺」。但很可惜在關鍵的大專盃，台大還是沒能打敗陸官。

　　第 71 屆球員鄒以諾記得，當時的台大陣容堅強，有擅長衝鋒突破的隊友，也有速度、體格優勢的選手，不乏球感很好的聰明球員，正集團經常獲勝，後衛攻守兼備，但是關鍵的比賽，不管是對陸官或是成大，都輸在達陣加踢的 2 分，真的令人非常的氣餒。王威鈞也認同，射門訓練是當時被忽略的一個關鍵。大專盃面對陸官的比賽，錯失利用射門逆轉的關鍵機會。

　　比賽除了大專盃及大會賽之外，王威鈞印象深刻的是一場與年輕 OB 的對抗賽，那時是跟第 64 屆隊長老溫的一場賭局。

第 71 屆要一雪前屆未進決賽之恥，全隊要戮力以赴。

那時年輕 OB 把當年三連霸成員找回來，包含還在校的體優生，組成 OB 菁英隊。對抗的是其餘可以打大專盃的在校生。當時的在校生陣容包含德國 U20 選手 Vincent、香港代表隊選手 Fin、在澳洲打過球的外籍生 Jeremy、美國來的飛龍（沒打過橄欖球，但身體素質出眾，站 Wing 沒有人守得住）。這場有賭注的 OB 月賽，輸的要罰 Monori（高踢球其餘人追球，接球跑回來，源自日語戻り，第 72 屆隊長施凱智補充）。王威鈞回憶，這場比賽的內容，基本上就是在校生做好支援，把該護的球護好，其餘就看外籍學生球員的表現。最後 OB 菁英隊輸了，但是 OB 輸球應執行的 Monori，始終還沒罰成。

雖然拚進決賽，但最終都小輸給成大及陸官 2 分，非常可惜。

### 大學時代的球隊故事：

王威鈞記得，球隊在第 70 屆畢業後，狀態不太妙，球員沒剩下多少人，暑假練球時，只剩下 5、6 人。幸好開學後招生成功，陸續找回退隊的球員，出席率的問題，在釐清請假規則後，得到解決，所以每次練球出席大致上都可維持 20 位以上。

第 71 屆隊員人力雖然充足，但都沒有橄欖球經驗。王威鈞記得，剛開始練球時，三位第 69 屆體優生林威名、羅培華、潘俊偉叮得很緊。同屆隊友每次去練球時，看到三位，大家壓力都很大，但就是這三個認真的體優生叮著，才讓第 71 屆的實力明顯提升。

王威鈞說他在大三台成賽後，就準備重考，不打算參加當年的大專盃，但是在大專盃前，第 70 屆副隊長蕭丞翔跑來找他支援，因為那時候球隊人數少到連 15 人制都打不成。

王威鈞重新投入球隊訓練，每天早上集訓晨操、白天在圖書館苦讀、下午練球，訓練幾乎全勤。但他面對其他隊友練球態度不認真十分不滿，大專盃預賽淘汰，更是氣憤不已，甚至臭罵隊友。莊教練感覺到他的求勝心，邀請他接任隊長。儘管還不確定是否會重考回台大，還是答應了。後來王威鈞重考，考上目標獸醫系，直升二年級，以獸醫系二年級生的身分，接任第 71 屆隊長，著手開始重整球隊。

　　由於大專盃成績不優，王威鈞做出關鍵決定，不率隊出國移訓，把暑期出國集訓的經費，改為添購重訓器材、置物架、循環扇以及加裝 Wi-Fi，在副隊長及全體隊員們的協助下改善球隊訓練及生活環境。

　　同時以台橄講座方式，來進行更有效率的推廣，讓第 72 屆施凱智講解橄欖球運動並介紹球隊，也找了張海潮 OB 來講述一些球隊有趣的小故事；申請了社團聯展攤位、舉辦台橄週以增加校園曝光度。

## 第 72 屆大事紀

**入學年分**：民國 103 年（西元 2014 年）
**隊　　長**：施凱智（Cage，土木系）
**同屆隊友**：中島哲（Nakajima Tetsu，地理系）、陳冠憲（社工系）、宋承懋（生傳系）、陳玉珊（外文系）、周庭宇（經濟系）、邱勝瑄（真真，工海系）、蔡長紘（六九，化工系）、黃昱澄（藥學系）、洪靖唐（工海系）、許傳家（政治系）、林任遠（新聞所）、李沅昶（土木系）、黃巧雯（獸醫系）、謝寧（獸醫系）、陳緯宸（農藝系）、Claus-Peter Schmitt、星野恭兵、Frédéric
**大專盃成績**：大乙組 7 人制季軍、15 人制冠軍
**大專盃比賽地點**：長榮大學
**重要賽事回顧**：
　　集訓從春假後開始，最大的敵人其實是出席率，在校生要面對考試、課

辛苦奪得冠軍，第 72 屆隊員紛紛流下冠軍英雄淚。

隊員抬冠軍教練拋起來慶祝，這是莊教練指導的第 4 座 15 人制冠軍。

業，研究生則要面對研究和指導教授，這段時間出現一種彼此互相不能理解的情況，因此找了一個時段要大家出席，向隊友們說明各自的時間分配情況，對彼此有理解後更能互相信任體諒。體能方面則是在寒假時就開始準備，甚至過年時各縣市也有隊友相約出來跑體能，集訓開始後則和往年一樣晨訓時跑體能菜單，到大專盃前體能方面基本上已經調整到位。

大專盃預賽時分別對上淡江和成大。對淡江以 25：5 拿下勝利。對成大時台大前鋒在 Scrum 和 Maul 較有優勢，但在進攻方面都有中斷，未能有效轉換為分數，防守端則整體來說較不確實，使成大得以在 5 米線內持續持球衝撞，取得兩次達陣。終場台大以一次達陣（Fred 在 Ruck 中挖到球獨跑達陣）與兩次罰踢（Tetsu）以 13：10 驚險取得勝利。Tetsu 的踢球穩定度和前一年相比明顯提升，是這場比賽以及後續賽事能取得勝利的一大關鍵。

準決賽時對上海大，海大平均體型較大，雖然台大前鋒在體型上沒有明顯優勢，但仍能有效吸引防守者，為後衛產生空間，而後衛也把握機會推進。最終以四次達陣（香香、Fred、Cage、薑黃）與一次罰踢（Tetsu），以 29：5 取得勝利。

冠軍賽台大成大雙方二度對陣，上半場開始不久在後衛防守壓迫下成大

Offload 失誤掉球，台大於己方 10 米線處取得 Scrum，在 Scrum 穩定情況下後衛突破對方 10 米線，藉著對方犯規，台大踢球推進至對方 5 米線，Lineout 後前鋒透過 Maul 推進達陣區達陣。同樣在上半場，宇智在中線附近從對方手中挖到球，推進至對方 22 米線將球傳給 Cage，內切後再傳給接應的昱澄，突破防守後達陣。上半場結束前 7 分鐘，Fred 在我方 22 米處接到球後吸引到兩名防守者，將球傳給宇翔，宇翔擺脫 3 名防守者後獨跑達陣。下半場台大雖然在攻勢上也有推進，但未能成功轉換為比分，而成大則是兩度在達陣線前短波攻擊達陣成功。終場台大以 19：10 取得勝利。

**大學時代的球隊故事：**

　　第 70 屆大專盃未進複賽，第 71 屆在隊長威鈞督軍之下，一年下來球隊體質已大幅改善，也招來不少新生。在此基礎之下，第 72 屆無論是在練球、比賽多能在無外在負面因素影響下順利進行。在訓練方面，每周幹部內部會先做討論，再由隊長和教練討論菜單。平時練球有多位 OB、前輩一同參與指導。後衛部分有第 65 屆 G8（曾昱晨）、第 69 屆智傑（時任 OB 隊長）以及六信前輩曜偉、前鋒部分則有第 69 屆 Hansen（陳翰燊，前副隊長）。大專盃前則有第 64 屆小毅 OB（周鍵夆）在晨練時前來協助訓練。

　　第 72 屆這年前鋒人數眾多，在練習時通常足夠分兩隊互推，而真真、

相隔 5 年，第 72 屆再奪下大專盃 15 人制冠軍，全隊與 OB 大合照。

Tetsu、六九等高年級技巧成熟，在練習時能夠操練學弟，在比賽中則能擔任箭頭以及控制節奏的角色。這一屆前鋒除了在個人技巧及身材方面具有優勢外，更重要的是在 Scrum 及 Maul 能夠做到同步一致，甚至在大專盃前一日和甲組的北市大及長榮的練習中不相上下，且得到北市大的讚賞。

和前鋒相比，後衛配合上沒有那麼流暢，主要依恃個人的速度及爆發力。雖然優勢不如前鋒明顯，不一定能在 Set play 中成功完成戰術，但在球權突然轉換等混亂情況時多能把握機會串連得分。而下學期 Fred 加入球隊，除了對於進攻端的加乘外，在防守時站 Fullback（殿衛）也讓人安心，不太需要擔心對手的踢球。

除了球員以外，後勤補給也上軌道。Glenda、巧雯、謝寧等三位大四經理對一切大小事務都能處理得井然有序，讓幹部無須操心。物治方面則有秉儒、Echo 處理，讓球員身體有狀況時能較快回到平時訓練。

## 第 73 屆大事紀

**入學年分**：民國 104 年（西元 2015 年）
**隊　　長**：陳品彥（化工系）
**同屆隊友**：高佑成（物治系）、邱思賢（工海系）、王浩翔（資管系）、鄭棋（土木系）
**大專盃成績**：大乙組 7 人制第四、15 人制亞軍
**大專盃比賽地點**：台北市百齡橋
**重要賽事回顧**：

　　第 73 屆的大專盃在 2019 年的百齡橋球場舉行，在校生人數不足，還好仰賴王威鈞、施凱智、邱勝瑄等在校 OB 來補充戰力。7 人制在準決賽時，對上海洋大學，海

第 73 屆人力嚴重不足，都靠研究生 OB 補充人力，強化了前鋒的戰力。

大有一位非常厲害的黑人球員，台大敗下陣來（海大在後來的決賽中，打敗陸官拿到冠軍），季軍戰對上國防大，在之前的練習賽及比賽中，台大都贏國防，但是卻在大專盃中敗下陣來，只拿下第四名。

辛苦進入決賽之後，氣力放盡不敵陸官，拿下亞軍。

大專盃 15 人制在 7 人制之後馬上展開，預賽分兩組，預賽第一場台大對海大，以 36：5 獲勝。第二場以 55：12 贏政大，以分組冠軍進入四強準決賽。準決賽遇上另一組的亞軍成大，開賽之後比分一直處落後的情形，打得非常膠著，一直到終場前不久，邱勝瑄個人突破之後，跑進達陣區，卻在達陣區內，疑似掉球，但主審及線審沒有明確的看到，因此判達陣成功，就靠著這個達陣逆轉勝了成大，進入決賽。但是決賽時，台大就真的氣力放盡，因為傷兵過多，沒有替補人力，全隊戰力直線下降，無法跟陸官抗衡，只靠一個交換學生的罰踢攻下 3 分，最後以 29：3 敗給陸官，拿下亞軍。

2019 年 3 月為了練兵，台大報名參加了台北市青年盃七人制橄欖球賽，得到第三名。

### 大學時代的球隊故事：

第 73 屆是人丁非常單薄的一屆，第 72 屆在台南長榮大學拿下冠軍之後，主力球員幾乎全部都退隊，陳品彥接任隊長時，大四只剩下他跟副隊長高佑成兩人。陳品彥努力把曾經加入球隊，後來退隊的球員都找回來，包括邱思賢、王浩翔跟鄭棋。

陳品彥說不只是第 73 屆人很少，後幾屆的學弟人也不多，平常練球時到的人很少，即使大專盃前的練習，往往湊不到 15 人來練球，即使大四的球員，由於進進出出球隊，球齡都不長，而且王浩翔大四時受傷，也無法上場。

以殘缺的陣容,卻能拚進決賽,隊長陳品彥覺得已經驚豔了。

第 73 屆的主力都是打前鋒,包括高佑成、邱思賢及陳品彥及鄭棋。

為了湊足大專盃 15 人制的人數,陳品彥說,莊國禎教練只好到處去「拉夫」,邱思賢也是他拉回來的,他甚至拉到一位沒有打過橄欖球的足球校隊李家源。足球隊的大專盃結束的早,李家源在球場踢球,莊教練就邀請他來打橄欖球,足球員的運動神經好,也對橄欖球有興趣,大專盃前練了兩個月,就上場比賽打翼鋒,表現的也很好。

為了要湊 15 人可以打大專盃,莊教練也從他的橄欖球班,找來一些運動資質不錯的球員來惡補,再加上幾位外籍的交換學生,還有下學期才回來的幾位研究生 OB,加上第 74 屆及第 75 屆的學弟,才勉強湊齊可以打 15 人制的人數。

第 73 屆暑假去日本的菅平高原移地訓練,但即使去菅平高原,也吸引不了球員,加上兩位球經人數也只有 10 人。而因為暑修的關係,陳品彥是在菅平高原的最後一天才跟球隊會合,去的人數太少,根本無法跟日本球隊比賽,只能在菅平高原練練球,觀摩日本球隊的練球。

## 第 74 屆大事紀

入學年分:民國 105 年(西元 2016 年)
隊　　　長:陳隆奕(化工系)
同屆隊友:雍華玨(機械系)、蔡宇翔(土木系)、蔡宇智(化工系)、羅翔(法律系)、黃宣丰(電機系)、蕭相程(化工系)、林亦涵(法律系)

**大專盃成績**：疫情停辦

**大會賽成績**：全國賽 7 人制冠軍

**重要賽事回顧**：

　　本來預定在 2020 年春天舉行的大專盃，由於當時正值全球 COVID-19 疫情爆發，大專盃主辦單位配合政府防疫政策，而取消當年度大專盃。

　　第 74 屆的比賽就只剩下上學期（2019 年秋天）的兩場比賽，一場參加全國錦標賽（大會賽）7 人制，當時陣中有橄欖球經驗的日本學生 Shin 和法國學生 Thomas 和瑞士等國際交換生上場支援，再加上本來實力就不弱的在校生，實力更是強勁，在比賽中沒有遇到太多的困難，打敗其他學校的校隊，拿下大專組的冠軍。

　　至於 15 人制的比賽，也只有在 2019 年 10 月舉行的台成賽，那年在台南成功大學進行。

　　由於第 73 屆畢業後剩下的球員數量不多，隊長陳隆奕當務之急是招募新球員，當時就招募到未來第 77 屆的隊長康禧和副隊長李德祥，還有前述有橄欖球經驗的交換學生，這些重要的新血加入順利地提振球隊的士氣，並且在台成賽展露頭角。

　　在台成賽過程中，成大球員的平均體格比台大球員魁梧，戰術上也一如既往地以前鋒戰執行進攻。而台大在面對比自己壯碩的球員時則是以毫不退縮的水牛精神作為回應，連續地守下成大前鋒的攻勢並且在正集團中穩定發揮。

　　在後衛方面，成大的連結性不強，沒辦法打出有效

第 74 屆正好遇到新冠疫情，大專盃停辦，那年重要的比賽只剩下台成賽。

參加 2019 年台北市中正盃，拿下冠軍。

的配合以及突破，並偶爾會發生一些非受迫性失誤。台大方面則是藉由法國人 Thomas 打第一正鋒，持球主導進攻，吸引多隻成大球員的防守，並且為後續的後衛線，製造連續的進攻機會，藉由這樣的戰術推進戰線。

終場台大順利地以 17：5 的比分拿下比賽，過程中台大一直維持領先，但是台大球員全場絲毫沒有懈怠，展現尊敬對手的精神，這場比賽也帶給台大一些寶貴的經驗。

因為此時球隊是屬於過渡重建期，有許多新的球員加入，當時仍在磨合彼此之間的打法。台大也藉由此次比賽開始建立信心，並為後續幾年球隊的成長鋪墊基礎。

### 大學時代的球隊故事：

2019 年 6 月剛從第 73 屆交接給第 74 屆時，球隊人數所剩不多。許多大四同屆也都需要準備考研究所，暑訓練球時都湊不到 5 個人，因此招募新的球員是當務之急。當時採取的經營策略是宣傳球隊及招募球員為第一順位，練球其次。

隊長陳隆奕說，那年暑假他們從新生書院的宿舍，新體的健身房，橄欖球課的操場，再到社群網站上的粉專，每個校園的角落都遍布了橄欖球隊的水牛標誌。在暑假炎熱悶濕的午後，為了球隊精神的傳承，水牛們還是得不懈地為未來耕耘。

到了開學後一兩個月，暑假堅持招生的成果逐漸出現了收穫，球隊新增了後來的第 77 屆隊長康禧和副隊長李德祥，還有劉頤憲、朴琪台、黃宣丰、宋岩叡和賴胤皓等強力支柱，還有不少外國交換生。陳隆奕說，這些新加入的球

員，都勤奮地練球並挑起大樑，讓原本已如風中殘燭的球隊，又逐漸的茁壯起來。

但可惜的是，到了下學期時，因為新冠肺炎開始在國際肆虐，雖然台灣尚未有任何疫情，但大專盃主辦單位防範於未然，決定要停辦 2020 年的大專盃比賽，所以沒有什麼後續熱血的事蹟可以記錄。也讓這一屆為了備戰大專盃，而招兵買馬的努力，沒有得到立即的成效，但是後續的影響卻是綿延了很久，從第 77 屆開始，台大又逐漸強大，第 74 屆招到的生力軍也發揮了功效。

## 第 75 屆大事紀

**入學年分**：民國 106 年（西元 2017 年）
**隊　　長**：汪聖偉（園藝系）
**同屆隊友**：劉培鋒（人類系）、林澤皓（醫工所）、賴胤皓（生機系）、宋岩叡（資工系）、鄭銳波（土木系）
**大專盃成績**：大乙組 15 人制季軍、7 人制第 6 名
**大專盃比賽地點**：成功大學
**重要賽事回顧**：

第 75 屆的大專盃橄欖球賽併入全國大專運動會，在成大舉行。7 人制比賽中，前兩場面對北醫和高醫，台大都獲勝，但在第二場與高醫爭邊球後的搶球，隊長汪聖偉不幸受傷。後續遇到陸官、崑山、國防，儘管隊員鬥志依舊高昂，但在場上因應較為混亂，許多應守下來的攻勢未能成功防住，7 人制最終只拿下第 6 名。

15 人制比賽總共打了三場，前

第 75 屆的大專盃被疫情打亂，分成兩個學期打，上學期對實力堅強的政大，不幸敗北。

第 75 屆的氣氛良好，晚間練球的出席率不錯。

兩場對手為成大與政大，最後一場對陸官的比賽因為疫情，延後至 10 月分才舉行。

大專盃第一場面對成大，雙方正集團勢均力敵，台大掌握較多攻勢，直到一次正集團成大終於崩潰，在大多數前鋒還處在集團崩垮的迷茫當中，台大 6 號邱思賢從 22 米線突破防守，獨跑至達陣區得分。

成大在下半場利用 8 號從正集團進攻追平比數，但台大開始射門得分。在對方犯規時，由當時副隊長林澤皓操刀，打破僵局，踢進第二球，終場台大以 11：5 得勝。

第二場對上實力不弱的政大，台大上半場還能保持 7：3 領先，但下半場一分未得，且被對方攻擊支援不及的弱點，讓政大透過反擊攻進兩顆球，台大最終飲恨 7：15 敗給政大。

汪聖偉追憶該屆的最後一場比賽，充滿不甘與惋惜。因為疫情而中斷了比賽，且在相隔五個多月之後的下一學年度，再回到成大面對陸軍官校，當時前一屆的球員都已畢業離校，新球員還接不上來，台大只帶著 16 名球員南下比賽，但還是全力以赴，打了半場的好球，但是下半場之後，台大人手不足，無人可換以調節體力，終場以大比分落敗，結束了這一屆的所有比賽。

第 75 屆台成賽在台大舉行，台大上半場掌握大部分的攻勢，前鋒相較於成大雖體型不占優勢，但靈活性較優，副隊長澤皓的破壞力，屢屢造成對方防守後退，讓後衛可以執行戰術。台大上半場攻勢較多，但把握度不足，以後衛線配合的一顆達陣領先上半場。下半場 20 分鐘左右，台大在對方達陣區外獲得一個正集團機會，汪聖偉說，他心中只有一個戰術，就是前鋒磨練已久的「墓碑」，當時前鋒陣容強大，一路推進正集團，把成大推進達陣區，直接透過正集團拿下「墓碑」達陣。接著台大再度以正集團迫使成大犯規，由蛇 OB

（運管所，第 62 屆隊長）執行點球進攻得分。終場台大以 15：0 勝成大。

本年年底第一屆的元坤盃大專七人制橄欖球賽在台北田徑場舉行，大會共邀請了 8 支隊伍參與，台大是唯一的乙組球隊，其餘有北醫、文化、台體、師大、長榮、北市大以及體優生與外籍生混雜的海大。前幾場面對甲組球隊賽事，台大皆無法得分，一直到最後一場排名賽對上海大，彼此進攻往返，終場在汪聖偉以及隊員黃宣丰的連續得分之下，台大成功在第一屆元坤盃開胡，打敗海大，拿下第 7 名。

## 大學時代球隊故事：

第 74 屆因為疫情影響沒有大專盃，當年的 2020 年 6 月 5 日，台大與建中高一高二生在百齡球場打友誼賽，這場比賽除了是平時的訓練檢視外，同時也是送日本球員 Shin Toyama 返國前的最後一次比賽。當天賽後的晚餐在第二活動中心，莊國禎教練就提議由球員投票選正副隊長，結果園藝系汪聖偉當選隊長，人類系劉培鋒當選副隊長。

汪聖偉說，加入台大橄欖球隊，以球員身分被重視和需要，這是他努力多年才達成的心願。因為在彰化高中籃球校隊，是沒有機會上場的板凳球員，那是一種「（練了一百年）再努力也沒有機會」的感覺。但是加入台大橄欖球隊的狀況完全不同，沒練多久就上場打台成賽，儘管因為臉上受傷流血退場，從此開始感覺被球隊重視和需要。

副隊長林澤皓是汪聖偉覺得最特別的隊友，他是從海大畢業來台大讀研究所的球員。他之前在海大打的是後衛，加入台大之後球技和體格都進步很多，那個賽季應該是他體格的巔峰，通常都以 8 號的姿態登場。

汪聖偉認為，雖然林澤皓很愛喝酒唱歌，但辦正事毫不馬虎，只

台大受邀參加元坤盃 7 人制大獎賽。

要有他在，就會覺得：「事情穩了！」在場上只要看到他拿球進攻，就會覺得一定會突破。

林澤皓雖然是研究生，但練球出席率高達 8 成以上，團隊訓練後還會留下來練踢球射門。雖然很多人都懷疑他為什麼要練射門，但在大專盃之中還是發揮了功能，對上成大時以達陣加踢拉開比數，台大才得以險勝。

第 75 屆的暑訓分三地進行，分別從台北集訓到宜蘭及台南，暑假一開始的 7 月初在台大訓練一個多禮拜，主要為體能、Scrum、傳球、Tackle 等練習，人數大多 6-8 位，主要以加入不到一年的新生居多。台北暑訓的最後一天由莊教練、隊長、副隊長開車載大家去龍洞灣玩水。

7 月下旬移師到宜蘭第二波的暑訓，而受到宜蘭在地前輩的照顧，讓台大隊員住在羅東運動公園棒球場新規劃好的宿舍，前輩還借用汽車，對台橄十分照顧。在宜蘭訓練期間，每天早上體能跑羅東運動公園，下午就跟劉老師所帶的羅東高工學生一同訓練。

第三波的集訓是 8 月中到台南，和長榮大學、台南俱樂部、明德國中校友隊打友誼賽。汪聖偉說與台南俱樂部的比賽最令人印象深刻。面對大多為甲組背景的對手，身手不凡，台大球員在大雨泥濘當中越打越激情，大家都有暢快的發揮與表現。

這一屆也舉辦了台橄 75 周年的隊慶，眾多 OB 們回娘家，其中最知名的莫過於時任行政院長蘇貞昌 OB，在操場打完友誼賽之後，回到舊體一樓辦桌，浩浩蕩蕩開了幾十桌，十分熱鬧。

## 第 76 屆大事紀

**入學年分**：民國 107 年（西元 2018 年）
**隊　　長**：邱民翰（土木系）
**同屆隊友**：吳承家（生機系）、林德浚（物治系）、蔡裕承（鳳梨，森林系）
**大專盃成績**：大乙組 7 人制季軍、15 人制因疫情停賽

**大專盃比賽地點**：台北市百齡球場
**重要賽事回顧**：

　　第 76 屆只有四個人，其中真正能參加大專盃比賽的只有三人——承家、德浚和鳳梨（隊長是體優生，無法上場）。德浚和鳳梨比較晚才加入球隊，技術還沒有那麼成熟。那一年的大專盃比賽陣容，主力基本上是由學弟們擔任。

　　110 學年度的大專盃打完了 7 人制比賽後，由於多隊球員染疫，15 人制的比賽，在台大跟海大比完之後，就取消了後續的所有賽程。

　　大專盃賽前，隊長特別提醒球員，防守的重點不外乎是快速排位對位、壓迫、防守擒抱（Tackle）、挖球；進攻時重點是控球、拉開空間、向前推進以及減少失誤等。也要根據之前比賽中觀察到的問題進行修正，並嘗試延續台大的優勢。

　　在場外觀察及指導的隊長邱民翰覺得，每一場都比上一場打得更好，除了最後一場決賽對上成大的比賽外。

　　那年 7 人制賽制是分組第一進入決賽，共有三組，決賽是三隊循環賽。另兩隊分別是陸軍官校和成大。

　　決賽第一場對手是陸官，整場比賽中，台大占據了大部分的控球時間和場上優勢，但最後還是以兩球之差落敗。儘管落敗，邱民翰認為球員在這場比賽中，無論是進攻還是防守，都確實落實了賽前訂下的目標。比賽過程十分出色，但台大欠缺臨門一腳，加上一兩次失誤被對手抓住機會得分，比賽結果令人遺憾，但過程精彩。

　　第二場對成大的比賽前，台大有較多的休息時間，成大需先與陸官對決。成大最後以大比分落敗。比賽前的熱身期間，邱民翰感受到隊員的放鬆，甚至有些輕敵的情緒，或許是心態的轉變，在與成大

第 76 屆的大專盃也受疫情影響，只有 7 人制有完成賽事，15 人制只打了一場就停賽。

的比賽中，台大沒有發揮應有的實力，失誤頻頻，無論是進攻還是防守，都顯得心不在焉。最終，台大以第三名結束了這次比賽。

邱民翰認為，這屆比賽與往年相比最大的不同，在於教練及隊長為球隊制定具體目標，並明確告訴球員應該專注的方向，引導隊員進入比賽的狀態，抓住關鍵重點。每場比賽後會提出修正建議，讓球隊在實戰中持續成長。結果證明，大家表現一場比一場好。邱民翰認為，台大球員潛力無限，從來不是能力問題，而是心態，只要願意去做，就一定能做到。台大一直都不是靠一、兩位球員的球隊，而是一支真正的團隊，每一個人都能挺身而出，為球隊貢獻力量，這才是團隊的真正價值所在。

邱民翰說他非常感謝學弟們，他們這一屆人數不足的情況下，是學弟們撐起了整支球隊，扛起台大的招牌。

第 76 屆台成賽，由成大主辦，這屆是第 24 屆的台成賽，台橄於 2021 年 11 月 20 日移師台南，與成大一決勝負。在隊長邱民翰的帶領下，全隊將士用命，以 38 比 12 的比分，力克地主成大橄欖球隊。

## 大學時代的球隊故事：

第 76 屆隊長邱民翰是體優生，建中畢業後進入土木系就讀，非常用功，畢業後考上土木研究所。對於橄欖球隊完全投入，既是隊長也是教練。邱民翰回憶他接任隊長之後，由於疫情的影響，暑假很晚才開始正式練習，因為前屆學長們畢業人數多，這一屆的人數又比較少，來參加暑訓練習的大多是學弟。因應疫情也有特別訓練方式，透過 Google Meet 一起進行訓練，當時葉品辰 OB 帶領大家進行一些肌耐力訓練，即使防疫在家也能保持良好的身體狀態，這種線上體能訓練，舉辦了三四次。

因為疫情的關係，炙熱的暑

第 76 屆大專盃 7 人制，第 78 屆至第 79 屆幾個有天賦的快速後衛，已經開始嶄露頭角。

假，只能戴著口罩練習，練習時間是在早上 9-10 點，大家練到一副熱得快要死掉的樣子。午飯之後，球經有一兩次訂冰給大家消暑，冰品居然訂得太大碗，隊員吃不完，這件事成了大家難忘的回憶。

隊長邱民翰覺得他們這屆最特別的球員是德浚，本來當物理治療師，後來被莊國禎老師邀請加入球隊，成了一名球員，非常

大專盃 15 人制，在台大跟海大比完賽之後，因為多位選手染疫，賽事取消。

有天分，是這一屆的「跑車」，在場上很敢做動作，無論是進攻還是防守都毫不膽怯，氣魄十足。比賽或練習時，情緒投入程度讓人印象深刻，常常會因為比賽或練習不如意而生氣。比賽或練習結束後，儘管自己很累，仍不吝幫大家進行物理治療，無私的付出令人感動。

吳承家也是非常認真的球員，邱民翰覺得他比較缺乏自信，但對每一次的練習和比賽都非常投入，總是反思自己的不足，並努力改進，這是非常難得的特質。私底下承家也是非常暖心的人，總是能夠察覺到他人的情緒並給於適當的反應。

鳳梨雖然加入球隊的時間不長，但進步速度非常快，短時間內就能勝任主力位置，也是一位不滿足於現狀、努力追求進步的球員。

## 第 77 屆大事紀

**入學年分**：民國 108 年（2019 年）
**隊　　長**：康禧（化工系）
**同屆隊友**：李德祥（園藝系）、高何銓（資管系）、姜宗慶（外文系）、沈瑞陽

（土木系）、Vincent Invernizzi（政治系）、劉頤憲（經濟系）、葉品辰（資料科學學程）、陳玉婷（經理，生傳系）、廖安妮（經理，生傳系）

**大專盃成績**：7人制冠軍、15人制亞軍
**大專盃比賽時間**：2023年5月
**大專盃比賽地點**：台南長榮大學
**重要賽事回顧**：

第77屆最重要的賽事有兩個，第三屆元坤盃以及大專盃。元坤盃是莊國禎教練領軍台橄的最後一場比賽；大專盃是新任教練林威名的第一場比賽。

隊長康禧說：莊教練是備受學生愛戴的老師，球隊的球員都敬愛他，他健康體適能以及橄欖球課的學生也都十分喜歡他。莊教練是讓這幾屆（第77屆至第80屆）感情融洽的重要原因。因此，在得知元坤盃將會是他與台橄的最後一場比賽時，全隊都非常認真的參與練習，出席率非常高。

莊教練常說，看一個球隊練球情形，就知道比賽結果，當台大第一次拿下元坤盃冠軍時，似乎在莊教練預期之中，沒什麼太大的反應。但是球員卻高興的不得了，把教練扛起來，拋向天空好幾次。

康禧說，元坤盃的冠軍獎盃，學弟們的感受肯定沒有第77屆來的深刻。冠軍對第77屆來說，真的太遙遠了。從進球隊以來，每次對上陸軍官校都輸得很慘，但是這次的元坤盃冠軍賽，台大不但贏了陸官，而且是以29：0，狂勝完封陸官。這種贏球，實在是他們想都沒想過的事情。

康禧說，正如法國交換學生Vincent在比賽前對大

第77屆大專盃在長榮大學舉行，台大贏得7人制冠軍及15人制亞軍。

台大男橄及女橄都參加了 2023 年大專盃。（攝影：黃韻銘）

家的信心喊話：「We need to change into a winner's mindset。」這座冠軍獎盃帶給了第 77 屆對於勝利的渴望，也重建台橄「冠軍」的 Mindset。

　　元坤盃比完就緊接著寒假大專盃的集訓。新任教練是第 69 屆隊長林威名 OB，面臨了與在校生的磨合以及贏球的壓力。康禧說，威名教練的耐心令人欽佩，針對所有的練習，他都會進行耐心的溝通。威名教練是甲組球員及國手，他認為最基本的戰術觀念，對乙組球員的在校生而言，需要很多時間去理解。康禧舉例說明，那時要打一套戰術「1331」，第一次演練整套跑下來慘不忍睹，但是威名教練卻是很有耐心地教導，花了一個學期不斷的溝通，才把這些戰術跑好。

　　第 77 屆在大專盃拿下 7 人制冠軍以及 15 人制亞軍。康禧說這個成績是令人滿意的，對於這個戰績他的解讀是，第 77 屆建立的 Winner's mindset 已經傳承給了下一屆，學弟們會以身為球隊一員為榮，並且努力創造更好的成績。

　　第 77 屆的台成賽因為成大球員 COVID-19 確診人數太多，停賽。

## 大學時代的球隊故事：

　　康禧回憶第 77 屆的暑假移地訓練，是到台大竹北校區的人工草地足球場，草皮非常好，不同於台北校區的人工草皮，這裡的草很柔順，倒地或是 Tackle 都不會刮傷，慢跑的時候的回饋感也軟硬適中。而且新竹風大，因此夏天練球也不至於太過炎熱。

元坤盃以絕對的優勢，在冠軍戰打敗陸官，拿下一般組冠軍。

暑訓期間，住在竹南的第53屆OB楊文彬（Killer）邀請球員到他竹南「假日之森」小木屋玩。球員們從竹北一路騎腳踏車到竹南，在那邊的海灘享受了一個美好的下午。晚上在小木屋吃完飯後，搭火車回竹北。

集訓最後一天的晚上，第79屆隊長林頎衡爸爸請球隊吃飯。頎衡爸爸是成大橄欖球隊的OB，酒量很好。當天桌上擺了三瓶高級的威士忌，其中一隻是皇家禮炮。當天大家都喝了很多酒，隔天回台北前，順路去六福村遊樂園玩，有人在玩完摩天輪之後，酒精發作就吐了，聽說頎衡爸爸隔天仍安然無恙的早上起來晨跑，然後去上班。

至於隊員部分，康禧說副隊長阿德（李德祥）是他最信任的人，來自馬來西亞的僑生，他在選副隊長時，沒想太多就直接選阿德當副隊長，因為從加入球隊以來，一直是全隊最認真的球員。但是大四比元坤盃時，速度不夠快的前鋒，都無法排上去打快節奏7人制，包括阿德。這讓阿德懷疑自己的價值，灰心一陣子之後，在15人制的比賽中又重拾信心。康禧說延畢的大五時，看到阿德打球開竅，以前的所有壞習慣及不好的觀念都改掉了，只要阿德拿到球，所有人都很安心，也找到了自己打球的意義。

## 第78屆大事紀

**入學年分**：民國109年（2020年）
**隊　　長**：陳偉定（地理系）
**同屆隊友**：鄭敬文（副隊長，機械系）、江梓齊（副隊長，哲學系）、金士凱（動物科學系）、馬培峰（資料科學所）、Manuel Carrier（德國交換生）

**大專盃成績**：7 人制冠軍、15 人制亞軍

**大專盃比賽時間**：2024 年 5 月（15 人制為 6 隊循環賽，每周六比賽，連續 5 周）

**大專盃比賽地點**：台北百齡球場

**重要賽事回顧**：第 78 屆最重要的兩項任務就是元坤盃的衛冕、奪回大專盃 15 人制的冠軍。

**元坤盃衛冕成功**：上一屆元坤盃，在法國交換學生 Vincent 的助陣下順利奪冠，第 78 屆肩負衛冕的壓力。從本屆開始，主辦人杜元坤院長計畫將賽事國際化，引入外國球隊，甲組邀請了日本拓殖大學與關西大學，乙組則有新加坡南洋理工大學（簡寫跟台大一樣是 NTU，Nanyang Technology University）。

今年有德籍球員 Manuel 加入，與在校生通力合作下，台大以小組第一晉級四強。準決賽對上另一組的分組第二陸軍官校，一開賽台大就以快節奏迅速取得 12：0 領先。下半場一度因防守失誤被陸官追成 12：7，最終在雙方球員皆精疲力盡的情況下，台大防守造成陸官失誤並搶得球權，大二的傳鋒林奕廷閃切突破對方三人防守成功達陣，以 17：7 獲勝，晉級冠軍戰，對手為新加坡南洋理工大學。

冠軍戰前，夜幕低垂，台北田徑場的大燈亮起，元坤盃也首次舉行選手唱名儀式，現場氣氛沸騰。南洋理工陣中有四名新加坡青年儲訓隊球員，讓台大球員感受到不小的壓力。上半場一開始，台大掌握所有爭邊球，保有較高的控球率，在零失誤的表現下順暢傳導至邊線，成功達陣兩次，以 10：0 領先。上半場最後一個 Play，對方儲訓隊國手兼隊長

第 78 屆衛冕元坤盃及大專盃 7 人制，但是在大專盃 15 人制，功虧一簣，僅得亞軍。

Bao 連續三次 Hand-off 對手成功達陣，將比分追至 10：5。

下半場雙方體能明顯下滑，台大把握對方一次犯規，快攻傳球至最外側，大三的林頎衡突破後 Off-Load 傳球，成功獲得第三次達陣，將比分拉開至 15：5，取得兩球領先優勢。最後兩分鐘，分別發生 Manuel 黃牌出場與台大處理球過慢被罰等插曲，但林奕廷兩次成功干擾對手傳鋒處理球，守下勝利，成功將冠軍獎盃留在台灣。

台大對陸官的傳統對抗，在第 78 屆非常激烈，台大蟬聯 7 人制冠軍，陸官續抱 15 人制冠軍。

**大專盃一冠一亞**：本屆大專盃 15 人制，改變了以往賽制，首次採聯賽方式進行，每周六一場比賽（共 5 周，對手依序為成大、海大、國防、政大、陸官）。此賽制提供球員更充足的恢復時間，但也對各隊造成長期精神壓力（大專盃為期 6 周）。在期中、期末考夾擊下，每周仍需維持體能、調整戰術、安排傷兵，並長期承受比賽壓力。相比以往 9 天內完賽，新制對教練與球員精神上是一大負擔。賽後球員普遍回饋不喜歡這樣的賽制。

7 人制比賽在第一個周末進行兩天。在賽前一日練習中，隊長陳偉定於戰術跑位訓練中拉傷右大腿後側，被診斷為嚴重的三級拉傷。在物理治療師的積極協助下，陳偉定仍抱傷參與 15 人制比賽，出戰成大、國防、政大及最終場陸官。

延續元坤盃二連霸氣勢，台大於預賽階段一路大比分獲勝，挺進冠軍戰，並以 20：7 擊敗陸官，達成 7 人制二連霸。

15 人制賽程奔波南北，在台南長榮大學與台北百齡球場之間穿梭。前四場比賽延續 7 人制冠軍氣勢，皆以大比分差勝出。最後一場比賽於百齡球場迎戰同樣不敗的陸官，勝者即為冠軍。長達一年的比賽壓力終於來到最終決戰，場上氣氛緊張，火藥味濃厚。

上半場，台大於正集團（Scrum）爭球時處於絕對劣勢，頻頻被推回並判罰，處於落後狀態。下半場調整前鋒站位後，正集團不再出現失誤，台大展現強大後勁，持續壓制陸官。但最終仍以一球之差，19：26 落敗，獲得 15 人制亞軍。

**台成賽勝出**：前一年受 COVID-19 疫情影響，台成賽被迫取消。本屆於成功大學順利舉行，有德國交換學生 Manuel、法國交換學生 Zack 參與，另因體育優秀生僅能上場兩名，分別為金士凱與黃宥中，最終台大以 29：3 獲勝。

大學時代的球隊故事：

第 78 屆最令人印象深刻的回憶，是暑訓期間前往日本筑波大學交流。由於第 77 屆學長拿下元坤盃及 7 人制冠軍與 15 人制亞軍，台橄促進會 OB 決定出資，支持在校生赴日本姐妹校進行交流。

在教練林威名老師與筑波大學校方協調下，行程以校對校名義進行。筑波大學安排第一天校園參訪，第二天下午進行對戰 C 隊的友誼賽。

儘管最終以 0：85 落敗，賽後討論熱烈，球員從比賽中吸收大量經驗，體會到日本高水準、快節奏的球風。教練威名指出：「對手實力大概與北市大甲組球員不相上下。」

本屆大專盃首次採聯賽制，長達六周備戰過程令人身心俱疲，甚至出現球經罷工事件。隊長陳偉定說，這些摩擦與考驗，促成教練、球員、球經與 OB 間的交流與理解。包括他在內，所有人都從這段旅程中獲得寶貴成長。雖然結果不盡理想，但大家

2023 年元坤盃升格為國際賽，決賽台大在驚濤駭浪中打敗新加坡南洋理工大學，衛冕成功。

學會了接受失敗，擦乾眼淚、繼續努力的精神。他想對所有台橄夥伴說：「辛苦了！」

第 78 屆大四時僅剩三人，依進隊順序為：副隊長梓齊（6.7 號）、隊長偉定（12 號）、副隊長敬文（4.5 號）。僅有梓齊大一入隊，其餘自大二開始打球。前兩年由莊國禎教練執教，後兩年則由威名老師接任，經歷兩種不同風格的帶隊方式。

江梓齊表示：「很可惜這一屆缺少大專盃 15 人制冠軍作為最後拚圖，但第 78 屆三位仍然留著，會一同協助第 79 屆完成夢想！」

陳偉定說：「一支球隊的運作，就像一座冰山，外人所見僅是冰山一角。作為隊長，經常面對各方批評與誤解，這些意見往往缺乏脈絡，令人備感壓力與無力。但也正因如此，讓我學會自我反思、換位思考，更周延地照顧隊上每一位成員。這一年，有歡笑、有眼淚，絕對是永生難忘、收穫滿滿的一年。」

## 第 79 屆大事紀

**入學年分**：民國 110 年（2021 年）

**隊　　長**：林頎衡（機械系）

**同屆隊友**：曹立品（副隊長，地理系）、鍾智濤（副隊長，農經系）、張鵬燦（森林系）、蔡瑞祈（經濟系）、Jaspar Luke Constantin Brun（英國，國企系）、Emmanuel Charvin（法國，社會科學院）、Evan Siam Haynes（美國）、Bo Fitzsimmons（美國）、Giulio Benson（美國）

**大專盃成績**：7 人制冠軍、15 人制冠軍

**大專盃比賽時間**：2025 年 4 月

**大專盃比賽地點**：台南市立橄欖球場

**重要賽事回顧**：

第 79 屆最重要的兩項任務，跟第 78 屆一樣，元坤盃及大專盃 7 人制衛冕及奪回大專盃 15 人制冠軍。

**元坤盃衛冕成功，完成三連霸：**
這一年的元坤盃比前一年難度更高，大會邀請了四支外國球隊參加，台大預賽跟國防大學、韓國首爾大學、新加坡管理大學同組。第一場對國防大學，雖然先被得分，但台大強力的反擊，以 34：5 拿下勝利。第二場預賽對上首爾大學，雙方實力相當，互有領先，下半場最後階段，台大以 21：17 領先；最後一波開球，台大未能成功把握球權，並且在自家半場犯規，給予首爾大學罰踢反攻的機會，將比分戰成 21：22；台大未能把握最後一次進攻機會，以 1 分之差飲恨惜敗。

2024 元坤盃，一般組邀請了四支外國大學，實力都很強，台大在預賽還一度敗給首爾大學，但在冠軍賽中，連本帶利討回來，完成了元坤盃國際賽一般組三連霸。

第二天對上新加坡管理大學，贏者進入 4 強，台大掌握較多的攻勢，以 24：12 贏球進入決賽圈。

準決賽是這次比賽最關鍵的賽事，對手是另一分組冠軍——日本名古屋大學。上半場名古屋大學展現精湛的配合與執行，讓台大多次進攻無法突破，進攻則透過製造局部二打一的戰術，在上半場 6 分鐘便以連續達陣三次，將比分拉開至 19：0；但台大並沒有因此放棄，在上半場最後一次進攻機會中，由劉陶渝（第 80 屆）在邊線取得獨跑機會將球帶進對方 22 公尺內，再由 Jasper（英國交換生）將球帶進達陣區成功達陣，上半場結束時，19：5 台大還遠遠落後。

下半場台大保持反攻的氣勢，開賽一分鐘內，曹立品小踢成功推進 20 公尺，並由林頎衡成功突破，先下一城；緊接著台大再次掌握球權，攻入對方達陣線前，曹立品漂亮、犀利的切入，成功在 8 分鐘時取得下半場第二顆達陣，將比分拉近至 19：17。在接下來的 5 分鐘內，雙方都未能再次成功取得達陣

隊長林頎衡的腳功在這屆大專盃中成為伏兵，不但達陣加踢及罰踢命中率極高，還演出落地踢（Drop goal）射門得分的美技。

的機會。曹立品因為被判故意拍球，而吃下黃牌，台大形成 6 對 7 的絕對劣勢中。在下半場最後的傷停加時中，名古屋大學發生犯規，讓台大掌握了最後反攻機會，宮崎雄輔透過假傳真跑，成功帶球推進 30 公尺，再由張鵬璨持球獨跑至達陣線前，傳球 Offload 給江梓齊，在達陣線 5 公尺前形成亂集團，再將球傳給陳偉定，一個漂亮的閃切，在門柱正下取得正中達陣，將比分逆轉為 22：19，讓台大再次站上決賽場。

決賽，台大再次面對首爾大學，上半場三分鐘由林奕廷（第 80 屆）成功取得第一顆達陣，隨後首爾大也再次達陣，兩隊以 5：5 的比分進入下半場。進入下半場後，台大就再也沒有給首爾大學機會，由林頎衡率先取得達陣，9 分鐘時宮崎雄輔獨跑達陣，比分拉開至 15：5；13 分鐘時首爾大因為故意拍球而吃下黃牌，台大成功在正集團出球後，曹立品再次取得正中達陣；在下半場最後加時中，台大開球進入對方 22 公尺線內，曹立品察覺到對方踢球的意圖，成功封阻並轉換球權，再次在門柱下方達陣，完成本場比賽的 Ending try。終場台大以 27：5 大勝首爾大學，再次捧起元坤盃一般組的冠軍獎盃，完成夢幻三連霸，隊長林頎衡當選為大會的 MVP（最有價值球員）。

**大專盃 7 人制三連霸**：大專盃 7 人制賽事，台大是衛冕者，預賽與海洋大學及逢甲大學同組，第一場對海洋大學，在先被進球的情形下展開反攻，以 24：5 取勝，但是副隊長曹立品腳踝被壓傷。第二場對逢甲，台大以 34：0 順利進入決賽圈。

7 人制決賽第一場對政大，政大今年有備而來，台大打得很辛苦，比數有來有往，下半場正規時間即將終了時，台大尚以 14：10 領先，卻在最後關頭

被政大達陣，形成 14：15 的落後。要命的是政大開球後，台大還發生失誤，球權歸政大，計時器已經歸零，裁判隨時會吹結束哨。但台大球員沒有放棄，政大的正集團出球太快，台大一波接一波強大的壓迫防守，政大根本沒有踢球出界的機會，台大迫使政大在慌亂中發生前傳，球權歸台大，台大展開最後一波進攻，球經過多次導傳，前鋒強力推進至對方 22 碼線內，雖然政大強力防守，台大前鋒綿密接應，終於突破政大防守，達陣成功，哨聲響起，台大以 19：15 完成不可思議的逆轉勝利，全場沸騰。

決賽最後一場對陸官，壓力遠不如對政大的比賽，台大全場壓著陸官打，終場以 17：5 打敗陸官，拿下大專盃 7 人制的三連霸。

**拿回失去 7 年的大專盃 15 人制冠軍**：15 人制的比賽，才是重中之重，台大上次拿到 15 人制冠軍，已經是 7 年前了。台大在預賽的三場比賽，除了對政大費了些手腳才以 13：0 勝出，另外兩場則是以 41：12 勝海大，47：5 勝成大。

終於來到大專盃 15 人制的決賽，對手是預賽只打了一場，以逸待勞的陸官。比賽一開始，台大前鋒就展現了絕對的宰制力，跟前幾屆不同的是，台大

第 79 屆是豐收的一年，不但蟬聯元坤盃及大專盃 7 人制冠軍，大專盃 15 人制的冠軍盃也在相隔 7 年之後，重回台大懷抱。

的正集團，幾乎以摧毀的方式，不給陸官任何機會，就算是陸官的球，台大幾乎都搶得過來，爭邊球也是一樣，台大掌握了相當的優勢。再加上台大強悍的後鋒，全場比賽，陸官沒有什麼進攻的苗火，全場都疲於防守。隊長林頎衡的大腳射門，上半場就以兩個罰踢及一個在乙組極為罕見的落地踢，取得 9：0 的領先。台大下半場再加上兩個達陣，陸官只靠著一個有爭議的處罰達陣取得 7 分，終場台大以極有說服力的強勢進攻，21：7 拿下冠軍寶座，完成了第 79 屆大滿貫上最大也是最重要的一顆冠軍寶石。

**大學時代的球隊故事：**

第 79 屆是豐收的一屆，是積累了三屆的努力，而開花結果。當 2025 年 4 月 27 日下午，台南市橄欖球場上，哨音響起，隊長林頎衡高舉雙手，宣示了台橄的勝利。第 79 屆完成了無數台橄 OB 的夢想，在即將舉辦的 80 周年慶的這一年，奪下了所有大賽的冠軍。

第 79 屆成員有 5 位，球齡都算長，曹立品、林頎衡、鍾智濤大一就加入球隊，張鵬燦、蔡瑞祈大二加入球隊。比較有趣的是曹立品的父親是台橄第 42 屆的 OB 曹以會，林頎衡的父親是成大橄欖球隊的 OB。

雖然大滿貫的冠軍出現在第 79 屆，但是這批主力球員在一起打球已經超過三年，包括第 78 屆的三位 OB 陳偉定、江梓齊、鄭敬文，還有第 80 屆的球員林奕廷、陳力榕、張家境、何嘉興、劉陶渝。早在過去兩屆，這批球員跟前幾屆的學長，就已經拿下 7 人制及元坤盃，但是大專盃 15 人制，因為一些細節的處理不夠成熟，而小輸給陸軍官校，而終於在第 79 屆，累積了足夠的經驗，修正了過去兩屆的錯誤，而一舉強力的打敗陸官。

延續台橄的傳統，這批球員感情非常的好，從球場到生活，幾乎都以球室為大學生活的中心點。第 80 屆的陳力榕及張家境是曹立品師大附中棒球隊的隊友，在曹立品的邀請下，加入球隊，成為球隊的主力球員。

在取得三座冠軍盃後，2025 年暑假，再度得到 OB 們全力支援，繼 2023 年之後，全隊再次開拔到日本名古屋大學，進行訪問比賽。

第二篇

# 台橄事

# 台灣大專橄欖球聯隊遠征香港：黃金年代的榮耀與回憶

在台灣橄欖球的歷史上，1963年（民國52年），由台灣的三所大學合組的大專聯隊，遠征香港是一段珍貴而難得的經歷。這一段歷史的主角，正是台大橄欖球隊，大專聯隊的隊長，由台橄第17屆隊長蔡玉吉（阿吉仔）擔任。遠征香港，在那個戒嚴封閉，兵役至上的年代，一群大學男生要出國，是非常困難的事。大專聯隊在香港待了14天，完成了三場交流賽事。此後，再也沒有大專聯隊的遠征，這支大專聯隊成為台灣橄欖球史上空前絕後的唯一一次遠征隊。

### 台大是大專聯隊主力

根據參與大專聯隊的台橄第19屆隊長梁志豐的回憶，台橄在第17屆全國大會賽，奪得冠軍後，當時橄欖球協會會長柯子彰為了推廣橄欖球運動，於是策劃組織了一支「大專聯隊」，代表台灣赴香港進行友誼交流賽。

而球隊能夠成行，背後推動的重要人物之一，就是當時的立法院院長黃國書——他年輕時曾經在淡江中學的初中部打過橄欖球，對這項運動情有獨鍾，因此大力支持此行程，台灣橄欖球在發展之初能得到推廣，黃國書是重要推手。

這支大專聯隊由來自三校的精英球員組成，是那屆大會賽大專組的前三名台大、師大及政大等校，包含隊員、教練與行政人員，總共約25人。台大是冠軍球隊，共有8位球員入選，隊長也由台大隊長出任。8位台大球員包括：第17屆的蔡玉吉、莊信夫、陳順文，第18屆的黃嘉松、萬國源、李仁旭，第19屆的梁志豐、陳武雄。

### 難忘的香港之旅

梁志豐說，在那個時代，要出國並不容易，光是辦理護照就需層層關卡審

核，都是因為有黃國書的鼎力支持才能前往。在出發之前，黃國書親自接見全體隊員，並且跟所有隊員一一握手，安排好一切出國手續。而整趟旅程的費用也全由官方與僑界負擔，球員們不需自掏腰包。

1963 年夏天，大專聯隊一行人，搭乘一艘 4,000 噸級的貨客輪「四川號」，從基隆出發，貫穿台灣海峽一路南行，直奔香港，在海上航行了 44 個小時才抵達香港，很多人都暈船很嚴重。

下船後，隊員們在暈船未定的情況，即刻進駐太子飯店（現在已因機場擴建拆除），把台灣大專聯隊準備的真實老鷹標本，送給這次安排台灣大專聯隊赴香港的主要領隊。

大專聯隊一行人在香港受到了很高規格的招待，太子飯店在當時算是相當高級，飯店每天供應的早餐是廣東粥及自助餐，但是橄欖球隊員們的胃口實在太驚人，每天都把飯店的早餐吃光光，讓其他客人沒有早餐可以吃，連吃三天後，飯店決定把早餐餐費退還，取消供應早餐給橄欖球隊員。

香港僑界都非常熱情的接待球員，特地安排球員到僑領家中作客，各式各樣來自世界各地的水果隨便吃，很多隊員都是第一次喝到用玻璃瓶裝的可口可樂，非常的新奇。有時僑領會請大家吃港式飲茶，也極為新鮮。

### 與英軍的友誼賽

至於比賽部分，場地設於香港跑馬場中間的足球場，台灣大專聯隊分別與英國海軍、香港警察以及香港橄欖球俱樂部進行了三場友誼賽。對手絕大多數是英國白人選手，只有警察隊中有少數的香港華裔選手。梁志豐說，英國球員身形高大，往往超過兩米，但是比賽氣氛和諧，賽事更重視交流與技術切磋，而不是激烈的對抗，雙方球隊各自展示球技，比賽打得很好看。儘管比賽性質屬於友誼賽性質，但台灣球員還是展現出相當高的水準，技術上絲毫不遜於對手。其中一場比賽，台灣球員幾乎掌控八成的球權，顯示出台灣球員的高超技巧。

在英國海軍，只有軍官才能參加橄欖球賽，士官及士兵是不能參加球賽

的，幾乎每一位選手賽後都是風度翩翩。比賽結束之後，對手會設宴招待台灣球員，並且贈送啤酒作為禮貌性的慶祝儀式。

### 橄欖球運動的黃金年代

梁志豐說，這次的出訪，在香港的媒體上獲得高度曝光，每次僑界設宴款待時，都有記者前來採訪，第二天就刊登在報紙上。那時候香港還是跟國民黨立場比較接近，街頭都滿掛中華民國國旗，此次遠征被視為「國力展現」的一環。但可惜的是，這樣高規格、全額補助的遠征之行，在黃國書卸任立法院院長後，再也沒有延續辦理了。

這段歷史是台灣橄欖球發展的重要一章，也是台大橄欖球隊的重要史蹟。台橄在第 17 屆以前，已經連 4 年未奪冠，第 17 屆開始，強化球隊訓練體系的建立，增強全隊戰力奪冠，才能成為大專聯隊的主力，代表國家赴香港比賽，見證了一群青年以熱血與信念推動橄欖球運動的黃金年代。

# 不是體育學校，卻產出亞洲盃國手：台橄曾經的傳奇

在運動走向專業化及職業化的現代，很難想像在半世紀以前的 1969 年（民國 58 年），台大橄欖球隊以一介業餘球隊，曾經出現過國家代表隊的選手，而且擔任代表隊的隊長，他是台橄第 21 屆的隊長林英雄。當時在日本舉行第一屆亞洲盃橄欖球賽，林英雄不但獲選為第一屆亞洲盃的國手，而且榮任隊長。當時的副隊長劉正昭也是出身台橄，是第 14 屆的隊長。兩位台大出身球員擔任正副隊長，率領全台灣最菁英的橄欖球選手，代表國家前往日本比賽。

林英雄回憶 56 年前的往事，他當時已經從台大畢業，退伍之後進入第一銀行上班，下班及周末時間都會回台大練球，體能保持的很好。獲選為國手很意外，至於被賦予隊長重任，林英雄則是謙虛的表示，是因為他是台大球員身分，沒有派系色彩，所以被委以隊長的重任。但如果林英雄不是以球技及球品服眾，何以能被推舉為隊長。

**第一屆亞洲盃代表隊名單**

比賽時間：1969 年 3 月 8 日~16 日
比賽地點：日本-東京秩父宮橄欖球場
參賽球隊：台灣、日本、韓國、香港、泰國
優勝單位：冠軍-日本
代表隊名單
領隊：柯子彰　監督：簡弘毅
教練：陳照基　裁判：黃書珍
管理：蔡宮桂　總務：鄭火盛
隊長：林英雄　副隊長：劉正昭
隊員：李敬勇　毛友女　張善儀　唐光裕　唐全孝
　　　林猛雄　許水野　許永忠　李聰耀　郭米太
　　　柯世賢　陳欣紫　魏鎮南　葉秀明　黃曉楓
　　　徐正武　林瑞庭　施水明　鄭勝利　郭晉穰
　　　鄭守人　陳大方　杜光富

資料來源：日本ラグビーフットボール協会/日本ラグビーデジタルミュージアム
https://trc-adeac.trc.co.jp/Html/ImageView/1310375100/1310375100100020/18/?p=212

台橄第 21 屆隊長林英雄及第 14 屆隊長劉正昭，分別當選第一屆亞洲盃國家隊隊長及副隊長。（資料來源：中華民國橄欖球協會）

第一屆亞洲盃比賽時間是在 1969 年 3 月 8 日到 16 日，比賽地點是在日本東京的秩父宮橄欖球場，參賽球隊除了台灣及地主國日本外，還有韓國、香港及泰國，最後冠軍由地主日本隊獲得。

　　根據資料顯示，第一屆亞洲盃，台灣在循環賽中，第一場贏了韓國，後來陸續輸給香港、泰國及日本。林英雄回憶，那時資訊很不發達，根本不知道對手的實力，以為可以很輕鬆的贏香港，結果一上場，代表香港的都是英國人。比賽最後一天對日本時，天氣突然變得非常寒冷，大雪紛飛，球場都積雪了，台灣選手凍到走路都很困難，但是日本選手還能奔跑，台灣隊根本無法跟日本隊抗衡。比賽時間還沒有到，雪下的太大，日本比數大幅領先台灣，裁判因而提早結束了比賽，後面的比賽都無法再進行。

　　根據中華橄協資料，第一屆亞洲盃代表隊名單如下：領隊：柯子彰；監督：簡弘毅；教練：陳照基；裁判：黃書珍；管理：蔡宮桂；總務：鄭火盛；隊長：林英雄；副隊長：劉正昭；隊員：李敬勇、毛友次、張善儀、詹光裕、詹全孝、林猛雄、許水野、許永忠、李聰耀、郭米太、柯世賢、陳欣棠、魏鎮南、葉秀明、黃曉楓、徐正武、林瑞庭、施水明、鄭勝利、郭晉穠、鄭守人、陳大方、杜光富。

　　早期台灣橄欖球界還沒有走向專業化訓練之前，不像現在分為甲組乙組，比賽只有分齡，大學球隊當時都是直接打社會組，大學以下就是高中組，當時的全國橄欖球錦標賽（大會賽），台橄都只能報名社會組，跟全台灣最強的球隊比賽，連續好幾屆拿下全國冠軍，那時說台大是全台灣最強的球隊之一，也不為過。

　　即使後來大會賽另外分出大專組，也是沒有分甲乙組，台大要面對的是擁有甲組及國手實力的專業大學球隊，如文化大學、師大、台中體專學校，也經常拿下冠軍。

　　除了第一屆的亞洲盃國手之外，更早之前 1963 年（民國 52 年），第 17 屆大會賽，台大拿下大專組冠軍，這年台大有 11 名選手當選大專明星隊，由隊長蔡玉吉帶隊，遠征香港，三戰二勝一和。

台橄下一批當選國手是1976年第30屆的時候。那年大會賽決賽，台大的對手是甲組的文化大學，比賽在大雨泥濘的台大球場，經歷80分鐘的鏖戰，兩隊及0：0打平，經過抽籤，台大勝出，拿下了冠軍。那一年亞洲盃國手選拔，有8位台大球員入選，當選者分別是第30屆的葉海萍、王秋華、聶森、鄭玉山、第31屆吳穎虎、楊甫元、白銀堂及第32屆的吳清隆。

　　橄協發出國手當選證書，邀請台大隊員參加國手集訓。但是當選國手要投入三個月的訓練，才能參加亞運，必須跟學校請假休學一年。國手之一的聶森說，台大球員都是業餘選手，未來也不會以運動為業，大家當然以學業為重，都放棄了加入國家隊訓練的機會。當時的教練蔡玉吉對入選國手一事不但不重視，而且還要入選者低調面對，沒有跟大家宣布當選國手名單，這分名單也是經過多年後的考證，才得以曝光。

　　而隨著時代的演變，運動員的培養走向專業化，國家代表隊的選手大多是從小專業培養而成，業餘出身的台大球員，就沒有機會代表國家出征了。

　　體優生甄選升學，則是替台大球員開闢了另外一條國手之路，高中選手因為國內及國際賽成績優異，得以體優甄選進入台大就讀，這批原本就是青年國手的球員，進入台大之後，若能持續精進，仍有機會當選國手。曾經是國家代表隊主力的台大球員，包括第68屆隊長謝秉益及第69屆隊長林威名，林威名也是台橄現任的專職教練。

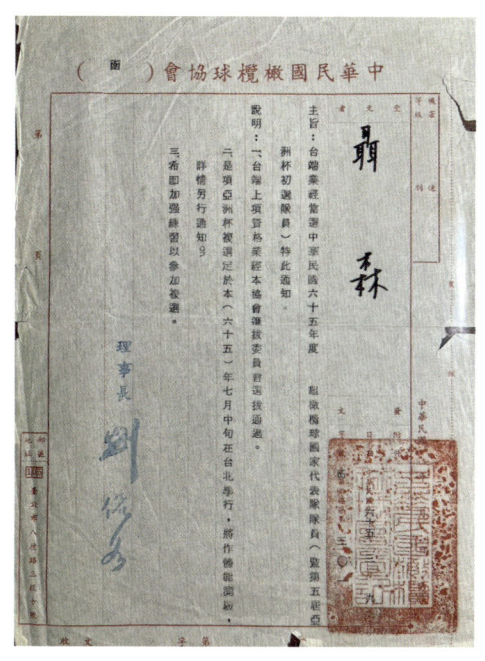

台橄第30屆有多位隊員當選國家代表隊，但是因為要休學才能訓練，台大球員都選擇放棄，圖為第32屆隊長聶森的當選證書。

# 珍稀專用球場滄桑：見證台灣橄欖球的一個世代

　　台大曾是極少數擁有專用標準橄欖球場的大學，台大橄欖球場也曾經是台北地區，周末時群英匯聚的地方，樹立在新生南路與辛亥路口附近的 H 架，在台大新體育館興建以前，曾經是台大重要的入口印象。後來為了興建新體育館，拆除了橄欖球場，也讓台橄因此低迷了十餘年。

　　台橄第 25 屆張海潮形容：「球場，就是一個吸引鳥兒們來吃蟲的所在，球場沒了，鳥兒當然也散了。這就是第 53 屆以後接近 10 年到第 63 屆台橄人氣低迷的原因。」

　　台大當初能擁有一座專用的橄欖球場，得之極為不易，數十年的球場的變化，不但見證了台橄的歷史，也見證了台灣一代的橄欖球史。

　　張海潮說，他在讀大學時代（民國 56-60 年間），台橄練球的地點，是在田徑場東邊靠馬路的小場，接近舊體育館，從現在紅土網球場一直到人工草皮足球場，當時的小球場比現在大很多。這個小場南北夠長，但是東西寬度不足，僅容得下四個人跑傳接球。台橄球員每天都在這個小球場練習，先踢球，再撿球，再線形傳球。除非比賽，橄欖球員不會去司令台前的田徑主操場練球。小場就是當年橄欖球隊專用的練習場。

　　台大專用橄欖球場的出現，是台大收回了一大片占用台大校地的違章建築之後，才得以興建。位置就在現在的台大新體育館（小巨蛋）和棒壘球場

民國 70 年大專盃在台大橄欖球場舉行，台大對陸官之戰，擠滿了觀眾，後面還可看到未拆除前的男 12 舍。

的位置。張海潮說，這個位置在民國 60 年以前，原本是一片違章建築區，違建戶在這裡面擺攤賣小吃，民國 59 年曾經爆發了 A 型肝炎傳染，違建區的北邊則是僑生宿舍。

　　違章建築收回的時間，在民國 60 年之後，當時台大校長閻振興收回這塊地，在體育室的建議之下，開闢成專用橄欖球場，並在民國 62 年左右正式啟用。專用球場一直使用了 22 年，到了民國 84 年，台橄第 48 屆時，動土興建新體育館（蓋小巨蛋），橄欖球場南北向被削去了三分之一，東西向被削去四分之一，剩餘的球場用地，在興建小巨蛋時，被用來堆放建材、機具，並且蓋了一棟外籍勞工臨時宿舍。當時橄欖球隊只得被迫離開自己的球場，成為流浪球隊。但是剩餘的土地，棒球反而可以傳接球，打擊守備練習都還可以，所以等到新體小巨蛋蓋好之後，學校就不再蓋回橄欖球場，拉上阻隔的網子，變成現在的棒球場。

　　台大這座橄欖球專用球場當年啟用後，立刻就變成北部地區各球隊周末練習比賽的「公用」場地。張海潮說，台橄對場地的使用很大方，經常有很多球隊，連招呼都不打就來台大場地踢館，台橄大致上與人為善，來者是客，都會禮讓一部分場地給外隊使用。

　　台橄多年來，一向是在周六下午使用場地，作為在校生跟 OB 隊的練習賽。周日不會使用場地，很長一段時間，周日都是由建中橄欖球隊及校友隊使用。張海潮說，當時任何一個人，不管是誰，只要不妨礙台橄練球，都可以在此球場玩。連他最小弟弟在建中的橄欖球班隊，都拉到台大來練球。

　　台大的專用球場，不只台北市各球隊來此練習比賽，也吸引了很多比賽在此舉辦。球場成立的隔年，民國 63 年的第 28 屆全國橄欖球錦標賽（大會賽），則是第一次全國賽會在台大橄欖球場舉行，此後各種大大小小比賽在此舉辦，光是大會賽或大專盃就在此辦了好多屆。

　　專用球場的存在，更重要的是帶動了校園內的橄欖球風氣，當時校內的系隊、院隊蓬勃發展。每年台橄都舉辦兩場大型的全校橄欖球賽，上學期舉辦新生盃，下學期舉辦校長盃，參加的系隊經常高達 10 多隊，數學系、機械系、

土木系、資訊系這些理工學院男生多的系當然是傳統強隊，還有最具傳統的醫學系隊，農學院的農推系、森林系、農化系，還有法學院的法律系……一大堆會打球的不會打球的台大學生，都在這塊草地上，揮灑著青春的汗水與熱情。張海潮說，除了系隊，當時還有院隊，包括有法學院、醫學院、工學院等隊，在第 38 屆時，數學系代表隊甚至單挑校隊（結果當然是輸）。

張海潮說，當一個運動在校園各角落開花，最後自然會在校隊裡結果。在這一段時間，校隊的球員超過一半是從系隊、院隊過來的。而當時，台橄最了不起的就是大的肚量，容許任何球隊來用場地，也容許任何校隊的球員在系際賽時回到系隊，並且絕對公正（當時新生盃及校長盃等系際賽，由台橄提供裁判和比賽經費）。

球場變成工地之後，沒了球場，橄欖球隊失去了根據地。張海潮說，最可憐的是隊長林翰廷（外號：九五）率領的第 51 屆，當時專用場地已經完全無法使用，田徑場中間的場地經常保養無法使用，廣大的台大校園，幾乎完全無練習的場地，球隊有時跑到福和橋下的操場練球，但是那是民眾的休閒地，有時跑去青年公園的草地練球。

林翰廷說：由於沒有專用球場，也沒有操場可使用，第 51 屆的練球方式變成非常的奇特，那時 Scrum machine（正集團的訓練機器）放在泳池前，前鋒只能在游泳池前的小草地練習推 Scrum machine，後衛只能離開學校到附近的橋下練習。整整一年的時間，球隊幾乎都無法集合訓練，也沒有 OB 與在校生練習比賽的機會。第 51 屆就在這種情形下，在大專盃莫名其妙輸給政大而與決賽無緣。

張海潮說，球場就是一個吸引鳥兒們來吃蟲的所在，球場沒了，鳥兒當然也散了。這就是第 53 屆以後接近 10 年到第 63 屆台橄人氣低迷的重要原因。

後來有一段時間，在棒球場跟新體育館之間，豎起了 H 桿，讓棒球場跟橄欖球場共用，終因場地太小及經常要跟棒球練習搶場地，而放棄這一塊不適合的地方。

校園中能用來打橄欖球的場地，就只剩田徑場中央的足球場，就跟足球隊

協調使用場地的時間，但是為了配合足球門的擺放位置，只好把 H 桿放在球門後面，導致達陣區寬度只剩一公尺，在正式比賽時，顯得很奇怪。

但無論如何，台橄專用球場從無到有，再從有到無，最後落腳在足球場，在寸土寸金的台北市精華區，台橄能擁有一塊可以奔馳的草原，已是極其不易。

# 藍色大水牛，耕遍每一寸球場土地：
## Scrum machine 的故事

「藍色大水牛」曾經是台大橄欖球場上的巨大風景，那些年加入球隊的每一位台大橄欖球隊員，都曾經推動過它，也深深的烙印在每一個台橄球員的心中。

「藍色大水牛」的來歷相當特別，第 25 屆的張海潮說，民國 70 年左右，有一次泛太平洋青年橄欖球賽在台北舉行，那一年紐西蘭名將 Fox 也在陣中，但是淡江中學居然把紐西蘭的 Scrum 推著跑直到達陣，最後打敗了紐西蘭。當時淡江教練陳博釧就說，他們有從日本進口 Scrum machine（正集團推進練習器）給淡江球員練習。當時日本廠商就在比賽現場發 DM，張海潮把 DM 拿給老大（曹善偉）看，老大跟海潮研究之後，就說我們可以自己做。

隔了幾個月，老大就把 Scrum machine 做好了，用上好的木頭組架，每一根木頭都裁成長方體，截面是 15 公分 X15 公分的正方形，長約 2 公尺。木頭與木頭間用鐵製粗條的組合型螺釘和螺帽結合。當年用貨車把木頭運到操場，然後在現場組合，再上藍色的油漆，非常結實也非常重。這台老大自製的 Scrum machine 比一般的大很多，而且木頭非常的堅實，可以說得上是世上獨一無二的 Scrum machine。因為身型巨大，台大球員就稱呼這個 Scrum machine 為「藍色大水牛」。

在練習推動「藍色大水牛」時，會在正面的立柱，綁

藍色大水牛是第 25 屆曹善偉（老大，照片右上角站立者）製作捐贈給台橄，在民國 70 年，台橄第 36 屆時，隊長是劉朝俊（阿俊）。

上塑膠軟墊，這樣前排三個人頂住木頭柱時，肩膀才不會太痛，後面再加入4、5號，5個人一起做推動練習。

那些年的集訓，前鋒大半由第34屆隊長林鴻志OB負責操練，碰到下雨時，5個前鋒上去推。一用力，「藍色大水牛」因草地濕滑就快速向前移動，有時前排3個人用力過猛，速度太快，後面4、5號跟不上，經常瞬間與前排滑脫跪在地上，幾乎要用快速爬行才能跟上前排三名隊友。那些年台大的前鋒非常強悍，即使比賽輸給陸官，但是在鬥牛卻從未輸過。

第47屆的張瑚松回憶他加入球隊時，發現球場草地的一個角落，靜靜的安放著由綠色防水布覆蓋著的一堆積木，平常沒有人去使用它，令他非常的好奇。

大一下寒假參加住校集訓，一天早上，防水布被掀開了。這堆寬約20公分的粗重角材，藍色的油漆、一根根用粗螺跟角鐵固定鎖好，側面承現出漂亮的直角三角型，超級重、超級不易推動，這是他第一次接觸到台大Scrum machine——藍色大水牛。

張瑚松記得第一次跟同伴推「藍色大水牛」，兩人肩膀頂進去之後，用力推，藍色大水牛一動也不動，此時帶隊的OB說：「推不動就把姿勢練好！計時開始……」繼續用力，還是怎麼推都推不動，這是他跟藍色大水牛的第一次接觸。

張瑚松說他大一時，看著高年級的學長們組起來把「大水牛」推著跑，覺得很威風也很有趣，有時候推得太快，還叫後衛們或是低年級球員上去「壓車」加重。他們這些年輕球員，就一直想辦法推動「大水牛」。為了練習推動的姿勢，低年級的球員，平常練球結束後，就自己去推一棵樹、H桿架或是欄桿，自己加菜來調整推Scrum的姿勢，期許有朝一日能夠征服藍色大水牛。

張瑚松升上大二後的集訓練習，前鋒的早課就是兩個人一組，把「大水牛」推進10公尺，再換下一組推，大家接力把大水牛沿著橄欖球場推一圈。而在組滿前排5人結紮往前推時，另派8名隊友上去壓車，如果前鋒8個人到齊，那就全隊其他人都爬上去壓車。如果是女球經們坐在大水牛上，全隊士氣

更是大振，馬上就開了 Turbo，全速前進。張瑚松說，練到後來，如果遇到地上潮濕，摩擦力比較小的天氣，他一個人就可以推得動大水牛。

經過這種訓練，張瑚松說，大學時代打大專盃時，遇到 Scrum 全隊都很爽，幾乎可以推翻所有隊伍，經常還可以 Turn over，把對方的球推回來，變成我們的球。遇到甲組的球隊，也不遑多讓。強力的前鋒，也是他們這一屆在大三時打敗陸官，拿下大專盃的冠軍，最重要的原因。

張海潮說，在那個學長帶學弟的時代，年輕後輩靠著前輩的提攜一步步往前走。他時常到球場，總是看到藍色大水牛磨出的整圈痕跡，環繞著球場，一棵草也長不出來。

台大的球員一代一代的接受「大水牛」的洗禮，在練習推「大水牛」時，心中的假想敵就是陸軍官校的 Scrum，「大水牛」越重，推起來越有成就感，台大以非體育專科學校的體能，多年來能與軍事學校分庭抗禮，「大水牛」也幫了不少的忙。

隨著使用年分越來越久，勇健的「大水牛」也經不起台橄球員長時間強力推擠和風吹日曬雨淋歲月的摧殘，木頭鑽孔逐漸磨損，造成螺絲鬆動，球員練習時恐怕會有危險，而且也無法回復當時堅實的狀態。

後來因新體育館興建，原橄欖球場成為棒球場的外野後，只好把年邁的「大水牛」推到舊游泳池前面的草皮暫放，令人意外的是，由於「大水牛」身上的檜木，還是很有身價，居然被有心人在夜間偷走。台橄第一代的 Scrum machine「大水牛」從此功成身退消失無蹤。

自製「藍色大水牛」退休之後，台橄先後再購置了兩台 Scrum machine，前一台是比較小的鐵製 Scrum machine，主要是用於調整推 Scrum 的姿勢，如果要增加重量，就得派多位球員站在 Scrum machine 上面，第二台就是目前正在使用中的這台。是由前教練莊國禎去日本訂購回來的，形狀跟「藍色大水牛」有點像，但是個頭及重量都遠遠不及記憶中雄壯的「藍色大水牛」。

# 一個 LDS，培養革命情感的所在：
# 關於「球室」

　　不論是什麼年代，一個剛進大學懷著青澀夢想的大學生，會願意來打橄欖球，爾後 1-4 年又能克制自己內心不想繼續練球的掙扎，竟能堅持地打下去，是一件很不可思議的事。練球那麼的辛苦，比賽的對手那麼的強悍，尤其是比賽或練球必須風雨無阻，常常陰雨天在爛泥中比賽時，雨大到看不清四周前後，裹滿泥漿的球衣分不清敵我。

　　很多人不理解為什麼這群大學生會樂此不疲，為何畢業後對於練球和比賽這些瑣事可以回味無窮。這些打過球的人都說，重要原因就是隊友間所培養出來的千絲萬縷般的患難與共且不放棄的感情，出社會後會更珍惜球隊的朋友。就像台大水牛隊 OB，中研院前副院長羅銅壁說的：「我的橄球生涯並不算長，但令我印象最深刻的，不是那一場轟轟烈烈的比賽，也不是那一次我進了達陣區，而是一起走過從前的隊友。這份友誼很難解釋，它在不知不覺中一點一滴的累積，而且永不消褪，歷久彌新。」

　　隊友間的情感，部分是球場上共患難的革命情感，但是更多時候，是在練完球之後，身體疲憊到了極點，回到「球室」休息時，隊友間的 LDS（閒磕牙、講垃圾話）。不管什麼時代的球員，「球室」都是他們回憶最多的地方，一種回到「家」的共同歸屬感。

　　第 19 屆隊長梁志豐說，台大這支球隊很奇怪，每一個球員分開來看都不怎麼樣，但是 15 個人團結在一起，力量就很可怕，因為大家的感情特別好，非常有默契，這些都是在小僑生宿舍（球室）培養出來的感情。

　　不過這裡說的「球室」，並不一定是學校分配給橄欖球隊使用的空間，也有可能是前後屆的隊友會共同進出，一個打發課餘時間及練球後休息的空間。

　　以下分幾個時代，來看看那些不同時代的「球室」曾經發生過難以忘懷的趣事：

**溫州街的第一宿舍**：第 16 屆隊長莊仲仁說，第 16 屆之前，橄欖球員的大本營在舊的溫州街的第一宿舍（靠近溫州街與辛亥路口，現已拆除）。莊仲仁說，那時一天到晚沒事就往宿舍跑，球員占了兩間宿舍，變相作為球室，大家打完球回來，都聚集在這裡聊天打屁，有時會搞到很晚。管理宿舍的教官，跟橄欖球員很熟，那時宿舍還有門禁，但是教官對於橄欖球員晚回來都很寬容。

**小僑生宿舍**：第 16 屆大二的時候，橄欖球員的大本營，就移到現在女九餐廳所在地，當時被稱做「小僑生宿舍」，橄欖球員一樣占了兩間宿舍。莊仲仁說，陸續搬進來的球員，包括薛明敏（第 16 屆）、蔡玉吉（第 17 屆）、萬國源（第 18 屆）、黃嘉松（第 18 屆）等。沒有住進來，但幾乎天天都來的隊友還有侯書武、黃文源跟其他人，每天中午會來一起吃飯，沒課就在宿舍打屁、聊天，等著下午練球，有事無事都在宿舍，天天混在一起，彼此的情感比自己親兄弟還親。

第 20 屆副隊長張邦彥回憶，大一開學不久，畜牧系同學陳永達就告訴他，參加橄欖球隊好處很多，住小僑生宿舍可以不用繳住宿費，這對當時貧窮的南部小孩而言，誘惑力很大。在一次的物理實驗課後，陳永達就帶著張邦彥，去拜訪當時在同一個教室修物理試驗的第 17 屆副隊長莊信夫。

張邦彥就這樣加入球隊，也搬去住進免費的小僑生宿舍，當時小僑生宿舍有兩間，全部住著橄欖球員，共有 12 位隊友，包括張邦彥、吳慶佳、蔡勳雄、陳永達、羅楚雄等人。

讀畜牧系的張邦彥也回憶一些在小僑生宿舍的趣事，在上完家畜解剖學的實習課後，張邦彥就會把一些已做完實驗後的馬肉、牛肉、狗肉、青蛙肉等帶回到小僑生宿舍烹煮，雖然可能有一點殘餘麻醉劑的味道，大家還是吃得津津有味。第 18 屆讀法律系的蔡勳雄一再告誡不可吃，但是當時大家年輕，仗著身體強壯，抵抗力強，勇敢的照吃不誤。

**抽水站管理室**：大概到第 22 屆前後，學校才開始有正式的球室，學校把位於目前棒球場的本壘附近的一間小屋子，那是日據時代抽水站的管理室。這個空間有一半給田徑隊使用，一半是橄欖球隊使用，第 25 屆的張海潮回憶，

這間球室裡面有桌子，當時他與小他三屆的顏景堂，就經常在這間球室的桌子上討論微積分。

第 28 屆隊長顏景堂回憶，當年球隊生活的後台其實是球室，第 28 屆在 1970 年入學時，在球場跑道旁邊一棟陳舊的獨立平房，內有 4-5 個運動器材儲藏室，橄欖球隊和田徑隊各分得一間作為更衣室，設備齊全，有水電廁所，搬些傢俱入內，就成為隊員休息聚會的地方。平時課間空檔，隊員們總會聚集在球室內或坐或臥，閒談交流，台橄先後有不少隊員還曾經住在球室裡，比住宿舍還要寬敞方便，這是學校管理不到的地方。當時校園圍牆內靠新生南路的土地（後來的橄欖球場），還是一大片違章建築，有不少小吃攤販店鋪，飲食也不成問題。

1971 年（民國 60 年）年底台大清理了校園內這些死角，驅逐違建，拆除了三不管的「別墅球室」，把整片空地劃作橄欖球場，成為第 26 屆以後台橄的搖籃。

**舊體育館地下儲藏室**：1971 年橄欖球隊的球室搬到舊體育館的後面的儲藏室，那裡的空間就小得多了，大概只能放球具及供球員換衣服而已。顏景堂回憶，球室搬到舊體育館舞台左側下方的雜物間時，裡面有已停用的鍋爐和大水槽等設備。而在體育館裡面，失去了無人干涉的自由，進出時間也受到嚴格限制，只是把球室清理後，只作為更衣室使用。第 28 屆就在那個小球室，度過剩餘的兩年半時間。這間球室一直用到第 36 屆左右，才搬到位於辛亥路圍牆邊上，當時的男生第 11 及第 12 宿舍之間的腳踏車棚。

**新生南路三段 8 號**：而跟舊體育館地下儲藏室同時存在的則是新生南路三段 8 號。第 32 屆隊長蔡仲誦說，第 32 屆前後隊友最多的共同記憶，都是發生在新生南路三段 8 號一間日式的老房子內（現址已經改建為大樓），這間日式房子，當時是台北市主官宿舍，市府主官的兒子就讀台大公衛系，跟第 30 屆公衛系的隊友張筱農跟鄭玉山（後來降轉法律系）是同學，因為這層關係，很多球員就住進了新生南路三段 8 號。

蔡仲誦說，第 30 屆之後的好幾屆，前後有十多人都住在這裡，這間官邸

就變成台橄的球室與宿舍。那時學校的球室很小，平常練完球，大家就會窩到這裡來，周末打完球來辦舞會。而住在三段八號的第 31 屆吳穎虎則近水樓台，追到了主官的女兒，後來成了主官的女婿。也因為三段 8 號的因緣，蔡仲誦跟吳穎虎成了終身的莫逆之交，後後來吳穎虎在中國大陸身故，都是蔡仲誦協助善後。

**11-12 宿舍間腳踏車棚：**到了第 36 屆左右，球室從體育館搬到現在的新體育館附近，靠近辛亥路的一間車棚，那時候附近是好幾棟的男生宿舍，球室就位在男 11 跟男 12 宿舍中間的一排低矮的水泥房子，原來是腳踏車棚，學校把其中的兩個小房間給橄欖球隊當球室。這裡距離球場很近，每天下午就看到穿著釘鞋的球員，從球室「咔噠！卡噠！」輕快地跑去球場練球，天黑練完球後，這批人的釘鞋又發出另一種「ㄟㄟㄟㄟ」的聲音，拖著憊累的身體回球室洗澡。

那時球室沒有熱水，冬天打完球，球員會去男生宿舍洗澡，常引起其他住宿生的不滿，因常把宿舍的脫水機弄壞。到了第 45 屆之後，學校就把旁邊比較大的一間房子清了出來給球隊使用，而且也裝了熱水器（但是瓦斯桶由球隊自己負責），有熱水但是沒有熱水管，都用大白桶接熱水，球員用勺子舀水來洗澡。但至少球員冬天有熱水可以洗澡，不用再跑去宿舍。當時在校生常洗完澡後用小毛巾遮住重點部位就赤條條地跑到隔壁休息室換衣服，男 12 舍學生餐廳的老闆娘就曾因此來抗議說，你們這樣我們怎麼受得了！

第 45 屆隊長王效文說他只要沒課就會待在球

在舊男生第 11 及 12 宿舍間的舊球室，後來因為興建新體而拆除，台橄第 48 屆在拆除前的合照。

室，第 50 屆的黃國正回憶說，當時第 47 屆的陳仰莊和倪周陽都住球室裡面，球室旁邊有一個大樹，晚上硬派（第 48 屆馮君傑）都會坐在門口的椅子，在昏黃的燈泡下念書。球室如同每位球員的家裡一般成為休息和念書的庇護所。

第 48 屆畢業之後，學校開始拆除舊宿舍，整地興建新體育館，在舊球室即將拆除前，冬天很冷，大家就在球室外面，拆一些木板來烤火，是大家告別舊球室的最後印象。

第 14 舍後的平房球室，是 50 多屆的球員共同的回憶。（圖由第 53 屆隊長歐耿宏提供）

**貨櫃屋球室**：11 舍旁舊球室在 1994 年被拆除後，球隊有一段時間沒有固定的球室，曾租用過貨櫃屋作為為臨時的球室，當時新體育館的工地與橄欖球場之間有一道工地圍籬，貨櫃屋球室就設在圍籬邊，靠近新生南路的一側，像是移工的工寮。

**14 舍後的平房**：樓身貨櫃屋之後，學校又撥了當時 14 舍後面的矮房（現在天數大樓的位置）給球隊。第 55 屆李渭天說，那是長方形一層樓灰色磚房，左側三分之一是一位退休的老伯伯居住，球室的門進去後是很大的空間，正中間擺了一張桌子還有幾張長板凳。當時的地上，散落著球跟碰撞墊，牆邊環繞著擺滿舊釘鞋的鞋櫃，還有一些木頭置物櫃上面有獎盃及一些衣服。第 45 屆張洒禎養的貓，也住在這裡。室內的右側是用木板跟紗網隔間出來，作為看電視跟沙發擺放的空間。黃國正說，他當兵放假時都睡在這裡。曾經有一些節慶假日會在球室外面生火，被校警警告過幾次。

**小白屋**：小白屋位於舊體育館後側，原來是給身障學生活動的地方，有點像風雨操場。大概在第 56 屆前後，橄欖球隊就搬進小白屋，成為橄欖球隊的球室，當時這個空間有一半是台大划船隊在使用。小白屋從第 56 屆使用到第 62 屆。第 62 屆隊長褚瀚元說，為了招生，他曾經在小白屋辦迎新 Party，那

是盛況空前，褚瀚元去麥當勞買了 50 個吉事漢堡，又拿了很大的金屬盤子，去買了 1,000 元的炒飯跟很多其他的食物。因為當天來參加迎新的人數，超出預期，參加的人數大約有 40 多人。小白屋的迎新 Party，請了第 48 屆的甯其遠，搬來整套的樂團音響，在小白屋開演唱會。

**舊體後方半地下室**：第 62 屆之後，球室就搬到現在的位置，學校在舊體育館後方，新建了表演平台，在表演平台底下，建了一間半地下室的空間，就撥給橄欖球隊使用。這些年這裡陸續增加了許多設施，除了基本的盥洗置物空間外，有了冷氣，夏天就不會太熱，而且還有相當多的重訓器材，可以提供給球員使用，60 寸的大電視，觀看比賽影片時會更清楚。

球室的搬遷史，也是台橄球員的成長史，一代一代的台橄人，隨著球室搬遷，在校園裡不同的角落，不斷地訴說著屬於台橄的歷史。

# 從球場到茶店：台橄兄弟情的保溫與延續

　　橄欖球打的不只是一種球，更是一種感情，一種濃濃的男性（早期只有男生打橄欖球的年代）義氣的情感。這種感情不只在球場上培養，球場外的培養更重要，大約在 1990 年前後長達 10 多年的時光，台橄 OB 與在校生，每個周末在茶店培養出來的感情，讓台橄即使失去了球場，也沒有散了球隊。

　　台橄的在校生與 OB 的交流，不僅限於球場上，更在比賽後聚餐的交流，在那 10 多年的時間裡，在校生與 OB 每周六練習賽後，在學校附近吃完晚飯，就會一起到師大路的泡沫紅茶店聊天到深夜。內容天南地北，除了討論當天球賽內容與訓練方向外，還分享台橄的歷史、趣事，以及校友們對生活、工作的體認與經驗。在談天的過程中，不僅傳承過去台大球隊的傳奇故事，更再度凝聚了球隊的向心力，那時候的兩大主角，就是第 25 屆的張海潮及第 28 屆的倭寇（劉焜滉）。

　　1989 年，管理球隊多年的張海潮在 43 屆大專盃前，結束了赴美國一年的研究，回來台大，繼續中斷了一年多對台橄的指導工作。當時還是周休一日半的年代，台橄每個周六下午，都有 OB 回學校，跟在校生打練習賽，球賽結束後一起到附近的康園、重慶、重順和峨眉等餐廳聚餐，這種周六打球及餐敘的習慣行之有年，是在校生與畢業 OB 交流感情的最佳時間，也是許多 OB 延續橄欖球運動最好時光。

　　大概就在 1990 年，台橄第 44 屆的時候，那時也是泡沫紅茶店風行的時代，從台大球場跨過新生南路對面的巷子有幾家泡沫紅茶店，師大路夜市周邊有更多家茶店。也是從那時開始，在校生與返校打球的 OB 吃完飯意猶未盡，會續攤到師大路的泡沫紅茶店聚會，聊天打屁、飲茶喝啤酒到深夜。海潮基本上都會參加，還有當天參加球賽的老

第 50 屆前後十年間，茶店文化是延續球員感情的重要地方。

中青 OB 也會輪流出席。基本上，在那個時期，若想見到台大橄欖球隊，只要星期六下午到球場、晚上到師大路各家泡沫紅茶店，就找得到人。

當天下午才剛打完在校生與 OB 的練習賽，茶店也是在比賽多視角重播的場合。在那個錄影設備不普及、手機不能拍照錄影的年代，大家拿出當天比賽中的關鍵球出來討論，通常是有人先開始吹噓自己某一球打得如何、如何好，再如同羅生門一般，從不同人的觀點回憶球場上發生的情況，指出哪些地方做得好，哪些地方可以改進，用嘴巴再練一次球。

球賽後的聚餐，大家又餓又累，嘴巴用來吃飯多、說話少。第 47 屆就曾發生過這樣的事，餐廳服務生把菜端上桌，還沒放上桌面就聽見老闆高喊「送錯桌了」，服務生趕緊把手縮回來，但菜已被夾走將近一半。也因此，比起晚餐時間，聚餐後的茶店續攤，才是台橄老中青交流感情的重要場合。

除了討論橄欖球，隊員就讀的科系各不相同，畢業後的職業五花八門，茶店也是 OB 向在校生傳遞台大橄欖球隊過去歷史、自己生活上的趣事、職場生活經驗以及討論時事的地方，讓在校生提前體認社會經驗。第 28 屆的劉焜滉（倭寇）是茶店常客，他離開先前在日本三菱集團操作基金的工作，回到台灣受雇於寶來證券，便是茶店常客，除了講述風花雪月的人生經歷外，還會不時開起財經課，與在場的 OB 及在校生分享理財與創業的秘技，甚至還曾邀請財金專家謝金河到茶店開講。

師大路上當年還有夜市攤販區塊，台橄球員也會利用在茶店聊天的「空檔」，到夜市打牙祭。有時候也會夾帶一些食物到泡沫紅茶店享用，因為是每周固定消費的常客，只要數量不太多，店家也就默許。但茶店的生意起起落落，台橄在龍泉街上常去的兩家店先後結束營業，泡沫紅茶店的風潮也漸消退，師大路開始移入大量服飾店。台橄還一度嘗試移師到當地的文青咖啡廳，但價格跟店內氛圍都不再適合球隊聚會聊天，這項行之十多年的「傳統」也默默劃下句點。

從台橄第 44 屆開始，一直到第 57 屆左右中止，台橄 OB 們在茶店開講了 13 年。

## 從禁入到夥伴：女經理入隊，改寫台橄傳統

　　從很久以前開始，台大橄欖球隊的文化中對「帶女朋友來球場」這件事，一直是一種不被鼓勵的行為，甚至有代代流傳的故事，有球員邀剛開始交往的女友到球場看比賽，被知道後，整場比賽都未被排上場。這種潛規則讓許多球員在與女朋友交往階段，都不願意讓女友現身在球場，特別是在有 OB（畢業學長）在場時，更是令球員擔心。球員的女朋友通常只會在與前後屆隊友的聚會中露面。

台橄的第一批女經理，第 48 屆中文系的葉孟昕。

　　「練球時間不要帶女朋友到球場」的潛規則，不知從何而生。或許跟台大橄欖球隊長期以來「讀書第一、打球第二、沒有第三」的文化影響。因為戀愛既不是第一，也不是第二，就沒有第三了，「女朋友」這件事，在球場自然就沒有位子了。練球之外的時間，不在球場上，球員要怎麼談戀愛無人干涉，但一旦在球場邊上見到球員的女朋友，總會引來幹部或學長特別的眼神。

　　年輕大學生是人生中荷爾蒙分泌最旺盛的時期，異性的吸引力非常的強大，運動本來就是展現男性魅力的最佳場域。在所有運動中，沒有一項運動會比橄欖球更能體現陽剛特質——雄壯威武、堅忍不拔、不畏艱苦、勇往直前。打橄欖球的男人，似乎理所當然地更具吸引女性的本錢。

　　文學大師黃春明一生熱愛橄欖球。他曾說起自己在羅東中學念書時，當時學校嚴禁談戀愛，唯一能與女生互動的時候，就是橄欖球比賽時。羅東多雨，那些女生很喜歡看他打橄欖球，都抱著走廊的柱子在看，一看到女生在看，「你不拚？自己就拚起來了！會把球踢得很高，衝也衝得很厲害。」

　　從這樣的故事來看，打橄欖球的年輕男生對異性的渴望是非常自然的表現。但是台橄的文化，卻對這種原始的動物性衝動，過度的壓抑。

同為第一批加入台橄女經理的是第 48 屆法律系陳佩鑾，右邊就是引進女經理的第 47 屆張瑚松。

但是這種「球場最好不要出現女生」的潛規則，卻在第 45 屆的時候被徹底打破了。

第 45 屆的隊長王效文說，有一天第 47 屆的張瑚松，帶了兩個女生來球隊，對王效文說：「這兩個女生想來當球隊的經理，你看可不可以？」王效文心中是認同的，但基於長期以來，不希望帶女朋友來球場的潛規則，所以王效文將目光投向當時帶隊的 OB 張海潮，當他看到張海潮沒有特別反對的表示時，兩位女生就順利留下來了。

這對球隊的文化是非常大的改變，球隊從此開始有了女性球隊經理。而這兩位打破台橄數十年傳統的女生就是當時大一中文系的葉孟昕和法律系的陳佩鑾。

葉孟昕說，她小時候在日本漫畫裡看到棒球隊的女經理幫球員打理很多事情，她就很希望自己有一天也能擔任這個角色。後來她考上台大，住在同宿舍的一位學姐告訴她，台大橄欖球隊正在徵球經，問她有沒有興趣。她說：「有啊！有啊！」那天剛好是在椰林大道有活動，學姐就帶著兩個學妹一起去，碰巧遇上橄欖球隊的第 47 屆的張瑚松，表達想擔任橄欖球隊的經理。就是那個周末，張瑚松把葉孟昕和陳佩鑾帶到了球場，正式加入橄欖球隊，成為台橄第一代的女經理。

有女經理加入之後，整個橄欖球隊變得非常活潑。葉孟昕個性開朗活潑，讓球員在辛苦的訓練中多了不少歡樂；陳佩鑾是來自馬來西亞的僑生，也很投入球隊，和各位球員很快打成一片，協助處理很多行政事務，甚至幫忙做一些簡易的包紮。

隔年，第 46 屆在大專盃中拿下冠軍，全隊前往日本的菅平高原進行移地訓練，葉孟昕與陳佩鑾也一起同行。

又過了一年，葉孟昕的妹妹葉家瑜也考上了台大。葉家瑜比葉孟昕小兩

屆，葉孟昕是第 48 屆，葉家瑜是第 50 屆，所以那一段時間球隊同時有三位女經理。由於葉家瑜是葉孟昕的妹妹，她的外號就被叫作「葉孟妹」，倍感親切。

後來在第 53-56 屆之間，有第二批球經陸續加入球隊，包括陳瓊雅、李佳芬、黃莉婷，後來球隊搬到小白屋跟划船隊一起，划船隊的徐思琦也成為球經。

在這麼多球經中，第 60 屆歷史系的曹佩君算是非常投入的一位。她本身喜歡運動，非常投入球隊活動，那一段時間剛好成立台橄促進會，曹佩均不但是球隊經理，同時也協助促進會處理行政事務，後來她改行就讀運動防護研究所，畢業多年後仍持續照顧台橄球員的身體健康。

年輕男球員跟女經理朝夕相處、感情升溫是很自然的事，這些球經之中，有幾位跟球員結為連理，譜出佳話。

■ 台橄球經

| 球隊屆數 | 姓名 | 就讀科系 | 外號 |
| --- | --- | --- | --- |
| 48 | 葉孟昕 | 中文 | |
| 48 | 陳佩鑾 | 法律 | |
| 50 | 葉家瑜 | 森林 | 孟妹 |
| 53 | 陳瓊雅 | 農化 | |
| 53 | 李佳芬 | 農藝 | |
| 54 | 徐思琦 | 園藝 | |
| 55 | 黃莉婷 | 園藝 | |
| 56 | 劉宛鑫 | 會計 | |
| 57 | 黃珮琳 | 公衛 | |
| 57 | 溫力柔 | 農化 | |
| 60 | 曹佩均 | 歷史 | |

| 球隊屆數 | 姓名 | 就讀科系 | 外號 |
|---|---|---|---|
| 60 | 林佳樺 | 化工 | |
| 66 | 周婕妤 | 會計 | |
| 67 | 王唯學 | 政治 | |
| 67 | 羅艾妮 | 政治 | |
| 67 | 鄭品潔 | 圖資 | |
| 68 | 金賢珠 | 外文 | |
| 68 | 林宜欣 | 地理 | |
| 69 | 陳韡云 | 政治 | |
| 69 | 李賀敬 | 經濟 | |
| 69 | 蘇姵宇 | 物治 | |
| 71 | 姜瑜婷 | 政治 | |
| 72 | 陳玉珊 | 外文 | Glenda |
| 72 | 李昀庭 | 政治 | |
| 72 | 宋佩芹 | 經濟 | |
| 72 | 黃巧雯 | 獸醫 | |
| 72 | 謝寧 | 獸醫 | |
| 73 | 何雨璇 | 政治 | |
| 73 | 楊芥 | 農化 | |
| 74 | 林亦涵 | 法律 | |
| 75 | 黃宇禎 | 經濟 | |
| 77 | 陳玉婷 | 生傳 | Felicia |
| 77 | 廖安妮 | 生傳 | |
| 80 | 曹今安 | 生科 | |

# 不是魔法，是專業！台橄戰力即刻回復的秘密

2024 年 12 月底，元坤盃球員休息室內，台橄球員或直或橫地躺著，防護師一一的為球員做恢復的防護，經過激烈的 14 分鐘快節奏、高速衝撞的比賽，球員的身體都有沉重的負荷，此時「運動防護師」就成為台橄的秘密武器。不管前一場比賽多疲累，經過防護員的修整，球員都可以「歸長賀賀」（台語）的參加下一場比賽，反觀對手的恢復似乎不如台橄，「運動防護師」在一天多場比賽的 7 人制中，成為台橄可以在元坤盃三連霸的重要原因。

台橄以前是沒有運動防護相關人員，防護師正式加入台橄是從 2014 年才開始，第一任防護師是來自台大物治系的楊名廷，2015 年加入的李秉儒（Libo）、蘇姵宇（Echo）都在球隊擔任數年防護師，並同時分別擔任了球員和經理的角色。當時，李秉儒正準備進入研究所，透過學長楊名廷的介紹，在入學前的暑假便開始參與球隊，首次隨隊出征的比賽就是大專盃。

最初台橄防護作法比較彈性，通常在練球後協助處理傷勢，比賽則視情況隨隊出征。李秉儒加入台橄後，相當喜歡參加球隊活動。為了有效安排治療時間，他會先在球隊群組內詢問球員，再依人數分配治療時段，通常每人治療時間約半小時。「雖然人多，但兩個小時內處理 8 個人還是可以的。」李秉儒說，練球之後進行治療，不特別地累，但防護師往往都是球隊最後一個離開的人，下午五、六點到操場練球，治療完最後一個傷員，離開球室時往往已近午夜。

從 2015 年起，李秉儒與 Echo 開始為台橄球員進行密集的防護與物理

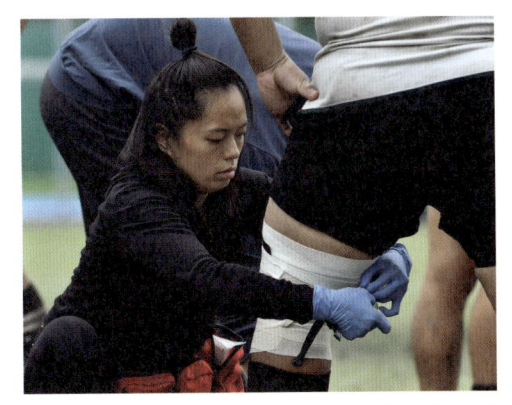

第 60 屆加入的女經理是歷史系的曹佩均，後來去讀運動防護科系，多年來一直照護著台橄球員。

治療工作，身兼球員的李秉儒連練球都維持高出席率。他們兩人對球員狀態和治療技術都相當用心，兩人與球員互動的風格截然不同。李秉儒的溝通方式較直接，堅持訓練與治療應有的強度，會和球員說：「該做的動作就是要做，會痛就讓它痛。」相對地，Echo 則被大家暱稱為「媽媽」，因為她對球員的感受，展現出關懷與溫柔的支持態度，會因應球員的疼痛狀況，調整治療手法。

李秉儒說自己的治療與復健訓練、對年輕防護師的指導強調「賦能」的概念，鼓勵學弟妹自主思考、評估傷勢後獨立構思治療方針，而不是被動執行指令。對受傷球員也以訓練恢復能力、給予支持的「默默守護」態度為主，在合理的治療復健之後，就讓球員自己判斷能不能回到場上。

2018 年，李秉儒協助第 72 屆隊長施凱智規劃新型體能訓練內容，將推雪橇、短程衝刺、球場折返跑以及繩梯敏捷性訓練等項目加入集訓體能菜單。李秉儒說，當時莊教練依然很重視 4 公里跑步訓練，某些球員並不贊同。但李秉儒發現有些抱怨的球員在跑步時看起來很累，結束後卻說自己只有 6 分累。「那就代表既沒有全力跑，也沒有跑到會影響訓練效果的程度。」李秉儒在當時擔任球員與教練間的緩衝，以訓練知識讓球員們能安心跑完教練開的菜單。他說，「我認為球員該向教練或防護員反映自己訓練後的狀態，而不是直接要求教練改變作法，那並非球員的角色與責任。」

為了延續台橄的防護資源，李秉儒很早就開始招募物治系學弟妹加入。他坦言，在台橄擔任防護工作在治療能力的養成或實習履歷上，未必是對物治系學生最有吸引力或「實際」的經驗，但他認為，面對橄欖球隊的多樣傷勢與競技壓力，的確是相當不同的治療經歷。他感概說，「從治療師的角度來看，有時候會覺得球隊整體氛圍的壓力太大了，讓球員在受傷之後做出非常冒險或是過於退縮的判斷。」他認為，讓球隊環境的壓力不要那麼明顯，未來球員可以用更務實的態度面對傷勢，恢復身體，並發揮更高的競技水準。

李秉儒指出，在他與 Echo 之後，持續有物治系學生前來台橄長期擔任防護師，代表這項經歷自有其吸引力。對他來說，擔任台橄防護師的首要優點是「自由」，第二則是「資源充足」。相較於其他隊伍，橄欖球隊的訓練器材與耗

材配置完善，而且防護師受到尊重，可自主決定資源使用方式，而不需經過層層核可。

李秉儒提醒，球隊規模擴大、女生隊也同時進行競技的情況下，防護資源可能會顯得相對稀缺。此時防護師的自主性更應該被尊重，尤其是治療的優先順序，應由防護師決定。

回顧在台橄的防護工作負擔，李秉儒不覺得特別繁重，部分原因是他較少進行放鬆或舒緩性質的治療。他笑說：「我本來就不認為放鬆或貼紮特別有效，所以勞動量也沒那麼大。」當然對於球員而言，放鬆治療頗受歡迎，但李秉儒笑說，有些球員身體部位「已經太鬆了」，需要的是心理上的強化與鼓勵，這部分也是他自認缺乏的部分，而同屆防護師 Echo 則具有相當出色的能力。

蘇姵宇是第一批加入的物理治療師，也身兼球隊的經理，照護著台橄球員的身體健康與生活。

物治師加入台橄之後，協助運動員身體管理並提供傷後復原的諮詢，讓受傷球員充分休息，傷癒再回球場，有效降低運動傷害，延續球員運動生命，使台橄的戰力維持不墜。

■ 歷屆防護師名單

| 姓名 | 加入年分 | 離隊年分 | 球員 | 經理 |
| --- | --- | --- | --- | --- |
| 楊名廷 | 2014 | 2015 | | |
| 李秉儒 | 2015 | 2018 | V | |
| 蘇姵宇 | 2015 | 2018 | | V |
| 黃宇 | 2017 | 2020 | | |

| 姓名 | 加入年分 | 離隊年分 | 球員 | 經理 |
|---|---|---|---|---|
| 杜玉荃 | 2018 | 2024 | | |
| 陳如意 | 2019 | 2025 | V | |
| 楊宣芙 | 2019 | 2023 | | |
| 林洋 | 2019 | 2023 | | |
| 沈乃耘 | 2019 | 2020 | | |
| 黃淞徽 | 2019 | 2021 | | |
| 張羽萱 | 2020 | 2024 | | |
| 簡國洋 | 2020 | 2025 | | |
| 陳楷恩 | 2020 | 2024 | | |
| 林詠薇（女橄） | 2020 | 2021 | | |
| 林德浚 | 2021 | 2024 | V | |
| 陳冉亞 | 2022 | | | |
| 吳稼敏 | 2023 | | | |
| 鄭伊雯 | 2023 | | | |
| 吳予彤 | 2023 | | | |
| 柯聿宬 | 2024 | | | |
| 洪子媛 | 2024 | | | |
| 楊沛穎 | 2024 | | | |
| 林芸亘 | 2024 | | | |

# 一場運動文化的交會：體優生與台橄的共進之路

　　台大橄欖球隊多年來在台灣眾多「文學校」中戰力名列前茅，於全國大學乙組橄欖球比賽中屢創佳績。外界不熟悉台橄球員招生、練球的付出、校友（Old Boys，OB）指導在校生、陪練球的傳統，還有球員堅持求勝的精神。因此曾經有台北市另一所國立大學橄欖球隊 OB 公開撰文說，「大學時代，我打橄欖球，台大橄欖球隊有體育保送生……我們似乎只能爭第二名。」把台橄歷年來的戰果，解釋為是因為有體優生形成的戰力。但事實上，台橄第一位「體優生」（體育績優學生）在 1994 年才入學，已經是這位撰文的某校橄欖球前輩畢業多年之後的事。

　　台橄早年彪炳的戰功跟體優生沒有相關，但是在 1994 年體優生加入台橄之後，甲組球員加入乙組球隊練球，不論是球技上或觀念上都有很大的不同，彼此需經過一段磨合期。有些體優生成功融入台橄，成為不可或缺的一分子；也有部分體優生無法適應，來過幾次後便悄然離隊。

　　但無論如何，因為體優生的加入，台橄產生了一些質變，重塑了一些打球的觀念與團隊的合作。尤其自 2012 年起，大專體總規定體優生不得參加大專盃乙組比賽。體優生儘管失去比賽舞台，仍選擇留隊，跟著球隊一起成長，都

劉政憲（左三）是台橄的第一位體優生，非常投入台橄，指導同學、學弟打球，畢業後還回校擔任義務教練。

是台橄不可或缺的重要養分。

第 52 屆的劉政憲（憲哥）是台橄第一位體優生，他說，當年參加未改制前的保送甄試，因為聽說師大與輔大不是名額已滿、就是未開放橄欖球項目，抱著嘗試的心態報考台大醫技系，錄取時甚至還不知道自己上的科系是什麼？也沒有明確計畫。他坦言，自己高中時期，上課的時候大多在睡覺等著練球，基本上沒有好好念書，大學的課業對他而言相當困難。

「常有人問我，如果回到從前，會不會再選擇念台大？答案是肯定的。」憲哥說，雖然課業有些跟不上，但除了系上同學會照看他之外，球隊 OB、學長與隊友來自不同科系都能幫忙，他自己也付出很多時間與精力在課業上，以致有時練球會缺席，但在過程中學到了寫報告、小組討論與應對考試的方法，對於出社會後的工作技能有極大的助益。

憲哥離開台大後曾在資訊公司擔任編輯，負責編撰電腦工具書，就是以當初進入台大就讀的「初學者」角度，寫出門外漢也能看懂的入門書。但可惜在憲哥之後近十年間，雖然醫技系有提供橄欖球體優名額，但再也沒人報考。

第 62 屆的褚瀚元（蛇）在大五時擔任隊長，是台大第一位體優生隊長，褚瀚元在高中時期就立志報考台大，決定高中延畢一年做準備，高四上午在建

褚瀚元是第一位擔任隊長的體優生，努力為台橄招生新血。

中上課，下午就到台大數學系，由當時的球經黃莉婷幫忙補習英文，從高一程度開始學起，結束後再與台大一起練球。他說，剛考上台大時，因為高中三年幾乎沒在念書，受到的衝擊很大，甚至還不適應一般生的校園生活，連每天要去哪裡上課都搞不清楚；還好隊長李俊霖（五百）非常幫忙，早上會相約在球室，帶他到教室，隊友跟同學也會特別關照他的課業。

林威名是第 69 屆隊長，也是現任台橄專任教練，已經為台橄第 79 屆，創下奪冠大滿貫的空前壯舉。

為了克服課業上的先天不足，褚瀚元以選課策略應對，他舉例說，在選擇第二語言時選擇了大部分學生高中時都沒接觸過的日文，如此一來，就能與一般生一樣，大家從頭學起，便不會有落後的問題。

第 69 屆的林威名目前為台大體育室的專任講師，同時正式被學校任命為橄欖球隊教練，是首位擔任台大正式教練的 OB。林威名回憶，大學的第一次期中考只拿到 30 幾分，雖然受到很大的震撼，但他發現，其實班上還有人分數比他還低，就覺得安心不少。他說，對體優生而言，大學課業往往是全新的挑戰，但換個方式想，其實普通生也沒學過，大家都站在相同的起跑線上，只不過，他學習的速度可能沒有普通生那麼快，所以警惕自己要努力，連比賽期間都帶著教科書去讀。

林威名說，到了台大除了課業之外，對球隊的練習方式也有點不習慣，過去在高中打球，訓練時間固定、全員到齊，但在大學練球就比較彈性；除此之外，大部分隊友都是剛開始打球，節奏比較慢，他也是過了一段時間後才開始調整自己的心態，扮演起助教的角色。也因為在台大參加球隊，體認到乙組球

員跟甲組有不同類型的問題，這也是他與那些一直在甲組環境下成長的教練不同之處。

只不過，至今已經身為球隊的教練，林威名仍對一件事情還不能習慣，那就是球員的參與度不足，例如原本計畫好每周的練習時間，設計各個訓練項目，設定在二小時內完成，但總因為球員有自己的事，常常遲到，執行起來很難，自己目前仍在調適中，但這也是非專業乙組球隊的現況。

褚瀚元也坦言，剛開始加入台大橄欖球隊時，的確有點不習慣，甚至練球都不會流汗。但不久後，他就了解自己的角色要轉換，調整自己幫助隊友成長，在練球時拆解各項動作，讓一般生也能理解，再將各種戰術隊型先改為慢動作，用步行方式練跑位，慢拋球給下一位球員接。他認為，這樣拆解、設計、規劃的經驗，對自己後來創業很有幫助。

褚瀚元在大五時擔任隊長，是台大第一位體優生隊長。他回憶，大五那年為了準備社團聯展，在集訓期間白天練球，晚上還繼續做美工，就是這些生活的點滴累積了隊友間的革命情感。那年經過大家的努力，招到 23 名新生，勤奮練球也收到相當的成果，在中正盃甚至打贏了光武。只可惜，大專盃期間傷兵太多，上場的球員很多是大一新生，在預賽就遭淘汰。

褚瀚元畢業後，台大就迎來全盛時期，連拿到好幾屆大專盃的冠軍，還多次到國外移訓。「我剛好錯過了那段黃金時期，全部都與我無緣。」褚瀚元感嘆自己沒有親身參與。然而，褚瀚元那屆打下的基礎與成功的招生，是後來學弟奪冠的重要因素。

劉政憲回憶，他進到台大橄欖球隊後，就時常想著把甲組打球的觀念帶給乙組球員。他說，其實當時的隊友匪幹（劉弘仁，第 49 屆）、卡通（黃建山，第 50 屆）、牆壁（孫文祥，第 50 屆）、九五（林翰廷，第 51 屆）與 Butter（胡迪智，第 52 屆）的身體能力不輸給甲組的運動員，但差別在技巧、習慣，還有更重要的，就是打球觀念不夠全面。

劉政憲說，他在高中甲組打球時，經常是教練一個指令、做一個動作，有點傻傻地打球，到了台大橄欖球隊以後，也讓自己在作為一個球員的角色上有

所成長，學會思考與傳授別人觀念。劉政憲強調，體優生到乙組球隊的功能，單想靠自己的經驗與球技打球，是無法幫助球隊贏球的，台大曾一度同時有三、四名體優生在隊上，卻未能奪下冠軍，就是鐵證。

「我自認是專業的運動員，到了一個球隊就全心融入。」劉政憲認為，體優生應該像職業運動員，到了哪一個球隊就認同這個隊，全力為它拚搏奪冠；來到台大橄欖球隊，應該要全心加入球隊，並且把隊友融合起來，才能發揮自己的價值。他說，很喜歡台大這個有傳統的球隊，因為這樣的傳統，就算是屆數有差距的隊友，雖然在校時期沒有重疊，卻也能很自然地打成一片。他說，感覺有一段時間，在校生強烈地認為「球隊是在校生的」，卻忽略了，若沒有過去的傳統與 OB 的支持，就不可能有當下的在校生球隊，因此他希望，台橄這些優良的傳承能繼續下去。

| 入學年 | 球隊屆數 | 姓名 | 外號 | 畢業高中 | 就讀系所 |
|---|---|---|---|---|---|
| 1994 | 52 | 劉政憲 |  | 六信 | 醫技系 |
| 1996 | 54 | 柳樹剛 |  | 開南 | 工管系 |
| 1997 | 55 | 李威廷 | Bibo | 開南 | 工管系 |
| 1998 | 56 | 呂仲豪 | 子彈 | 開南 | 工管系 |
| 2000 | 58 | 林家聖 | 大象 | 開南 | 會計系 |
| 2003 | 61 | 褚瀚元 | 蛇 | 建中 | 社會系 |
| 2003 | 61 | 楊瑞璋 | 小羊 | 建中 | 人類系 |
| 2004 | 62 | 梁傑理 | 阿根廷 | 建中 | 歷史系 |
| 2005 | 63 | 陸奕瑋 | 小趴 | 建中 | 圖資系 |
| 2006 | 64 | 周鍵孝 | 小毅 | 暖暖 | 歷史系 |
| 2006 | 64 | 黃俊豪 |  | 淡江 | 哲學系 |
| 2007 | 65 | 黃祥恩 | 小黃 | 建中 | 哲學系 |

| 入學年 | 球隊屆數 | 姓名 | 外號 | 畢業高中 | 就讀系所 |
|---|---|---|---|---|---|
| 2008 | 66 | 林昌諭 |  | 建中 | 森林系 |
| 2009 | 67 | 王嘉豐 |  | 淡江 | 哲學系 |
| 2009 | 67 | 林又銘 | 寶弟 | 淡江 | 人類系 |
| 2010 | 68 | 賴東賢 |  | 建中 | 人類系 |
| 2010 | 68 | 謝秉益 | 阿秉 | 暖暖 | 森林系 |
| 2011 | 69 | 羅培華 |  | 建中 | 土木系 |
| 2011 | 69 | 林威名 |  | 建中 | 社工系 |
| 2011 | 69 | 潘俊偉 |  | 淡江 | 人類系 |
| 2013 | 71 | 何思為 |  | 建中 | 社工系 |
| 2013 | 71 | 宋承懋 | 小懋 | 建中 | 生傳系 |
| 2013 | 71 | 杜宥偉 |  | 建中 | 人類系 |
| 2018 | 76 | 邱民翰 |  | 建中 | 土木系 |
| 2020 | 78 | 姚致堯 |  | 建中 | 人類系 |
| 2020 | 78 | 金士凱 |  | 建中 | 動科系 |
| 2022 | 80 | 黃宥宗 |  | 竹圍 | 社工系 |

# 從人數不足到重點校隊：不願放手的 OB 成立促進會

　　2007 年 5 月 20 日是台灣大學橄欖球隊很重要的歷史時刻，來自海內外台橄的歷屆 OB（Old Boy，指已畢業校友）們，齊聚在學校的舊體育館，共同見證「台大橄欖球促進會」的正式成立。這個組織的誕生，是台橄發展的重要里程碑，將台橄 OB 的力量團結起來，配合學校的運作，共同協助台大橄欖球校隊的發展與茁壯。而在促進會歷任會長與校方的共同努力下，台大橄欖球隊獲得學校高度肯定，被列為學校「重點運動校隊」，成為高等教育推動體育活動的典範。

　　促進會的成立，是基於台橄 OB 對台橄校隊深刻的期許與擔憂，發起人是旅居美國的台橄第 12 屆隊長邱雲磊。時間在 2005 年，那時是第 58 屆前後時期，台橄正陷入一段長時間的低潮，球員剩不到 10 人，有時人數少到無法報名大專盃，即使報名，也經常在預賽被淘汰，台橄陷入空前的低潮。

　　第 20 屆副隊長張邦彥說，有一天他接到邱雲磊 OB 從美國打來的越洋電話，希望張邦彥能協助整合台橄 OB 的力量，「我們該有個正式的組織。」之後張邦彥的電話經常在半夜響起，邱雲磊 OB 會打電話，跟他討論成立組織的相關事宜。

　　第 25 屆副隊長張海潮說，台橄從第 13-16 屆，連續四年沒有拿到大會賽冠軍，邱雲磊 OB 在第 17 屆時回來帶校隊，重建第 17-19 屆三連霸的台橄盛世，所以第 17-20 屆的球員，他都帶過也比較熟。邱雲磊想組織台大橄欖球校友後援組織，就找了他比較熟的這幾屆 OB。

　　張邦彥說，他跟邱雲磊 OB 太久沒有見面了，現實生活中沒有交集。邱雲磊聽說他一直都有關心球隊的事，所以才特別打電話請他幫忙。邱雲磊跟張邦彥提出構想後，就找上了第 19 屆的陳武雄 OB（當時為全國工業總會理事長和桐化工董事長）擔任組織的召集人。陳武雄是當年邱雲磊帶隊時的核心球

台橄第 12 屆隊長邱雲磊，是台橄促進會成立的發起者。

員，對於成立組織一事積極投入，協助安排在工總辦公室舉行籌備會議。

後來才加入協助籌組工作的張海潮，特別找了在桃園地方法院當法官的第 42 屆 OB 林明洲，依據內政部人民團體設立的規定，撰寫組織章程。實際參與籌備工作的除了張海潮跟林明洲之外，還有在台大土木系當教授的第 37 屆隊長鄭富書，後來的籌備會議幾乎都在台大土木系的會議室進行，還有擔任律師的第 27 屆張文寬 OB、及一向熱心的賴政國（阿狗）OB。

籌備期自 2006 年底展開，其間召開多次會議討論章程細節與組織定位，最終定名為「台灣大學橄欖球促進會」，並在 2007 年 5 月 20 日舉行成立大會。

成立大會在台大舊體育館前舉辦，場面非常熱烈，有太鼓及跳舞表演。陳武雄邀請了許多媒體採訪，促成重量級來賓出席，包括前行政院長蘇貞昌（第 23 屆 OB）與聯發科董事長蔡明介（第 25 屆 OB）等人。成立經費全由 OB 捐款，顯示出歷屆 OB 對球隊發展的熱切期待。

促進會成立的初衷相當明確，一方面整合歷屆 OB 的資源，提供穩定的財務與人力支援；另一方面建立一套制度化的球隊營運架構，從招生、訓練到賽事，都能有一套可持續運作的流程。長期以來，台大橄欖球隊經常面臨「（OB 們）誰有空誰來帶隊」的狀況，球員的發展只能依靠高年級學長或有空來帶隊的 OB，這樣的模式難以建立永續的戰力。

促進會成立後隨即展開會務運作，首任會長由陳武雄出任，總幹事賴政

國。邱雲磊則是精神領袖，本來想設立「技術指導小組」。張海潮說，邱雲磊OB敦請資深OB莊仲仁（第16屆）、陳順文（第17屆）與林衡約（第12屆）出任技術指導小組，三人皆為早年台大橄欖球隊的重要選手。不過，由於年事已高，無法實際執行指導任務。

面對教練人力的斷層，張邦彥與陳照賢（第28屆OB）等人積極安排年輕OB接手，陸續引進劉政憲（第52屆）、葉曾文（大魔，第51屆）與國家隊教練莊國禎等人擔任教練。其中莊國禎是第一位非台橄球員出身的教練，帶隊時間長達13年，留下深刻的影響。

莊國禎能順利出任台橄教練，是因為促進會成立之後，給予的行政及經費上的支援。其中最重要的關鍵就是橄欖球隊被列為重點校隊，得到充分的經費資助，莊國禎也以專業人員身分，來台大任教。

而推動台橄列入重點球隊的則是張邦彥OB，他向當時的台大校長李嗣涔建言，當時台大積極爭取進入「世界百大大學」排名，必須要展現學術以外的多元成就。張邦彥以橄欖球隊的傳統與戰績來說服李校長，強調推動重點運動隊伍，將有助於學校整體形象與國際評比。張邦彥安排促進會會長陳武雄與秘書長賴政國，與李嗣涔共進午餐，席間詳細說明計畫。

李嗣涔校長認同這個構想，很快做出決策，指示體育室撥款成立「重點運動隊制度」，橄欖球、田徑與游泳成為首波三大重點項目。橄欖球隊因為這項制度的建立，獲得校方穩定資金支持，預算約為每年150萬元，其中約40萬元用於聘任專業教練。

曾任國家隊教練的莊國禎

李嗣涔校長對台橄貢獻良多，讓台橄成為重點運動校隊。

擁有完整球員與教練資歷,在 2009 年秋天順利通過審查,擔任台橄教練。莊國禎的加入,象徵球隊進入專業訓練,為後續訓練與球隊發展奠定基礎。2022年,台橄第 69 屆隊長林威名,取得國立體院碩士學位,返校出任體育室講師,並兼任台橄教練,莊教練功成身退。

台橄促進會的成立與球隊升格為重點運動校隊,是熱心 OB 全力投入的結果。讓球隊得到制度化改革,也讓台橄從一支仰賴志工 OB 與情感驅動的校隊,轉變成今日有穩定教練領導、獲得校方預算與制度支持的重點運動隊。這條路並不平坦,但卻顯示出台橄全體 OB 努力維繫校隊的決心與信念。

| 屆數 | 就任時間 | 會長 | 秘書長 |
| --- | --- | --- | --- |
| 第一屆 | 2007/5/20 | 陳武雄 | 賴政國 |
| 第二屆 | 2009/5/20 | 張邦彥 | 賴政國 |
| 第三屆 | 2011/5/20 | 林泰生 | 葉曾文 |
| 第四屆 | 2013/5/20 | 張海潮 | 賴政國 |
| 第五屆 | 2015/5/20 | 張文寬 | 張迺禎 |
| 第六屆 | 2017/5/20 | 王建敏 | 張茂山<br>甯其遠 |
| 第七屆 | 2020/10/20 | 賴政國 | 周雅淳 |
| 第八屆 | 2024/10/20 | 張振崗 | 劉弘仁 |

## 大專盃冠軍後的移地訓練：
## 日本菅平高原朝聖之旅

　　1992 年 3 月，第 46 屆球隊在淡水打敗陸軍官校，終結陸官在大專盃的 14 連霸（中間有兩屆與台大並列冠軍），獲得大專盃冠軍。當時，許多在場邊觀戰的 OB 都落下男兒淚。為了獎勵在校生的努力，也為了球隊提升實力、招募更多好手，OB 們決定集體募資，大手筆贊助球隊，全隊前往日本移訓，並安排與當地球隊進行交流賽。這是台橄史上首次全隊海外移地訓練。

　　球隊由當時的領隊及教練張克振老師在 1992 年 7 月帶隊前往日本，前往亞洲地區橄欖球運動重鎮——菅平高原朝聖。張老師在返國後的報告中，詳細描述了此次移訓過程。張老師說，菅平高原即使在盛夏，平均溫度也僅有 19°C。因此，每年暑假自 7 月中旬至 9 月中旬，陸續有上百支來自日本國內外的球隊前往集訓。當地除了擁有超過 100 座橄欖球場，還有網球場、足球場、棒壘球場、騎馬場、滑雪場等各式專業運動設施，並設有 47 間專門的運動旅館、山莊，每家旅館皆配有 1 到 3 座專用橄欖球場。

　　參加此次日本之旅的球員馮君傑（第 48 屆）回憶，菅平高原的球場隨處可見，球場周圍則是一望無際的曠野。特別是第一天練球的場地，位於一片綠草如茵的山坡上，草皮鮮綠、土

第 46 屆拿下大專盃冠軍之後，OB 們捐款讓在校生可以到日本菅平高原，海外移地訓練。

菅平高原之行，大大提升了球員見識與信心，後來重點校隊，經費充足，球員幾乎年年出國移訓。

質鬆軟，跑起來格外舒適，不似台大的球場，礫土中夾帶石塊，一個 Tackle（擒抱）下去，再爬起來時，大腿常常多出幾道傷痕。

　　球隊到日本後，受到日籍 OB 和田英作（Wada，第 39 屆）的招待與照顧。他與張老師特別帶隊前往早稻田大學專用橄欖球場，觀摩該隊訓練狀況。馮君傑說，早大的訓練展現出日本一流大學強隊的嚴謹。即便早稻田大學橄欖球隊實力雄厚，仍連續兩年敗給明治大學。當天，台大見習的是由早大教授比野（全日本國家隊教練）從校內 150 多位球員中，挑選出的 50 多名一軍成員進行強化訓練。這樣的規模對每屆只有幾位球員的台橄來說，簡直是難以想像的奢望。

　　馮君傑表示，早大的練球重點在於戰術性的細節訓練，單一動作反覆練習整個下午，目的在於讓球員配合的協調性機械化。由於個人技巧已經到位，他們更重視球員間的默契，每個戰術（Sign）都重複練習，直到每個人的 Timing（配合時機）精準為止。再加上位置競爭激烈，人人為了能進一軍而拚命努力，難怪早大的球隊實力強勁（其實大多數日本甲組球隊皆然）。

另一位參與訓練的球員黃文柏（第 48 屆）說，菅平高原 4 天的訓練生活，早上練球，下午在 Wada OB 協助下，與其他學校進行友誼賽。台大總共使用過 3 個球場，其中兩個為沙土球場，並與石川專校進行比賽；另一場則在草皮維護良好的球場，與三所日本大學乙組球隊比賽，台大的實力略勝一籌，皆獲勝。他印象深刻地形容那座草地球場：「不僅草皮養護得宜，踩起來彷彿有彈性，土壤黏度與軟硬適中，令人奔跑自如。」

此外，由於當時台大是台灣首支依據新規則比賽的球隊，而該場比賽也正是日本為適應新規則舉辦的示範賽，黃文柏更感到意義非凡。

黃文柏補充，台大在赴日前，已展開約 20 天的集訓。早上進行長跑，下午則照常練球，集訓期間適逢酷暑，在那種天氣下訓練確實辛苦，但也讓球員的體能打下良好基礎，到了氣候宜人的日本，更覺得訓練如沐春風。

離開菅平高原後，球隊轉往大阪，參觀大阪城天守閣。全隊就在大阪城旁邊的專用橄欖球場更換球衣，自行分為三組，進行本次移訓的最後一次練球。馮君傑回憶，當天天氣晴朗而炎熱，經過兩到三小時的訓練，幸好事先準備充足飲水，才撐過酷暑。該球場為白色沙地，反射熱氣尤甚，全隊球員汗如雨下，最後幾乎人人赤膊上身練球。

隊員陳誼誠（Rata）表示，因關西氣溫過高，日本禁止在高溫時練球，原定的大阪友誼賽也因此取消，只能在大阪城旁的球場自行訓練。練球結束後，球隊展開日本京都、大阪等地的文化之旅，對多為役男的在校生而言，這趟旅程極為難得，大家玩得非常盡興。Rata 返台後說，此次日本之行無論在任何面向皆具正面意義，若經費、後援與條件允許，希望未來能再有移地訓練的機會。

然而，接下來台橄卻意外地陷入長期的低潮。專用橄欖球場改建為體育館，球隊失去練球基地，從第 49 屆至第 63 屆期間，台橄戰績與隊況起伏不定。直到台橄促進會成立、橄欖球被列為台大重點運動項目後，球隊經費獲得改善。

在校方支持下，相隔 17 年後，台橄才再次有機會出國移訓。由當時教練

莊國禎帶隊，第 63 屆（2009 年）前往香港九龍橄欖球總會移訓，自此開啟 10 年海外移訓歷程：

- 64 屆（2010 年）赴日本菅平高原，與交通大學、拓殖大學交流賽；
- 65 屆（2011 年）與京都大學、神戶大學交流；
- 66 屆（2012 年）前往 Panasonic 訓練基地；
- 67 屆（2013 年）日本北海道大學；
- 68 屆（2014 年）赴日本北海道移訓；
- 69 屆（2015 年）前往日本九州，與九州大學對戰；
- 70 屆（2016 年）飛往日本名古屋；
- 72 屆（2018 年）赴香港，與香港 DILWL 橄欖球俱樂部比賽；
- 73 屆（2019 年）再次前往菅平高原。

這段海外移訓歷程因 2020 年疫情而中斷。下一次的出國移訓是在 2023 年。第 77 屆奪得元坤盃冠軍、大專盃 7 人制冠軍與 15 人制亞軍，在台橄促進會會長賴政國（第 37 屆）積極募資下，全隊得以前往日本筑波大學進行移訓與交流賽。

第 79 屆（2025 年）台橄一舉奪下元坤盃國際 7 人制大專邀請賽冠軍，在大專運動會上，更進一步拿下 7 人制及 15 人制雙料冠軍，完成難得的三冠王，促進會會長張振崗（第 47 屆）發起 OB 募款，再次讓全體隊員，於 2025 年 7 月赴日本名古屋移地訓練。

# 八十分鐘的極限對決：橄欖球場上的命運抽籤

　　橄欖球比賽「沒有延長賽」……這並不是規則的冷酷，而是橄欖球精神的體現。橄欖球比賽的精髓，在於球員必須在比賽的時間與空間內，傾盡所有的技術、體力與精神，不能有絲毫保留。所以怎麼可能會有延長賽呢？

　　早期的橄欖球比賽不僅沒有延長賽，全場比賽都不能更換球員。也就是說，一旦被選為先發的 15 名球員（以前有個專門的稱呼，叫這些上場的選手是 Best），就必須在 80 分鐘的比賽時間內，將自己燃燒殆盡，毫無保留。比賽結束後，不會再有重新來過的機會。如果還有體力，那就代表還沒有拚盡全力。

　　然而比賽總得有結果，如果在正規時間打成平手，不打延長賽，勝負就只能由抽籤決定。這種方式看似荒謬，並且極為殘酷。是在雙方已拚盡 80 分鐘、血汗與泥巴交融的戰場上，最終的勝者可能只是靠一張紙，不得已只好靠運氣決定。就像足球平手後的 PK 大戰，也是比拚運氣，只是橄欖球不必踢球，而是抽籤。

　　台大橄欖球隊在歷史上多次面對這樣的命運關頭。其中最令人難忘的是第 30 屆大會賽（民國 64 年，1975 年），比賽在台大球場舉行，台大與文化大學苦戰 80 分鐘，面對甲組球隊，台大在不被看好的情形下，把文化大學逼成 0：0 平手。當時天降大雨，場地泥濘，球員滿身是泥與汗，仍不退縮。平手只好以抽籤決勝，在抽籤前，兩隊球員列隊在中線等待，此時文化大學學生高喊：「文化！文化！文化！」氣勢如虹，但台大的球員也毫不示弱，也高喊：「台大！台大！台大！」彷彿希望以高亢的聲音來左右命運。

　　雙方隊長走到裁判面前抽籤，兩位隊長走回來時，都面無表情，既無喜悅，也無悲傷。全場鴉雀無聲，沒人知道結果。但此時台大的球員開始流淚，因為他們知道，冠軍是台大的。如果是文化抽贏，文化隊長一定會大聲的歡呼雀躍；但是沒有。台大的傳統，是不論勝負都必須冷靜面對，不得張揚，也不

會歡呼。當兩隊隊長面無表情的走回時。台大球員都知道，台大贏了。當隊長開口確認後，全隊擁抱痛哭。抽輸的文化大學球員也流下了不甘心的淚水，以淚送別這場戰役。兩隊30個大男生哭成兩團，那一幕，令人一生難忘。

另外一場令人動容的抽籤，則是發生在第22屆（民國57年，1968年），15人制大會賽在台北體育場舉行，台大的決賽對手是陣容完整的陸軍官校，賽前各界皆預測將是一場一面倒向陸官的比賽。

比賽非常激烈，台大先達陣5：0領先上半場，下半場開賽15分鐘，陸官攻進一球5：5打平，比賽進行至第25分鐘，台大在自家陣前犯規，陸官藉罰球得分，以8：5反超前。比賽結束前3分鐘，台大在邊線附近巧妙傳球成功達陣，但加踢未中，只得3分，雙方再度以8：8平手，一直到比賽結束。

兩隊隊長代表出面抽籤，兩隊隊員們在中線相對而立，場內一片寂靜，緊張氣氛籠罩全場。當台大隊長看到籤條時哭了出來，旁人以為台大敗北，部分陸官隊員甚至歡了呼起來。台大隊長陳鐘杉平靜宣布台大獲勝、成功衛冕，隊員們聽到勝利的消息，紛紛相擁痛哭，有人倒地啜泣，有人抱頭沉默，這是台大第一次靠抽籤贏了陸官。

抽籤決勝的場景，台大在早期的賽事中，經常遇到。在第24屆（民國59年，1970年）大會賽的季軍賽，台大與陸官打完80分鐘，雙方再度戰成平手，要靠抽籤勝出，抽籤結果台大又贏了陸官；第32屆大專盃，台大與陸官在決賽圈激戰80分鐘，雙方皆未得分，再次以抽籤決定勝負，台大又贏得季軍。那幾年，台大的籤運似乎不錯，彷彿有天命庇佑。

然而運氣不會永遠站在同一邊。在第29屆（民國63年）大專盃準決賽中，台大與成功大學以0：0打成平手，這次的抽籤不是由隊長代表，裁判別出心裁決定由場上30人都上場抽，自己抽自己的籤，勝負看各人的手氣，抽籤結果由成大勝出，成大進入決賽，並在決賽中打敗陸官拿下冠軍，那是成大第一次拿下大專盃冠軍，也是台大第一次失去大專盃的冠軍。

另外一次抽籤輸球發生在第43屆，那次的大專盃，台大跟成大分在同組，在分組比賽台大跟成大3：3打成平手，這次的抽籤，台大不幸輸掉，落

入 5 到 8 名之爭，最後獲得第 5 名。

而台大與陸軍官校的平手對決最讓人印象深刻的賽事，就在民國 75 年與 76 年（即台橄第 40 屆與第 41 屆），雙方竟然連續兩年都打成平手。第 40 屆的大專盃決賽，最後雙方 4：4 打平，兩隊在大雨滂沱，球場如水田的情況下，力拚了 80 分鐘，30 人都已精疲力竭。在這種情形下抽籤決賽，對兩隊都太殘忍。台大建議兩隊並列冠軍，不要抽籤，而抽籤從未贏過台大的陸官，當然願意，大會也從善如流，同意兩隊並列冠軍，這是台灣橄欖球史上第一次出現並列冠軍。

令人驚訝的是，隔年相同的情況再次發生。台橄第 41 屆比賽，台大與陸官又在泥濘中鏖戰 80 分鐘，以 4：4 再度平手。既然有去年的前例，兩隊再度達成共識，決定不抽籤，共享冠軍，台灣橄欖球史上於是出現了連續兩年並列冠軍的特殊紀錄。

橄欖球沒有延長賽的慣例維持至今，這不只是比賽形式，而是一種價值與態度的象徵。在那 80 分鐘內，球員要傾盡所有，用生命注入比賽，結束就是結束，沒有重來，無法挽回。這種規定雖然殘酷，卻讓比賽的每一秒都變得格外珍貴。

# 血泥為誓，肩傷為旗：
# 第 28 屆為榮耀而戰的傳奇賽事

> 編者註：本篇記錄第 28 屆全國橄欖球錦標賽（大會賽）台大 vs 省體的關鍵片段。由第 29 屆孫本華 OB 執筆，內容根據第 28 屆隊長顏景堂 OB 的手稿、第 29 屆副隊長王武正的信件，加上部分參與比賽隊員間的交流討論完成。此文不僅為參與這場賽事的隊員留下完整回憶，也為年輕的台橄後進提供一段值得深思的故事。

**賽事名稱**：第 28 屆全國橄欖球錦標賽（大會賽），大專組決賽 台大 vs 省體專
**時間**：1973 年 12 月 2 日
**地點**：台北市，台灣大學的橄欖球場（已拆除）
**上場球員名單**：

　　1–8：陳中，劉烈明，陳照賢，王秋華，孫本華，吳政聰，葉海萍，葉騰瑞；9-10：劉焜滉，喬治夏；11-15：張海潮，顏景堂，王武正，楊宏章，林宗柏。

　　細分如下：第 25 屆（研究生，2 位）張海潮，楊宏章；第 28 屆（大四球員，7 位）陳中，陳照賢，葉騰瑞，劉焜滉，喬治夏，顏景堂，林宗柏；第 29 屆（大三球員，4 位）劉烈明，孫本華（孫鳥），吳政聰，王武正；第 30 屆（大二球員，2 位）王秋華（老橄），葉海萍。

第 28 屆隊長顏景堂帶傷上陣，鼓舞了全隊的士氣（圖為顏景堂與日本友隊友誼賽時的畫面）。

### 天氣與場地：

11 月的台北，連日陰雨，堪稱「天無三日晴」。經過連續三天的預賽及半決賽比賽，球場狀況極差，地面凹凸不平，用「地無三尺平」來形容最是貼切。場中已經看不見一株綠草，站在場內，大部分的區域，兩腳上的球鞋都會埋在爛泥中，舉步維艱。台大橄欖球場沒有看台，當天觀眾圍滿整個球場，連得分區都站滿人了。

### 實力的對比：

省立體專陣容鼎盛，兵源眾多，球員來自全國各高中的一流橄欖球隊（六信、長榮、建中、淡江、基隆等），體型、速度、技術俱佳，實力稱雄大專組。前一年，台橄第 27 屆，在台南善化以 0：22，敗於省體，獲得亞軍。

台橄前鋒最高的，不外是老橄，孫鳥和阿賢三位，身高都不到一米七七，體重頂多在 65 公斤左右。爭邊球時，由老橄，孫鳥分站 2，4 位。書面數據顯示，第 28 屆實力不如第 27 屆，賽前，外界也不認為台橄隊有贏的機會。

### 賽前的球室氣氛：

隊長景堂的肩骨是賽前一個月和美僑隊練習賽時受傷。大會賽時，骨傷沒有復原，手臂無法使力及受力，不能平舉更不能高舉。只能做極小範圍的活動，處理球很受限制。如果受到強力的衝撞、擒抱、或擠壓，隨時會傷退。

球隊人手不足，景堂決定帶傷出場。當景堂忍著痛楚，在球室裡，一層一層地綁上繃帶和膠帶，來紮緊及固定肩關節時，隊員們「看在眼裡，疼在心裡」，深受感召，那種「我死則國生」與「士為知己者死」的感覺，沛然而生，都暗自下決心，要為台橄，要為「台橄隊長」毫無保留的付出與拚搏。任何的賽前鼓舞士氣的精神講話，都比不上這個時候，球室裡的身教「我為台橄的榮譽，無所保留」來的有感染力。

### 比賽的過程：

開賽之初，省體憑藉體型、體重及氣勢，很快的進逼台大的得分區。橄界大老陳照基（陸軍忠誠隊始祖教練）為當時的主裁判，示意省體即將達陣，驅離台大得分區內的觀眾。在那情況下，對方氣勢旺盛，一副勢在必得態勢，台

大則拚命死守，以牛皮糖的黏勁，死纏爛打，在台大得分區前，多次險象環生。

　　景堂印象最深刻的一球，是對方的傳鋒已經在球門線前亂集團得球後突破防守，眼看即將在左方角旗內達陣，右翼的楊宏章，橫越球場，以閃電的速度，Tackle 對方的持球員，使得對方連人帶球撞飛到邊線之外，驚豔全場！台大得以保持高昂的士氣，繼續奮戰下去。

### 解說：

　　據海潮表示，宏章還救了另一個更驚險的球，對方的持球員已經一腳跨入得分區，硬是被宏章 Tackle 出線而破局。他還記得，聽到對方的隊長操了三字經：「幹 XX，不會 Jump try 啊？撲下去，撲下去，就對了！」

　　針對宏章從右邊補位到左邊，以 Last minute 的 Tackle，擋下了兩次省體幾乎必進的球，居功厥偉！當然也衍生 Follow up questions（左邊的 Wing 呢？），海潮對著孫烏帶著質疑的眼睛說：「事關本人 50 年的名譽，必須揭露當時的作戰計畫。」賽前考慮到省體進攻時會針對景堂特別關照，老大等人設計了一個補強策略，要求海潮的防守站位，向前移，同時貼近景堂，來減低景堂的防守壓力。如此安排，很可能出現左方邊路的漏洞，萬一出現漏洞，就要靠阿柏及宏章救場。很顯然，宏章發揮了漂亮 Tackle 球技，堵住了防守的漏洞，救回了兩個省體幾乎有的達陣！景堂的防守的壓力確實因而減輕，沒有連續被撞，而傷退。

　　當時的比賽規則，很沒人性，上場比賽的球員，傷退一個，就消耗一個場上人員，景堂決定帶傷上陣，就有指標意義，必須保護好，避免傷退而引發台橄的士氣崩盤。

### 戰局轉捩的關鍵：

　　開賽後，15-20 分鐘左右，球一直被壓迫糾纏在台大 22 米線內。在泥濘中，台大沒有機會也沒有能力大腳踢球解圍。

　　戰局轉捩的關鍵，是阿柏（15 號殿衛）在球門前 5 米左右撿到一球，正常的處理方式，是將球踢出界外解圍。或許因為球重地黏，讓他無法起腳踢

球，他低著頭以牛犁田的姿式，死命向前衝，對方球員，沒有料到他竟然選擇單兵快跑前進，徒步突圍，一愣之下，阿柏擺脫第一位防守者，往前推進，硬是殺出一條血路。衝到球場中線附近才被擋下，台大因而爭取到喘息的空間。從此，雙方進入有來有往，互有攻守的局面。這時，台橄的集訓效果開始發揮，體力相對充沛的台橄前鋒，雖然體型及速度不如省體球員，但是在泥濘地，是台橄習慣的場地。前鋒用了黏字訣，前仆後繼的追向球去，實踐「球到人到」信條。

大約 25 分鐘左右，台大反攻到省體陣地，對方從球門下欲踢球解圍，一樣地受限於泥濘和球的重量，踢了一個平飛球，直入王武正（外號王五）的懷中，王五接到球，埋頭正面直衝 25 米達陣，4：0 領先上半場。

### 王武正自述得分的原因及得分後的感想：

我隊前鋒勇往直前，使得對方門前險象環生，兵臨城下的我軍，隨時有可能達陣。我靈機一動，判斷對方一定會急著把球踢出界外解圍，立刻往邊線移動。果然，對方在亂軍中，將球回傳給站在球門右後方五碼左右的張東英（打 Standoff 位置，中華隊的隊長），一腳將球踢往邊線，朝我搶占的方向飛來，我從球場右邊 25 碼邊線附近往前奔跑，接球後，順勢直闖敵營 Try（達陣）。

對手幾乎沒有任何阻攔我的動作。很可能是看到球往邊界飛去，一定會出界。沒想到我洞燭機先，守株待兔。也可能，被我方的一輪猛攻後，省體球員已經氣喘吁吁，體力不濟，只能眼看著我衝進去，而無力阻擋或追趕。Try 之後，聽到他們隊長開口大罵：「怎麼沒有人在防守？Tackle 他啊！」我想，省體隊員心中一定在嘀咕：「幹！這傢伙這麼小一隻，也敢打橄欖球！還需要 Tackle 嗎？我一隻手就可以把他推出場外。」

### 孫本華自述看到的過程：

我當時正在往後移動，追趕著張東英踢的「高踢疑似界外球」，看到王五，接到球，抱著球，超過我，順著邊線直直向前方跑去。這時，擠到球場線內，想看高踢球落點的觀眾（閒雜人等），不得不跑著離開球場，回到邊線（Sideline）外，一排人牆依次快速的沿邊線排列起來，王五就像一陣風一樣，

輕拂過他們的臉，衝進達陣區（Try zone）達陣。情景就像電影《出埃及記》，摩西帶領族人奔向應許之地，紅海海水排開為他們讓路，一樣的讓人感動與壯觀。王五沿著邊線跑，省體球員都以為球已出線，等著「界外」的哨音。沒有任何人上去阻擋或防守。這就是所謂的「Side line」（邊線）的魔力！不管場上球員看到什麼，在沒有聽到裁判暫停比賽的哨音前，賽事就是在進行中，該幹什麼，就幹什麼，不要自己當裁判。

### 下半場我方贏球的機會：

下半場仍然是戰況膠著，球場的狀況使得雙方都無法啟用後鋒，發揮正常排練的進攻陣式，90%的時間，是前鋒短兵相接的肉搏戰，以我隊的瘦小身材，要與對方硬碰硬地對抗，實在很有挑戰。省體在亂軍中撿到球，我們來不及反應，被達陣扳平 4：4。

沒多久，在省體 Try zone（達陣區）前 15 公尺正集團，由省體擲球，台橄左後方的第二排球員（Second row）——孫鳥，注意到張東英的踢球起腳相當慢，有機會封住省體大腳解圍的球，所以在球出正集團後，快速的從正集團中脫身，撲向正在踢球的張東英，順利的封阻（Charge）張東英踢的球，球一路滾進達陣區，停在達陣區內的泥巴地上，這時前方已無省體的防守球員，只要能跑進達陣區，身體壓球，就完成了達陣，就能得 4 分加一個射 Conversion goal 的機會。

張東英情急之下，死死拉著孫鳥的球衣不放，缺乏實戰經驗的孫鳥，並沒有努力掙扎脫身，好往 Try zone 推進。反而，打開了大功率的嗓門，喊著「Interfere……interfere……（干擾）」，淒厲的聲音，吸引了裁判雪亮的眼光。因此，台橄得了一個門前正中央，5 公尺左右的 Penalty goal 機會。可惜，台橄沒有把握住這個機會，無功而返。如果射 Goal 成功，台橄將以 7：4 再度領先。

### 孫本華的自述：

通常大腳解圍時，踢球員都會有個蓄勢的動作，這個動作，有的人特別的耗時間。或許是，地太泥濘，張東英的蓄勢時間很長，就好比丟手榴彈，可以

慢慢的數，從一秒鐘，兩秒鐘，數到三秒鐘。這次 Scrum，在出球後，正集團以順時鐘方向轉，讓在 Scrum 左後方的 Second row（第二排），脫離正集團後，更容易捕捉到踢球員。這個球，在離開張東英的腳約 30 公分，被封下了，球因此筆直朝對方達陣區中央滾去。如果，那個時候的比賽經驗夠豐富，或許身體多轉幾圈，用手推就可以脫離張東英的 Holding，直接取得 4 分。

對於射門在正中間，短距離（5 公尺）的 Penalty goal，沒能成功。耿耿於懷了 50 年！

最近，通過景堂（A life time friend of mine）的開示，「濕的球很重，位置也很泥濘，限制了起跑的距離，成功射門的難度極高。」而勉強放下。

其實，那個時候，台橄是不太注重射門得分的訓練。基本上，沒有射 Goal 取分的能力。

這幾年，台橄射 Goal 取分的成功率，大幅改進，值得讚賞。

### 輸球的原因：

葉海萍在防守省體隊的那個進球時，與對方壯碩的球員猛烈碰撞，輕微腦震盪，短暫失憶，其後還不時地跑來後鋒線問景堂他是打哪個位置。

準確的說，下半場的每個球，基本上我（孫鳥）都跟到了，如果那個時候，台橄的經驗與默契夠，球能回傳到跟上的前鋒，再傳送到重兵集結的前鋒群（下半場，台橄前鋒的體力明顯的強於省體的前鋒），採取前鋒持續突破的戰法，這場球應該會有不同的結果。

終場前不久，台大在陣前亂集團時撤退不及，前鋒被判越位，這個 Penalty goal 的位置，比起我們有的 Penalty goal 的位置——門正中間，短距離（5 公尺），算是又遠又偏，但是省體隊長張東英罰踢得分，終場 4：7，台橄飲恨落敗。

這場泥地中與強隊勢均力敵的比賽，雖然小輸，但重建了台橄整體的信心，在一個月後的大專盃，台橄隊以懸殊比數衛冕成功。

# 七年等待，以血肉奪回榮耀：
## 台橄第 30 屆奪冠實錄

> 編者註：此文作者為第 30 屆隊長葉海萍，刊登於民國 64 年 12 月 26 日〈冰冷的泥漿〉《大學新聞》，內文描述第 30 屆如何在寒風中，眾志成城，跟甲組的文化大學打成平手，抽籤奪冠的過程。

12 月中旬，寒流來襲，冷風冷雨，冰凍的天氣，冰凍的操場。12 日 12 點 20 分台大橄欖球隊一如往常出現在一般人認為不適合打球的天候和操場上，只是全身是最新的裝備，精神抖擻而表情嚴肅。細細看去，你會發現絕大多數的體格不是頂好的，體育細胞也不很多，從最後的賽前練習任何人都可看出個人技術不是一流的，這是個外觀上絕對不顯眼的球隊，可是在這次第 30 屆全國橄欖球錦標賽（又稱大會賽），卻獲得冠軍，分別擊敗政大、輔大、文化三隊。而與賽九所大專隊中，分別有北體、師大、輔仁、文化等四個以體育系學生為班底之球隊，台大是以運氣贏了這三場球？最後一戰打成平手台大以抽籤勝，台大是以幸運之籤得此冠軍銀杯嗎？

12、13 日兩日分別擊敗政大、輔大，比分是前者 32：0，後者 16：0。台大隊以絕對的優勢打得此二隊潰不成軍，OB（畢業隊員）的讚賞，觀眾的叫好，使得每個隊友又高興又興奮，每一個人都激動地臆想，那失去七年的冠軍似乎將可輕鬆的拿回來，每位 OB 也做如此推測（此二役之前則無絲毫樂觀成分），沒有人知道文化隊暗中派人仔細研究了我隊的戰略戰術，更沒有人知道對文化一戰，將成為我們有生以來最艱苦難忘的一戰。

12 月 14 日，天氣更寒冷，冰凍的天氣，冰涼的雨水，冰冷的泥漿，一場奮戰即將於下午 2 點 40 分，在這如水田般的台大橄欖球場舉行。2 時起所有隊友開始做熱身、拉筋動作，2 時半走出體育館至操場做最後衝刺練習，這場

比賽的重要性（年年輸，年年哭，七年了！）使得所有 OB 找不出適當的話來鼓勵我們，因為每一位隊友無數日的苦練就是為了這傳統上一向為台大隊視為無上榮譽和極力爭取之「大會賽冠軍」。

　　責任早已瞭然在心，OB 們站在旁邊冷得直發抖，然而眼光卻向我們每一位隊友注視著，其中有著無限的企盼。說話的只有幹部們，聲調是激動？興奮？悲壯？我分不出來，因為沸騰的血液在體內奔流著，只知道喊了最後四句話：「狠狠的宰！狠狠的灌！狠狠的攻！狠狠的宰給 OB 看！」齊聲喊過加油開始進入場中，OB 此時才開始喊叫：「台大！加油！加油！台大……」進入場中站定，等待敵人，低頭一看不見雙足，因為早給泥漿蓋住了，心理並無特殊感覺，這一群「水牛」弟兄在「風雨無阻」的練習中，早已習慣了。

　　兩分鐘後，敵人來了！個個人高馬大的站在我們前面，兩隊體型的不成比例，不但使場外的人懷疑，就是場內身經多次戰役的自己也開始自問：「我們的前鋒還能維持前兩日的絕對優勢嗎？」後來懷疑果成事實，敵人不但塊頭大，條件好，並曾仔細研究過我隊，此役完全「有備而來」。

　　我隊唯一的一位大腳隊友（最後衛）當天下午考 GRE。球隊只給他一句話：「你自己做決定。」因為此役之重要（外人很難了解的重要！）與他個人前途之重要，沒有任何旁人可以加以比較。考慮再三後，該隊友仍以球隊的最大原則「讀書第一，打球第二」做了決定。所有隊友只有一句話安慰他，亦彼此互勉，「不論多累我們都願意多跑一步路，來彌補這個漏洞，你儘管放心去考！」然而後來此役果然因此而艱苦萬分！

　　自始至終，敵人用一個戰略，一個戰術，「大腳踢向我後方，高大前鋒再掩蓋而來。」文化之大腳乃足球高手，又遠又準，而我方之另一位「最後衛」經驗不足，腳力過小，連連失誤，前鋒屢屢趕回，再苦苦向前寸寸推進，敵人只要一拿到球又是大腳踢前數十碼，前鋒仍然一再趕回，再向前步步推進，以其瘦小身軀與敵肉搏戰，造成向前之步步推進，其艱、其苦、其累，令人鼻酸眼紅。

　　前鋒拿到了球不管遭遇任何撞擊、傷痛，只有閉眼（兩眼早被泥漿糊住）

向前衝，倒地再起，起了又倒，前仆再加後繼。每個後衛見狀又急又感動而基於固定防守任務卻硬是一分忙也幫不上，真真哭的時間也沒有。

　　上半場將結束時隊友白銀堂被抬出，原因是腿骨脫臼，左膝蓋移位，蔡玉吉老師（阿吉仔，一位感覺上像我們父親般的球隊指導者），衝至場內探視，小白滿是泥巴的臉上，張開一雙紅紅的大眼，望著蔡老師以台語說：「阿吉仔，對不起，腿不能站起來再跑了。」那副神態沒有絲毫腿傷的痛苦，只有滿心的抱歉，隊友感動的眼淚幾乎要掉下來了。

　　仍然，我們沒有哭的時間，比賽立刻照常進行，開始了14人對15人之苦戰（不能換人），蔡老師鎮靜如常，抽調前鋒閻大勝頂替小白，「最後衛」由鄭玉山隊友由後衛抽調出來。不久上半場結束，休息時，無數OB擁上來，叮嚀，安慰，指導，鼓勵，盡在耳畔，大家紛紛忙著換乾淨球衣，洗眼睛、擦臉，還有體育館工友，為了鼓勵我們而做的薑湯。三聲「台大加油」後，再以一句話鼓勵大家：「後方有阿山在，前鋒儘管放心往前衝。」再度進入場中。

　　下半場，情形略為改善，前鋒仍然是苦苦推進，卻較上半場為迅速，屢屢迫近得分區，尤其聶森隊友之拚命勇冠三軍。敵人仍以大腳頻頻解圍，前鋒仍須不時趕回，因為阿山雖具經驗速度，然而腳力仍是不夠，且不久眼角即被撞裂（縫六針），滿面鮮血，腳步蹣跚，仍奮力向前衝去，隊友見狀莫不竭力回來掩護之。多次迫近得分區時，後衛喉嚨早已喊得聲嘶力竭了，許多機會只要前鋒傳球給後衛，便穩可衝進得分區，因敵人二名前鋒至此已被凍的抽筋而抬出場外。然而後衛喊不出聲音，前鋒的眼睛早已失去作用，場外盡是一片吼叫聲，前鋒只有向前衝！向前衝！

　　最後一次迫近得分區時，終於吹出終局哨音，文化隊忿怒的高叫著：「文化！文化！文化！……」台大隊泣不成聲的亦高喊著：「台大！台大！台大！……」分別站在中場線上準備抽籤，雙方的喊叫並未停止，場面感人萬分。台大隊在80分鐘的比賽裡已經表現的夠了，無須再爭此氣勢，一聲令下，台大隊無人再喊叫。

　　剩下，卻聽到一特殊哭聲，那是王秋華隊友正以其不能出聲的喉嚨哭泣

著，聲小卻令人如此心碎！抽籤結果我隊勝、行禮後、文化默默離去。帶隊回來，仍是一片哭聲，沒有人歡呼跳躍，台大隊不永遠如此嗎？輸球我們哭，贏球我們默默離場，如果贏的不容易我們也哭，哭的更厲害，這次的哭是為輸球？贏球？抽籤勝？還是對某種境界體認後的反應？這個作風卻常使觀眾糊塗，不知誰勝誰負，只有台大的 OB 們了解台大隊贏了！

闊別七年的大會賽冠軍杯，終於替無數 OB 拿回來了，這份高興與快樂、實難以傳言。OB 的恭賀感激均是次要的，倒是球隊幾年來所給我們的磨練，以及阿吉仔及許多 OB 無數心血的付出，我們能稍稍報答於萬一，而感到安慰不已。

當晚由 OB 請隊友至麗都吃飯，冠軍杯上倒滿了酒，大家輪流喝個夠。慶功宴亦即將舉行，球隊將有獨立球室，學校將充分供應裝備，種種喜事相繼而來，阿吉仔可愛的小女兒當天生日，我們晚上立刻把銀杯送去做生日禮物，暢談了一夜，一切似乎完美極了。

然而，午夜，酒醒了，心中卻有一絲茫然，一點遺憾，思索了半天，是因為最後一場球賽，沒有徹徹底底的壓制對方，沒有海灌敵人，沒有精彩的得分鏡頭，甚而曾被威脅過；而我們是抽籤贏了這場球，我開始自問：「我們是不是靠運氣贏了這冠軍杯？」

於是腦海裡又出現了隊友們拚鬥廝殺的影像，離場時觀眾的叫好聲，小白的那句話，那幅神情，阿山的滿面鮮血的蹣跚衝刺，文化的大塊頭，我們的瘦小，OB 的激動高興滿足和阿吉仔流著眼淚罵著我們這群哭泣的勝利隊伍：「哭什麼？明年還有大專杯冠軍要拿！」我從床上坐起，不期然的唸了一句：「我們贏了這場比賽了！」技術上的瑕疵我們是有的，然而我們無缺的團隊精神，奮戰不已的毅力足可為任何球隊、任何運動的榜樣，這種「精神」不正是橄欖球運動的目的嗎？勝負與技術均是微不足道的事。

12 月 15 日，賽畢後次日，更冷的天氣，到了操場，偌大地方，除了一、二年級新隊友在那兒自主練習外，空無一人。看到那些笨拙生硬的動作，那些被其他人認為沒有希望的體格，看到他們心中的幻想──兩年後，重演昨日之

戰役，而他們將是場中大將。這些情形，這些幻想，我當初不也有過？其他十餘位隊友和無數 OB 又何嘗不是呢？才了解到台大橄欖球隊原來是如此的代代相傳，綿延不絕，我不期然的又冒出了一句：「我們的確打贏了這場比賽！」

## 在泥巴裡寫歷史！台大 vs 陸官，連兩年血戰平手，並列冠軍

張海潮

> 編者註：在台橄 80 年的歷史上，第 40 屆及第 41 屆是很特別的兩年，那兩年的台大及陸官都非常強，決賽都在台北百齡球場的「水田」中比賽，連續兩年兩隊都平手，雙方都不願意抽籤決勝負，連續兩屆台大與陸官並列冠軍，以下文字修改第 25 屆 OB 張海潮在台橄 70 周年時，所寫的回憶文章。

民國 67 年 9 月我回台灣，在數學系任教。第二年（民國 68 年）4、5 月去台中看第 33 屆球員打大專盃。第 33 屆輸給陸軍官校，這是陸官有史以來第一次拿到大專盃的冠軍。接下來台橄的第 34、35、36、37、38 屆，連續輸給陸官 5 屆，台大都屈居亞軍，第 39 屆則在預賽負於東海未進入決賽，來到第 40 屆及第 41 屆，卻有相當戲劇性的發展。

先說一下第 40 屆（民國 74 年，1985 年）發生的一些事情，第 40 屆隊長陳崑焜接任不久，台橄的指標人物蔡玉吉 OB（阿吉仔）辭世。消息見報的那一天早上，我到老大（第 25 屆曹善偉）溫州街的公司，第 24 屆隊長張喜雄也在，三個人一起坐計程車去百齡橋，看當天早上 10 點在校生在中正盃的比賽。三人到了球場後，張喜雄要隊長把全體球員集合，為蔡 OB 默哀，然後鼓勵球員好好加油。

這一年有好幾位研究生在學，包括第 36 屆劉朝俊，第 37 屆的鄭富書、李讚麒、洪富峰、賴政國，第 38 屆的周肅宏、簡崇仁、楊志達，第 39 屆的余榮熾、林宏吉，再加上博士班研究生第 32 屆余榮修，已經超過下場人數 15 人的一半。

那一屆除了阿吉仔 OB 往生，還發生有人在台大球場傾倒建築廢土的事件，把球場弄成一堆爛泥，再加上下雨，集訓的時候非常辛苦。研究生都是老

鳥，在校生動作在老鳥眼中並不完美，因此隊長崑焜壓力大到幾乎睡不著覺。

翻過一年（民國 75 年，1986 年），第 40 屆準備打大專盃，當時的陣容大致分由在校生打前鋒，研究生打後衛。後衛的陣容基本上是 10 號劉朝俊（第 36 屆）、正鋒余榮熾（阿熾，第 39 屆）、陳志明（小黑，第 42 屆）、翼鋒林宏吉（第 39 屆）、賴政國（阿狗，第 37 屆）、15 號余榮修（第 32 屆），其中只有小黑是在校生，其他都是 OB。前鋒則是鄭富書（阿書，第 37 屆）、簡崇仁（簡仔，第 38 屆）、楊志達（阿達啦，第 38 屆）、楊順財、黃振芳、廖學藝、林明洲、侯德發和隊長陳崑焜，其他還有許多球員，例如吳宗信、廖學藝、張大忻、林津鋒、吳棟傑、陳光仁、李明欣、曹克農等，恕我記不完整。總之，是超強的陣容。但是那年官校的實力也超強，因此橄欖球界都在期待看到這場文武對決。

台大跟陸官從預賽一路過關到最後的決賽，但是春天的百齡球場，春雨不斷，球場的泥濘如一團漿糊。在比賽進行中，場外的低年級的學生都拿著水桶和毛巾，只要死球，馬上就衝進去球場幫場上高年級球員擦臉，清洗眼睛中的汗泥。比賽進行中，前鋒只要一個亂集團下去，爬起來時都是滿頭爛泥，只能靠著感覺繼續向前跑。在這樣如水田中的場地打橄欖球，全世界應該找不到第二個國家。

兩隊在水田中奮戰，上半場官校先達陣，但是射門不入，以 4：0 領先台大。戰事拖向下半場，大概打到還剩下 10 分鐘左右，落後的台大，全部的前鋒都像瘋狗一樣的往前衝，一個亂集團接著又一個亂集團，連續帶球推進到陸官的 22 公尺線前。此時，9 號張大忻把球傳給 10 號劉朝俊，阿俊拿球之後突然往內切了兩步，把對方的後衛帶住後，再往內切，對方後衛回頭去抓時，阿俊突然往後丟了一個拋物線的球高高的拋出來，球越過第一個正鋒小黑，被第二個正鋒阿熾接到，阿熾接到的時候，對方的後衛線已經整個亂掉，露出一個大洞，阿熾就直接跑向達陣區，然後再傳給翼鋒阿狗，阿狗在門旁邊二碼處達陣，幾乎是在正中央，只要射門得分，台大就可以贏下這場球。但是射門這件事也真是命啊，大雨中的皮球泡了水非常的重，再加上地滑，結果正中央達陣

的射門卻失手，最後兩隊以 4：4 打成平手。

依照往例，橄欖球比賽沒有延長賽，平手的時候，兩隊要用抽籤決勝負。雙方球員在水田中，激戰 80 分鐘之後，台大跟陸官都不想用抽籤決定命運，兩隊把這個想法告訴大會，大會於是決定兩隊並列冠軍，這是台灣橄欖球賽史上第一次兩隊並列冠軍的賽事。

在回憶第 41 屆冠亞軍賽事之前，我想先紀念一下第 42 屆的兩位球員陳光仁和林明洲（阿洲）。陳光仁動物系畢業，個頭不大，但是很壯，是前鋒很好的人才。在第 41 屆冠軍賽時，打前鋒 1 號的鄭富書，開賽不久，被就被陸官球員暗算，一拳打歪了鼻樑，不得不退場，而由陳光仁入替比賽。比賽結束後，台大回到公館的大聲公吃中飯，因為也是平手並列冠軍，所以算是慶功宴。

沒想到吃完飯後，我看到陳光仁一個人，站在新生南路邊上，一直哭一直哭，我問他是不是受傷，他搖頭，卻說不出為什麼。當完兵後陳光仁公費出國留學，我幫他做保，念完書回來到東華大學當助理教授，後來卻因大腸癌辭世，不到 40 歲，留有一妻二子，同屆的曹克農有幫忙照顧。

阿洲是法律系，他進球隊的那天我記憶深刻，當天是周六，在校生和 OB 練習賽，阿洲才來，因為個子高彈性又好，就去站二番。結果大腿被撞受傷下來，劉朝俊把他帶到球隊浴室熱敷。第 40 屆、第 41 屆阿洲都是先發球員。後來也是因為癌症過世，辭世時是桃園地院的法官。他的告別式很特別，全程放德弗札克的新世界

第 40 屆及第 41 屆都在爛泥中比賽，第 41 屆時打傳鋒的吳宗信從泥地飛傳，登上報紙體育版頭條照片。

交響樂，育有一子，也是就讀台大法律系，可說是克紹箕裘。

再來回顧民國 76 年，第 41 屆的大專盃，由隊長黃振芳領軍，吳宗信打 9 號，劉朝俊研究所畢業，阿修去打系際賽時手骨骨折，後衛陣容調整為 10 號洪富峰（第 37 屆），正鋒是小黑和阿熾，翼鋒是林宏吉和第 43 屆隊長張茂山，阿狗打 15 號。

這一屆的比賽出現了一個非常嚴重的意外，預賽時，成大對戰陸官，在戰況一面倒的狀況下，成大隊長劉俊寬在擒抱（Tackle）對手時，陸官球員垂直向上跳起閃躲，劉俊寬太陽穴正好撞到對手的膝蓋，造成嚴重的腦傷，送醫後不治。

意外發生時，台大已經在前一天打完預賽，確定進入決賽的三隊是台大、陸官和政大，成大與陸官之賽，已經無關晉級，所以台大在學校的球場練習，沒去百齡球場觀戰，不知道意外發生的過程。

第二天一早，成大隊長過世的消息見報後，一大堆球界的人都趕到球場看政大對陸官的比賽，觀眾中以政大 OB 最多。我也到場，心情非常沉重，非常難過。此時一位政大 OB 過來和我打招呼，他說：「只有台大可以對抗陸官。」言下之意，政大決定棄守。他這樣說，我分不清這是讚美還是卸責。果然，政大在比賽中全面棄守，陸官一個冒爾可以推進 20 碼，陸官得到 70 多分吧，比賽就草草結束。

我很好奇，第二天政大對台大的另一場決賽，政大要怎麼打？第二天的決賽，陸官輪空，台大對政大，陸官全隊在外觀戰。政大一反前一天打陸官的棄守態度，卯足了全力打台大。其實政大贏不了台大，也贏不了陸官，幹嘛要在台陸大賽的前一天，猛打台大，卻又寄望台大可以打贏陸官。

不管怎麼說，任何一支球隊當然都可以放掉對戰陸官的比賽而猛打台大，這是台大的十字架，也是台大的光榮。

這一屆比賽其實有一匹黑馬，就是政戰學校，因為一位南部的甲組球員去帶政戰，讓政戰學校脫胎換骨。在預賽時，台大對政戰，贏的一點也不輕鬆，政戰雖然輸給台大，竟然主動在出場處列隊歡送台大，並且熱情的高呼：台大

冠軍！台大冠軍！政戰希望台大贏陸官。

只是成大隊長過世的消息見報後，政戰學校把球隊召回，放棄複賽。這是當時的氛圍，所以在最後一場台大對陸官大戰，下大雨而且場地跟去年一樣泥濘，但是場邊擠滿了觀眾，其中有很多看不懂橄欖球的民眾，因為成大隊長的意外，而來看熱鬧。

這一年陸官出了一個很出色的 8 號球員，姓金，外號金八，站二番，但是碰到泥濘的場地，金八不好發揮。決賽開打不久，場上 30 個球員幾乎分不出敵我，全都是泥巴人。上半場快結束時，在我方右邊有一個鬥牛（正集團），這個鬥牛竟然轉了 180 度，雙方沒有一個人脫肩（當時規則容許旋轉）。這個旋轉轉得很慢，但是轉成這樣，大部分的球員都昏了，分不清楚方向，此時球在金八腳下，他帶球拔了出來，向台大陣地前進。金八全身是泥，台大後衛看到金八出來，愣了一下之後才上去防守，翼鋒和 15 號都沒有擋下來，金八得到寶貴的一個達陣。

下半場開始，台大發動猛攻，前鋒像水牛一樣在田裡奮力前進，速度雖慢，但是持續。前鋒倒了又爬起來，倒了又再爬起，我當時看到，忍不住哭出聲來，因為場邊圍滿了人，我就退到人牆的後面蹲在地上掩面痛哭。就在此刻，突然一陣歡呼，台大達陣了！台大達陣了！張邦彥 OB（第 20 屆）瘋狂的呼喊，想要找到我，他看我蹲在地上，有點不解，但是難掩興奮。

這個達陣是台大攻到對方五碼，進行一個鬥牛。陸官擲球，球非常滑，陸官傳鋒（9 號）也非常緊張，台大前鋒拚命推，陸官一勾出來，9 號沒摸到，被我方 9 號吳宗信壓上去達陣，因為這球，兩隊連續兩年打成平手，延續去年的慣例，兩隊再度並列冠軍。

回想當我是在校生的時候，那時橄欖球界有一個傳統，比賽結束之後，勝方要列隊讓敗方走過，然後敗方再讓勝方走過。我們每次打輸球後，OB 們總是在出場時，過來握我們的手，還跟我們說謝謝，他們都非常真誠。而作為一個年輕的在校生，我經常非常迷惘，OB 為什麼這樣真誠的謝謝我們？特別是，我表現得不是很好。

當我看到第 40 屆及第 41 屆的在校生，在如此惡劣環境及不被看好的情況下，前仆後繼的奮戰精神。這次，輪到我去握在校生的手，謝謝他們。謝謝各位 OB，謝謝各位同學，因為有你們，331 Thanks！（331 Thanks！是台橄結束練球或比賽後的感謝儀式，全體人員圍成一圓圈，一起同時拍手三下、三下、一下，再大喊 Thanks。大部分的橄欖球隊都有類似的感謝儀式，擊掌聲統一是培養默契，Thanks 是表達對隊友的感謝，這種儀式是橄欖球文化一部分。）

## 逆轉的靈魂：台橄絕不放棄的精神

台大橄欖球隊的歷史中，有許多比賽令人難忘。有些比賽，在完全不被看好的情況下贏得勝利；有些比賽，卻輸的莫名其妙。然而，真正打動人心、令人熱血沸騰的，往往是那些在最後關頭逆轉勝出的比賽——那是不屈不撓、永不放棄的台橄精神。

### 0：19 的逆轉勝

其中一場經典的戰役，要從勇奪三冠的第 79 屆講起。那場驚奇的比賽，是在 2024 年 12 月底的元坤盃準決賽，台大面對來自日本、實力強勁的名古屋大學。這是兩隊首次交鋒。比賽一開始，台大的球員還沒完全進入狀況，名古屋大學就連續達陣三次，比分來到了 19：0，看起來這是一場一面倒的比賽，「只要不輸超過 30 分就算好的。」場邊的觀眾，心裡默默的這麼想著。

然而，台大球員沒有放棄。他們穩住軍心、調整腳步，一步步追趕，一球球地防守。上半場結束前終於攻下第一球，將比分追成 19：5。

下半場開始後，台大繼續一球一球努力奮戰，並漸漸將比分縮小。比賽接近尾聲時，台大仍以 15：19 落後四分，勝利看似遙不可及。台大球員們「不

2024 元坤盃，台大在 0：19 的落後中，絕不放棄的追趕，以 22：19 逆轉成功。（攝影：吳大川）

放棄就是不放棄」的信念，拚盡全力，在終場哨聲響起前持續進攻。名古屋大學在台大進攻的壓力下拚命防守。

在比賽進入最後一分鐘，台大球員因為故意拍球，被判黃牌，台大形成 6 打 7 的絕對劣勢，正式比賽時間終止的傷停時間內，台大最後一波的進攻奏效，從中場一路挺進，經過幾波衝擊，成功中央達陣，以 22：19 逆轉，裁判同時吹響比賽結束的哨聲——這是一場從劣勢中奇蹟般反敗為勝的經典戰役。

### 強力防守，逆轉勝出

而另一場令人振奮人心的逆轉勝，發生在第 79 屆的大專盃決賽圈，台大對上實力強勁的政治大學。本屆政大狀況極佳，前一場以大比分擊敗成大。三強決賽首戰，台大與政大正面交鋒，兩隊互有攻防，戰況激烈。

上半場一開始，台大先進一球，政大隨後攻進兩球 10：7 領先上半場。下半場台大一度把比數領先到 14：10。比賽時間將到時，政大再攻進一球，將分數領先到 14：15，正規時間已經結束，政大勝券在握，政大最後一波的開球，還造成台大失誤，政大取得球權，此時政大只要將球踢出界外即可結束比賽。

看似勝負已定，但台大球員沒有放棄，一波波強大的壓迫防守，政大根本沒有踢球出界的機會，並迫使政大在慌亂中發生前傳，台大展開最後一波進攻機會，球經過多次導傳，前鋒強力推進至對方 22 碼線內，政大也展現了強大的防守能力，但是台大前鋒綿密接應，突破政大的防守，終於達陣成功，此時結束哨聲響起，全場沸騰。台大最終以 19：15 完成不可思議的逆轉勝利。

### 台大 11 人拚 15 人，逆境中勝陸官

另外一場不可思議的逆轉勝，是發生在 2014 年第 68 屆台北市中正盃的冠軍決賽，堪稱橄欖球史上的奇蹟。

這場比賽在 2014 年 4 月中的週間下午舉行，遇到台大期中考週，許多球員參加期中考，無法出賽。當天，台大僅能湊出 11 位球員出賽，面對兵強馬壯的陸軍官校 15 人正規陣容。賽前，連場邊觀眾都替台大捏一把冷汗：「這

場球賽台大輸定了吧！11 人怎麼打 15 人？只不過是輸多少的問題而已。」

然而，開賽後的情勢讓人驚訝。儘管人數不足，台大的球員卻不慌不亂地處理每一球。陸官完全沒有因為人數較多而取得優勢。甚至開賽不久，台大竟先馳得點，成功達陣，取得 5：0 領先，讓在場觀眾驚呼連連。

台大以 11 人打敗陸官 15 人，完成不可思議的逆轉。

但終究人數劣勢難以抵抗，面對陸官 15 人持續壓境，台大逐漸吃緊，上半場的後半段，陸官連續攻下 3 個達陣，將比分改寫為 15：5。場邊觀眾對於下半場的台大不抱任何希望，隱隱期待下半場會出現「屠殺」的鏡頭。

進入下半場，台大球員的體力負荷加重，紛紛面臨了極限，但卻沒有人鬆懈。雪上加霜的是，比賽中台大還有兩名球員因黃牌被罰出場，有長達 10 分鐘的時間，台大是以 9 人應戰陸官的 15 人，情勢幾近絕望。

觀眾席間傳來難以置信的低語：「這場比賽已經荒謬到像一場鬧劇。」但荒謬的是賽事，不是比分，而是即使在這樣的劣勢下，台大的強力防守，竟讓陸官的進攻，一籌莫展，台大並趁機發動反擊。

下半場開賽不久，現任的台大教練，當時還是大三生的林威名，在左側邊路一路突破，閃過數名防守球員後中央達陣，雖射門未進，但比分拉近至 10：15。令人更難以想像的是，當台大場上球員只剩 9 人時，台大再度組織攻勢，中路突破後再下一城，成功達陣並踢進附加球，將比數反超為 17：15，並且在終場前面對軍心渙散的陸官，再達陣一球，終場以 24：15 贏下了不可思議的比賽。

最終，比賽結束哨聲響起，台大在絕對劣勢之下完成逆轉，以 11 人之姿擊敗陣容完整的陸官，寫下橄欖球史上一場令人嘆為觀止的勝利。

這場比賽的 11 位勇士是第 66 屆杜立綱，第 68 屆隊長謝秉益、田中俊一，第 69 屆隊長林威名、蔡敏名、周宗，第 70 屆陳冠宇，第 71 屆李柏宣、何思為、鄒以諾（台美混血）及來自非洲模里西斯的交換生 Thomas Sigismeau。

### 第 38 屆：墓碑逆轉勝政大

第 38 屆的大專盃預賽最後一場比賽的逆轉，也是非常的經典，在比賽終場前，台大還以 4 分落後給政大，眼看時間一分一秒過去，球員都焦慮萬分。

在終場前最後一次的進攻機會，台大在政大的達陣線前 10 公尺左右，取得正集團（Scrum）的機會，前鋒下暗號要將正集團直接推達陣區，而在大專盃這種大型比賽中，要把對手的正集團推進去達陣，是非常罕見且困難的，而且那一屆的政大實力不弱。

當年打一號支柱（Prop）的第 38 屆陳俊男回憶，當時他非常的緊張，因為如果正集團戰術沒有成功，台大大概就輸定了。全部前鋒的想法都一樣，所以在推正集團時，全部八個人團結一致，使盡全力，一點一滴，一尺一寸慢慢地穩定地推動正集團，硬生生的把政大的正集團一路推進達陣區後壓球達陣，逼和政大，加踢射門進球，最後小勝政大 2 分，台大才得以分組第一的身分進入循環決賽。

台大這個正集團推進的 Sign（暗號）叫「墓碑」，這個說法是指在橄欖球場上，把對手的正集團推進去達陣，這是男人可以寫在墓碑上的功勳。

### 第 22 屆：下半場大反攻的逆轉

另外一場一樣令人動容的逆轉勝，是發生在第 22 屆（1968 年），全國 7 人制大會賽的決賽，由台大出戰甲組的文化大學，上半場文化以 10：0 領先，終場台大逆轉為 10：11，贏得冠軍。根據那場比賽的傳鋒（Scrum half）劉欣光在台橄 50 周年專刊上的文字回憶……

「上半場被文化的郭晉穠和杜光富各進一球而且兩球都踢進,成為 10：0,台大似乎大勢已去。猶記半場時,林英雄來安慰說不要緊,還有機會,但下半場開賽後,OB 人數少了不少,想必是怕勝機不再,避免嚎啕大哭的窘境吧。下半文化的攻勢一波又一波,並且開始踢到場外,以爭邊球,爭取時間來贏球,7 人制半場只有 10 分鐘,我心中真是著急。但我記得很清楚,在開賽不久,我們的前鋒勾來一記球,我跑了數碼後,右傳張喜雄,張喜雄在靠邊線處達陣,但顏雅堂未踢進成為 10：3,又過數分鐘,我在對方一次失誤中接到球,獨跑 30 碼,我記得賴勝權在我左邊 Cover,雖然文化的郭晉穠 Tackle 我,但已把我送進達陣區,我在中央達陣但顏雅堂居然又未踢進,仍是落後的 10：6,就在比賽結束前,我又拿到球再傳張喜雄達陣,記得我跑去告訴顏雅堂求他說:你一定要踢進!可能是受到我的提醒,他大腳一揮,球應聲過桿,台大以 11：10,一分之差勝文化,在冷汗中抱回冠軍盃,隊員欣喜若狂。」

## 邊線射門的逆轉勝

第 67 屆的大專盃準決賽對上成大,上演的逆轉秀也是不可思議。那場比賽兩隊實力接近,台大在落後中,一直追趕,一直到比賽正規時間結束前,才由洪偉誠（第 66 屆）在邊線接到球衝刺達陣追平,辛苦的將比賽追平為 27：27。

比賽時間已經結束,加踢射門成為勝利或平手的關鍵,那時由曾昱晨（第 65 屆,時為研究生）操刀達陣後的加踢,這個在邊線附近的射門,難度極高,即使是職業選手也不容易射進。比賽在陸官舉行,全場的陸官學生在曾昱晨背後敲鑼打鼓,上百名穿著迷彩運動衫的軍校生大喊:「踢不進!踢不進!」曾昱晨摒氣凝神,不為所動,大腳踢出,球從邊線附近畫出一道完美的弧線,穩穩的精準命中球門,終場以 29：27 逆轉勝,台大進入決賽,留下成大球員,在達陣線上不甘痛哭。

## 從建中黑衫軍到台大水牛隊：一條橄欖球相扶持的路

在光復初期的台灣橄欖球界，台大水牛隊與建中黑衫軍，都是著名且令人印象深刻的球隊，兩隊都在台北市，都是光復初期橄界的常勝軍，在前 20 屆的台灣橄欖球錦標賽（大會賽），建橄雄霸高中組冠軍多年，台橄則拿下最多社會組（後來增設大專組）的冠軍。

由於台灣橄欖球界人數不多，很多球員彼此之間都有淵源，建橄與台橄早期的發展，有著相當深刻的關係，許多建中的球員畢業之後，考上台大，成為台橄的一員，早期沒有體優生保送制度，這些建橄校隊不但球打得好，功課也一流，都是透過一般的大學聯考，考進台大。

事實上，台大球隊的成軍，也與建橄有著非常深刻的關係，最早進入台大就讀的建中球員何良二，是在 1945 年台灣光復前，建中還是台北一中的年代，進入台北帝國大學就讀醫科。到了 1945 年台灣光復之後，台大水牛隊成員就經常和建中球員一起練習比賽。這些建中的球員畢業之後，考上台大，就順理成章的進入台大水牛隊繼續打球。

在台大水牛隊時期，建中出身的球員，包括張昭雄、林水勝、李德昌、康佐榮、吳沃熙、曾錦輝、鍾雙麟等人。台大水牛隊在這批建中畢業生的加持下，連拿第 1 屆到第 4 屆大會賽社會組的冠軍。之後，台大水牛隊就形同解散，台大有兩年的時間沒有組隊參加大會賽。

台大橄欖球校隊的重建工程，建橄畢業生也發揮了舉足輕重的地位，到了第 7 屆大會賽開始前，當時大三的物理系學生蔡劍琛，他本身是建橄第 4 屆的球員，開始聯合台大校內曾經打過橄欖球或對橄欖球有興趣的學生，正式組成校隊。蔡劍琛連任了台橄第 7 及第 8 兩屆的隊長，而蔡劍琛在當隊長時，陸續招募了 12 位建橄隊員。包括：第 8 屆的蔡劍琛、張振能、黃依儀、陳慶良，第 9 屆的吳文雄、黃德修、陳明達、鄭敦仁，第 10 屆的謝天真、張銘遠，第

11 屆的黃德謙、劉國鎮等人。這批建橄考進台大的球員，成為台橄在 13 屆之前，再拿 4 座大會賽冠軍的主力球員。

接下來的台橄第 12、14、15 這幾屆的建橄球員非常的多，第 12 屆有 5 位、第 14 屆及第 15 屆各有 6 位，也就是說當第 12 屆大四時，加上當時大二及大一的建橄學弟，台大校隊中有 17 位的建橄隊員。

但是當時除了第 12 屆拿下大會賽冠軍之外，第 13-16 屆台大都沒有拿下冠軍，雖然有很多建橄球員在陣中，但是根據第 15 屆隊長陳份來的回憶，那時建中有 OB 隊，有些建橄的球員，會把練球比賽的重心放在建中 OB 隊。

再下一批建橄球員再進台橄，是到了第 21 屆，那屆有 4 位建橄球員考上台大成為台橄球員，包括第 21 屆隊長林英雄、林泰生、許顯曾、顏雅堂，第 21 屆之後，建橄球員進入台橄的就很零星了。

關鍵的年分出現在民國 55 年（1966 年）的第 20 屆大會賽，這一年台大與建中雙雙失去了大會賽的冠軍寶座，台大中斷了三連霸，建中更中斷了 19 連霸，被台南的長榮中學奪去冠軍。在往後幾屆，橄欖球高中組的版圖出現了明顯的變化，台南六信的崛起，揭示了橄欖球訓練專業化的走向，業餘高中球員已難與專業球員抗衡，建橄的組隊也朝向專業化的發展，球技與學業並重的時代成為過去。

因此台橄第 21 屆之後能考上台大的建橄學生越來越少。只有第 23 屆李明德、第 28 屆顏景堂、第 36 屆李雨龍。接下來的兩位建橄考上台大的球員，是 10 多年後第 47 屆的宋志豪及賴彥男，而且這兩位都因為運動成績優異，在大學聯考時有加百分之十考進台大，是後來體優生進入台大的始祖。

接下來建橄球員進入台大就讀，多靠體優升學制度，從第一位第 61 屆的褚瀚元開始，一直到第 78 屆，共有 15 位建橄的體優生加入台橄（關於體優生與台橄的故事，另有專章敘述）。

建橄球員進入台橄之後，一直扮演著重要角色，多屆台橄隊長皆出自建橄球員，這些隊長包括第 7、8 屆蔡劍琛、第 9 屆吳文雄、第 10 屆謝天真、第 12 屆邱雲磊、第 14 屆劉正昭、第 15 屆陳份來、第 21 屆林英雄、第 28 屆顏

景堂、第 62 屆褚瀚元、第 63 屆陸奕瑋、第 69 屆林威名、第 75 屆邱民翰。林威名大學畢業後，取得國立體育大學運動科學所碩士後返校體育室任教，並且兼任台橄教練，成為第一位台橄 OB 返校出任的專職教練。

特別要提到張克振老師，張老師本身也是出自建橄 12 屆，後來就讀台師大體育系第 16 屆球員，他從第 36 屆（民國 71 年）時應聘台大，成為台橄的領隊及教練，一直到第 58 屆時退休，照顧了台橄 22 年。

■ 建橄加入台橄屆數對照表

| 姓名 | 台大屆數 | 建中屆數 |
| --- | --- | --- |
| 何良二 | 1 | 台北一中 |
| 張昭雄 | 1 | 1-2 |
| 林水勝 | 1 | 1-2 |
| 李德昌 | 1 | 1-2 |
| 康佐榮 | 1 | 1-2 |
| 吳沃熙 | 1 | 1-2 |
| 曾錦輝 | 1 | 1-2 |
| 鍾雙麟 | 1 | 2 |
| 蔡劍琛 | 8 | 4 |
| 張振能 | 8 | 4 |
| 黃依儀 | 8 | 4 |
| 陳慶良 | 8 | 4 |
| 吳文雄 | 9 | 5 |
| 黃德修 | 9 | 5 |
| 陳明達 | 9 | 5 |
| 鄭敦仁 | 9 | 5 |
| 謝天真 | 10 | 6 |

| 姓名 | 台大屆數 | 建中屆數 |
| --- | --- | --- |
| 張銘遠 | 10 | 6 |
| 黃德謙 | 11 | 7 |
| 劉國鎮 | 11 | 7 |
| 邱雲磊 | 12 | 8 |
| 林喜喜 | 12 | 8 |
| 蔡旭城 | 12 | 8 |
| 翁孝敏 | 12 | 8 |
| 江錕錫 | 12 | 8 |
| 吳宏基 | 14 | 10 |
| 蔡喜雄 | 14 | 10 |
| 古盛鈿 | 14 | 10 |
| 蔡賢 | 14 | 10 |
| 劉正昭 | 14 | 10 |
| 花雲順 | 14 | 8 |
| 陳份來 | 15 | 11 |
| 周廷光 | 15 | 11 |
| 吳泰玄 | 15 | 10 |
| 林於集 | 15 | 11 |
| 薛正漢 | 15 | 11 |
| 林瑞祥 | 16 | 10 |
| 林英雄 | 21 | 17 |
| 林泰生 | 21 | 17 |
| 許顯曾 | 21 | 14 |
| 顏雅堂 | 21 | 16 |
| 李明德 | 23 | 15 |

| 姓名 | 台大屆數 | 建中屆數 |
|---|---|---|
| 顏景堂 | 28 | 24 |
| 李雨龍 | 36 | 32 |
| 宋志豪 | 47 | 43 |
| 賴彥男 | 47 | 43 |
| 褚瀚元 | 61 | 43 |
| 楊瑞璋 | 61 | 57 |
| 梁傑理 | 62 | 58 |
| 陸奕瑋 | 63 | 59 |
| 黃祥恩 | 65 | 61 |
| 林昌諭 | 65 | 61 |
| 賴東賢 | 68 | 64 |
| 林威名 | 69 | 65 |
| 羅培華 | 69 | 65 |
| 何思為 | 71 | 67 |
| 宋承懋 | 72 | 68 |
| 杜宥偉 | 72 | 68 |
| 邱民翰 | 76 | 72 |
| 金士凱 | 78 | 74 |
| 孫培倫 | 81 | 77 |

# 台大 vs 陸官：跨越六十年的橄欖球宿命對戰

　　2025 年 4 月 27 日下午，台南市橄欖球場上，哨音響起，台橄第 79 屆隊長林頎衡高舉雙手，宣示了台橄的勝利，在歷經了多年的失敗，台橄終於在 80 周年時，以 21：7 打敗最頑強的對手——陸官軍校，而在前幾天結束的 7 人制，台橄以 17：5 擊敗陸官，拿下雙冠，這是送給台橄最佳的 80 周年大禮。

　　說起台灣大學與陸軍官校，兩所學校一北一南，一文一武，八竿子打不到一起的兩所大學，卻因為橄欖球的比賽，而彼此纏繞相繫超過半世紀，也是台灣橄欖球界的一頁重要歷史。

　　在陸軍官校橄欖球隊加入之前，台大經常稱霸大專組，甚至長期連霸社會組，陸官在民國 51 年第一次參加第 16 屆台灣橄欖球錦標賽（大會賽），就一舉打入大專組的決賽，那一屆台大在準決賽敗給師大，無緣與陸官對戰，不過陸官在決賽也敗給師大，獲得亞軍。

　　根據台橄 16 屆隊長莊仲仁回憶，那時陸官球隊剛成立，球員不是穿著一般的球衣，而是穿著軍中的工作服來比賽，在練球時，台大還捐助了一些二手的釘鞋及練習衣給陸官，兩隊的情緣從陸官成軍，就有了特別的交集。

　　台大與陸官第一次的交手，是在隔年（1963 年，民國 52 年）第 17 屆大會賽的決賽上相遇，那一屆的台大，在隊長蔡玉吉領

台大與陸官，一北一南，一文一武的學校，因為橄欖球而相惜一甲子。

軍下，在準決賽打敗強敵師大，隔天在決賽中，以 16：6 打敗第一次對戰陸官，贏回失去 4 年的大會賽大專組冠軍。這是台大與陸官的第一次交手，在此後的 60 多年，兩隊一直在大會賽及大專盃中纏鬥，雖然各自歷經過低谷，但始終互稱為可敬的對手。

根據長期領軍台橄的 25 屆 OB 張海潮的回顧，這兩校的橄球爭冠史中，陸官在台大第 30 屆（民國 65 年）前，從未得過冠軍，不過曾經多次打入冠軍賽，與台大的交手很頻繁，而在第 22 屆大會賽時（民國 57 年）時與台大戰成平手，但籤運不好，最後還是由台大抱走冠軍。另外，在第 24 屆（民國 59 年）大會賽時，在季軍賽又和台大打成平手，這次依舊抽到壞籤，由台大抱走季軍，因此在 30 屆以前，各隊都以大會賽為主戰場的賽史上，陸官從未贏過台大。

第 30 屆之後（民國 65 年），台大、陸官與其他非科班的大學校隊，都陸續離開大會賽，將比賽重心轉到大專體總新成立的大專盃橄欖球賽。大專盃就根據屬性，分為大甲組及大乙組，台大及陸官都進入大乙組。

在大專盃的前 8 屆，陸軍都沒有拿過冠軍，前 8 屆中，台大拿了 6 屆的冠軍，成大拿下 2 屆冠軍。但是從第 9 屆（民國 68 年）陸官第一次奪得大專盃的冠軍，從此開始，陸官就成為大專乙組冠軍的常客。從民國 68 年至今，能夠從陸官手中奪走冠軍盃的學校，包括台大 7 屆（其中有 2 屆並列冠軍）以及海大（2008 年）及成大（2009 年）各得過 1 次冠軍。

在這期間，陸官也曾經長達 5 年一冠未得，從 2008 年到 2012 年，前兩年的冠軍分別是海大及成大，2010 年起台大三連霸。2012 年，陸官聘請了國家級教練張威政，重振旗鼓，而從 2013-2017 年間，陸官連霸 5 屆大專盃。2018 年由台大奪下冠軍後，從 2019-2024 年除了疫情停辦外，其他屆冠軍也都是屬於陸官。

但其間台大一直威脅著陸官奪冠，終於在 2025 年的大專盃 7 人制及 15 人制的冠軍決賽中，台大全場都以壓倒性的優勢，7 人制以 17：5 擊敗陸官，15 人制則是以 21：7 贏球。而台大從 2022 年（第 77 屆）元坤盃開始，在 7 人制

的賽場上，台大對戰陸官已經取得 6 連勝（元坤盃及大專盃，台大都已三連霸）。

多年來的大乙組 15 人制決賽，經常是台大跟陸官對打，經過慘烈的戰鬥之後，陸官的贏面居多。歷來大專盃冠軍最多的是陸官，亞軍最多的是台大，兩隊一直惺惺相惜，互爭長短，誰也不敢輕忽對手。

比較特別的兩屆是在民國 75-76 年兩屆的大專盃，當時是台橄第 40 屆及第 41 屆，連續兩年都在台北百齡橋舉辦大專盃，都在大雨滂沱中比賽，連續兩屆都打成平手，根據慣例，平手應以抽籤來定勝負。張海潮說，在兩隊苦戰 80 分鐘之後，實在不忍以抽籤決勝負，當下他就跟陸官及大會提議，由台大與陸官並列冠軍，獎盃則由陸官帶回，陸官及大會都同意台大的提議。台大跟陸官史無前例的連續兩年，並列大專盃冠軍。

台大在隨後的民國 81 年（台橄第 46 屆）打敗陸官，得到冠軍，但從第 51 屆之後，台大專用球場被改建為體育館而消失，台橄進入了長達 10 多年的低谷。在台橄第 53 屆（民國 88 年）、第 56 屆（民國 91 年）和第 57 屆（民國 92 年），都沒有報名參加大專盃，之後連續的低潮，主因就是沒有專用球場，球員數量嚴重不足。

張海潮說，相較於陸官每一屆都很穩定地維持 8 至 10 人，台大的招生來源非常不穩定，而球員的人數對於球隊的實力又影響非常大。台大有一段時間在大專盃的表現不好，甚至連兩屆在預賽遭到淘汰，直到第 63 屆（民國 98 年）才又拿到季軍，接著是第 64 屆（民國 99 年）和第 65 屆（民國 100 年）和第 66 屆（民國 101 年）連奪回三屆冠軍，其中第 65 屆和陸官那場雨中的冠軍賽令人印象深刻，兩方一路纏鬥，表現非常亮眼，而陸官球員體力之豐沛，向來為台大球員所敬佩。

張海潮說，陸軍官校的球員最大的優點就是體力好、身材平均以及肌耐力好。就他所知，以前陸官學生大一時在校園內只能用跑的、不能用走，因此鍛鍊了強健的體魄和耐力，在比賽中可以一直跟著球跑也不會疲軟。相對來說體能也一直是台大球員的弱勢，全場比賽中，台大大概在比賽開始前 25 分鐘可

以跟陸官抗衡，之後便會開始逐漸處於劣勢，陸官球員在場上，全場都是體能豐沛、健步如飛，這是一般教育體制下的台大學生，很難望其項背的。

但是從另外的角度相比，陸官的外界資源沒有像台大這麼多，他們沒有 OB 指導，沒有 OB 資源的挹注，也很少參加比賽。但是陸官整體實力很平均，沒有誰特別突出，也沒有所謂明星球員，球風十分純樸，沒有華麗的隊形跟打法，利用過人的體力，人人都跟著球跑，把對手硬生生的拖垮，再配合穩紮穩打戰術及軍校學生的韌性，還有軍校的管理效率以及嚴格的紀律，讓陸官多年來能夠一路過關斬將，在大專盃得到優異的成績。

張海潮也分析台大球員的特色，台大的紀律可能不若軍校嚴明，但是卻代表著活潑與自由，台大的打法也比較聰明而多變化，而且台大的球員也和陸官球員一樣，有著強大的韌性以及不服輸的精神，不管場上比分如何，台大的球員一定在場上奮戰到最後一刻，在最後一刻逆轉戰局的戲碼，經常在台橄的賽場中出現。

張海潮在民國 60 年台大畢業後入伍服役，在民國 61 年調往陸軍官校預備班，也是陸官的高中部，在預備班的橄欖球隊屬於社團性質，不會參加對外的比賽，這些高中球員畢業後會直升陸官，很多都成為陸官橄欖球員。張海潮在陸軍預校第 6 連當排長，因為有橄欖球隊的背景，服役時曾被調到陸官橄欖球隊打國軍運動會的比賽，後擔任預備班橄欖球隊的助理教練，來指導預校球隊，一直到民國 62 年退伍才離開陸官。

後來有一次大專盃在台中體育場舉行，當時張海潮剛從國外念完學位回來台大任教，就到台中為台大學弟加油，那場比賽是陸官對上台北醫學院，陸官有幾位球員，是張海潮曾經指導的學生，他們都還認得張海潮，一路跑過來和張海潮敬禮問候。張海潮驚嘆他們身材的成長，內心不禁為台大擔心，果不其然，該年（民國 68 年），陸官在第 9 屆大專盃的冠軍賽，第一次打敗台大，開啟了陸官長年稱霸大專乙組之路。

由於球員來源穩定，訓練扎實，陸官一路走來，在大賽的表現都很穩定，即使是失去冠軍那幾屆，不是陸官弱，而是其他隊那幾屆特別強。相較於陸

第二篇 台橄事

在校時還打不夠，台大 OB 與陸官 OB，從 2013 年開始，又開始每年一聚的比賽，直到疫情才停止。

官，台大和其他的乙組球隊一樣，只能看天吃飯，等待著優秀的人才，如果有傑出的球員加入，訓練得宜，才有機會打敗陸官。

多年來，台大與陸官無論是在大會賽還是大專盃，彼此切磋琢磨，互相砥礪，陸官的實力對台大而言是壓力也是鼓勵。因為有陸官這個強敵存在，時刻惕勵著台大的球員，要更努力的練球，期待在大專盃的決賽場上一決長短，相信陸官的球員，也一定這麼想。其他傳統的大學球員，像成大、海大、政大、北醫、國防（中正理工）……各隊的心情應該都是一樣，陸官的存在就像大海中的鯰魚效應，無時攪動著這江湖，讓大家時時刻刻嚴陣以待，或許在陸官或其他學校的眼中，台大也是一隻鯰魚吧。（以上文章，改寫自台大橄欖球隊網站，原作者為台橄經理羅艾妮，口述者為張海潮）

第三篇
# 台橄人

OLD BOY

## 站在場邊，卻走進台橄歷史的老師們

　　橄欖球運動人口很少，台橄校隊籌組成立之初，全校竟然找不到一位會橄欖球的體育老師，還好得到籃球老師劉秋麟同意，擔任橄欖球校隊的指導老師，台灣大學橄欖球校隊才得以正式成立，那是民國 41 年（1952 年），台橄第 7 屆。至今被學校聘任為橄欖球校隊的老師或教練，除了劉秋麟老師外，還有張克振老師、游添燈老師、莊國禎教練、林威名教練。

　　台橄水牛隊從民國 35 年至 39 年間連續奪得 4 屆大會賽冠軍，之後因為球員離開，水牛隊因而解散。到了民國 41 年當時就讀大三的蔡劍琛、洪健昭和大二的吳文雄、黃德修、陳明達，這批曾在高中時打過球的學生，發起要籌組正式的台大橄欖球校隊，找到了籃球專長的劉秋麟老師來當指導老師。

　　劉秋麟老師在台橄 50 周年的專刊，留下這段紀錄：「記得那是民國 41 年春天，我在籃球場上指導本校籃球代表隊練習時（當時我正擔任男子及女子籃球隊義務指導）見到蔡劍琛、黃德修、洪健昭等同學，在操場上玩橄欖球，我在籃球練習結束後，加入了橄欖球活動。我不但很高興參加遊戲，並著手將他們組織成隊。」

第 31 屆在成大舉行的大專盃，劉秋麟老師（中左五著西裝者）與全體球員賽前合照。

張海潮 OB 說，劉秋麟老師是東北人，會講日本話，因為他在日本人統治東北的時候在學校讀書。這個情形，跟當年的孫運璿有點像，孫運璿會講日本話，所光復以後就優先派到台灣來。

　　劉老師很熱心，同意當指導老師時，就跟大家說「好，那我來當你們的這個指導老師，可是我不會打球，打球的事情，你們自己解決，學校行政的事情，我來幫你們解決。」

張克振老師（左後白衣者），總是一直陪伴著台橄。（張老師已辭世）

　　從第 7 屆開始，台橄校隊要出去比賽的行政作業，經費申請，都要麻煩劉老師幫忙。橄欖球隊很爭氣，第一次出去比賽，就拿到全國冠軍回來，當時台大能拿到全國冠軍的運動項目，就只有橄欖球，劉老師非常高興，校長錢思亮也很高興，請全隊隊員吃西餐。

　　雖然劉秋麟老師無法指導球員打橄欖球，但是他對橄欖球很認同，也很投入台橄這個團隊，他在台橄 50 周年專刊中寫了一篇文章，對台橄球員的種種事蹟如數家珍。專文最後一段提到最令人安慰的事：「我參加球隊 28 年，雖對球隊幫助不大，但球場上有我數不清的腳印深深的印在泥土裡，令我回味無窮，更讓我懷念不已。從我單身到民國 48 年成家，一直到兒女也隨我伴著球員走過無數歲月。……但願我後代能延續橄欖球隊的精神，立足社會，為建設富強康樂的社會盡一份力量。」

　　劉秋麟在民國 69 年退休，學校聘任張克振作為台橄的指導老師，接替劉老師的位置。張老師是科班出身的橄欖球員，出身自建中橄欖球隊，大學時就讀師大體育系，是師大橄欖球隊第 16 屆的隊長，來台大之前是在新埔工專（今聖約翰大學）任體育老師。

張海潮說，張老師是第一位以橄欖球專長，被聘來台大當老師，出任台橄的領隊兼教練，張老師來台大時，是台橄第 36 屆，隊長劉朝俊，阿吉仔（蔡玉吉）還是台橄主要的管理者，實際在幫台大校隊組訓的是第 25 屆的三位 OB，張海潮、曹善偉（老大）、楊宏章。當時阿吉仔邀請了張老師跟這三位帶隊 OB 一起吃飯，鄭重介紹三位 OB 給張老師認識，並告知球隊有任何事情，就交代給這三位 OB。

張海潮說，張老師跟他的哥哥張克修，都是建中畢業的球員，在台大還是參加大會賽社會組時，球員資格不限學生的年代，張克修經常加入台大隊一起參加比賽，跟台大球員都很熟。

張克振出身師大，在學生時代是台大的勁敵，進入台橄之後，張克振尊重台橄由 OB 帶隊執教的傳統，對於台橄的訓練沒有做太多的介入，學校的行政支援及資源的爭取，就由張老師來打點。

因為同是橄欖球隊員出身，張老師雖然沒有直接指導球員的動作及組訓，但是在重要比賽時的觀念提點及加油打氣，都給球員很重要的安定感。而張老師開的體育課，主要是教橄欖球，也成為橄欖球隊員重要的來源。

另外，張老師在台大任教期間，也精研台灣橄欖球史，為台灣及台大的橄欖球史，留下了許多珍貴的資料。

游添燈老師（右著黃衣者）在球隊外出比賽時，總是默默的陪伴大家。

林威名（後左四著黑衣者）接任教練之後，很快就跟球員打成一片，為台橄創下佳績。

大約到了第 48 屆，民國 84 年左右，台大體育室聘了游添燈老師，接替張克振老師，擔任橄欖球相關的行政工作。跟劉秋麟老師一樣，游老師並不是橄欖球專長出身，在橄欖球隊的角色，就跟劉老師一樣，協助球隊處理校方的所有行政支援，代表球隊向學校申請資源。教球的工作，一直都還是由 OB 們負責。每有重要賽事，游老師都會默默的跟著大隊一起行動，一直是球隊最可靠與安定力量的支援者。

從 2009（民國 98 年）開始，橄欖球成為學校的重點運動項目，學校提供的經費支援數倍於以前，這代表行政工作也數倍於以往，每年度訓練計畫與結案報告的撰寫，都要仰賴游老師的指導與協助。

因為被學校列為重點校隊，學校每年會支付一筆為數不小的教練費用，因此學校第一次為台橄聘請了專職專業的教練，就是莊國禎老師。莊老師年輕時是國家隊的主力球員，曾經效力日本社會組球隊，也擔任國家隊教練，本職學能俱優，在他的帶領下，台橄曾在大專盃創下三連霸的佳績（關於莊老師在台橄的貢獻，另有專章說明）。在莊老師的指導下，台橄 OB 正式的退出主導在校生練球的傳統，交由專業教練。

到了 2022 年，體育室聘用曾任台橄第 69 屆隊長的林威名成為專任講師，莊老師功成身退，將台橄教練一職，交給林威名老師，林威名成為台橄第一位由 OB 出身，由學校正式聘任的老師及教練。

林老師接任之後，重新深化台橄在校生與 OB 的連結，專業化及現代化的訓練，又得到 OB 們全力的支援，台橄呈現出一片中興氣象，在 2025 年的台橄第 79 屆的賽事中，取得了重大的成果，拿下了三項最重要比賽的冠軍獎盃。

跟著時代的演進，台橄歷任老師，都從不同的角度，貢獻給這支具有傳統的球隊最大的幫助與力量，讓台橄得以生生不息。

# 回憶阿吉仔的幾件事

張海潮

> 編者註：台橄第 17 屆隊長蔡玉吉（阿吉仔），是台橄隊史上的特殊人物，從第 17 屆到第 40 屆的 24 年間，他的人生與家庭，都跟台橄有著非常親密的關係，這個時代的台橄球員，都感受到阿吉仔對球隊的熱情與照顧，一直到他的人生在民國 76 年戛然而止……留給台橄人無限的懷念與感恩，以下文章是接替阿吉仔照顧台橄的張海潮，在台橄 50 周年時所寫的紀念文章。

　　蔡玉吉 OB（阿吉仔）是台橄第 17 屆的隊長。從第 17 屆到第 40 屆這 24 年當中，只有在第 27 屆、第 28 屆這兩屆，阿吉仔以農化系教師的身分出國進修，將隊務交給當時甫退伍的第 25 屆隊友曹善偉 OB，曹君等到民國 63 年阿吉仔回國之後，才前往北迴鐵路工程處任職。

　　在這一段漫長的歲月中，阿吉仔的領導風格深深地影響了後輩，其中比較重要的大致有下面幾件事：

　　一、阿吉仔自始就確立了學校、OB 和在校生這三者是一個共同體的關係，球隊是台大的代表隊，校方的指導老師不但是在校生的老師，同時也是全體 OB 的老師。OB 與在校生是兄弟的關係，照顧在校生是全體 OB 的責任，但是在行事上不可逾越師長。

　　阿吉仔的這種態度不僅在他歷次對後輩講話中表達得很清楚，個人還可以舉出幾件親自經歷的事件來做說明：劉秋麟老師退休之後，有一段時間學校沒有委派專職的橄欖球隊指導，到了第 36 屆上學期（民國 70 年），校方特聘張克振教授來台大體育組任教，阿吉仔非常高興，他特地找曹善偉、楊宏章和我，一起為張老師接風，把我們三位介紹給張老師，並表示這些後輩可以隨時接受張老師的差遣。至今我們仍然嚴守分際，尊重老師，要緊的事一定找老師商量。

台大 OB 間或會有人想出來指導球隊，有時卻熱心有餘而在方式上有所不足。有一年幾位 OB 對阿吉仔表示，某位 OB 的風格他們不欣賞，請阿吉仔出面告訴那位 OB，阿吉仔很委婉地拒絕了，他說：「OB 要出來，大家高興都來不及，哪有去阻止的道理呢？你們幾位的心情我很了解，如果你們真正關心的話，不如你們也一起出來，犧牲一下，大家既然都出來了，凡事就好商量。」

　　對在校生阿吉仔也承續了台橄一向由隊長及高年級擔綱的傳統，他非常注重培養高年級的集體領導能力，這個傳統及實踐相信所有的 OB 都有同感。

　　二、帶球隊難免有花費，阿吉仔對球隊一向大方，這是眾所周知的事。尤其他的家幾乎二十四小時為球隊打開大門，出錢還比較容易，但開放家居生活與球隊打成一片，不只是難得，實際上根本沒有一個 OB 可以辦得到，所以後來也多少讓其他 OB 不敢接他的棒子。

　　到了第 40 屆他去世之後，這個棒子才勉為其難的落到我身上。為什麼呢？第一、我在數學系教書，有地緣上的方便；第二、做數學研究在時間上比較有彈性；第三、我沒有小孩，經濟條件也還算小康。除此之外還有另外一個機緣——在劉老師退休後張老師還沒有來之前，他曾經以公費安排我到台南參

第 17 屆隊長蔡玉吉（後排右四），除了率隊拿下冠軍外，畢業後管理及執教台橄多年。

台橄人稱永遠的「阿吉仔」蔡玉吉，對台橄的全心全意的付出，無人出其右。

加教練講習。當時阿吉仔是橄協的總幹事，他請了日本國家隊的教練來主持講習，由中華隊示範。我拉了應屆（第 36 屆）隊長劉朝俊一起參加，每天白天記筆記，晚上和劉君討論整理，後來編印成一本簡單的訓練手冊。手冊印好之後，也想趁便把這些惡補得來的觀念協助劉君交給球隊，因此就糊里糊塗的和後輩「攪」在一起。至於這些惡補來的「莊稼把式」，現在想起來實在相當淺薄。

猶記得在台南講習時，阿吉仔安排我和劉君住在他親戚家，每天回阿吉仔家吃飯，然後把公費捐給球隊──這是他的風格，當然我們也了解，其實在他之前 OB 們一直都是這樣子，至今我們許多 OB 聚餐，或是活動如果有節餘，第一個想到的就是捐給球隊。

三、阿吉仔絕不在在校生之間談政治，這倒不是他對政治沒有興趣，而是他知道在校生多半純潔，也需要時間來建立在政治上自主的判斷能力。

OB 之中對政治的立場各異，但是因為已經踏入社會，彼此之間又相當了解，自能互相容忍。OB 如果以一己之私介入在校生對政治的看法，由於 OB 們意見不盡相同，勢必引起在校生的困擾。

當然還有更重要的，在校生參加球隊，在時間和體力上已然付出很多，最好就是盡量注意課業，因此才說出「讀書第一、打球第二、沒有第三」的名言，這一點也一直為所有的 OB 了解，總是勸在校生先注意功課，畢竟打球是一時的，而專業是一生的。

球場上所學到的種種美德和練就的毅力與鬥志，固然是日後踏入社會的重要助力，但是若沒有專業的能力為主體，球場上的收穫反而不容易得到發揮。

四、阿吉仔經常勉勵球員說：「Do your best！」球員比賽之後，若是盡了

全力，他總是一面流淚，一面謝謝球員，但若是球員懶散，他也會大發脾氣。到了後期他年事漸長，又後繼無人，加之他自己事業不順，因之偶爾到球場來時，多少失去了年輕時的風采。

他最後一次到場是民國 74 年在台南市南台工專，第 39 屆的隊員與成大爭奪第 4 名，他在開賽後 10 分鐘左右才到場，神情十分疲累，幾乎沒有發表任何評論。那場球輸了以後，他掏出五千元給我，說：「帶球隊去吃飯。」我說：「我有。」他就說：「拿去，不要跟我搶。」（結果那一次是住在台南的 OB 辛久銘和吳政聰招待，阿吉仔這五千元照慣例捐給了球隊。）

他常常要球員誠實，所謂「重然諾，輕生死」，到了最後他知道自己無法承擔的時候，他選擇了永遠離開這個球隊。在他離世的前一、二個禮拜，我到他溫州街的家中去看他，客廳中坐了許多客人，我直接走到後面的廚房坐在那裡，過了一會兒，他突然進來，順手在紙上寫了幾個字：「我一向教你們要誠實，但是我已經做不到了……」

寫完後他掩面痛哭，身為一個後輩，我能說什麼呢？之後他仍然打起精神回到客廳，接待接踵而至的客人，我過了一下也就走了。這是我最後一次看到阿吉仔，時在民國 74 年的 10 月。

## OB 的陪伴與傳承：台橄的文化底蘊

　　台大橄欖球隊，是一個非常特別的團體。這份特別，不僅來自於場上的拚搏，更來自場下深厚的傳承與陪伴文化。

　　在這支球隊裡，「學長照顧學弟」是一種理所當然的責任與榮耀。畢業的學長們不但沒有因為離開校園而遠離球隊，反而成為學弟們生活與訓練上的重要支柱。在艱苦的訓練之後，能有這樣的陪伴與關懷，對每位隊員而言都是莫大的支持與安慰。

　　這種陪伴的文化，逐漸深化為一種無償的投入。不只是生活上的照顧，更延伸至球隊的行政與訓練管理層面。許多學長無償地投入時間與心力，幫助球隊穩定運作，持續進步。

　　第一個全心全力投入訓練學弟的是第 12 屆隊長的邱雲磊 OB，他在擔任隊長期間，帶領球隊拿下第 12 屆台灣橄欖球錦標賽（大會賽）冠軍，但是在接下來第 13 屆至第 16 屆，台大連續四年失去了大會賽冠軍獎盃。到了第 17 屆蔡玉吉當隊長時，邱雲磊剛好讀完清華大學研究所，在等待出國的時間，有了一段時間的空檔，就回到球隊，以教練與管理者的角色，帶領球隊，希望振興球隊的士氣與實力，重返榮耀。

　　邱雲磊不論是在當隊長或是當教練，都是以嚴格出名，第 19 屆的陳武雄回憶起邱雲磊第一天早上來學校操場的情形：陳武雄大二時蔡玉吉當隊長（第 17 屆），邱雲磊 OB 回校訓練我們一個月。當時體育館正式啟用，橄欖球隊成為第一批住進體育館的球隊。陳武雄在台橄 50 周年專刊的文章中寫著：「記得邱（雲磊）OB 第一天來話講得不多，只告訴我們：『明天五點半，操場見。』當時是冬天，清晨天色昏暗，又下雨有霧，視線不清。大家三三兩兩往操場集中時，接近一看邱 OB 已站立於操場中間，每個人都像被電擊到！邱 OB 臉色很難看，等大家到齊後，他叫蔡隊長出列 More running 了五十幾趟，直到隊長已經快要用爬的回來才結束。結果邱 OB 又說：『明天五點半

見？』……第二天不到五點半，全體隊員已經做完柔軟操在球場等了。」

就是在這種嚴格的集訓一個月之後，第17屆在大會賽決賽中，全體將士用命，以6：3打敗了如日中天，已經二連霸的師大。邱雲磊嚴格的訓練與陪伴，讓接下來的第18屆及第19屆兩屆，都拿下大會賽的冠軍，完成台橄史上的第三次三連霸。邱雲磊後來出國深造，定居在美國。

蔡玉吉（阿吉仔）無私的付出，讓台橄人永念其恩。

或許是受到邱雲磊的影響，第17屆隊長蔡玉吉（球隊都以阿吉仔稱之）退伍之後，從第19屆開始，幾乎成為全職的台橄教練兼管理，從第19屆到第35屆，除了第27屆及第28屆這兩年，阿吉仔出國進修外，阿吉仔全心全意為這個球隊付出。那時阿吉仔的家在溫州街，離球場不遠，練完球大家都往阿吉仔家裡去，吃飯、洗球衣、休息、睡覺，阿吉仔的家為球隊24小時敞開，蔡師母（阿吉嫂）完全接受阿吉仔的作法，把每一位球員當做自己的弟弟或小孩，阿吉仔的家就是球員的家。

張海潮曾經說過，阿吉仔這個人啊，真的很怪，有時真的不知道他心裡在想什麼，只能用敬佩來形容。阿吉仔有時傍晚時從農化系下課，就會來看球員練球，指導球員的動作時，他都會親自下去示範，有一次阿吉仔就穿著西裝、襯衫及皮鞋，要教新同學在泥中做Saving的動作，他居然就全套西裝就這樣滑到泥土去，看的海潮目瞪口呆，相信被阿吉仔示範的同學，終身難忘。

這種完全無私的付出，讓蔡玉吉成為台橄球員心中永遠的「阿吉仔」，就算已經辭世40多年，被他帶過的台橄球員，沒有一個人不感念他。

阿吉仔在第27屆及第28兩屆出國進修期間，第25屆OB曹善偉（外號老大，台橄球員眼中永遠的老大），接替阿吉仔照顧球隊的責任，土木系畢業的老大，那兩年的工地正好在台大校園內，所以可以全心全意的照顧球隊，這

兩屆的球員對老大都非常的感念。因為第 26 屆是單傳的一屆，也是那些年最低谷的一屆，第 27 屆及第 28 兩屆是台橄從谷底重整的兩屆，老大在這兩年的投入，讓台橄重回巔峰。

第 29 屆時，老大工作調動，去宜蘭做北迴鐵路工程，阿吉仔此時回國，重新再掌起台橄的大旗。不過重回來的阿吉仔，工作及家庭上都增加了許多負擔，特別是用心在事業的開拓上，無法像在農化系單純當教授時那麼的投入。

大概到了第 34 屆、第 35 屆左右，張海潮從國外學成歸國，回到台大數學系任教，阿吉仔就慢慢培養張海潮成為他的接班人，把照顧球隊的任務，交給了張海潮。

張海潮說他打球可以，對教球也是懵懵懂懂。第 36 屆時，當時阿吉仔在當橄協秘書長，暑假有安排日本國家隊的教練來台灣做教練講習，阿吉仔就安排張海潮跟第 36 屆隊長劉朝俊（阿俊）一起去台南參加教練講習，海潮跟阿俊非常認真的學習吸收日本教練岡本先生的執教觀念，並且融入第 25 屆辛久

張海潮（踢球者）陪伴台橄數十年，已是台橄指標人物。

銘 OB 的意見，再加上台大歷年帶球隊 OB，包括邱雲磊、阿吉仔、老大、楊宏章（第 25 屆）等人的意見，編寫了台橄第一本的「訓練手冊」。

海潮說編寫完這本手冊之後，他才對如何教球有了清楚的概念，才敢真正的面對阿吉仔留給他的教球與陪伴的任務。張海潮是帶隊最久的 OB，大約從 1980 年（民國 69 年）美國回來開始，一直陪伴球隊，直到大約 2007 年，促進會成立，交棒給年輕 OB，至少 27 年的時間。即使交給了年輕 OB，張海潮還是始終陪伴著在校生，一年復一年，一直到 2009 年，學校聘請了專業的莊國禎教練，海潮才慢慢從球隊的管理角色淡出。

對那些被海潮帶過，陪伴過的台橄人，對於海潮無私的付出，真誠的陪伴，都是感念終生的。

另外大約從第 39 屆開始，每年暑假或寒假都會到台南去集訓，在台南當教練的第 25 屆辛久銘 OB（辛久），就是當然的全地陪，陪著在校生集訓。辛久永遠都在吸收全世界最先進的橄欖球觀念，在校生經過辛久的調教之後，每一個都功力大增，很多被辛久教過 OB，都有共同的想法，辛久調教之後，他們才知道什麼叫做橄欖球。

還有兩位義務出任球隊教練的是第 51 屆的葉曾文（外號：大魔）及第 52 屆的劉政憲（出身六信，第一位體優生），兩人在台橄促進會成立之後，張海潮 OB 交棒給年輕 OB 時，在台橄第 60 屆前後，曾經指導在校生打球。

## 從學長制到教練制：莊國禎教練開啟大專盃三連霸

　　台大橄欖球隊在台灣的大專校院的運動校隊中，是非常特別的存在，數十年來一直沒有專職專業的教練，所有練球、教球、管理大多是由高年級的幹部及學長或是由畢業校友（OB）來帶隊。一直到 2009 年，台橄第 63 屆大四下學期時，大專盃開賽前兩周，才迎來第一位專職專業的教練，前中華隊國手同時也具備國家級教練資格的莊國禎。

　　2009 年大專盃，是莊國禎第一次來台橄領軍，當時還沒有任何正式的身分，比較像受邀前來看顧球隊的顧問。第 63 屆隊長陸奕瑋是甲組球員，治軍嚴格，練兵已有雛形，跟莊國禎之間的磨合期很快就平順上路，那一屆的大專盃預賽台大與陸官同一小組，在莊國禎的協助下，小組賽中台大以 17：10 贏陸官，這是台大相隔 17 年後，再次在大專盃的 15 人制比賽中，打敗陸官。不過第 63 屆在後來的決賽中連敗給海大及成大，只奪下第三名，卻是過去 7 屆中，成績最好的一屆，也開啟了台橄另一段三連霸的盛世。

　　莊國禎說他在 2009 年上半年，受到台橄第 47 屆的 OB 宋志豪邀請，來台大幫忙帶球隊，那時離大專盃已經很近了，台大在比賽中有很好表現，如果不是裁判的問題，台大很有可能進冠軍賽。

　　莊國禎說他初到球隊時，算是以「沒有名分的教練」參與，直到 2009 年 9 月，學校才正式給他助理教練的聘書。台大橄欖球促進會 2007 年成立，2008 年、2009 年學校開始有重點校隊的計畫。莊國禎在 2009 年夏天，正式開始帶校隊訓練，但還沒有收到學校正式的薪資，由促進會發車馬費，一直到同年 9 月學校正式聘任後，薪水才轉為由學校給付。

　　以前都是帶甲組球員，台大是莊國禎帶的第一支乙組球隊。莊國禎說台大球員，跟他以前帶的選手很不一樣，不論是運動能力、身體素質、運動習慣都差很大。莊國禎說：「台大的學生要用台大的方式來帶。」如果用傳統的甲組

選手訓練方式會讓台大球員很挫折，要先理解他們的學習模式。

莊國禎說，學校方接洽的游老師，沒有特別討論要做什麼，他就是單純來帶球隊，做好教練該做的事，做好訓練工作，把球隊穩定下來。剛開始球員還有2、30人報名，人數還算穩定，歷來的隊長們都很用心，雖然有些球員能力比較弱一點，但都很投入這項運動。

莊國禎說，他來擔任教練之後，除了對球員訓練系統建立、基本動作的教導，以前球員連傳球、空切都不會，他要從基本功一項一項教起來。同時也把訓練設備升級，目的就是要讓球員能夠更安全、科學地練習。他還去找學長借了一台木製推進訓練器（Scrum machine），那一台其實已經用了十幾年，品質很好，價值十幾萬。後來為了幫球隊買新的訓練設備，莊國禎去找資源，甚至從日本進器材。

台橄第64屆，算是莊國禎完整訓練的第一屆，隊長溫閎元（老溫）說，莊教練提供了不同的體能、正集團訓練模式及全場觀念。老溫回想他大四擔任隊長，備戰2010年的大專盃，核心球員都已經在一起訓練了2、3年了，而在莊教練一整年的嚴格要求，全體隊員，都具備了良好的體能基礎。

老溫說，「那一年的大專盃，因為莊教練帶出來的全體隊員，都有充沛的體能，讓我們在場上，才終於能體會及實現隊上體優生過去所傳授的戰術和動作。」他自己也是第一次在大專盃賽場上感覺到：「體能充沛到在場上可以思考、進行判斷。」

老溫認同莊教練一直強調的「體能不足才容易在比賽中受傷」的觀點。

當年擔任前鋒第二排鎖鋒（Lock）位置的老溫，在訓練中也會被調換打其他的位置，有時要去擔任後衛的角色。老溫覺

莊國禎是台橄第一位專任專業執教的教練，陪伴台橄13年。

莊教練在比賽中場指導球員，莊教練跟學生互動緊密，很受學生的喜愛。

得，莊教練的訓練方式，增進了隊員彼此之間的熟悉度，良好默契再搭配充沛體能，讓台大在大專盃比賽，一舉扭轉了過去幾年的頹勢，順利殺入決賽，連續幾年都打敗陸官。

台大從 2010 年（第 64 屆）拿下大專盃冠軍後，連續三年（到 2012 年的第 66 屆）都順利拿下冠軍，成就了台橄的一段盛世。

第 66 屆隊長劉正揚表示，連敗三屆的陸官，也效法台大找了專業的國家級教練張威政，經過張威政的訓練，陸官的打法也有明顯的改變，而在第 66 屆比賽時，台大與陸官的對戰，雙方的實力再次的接近，雖然台大最後還是打敗了陸官，卻是非常辛苦的慘勝。

在連敗給台大 4 屆之後（第 63 屆到第 66 屆），終於在第 67 屆（2013 年），陸官才再次在大專盃 15 人制的比賽中，打敗台大，贏得冠軍，也結束了台大的三連霸。

接下來兩屆，第 68 屆、第 69 屆的隊長謝秉益、林威名，都是體優生，他們都希望能對練球做一些改變，希望能採用跟莊國禎不同的體能訓練模式，並且與莊教練有過討論，後來莊教練有做些調整，但並沒有完全改變體能訓練的模式。

第 69 屆的兩位副隊長吳承翰和陳翰燊則表示，第 69 屆隊長林威名嘗試引進自己學到的體能訓練方式，和莊教練的訓練內容頗有不同。兩人都以強化球隊表現為出發點，提出自己認為最好的方法，有過幾次激烈的討論。

　　那時莊教練也提供了一些訓練時段讓林威名嘗試新的訓練模式，不過那時林威名入選國家隊，很長時候要前往國家隊訓練，而在這個期間，負責帶隊訓練的副隊長還是改回原來莊教練指導的模式，這是他們較為熟悉的訓練方法。

　　陳翰燊表示，他覺得林威名引進的訓練方式在當時感覺很有潛力，但因未經長期訓練、無法讓球隊用比賽的成績，來證明這個方法的效益，有點可惜。

　　吳承翰則說，莊教練的體能訓練分量極大，他記得在集訓時跑著跑著，就聽到隊友在討論要放棄，因為：「分量太多了，真的跑不動了。」而他自己則是咬緊牙關跑完。一路練到大專盃期間，感覺身體已經是緊繃極限到疲乏的橡皮筋，還要去拜託莊教練降低體能訓練量。不過，高強度的訓練，的確讓他在比賽場上不會感覺喘或累，因為比賽對體能的要求，比不上集訓時的艱難。

　　吳承翰回憶大三大專盃時的體能巔峰，說：「陸軍官校的 10 號在後場接我們的高空球，等球要進他手上，我們已經逼到他眼前了。他常常嚇到球都接不好，直接 Knock on！對一個打橄欖球沒幾年的一般生來說，這樣真的很有成就感。」這些都是在莊教練訓練下的進步。

　　陳翰燊說，大三、大四時台橄後衛搶占陣地的意識和能力都很強，讓前鋒打起比賽相當順手。而莊教練龐大的體能訓練量，讓他在比賽中不會因為體能不佳而焦慮，可以應付高強度的對戰。

　　第 72 屆隊長施凱智則指出，經過莊教練訓練的第 72 屆的正集團能力，在乙組非常強勢，足以和甲組的台北市立大學校隊對抗練習，並得到對手讚賞，也是第 72 屆能再次奪冠的關鍵因素。

　　第 73 屆隊長陳品彥記得莊教練的招募球員的能力，第 73 屆人力非常短缺，為了湊足大專盃 15 人制的人數，莊教練只好到處去「拉夫」，邱思賢也是他拉回來的，他甚至拉到一位沒有打過橄欖球的足球校隊李家源，足球隊的大專盃結束的早，李家源在球場踢球，莊教練就邀請他來打橄欖球，足球員的

運動神經好，也對橄欖球有興趣，大專盃前練了兩個月，就上場比賽打翼鋒，表現得很好。

為了要湊齊 15 人可以打大專盃，莊教練經常從他教的橄欖球班中，找來一些運動資質不錯的球員來密集訓練，讓這些學生經過短期集訓可以立即上場，加上幾位外籍的交換學生，還有幾位第 74 屆及第 75 屆的學弟，第 73 屆才勉強湊齊打 15 人制的人數。

第 77 屆是莊國禎帶領的最後一屆，隊長康禧說：莊教練是備受學生愛戴的老師，球隊的球員都很敬愛他，上他的健康體適能以及橄欖球課的學生也都十分喜歡他。莊教練非常關心個別球員，經常跟球員打成一片。莊教練是讓他們這幾屆（第 77 屆至第 80 屆）球員，感情融洽的重要原因。在得知元坤盃將會是莊教練與台橄的最後一場比賽時，全隊都非常認真的參與練習，出席率非常高。

康禧說他曾記得莊教練說，看一個球隊練球情形，就知道比賽結果。當台大第一次拿下元坤盃冠軍，而且是以 29：0 的懸殊比數，在元坤盃決賽中，打敗陸官，捧起第三屆元坤盃一般組的冠軍獎盃。但這一切似乎都在莊教練預期之中，沒什麼太大的情緒反應。但是球員卻高興得不得了，把教練扛起來，拋向天空好幾次。

2022 年 12 月，台大奪下元坤盃冠軍後，莊國禎正式把台橄教練職位交棒給第 69 屆隊長林威名，功成身退，台大則送給莊教練一個冠軍獎盃當告別禮。莊國禎在台橄任教 13 年，總計奪下 4 次大專盃乙組 15 人制冠軍、4 次大專盃 7 人制冠軍及 1 次元坤盃 7 人制一般組冠軍。

# 院士 OB：從球場取得學術研究的養分

台大橄欖球的精神不僅局限於比賽場上，許多 OB（Old Boy 畢業校友）都同意，從球場上獲得的堅持拚搏精神，對日後的工作與生活產生了深遠的影響。當遭遇人生或職場上的挫折時，總會想起當年在球場上所經歷過的挑戰——那一場場體力與意志的極限考驗，比起生活中的困難，更顯得嚴峻。從球場上淬鍊出的不屈精神，讓許多台大橄欖球隊的畢業校友，在各自的專業領域都有著傑出的表現。

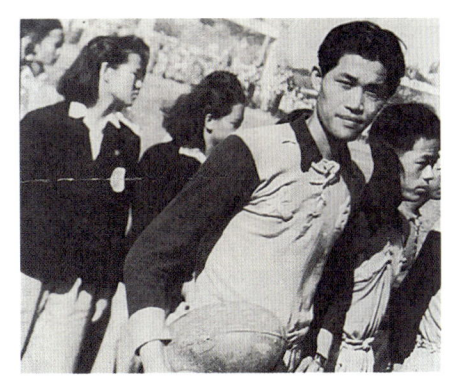

中研院院士羅銅壁是水牛隊連冠時的成員，他的學術成就，也是台橄 OB 中最崇高者。

台橄的畢業學長，留在學術界工作的人數相當多，他們在學術界發光發熱，留下不可抹滅的成就。特別值得一提的是，有三位傑出的研究者，獲選為中央研究院院士。分別是第 1 屆（水牛隊）的羅銅壁 OB、第 14 屆的廖一久 OB 及第 19 屆的廖國男 OB。

### 羅銅壁：永不消褪的隊友情誼

羅銅壁 OB 在台橄 50 周年專刊中，說明加入橄欖球隊的原委，在他大三下的那一年（民國 37 年初），那時水牛隊草創不久，就讀大二的醫學院學生林肇基在球隊打 Locker（正集團第二排的鎖球員，也叫第二排 Second）的位置，要找一位身高 180 公分以上的人可以配合一起打，就讀化學系的羅銅壁跟醫學院師生熟識，就被邀請加入橄欖球隊。

羅銅壁受訪時說，他的橄欖球生涯並不算長，令他印象最深刻的，不是那一場轟轟烈烈的比賽，也不是那一次他跑進達陣區得分，而是那些一起努力走過的隊友。這種友誼很難解釋，它在不知不覺中一點一滴的累積，而且永不消

褪，歷久彌新，像林文士人、何良二、李卓然以及林憲、蔡滋浬等都是他人生的摯友。

當時的球員多數不是學生，無法每天練習，也沒有固定的集訓，沒有住在一起培養默契的機會，只能在每場比賽前一、兩個禮拜做加強訓練。羅銅壁表示，即使如此，隊友間仍能建立真誠深刻的情誼，彌足珍貴，這也正顯示出橄欖球運動的特質。

羅銅壁指出，橄欖球無論在任何時期都是一項特殊的運動，早期打橄欖球大多是社會的精英分子，象徵特定的身分地位，因為有一種正當崇高的體育精神內涵，是相當紳士的運動，那種守法及服從裁判的觀念是值得推廣的。一般人往往錯誤的認為這是個很粗野的運動，動不動就出現火爆場面，這正是部分打橄欖球的人，自己也不了解橄欖球精神，而誤導了觀眾，如果能導正大眾的觀念，讓所有人對打橄欖球者都是佩服與欣賞的「另眼看待」，橄欖球運動的精神，一定能會對社會產生正面影響。

註：羅銅壁 OB 於 2019 年辭世，他的生前宿舍，成為台北市市定古蹟的「台灣大學日式宿舍──羅銅壁寓所」，這間殖民時期昭和町舊址（現址：台北市青田街 12 巷 5 號）之高級文人住宅區，是台北市城市歷史的重要組成部分，建築保存狀況良好，也是羅 OB 生前追求「平凡中的不平凡」，留下最佳的見證。

### 🐚 草蝦養殖之父：學術成就，靠球場磨練造就抗壓力

第二位院士則是被譽為「草蝦養殖之父」的廖一久 OB，廖一久的父親是當年的豐原鎮鎮長廖忠雄，他的父親在日本讀早稻田大學時打過橄欖球，廖一久從小也喜愛運動，考上台大後，在父親的鼓勵下，他自然而然地加入橄欖球隊，當時台橄處於全盛時期，幾乎是每戰皆捷，享有盛名。

不過廖一久打了一年多的球之後，大二時因為肩傷而退出球隊。但是廖一久覺得，這段短暫的經歷，對他的人生留下了深遠影響，多年之後他一直津津樂道於球場上的磨練，並且認為那段時間所培養出的紀律與抗壓能力，是他學

廖一久（後排左三）承父之志加入台橄，是第 12 屆奪冠成員之一，雖因傷退出，但橄欖球精神影響一生。

術研究路上的寶貴養分。

　　廖一久 OB 在大學時代，還有一件驚人的事蹟，大四時因為反對蔣介石連任第三任總統，在海報上塗鴉，而被捕入獄 8 天，時任校長錢思亮未加責難，保釋出獄，並以「多讀書」勉勵。

　　廖一久進入東京大學後，親窺一流大學堂奧，此時發揮打橄欖球時「不服輸」的精神，奮力上進，他認真的求學態度，讓東大教授們讚譽有加，日後還常以他的故事為典範來鼓勵台灣學子。

　　為了觀察斑節蝦日夜進食的情況，廖一久曾經七天七夜未闔眼，這個故事

還曾經被列入日本國小教科書，廖一久說，這是橄欖球訓練，帶給他過人的體力和毅力，有強健的身體，才有體力從事研究工作。

廖一久於 1992 年獲選為中央研究院院士，並在 2017 年獲「日本水產增殖學會」遴選為名譽會員，是該學會 1952 年成立以來第 6 位，也是唯一非日本國籍的名譽會員，在水產研究與產業傑出貢獻備受推崇與肯定。

### 廖國男：自律的球員與學者

第三位中研院院士則是廖國男 OB，他是台橄第 19 屆隊員，服役時入選軍中甲組球隊，成為陸光隊的一員。大學就讀地理系大氣組，主修大氣科學，大學畢業後赴美深造，在紐約大學獲得碩士學位（1968 年），1970 年獲得博士學位。完成博士學位後，廖國男於 1970 年至 1972 年間在美國 NASA 戈達德太空研究所工作，進行大氣與遙測領域的研究。

廖國男 OB 於 2004 年，獲選為中央研究院院士，在國際間享有高度的學術聲譽。中研院的資料評論他的研究對於氣候變遷、大氣輻射與雲物理的理論與應用具有深遠影響，並推動了全球氣候科學領域的發展。

根據第 19 屆隊長梁志豐的回憶，廖國男個性較為沉靜，在隊上打前鋒，就是做苦力型的選手，出國後就很少回國，跟球隊的聯繫比較少。

第 20 屆副隊長張邦彥回憶廖國男，是一位很特別的球員，打 Second（正集團第二排）的位置。根據張邦彥的描述，廖國男長得很高但很瘦，是一位非常認真的球員，經常跟大家一起練球比賽，出席率很高。每次練完球以後，大部分的球員都會聚集在小僑生宿舍聊天，廖國男獨自一人跑到圖書館去念書，展現出極強的自律與學習動力，所以每一學期都拿書卷獎。

廖國男 OB 於 2021 年 3 月 20 日在美國辭世，享壽 77 歲。

# 從球場走進國家決策核心，以台橄精神服務公眾

## 蘇貞昌：橄欖球精神，一生戮力從公的座右銘

「衝！衝！衝！」行政院前院長蘇貞昌，頂著像電燈泡的大光頭，渾身是勁，拿著橄欖球向前衝的形象，非常的鮮明，是橄欖球運動的最佳代言人。台大橄欖球隊 OB 中，有不少人從事公眾服務的工作，兩度出任行政院長的蘇貞昌是公職人員中，職位最高者。台大橄欖球隊第 23 屆的蘇貞昌 OB 說，雖然他參加球隊的時間不長，但是橄欖球的精神，特別符合他個人的價值觀，一輩子都受到橄欖球精神的影響，「衝！衝！衝！」隨時保持前進的動力，這種「成功不必在我，團隊就會成功」的精神，貫穿他的整個人生。

蘇貞昌說，他特別感動橄欖球隊友間的感情，還有前輩照顧後輩的文化，雖然幾十年過去，他還是很感念在台大橄欖球隊時的訓練與相處。雖然在球隊中的時間很短，經過了幾十年，他參與公共事務，投入公眾活動時，這些台大橄欖球前輩及同學們，馬上挺身而出，全力支持他，這份情誼一直都在，讓他始終對前輩保持尊敬。

提起加入台橄的動機，蘇貞昌說他大一時，第一次在運動場看到有人打橄欖球，就覺得這個運動有趣，就主動報名參加。他參加橄欖球隊的原因有兩個：第一，覺得打起來很過癮；第二，是因為訓練時有提供整條吐司當早餐。

蘇貞昌說，那時候真的很窮，早餐就用刷牙的鋼杯，裝一杯開水加一點奶粉，再吃個老兵賣的饅頭。加入橄欖球隊後，居然可以隨便吃吐司，牛奶也可以隨便

蘇貞昌說橄欖球的精神影響一生，所以台橄的活動，他都熱心參與，圖為他 2007 年參加台橄促進會成立大會。

喝，簡直像天堂一樣。另一個吸引蘇貞昌加入橄欖球隊的原因，就是可以不用上體育課，體育老師說可以報名，他就報了。

　　加入球隊的訓練後，最讓他感動的，卻是團隊的文化。他感受到隊長、隊友們，彼此間有一種很深的團隊精神，前輩會照顧後輩，雖然訓練很嚴格，但大家都很守規矩。都會用日文「賢拜」來稱呼前輩，表示尊敬。雖然前輩很嚴厲，但訓練方式很有制度，都讓他很感動。

　　另一個讓他感動的是橄欖球的文化精神。前輩們常說，要把自己練好練強，上場時不要連累隊友要來支援，不能讓團隊漏氣。比賽時拿到球，重點不是你個人有沒有機會，而是要找機會，把球傳給後面的隊友，還要幫忙擋住對手，讓隊友得分，成功不必在我，重點是團隊的成功，而團隊的成功就是我們的成功。

　　蘇貞昌說，如果要再講一個感動，那就是受傷了也不能下場，一定要力拚到底的精神。不驕！不餒！橄欖球精神就是這樣，贏了也不要驕傲，要繼續 Try（達陣）；輸了也別氣餒。就算打斷骨頭，也不退縮！

　　雖然非常享受橄欖球運動，但是蘇貞昌還是無法避免運動傷害帶來的困擾，他不是在代表台大比賽時受傷的，是在大一升大二的暑假，回到屏東老家，好幾個鄉鎮組了一支橄欖球隊去參加縣運，跟一支很強悍的原住民球隊比賽，在一個亂集團中，鎖骨就壓斷了。蘇貞昌的爸爸當時非常擔心，他說：「這個大兒子怎麼參加這種會把手打斷的運動啦！以後要給人家戴結婚戒指怎麼戴啦？」身為長子，不想給爸爸擔心，蘇貞昌不得不中止這項運動。

　　蘇貞昌特別回憶一件趣事，有一次跟著球隊去宜蘭比賽，結束後趕回台北上課，那天是上經濟學，走近教室時，發現教室黑壓壓都是人，出席率極高，而且異常安靜，進入教室，才發現今天要考試，他忙著比賽打球，根本不知道那天要考試。

　　大學時代打橄欖球帶給蘇貞昌很多的趣事，足夠他回憶一輩子，橄欖球的精神是他一生戮力從公的座右銘，情義相挺的前輩和同學，則是一輩子的資產。

蔡勳雄（前排左五）是台橄第 18 屆的主力球員，正逢台橄三連霸的王朝，這是台橄第 17 屆的冠軍陣容。

### 🐚 蔡勳雄：橄欖球教他「團隊合作才能達陣」的道理

　　第 18 屆的蔡勳雄 OB，在公務部門服務了一輩子，先後擔任了行政院環保署長及經建會主委等要職。就讀法律系的蔡勳雄，在台大打滿了四年橄欖球，即使大二要去徐州路的法學院上課，蔡勳雄下課之後，騎腳踏車趕回台大總區練球，晚上就住在總區的小僑生宿舍，第二天再騎車去法學院上課。第 20 屆的副隊長張邦彥說，蔡勳雄練球非常認真，幾乎沒有缺席。

　　蔡勳雄打的位置是側翼前鋒（Flanker），這是前鋒中最要求速度的位置，在防守時，要在第一時間絕不猶豫，快、狠、準的擒抱（Tackle）對手，進攻時要在第一時間，快速的接應後鋒，領著全部的前鋒往前衝，也就是防守的第一線及進攻的急先鋒。

　　蔡勳雄之前接受媒體採訪時，回憶剛進橄欖球隊的第一周，練完球要跑操場，他的體力不好，遠遠的落後，學長把他架到隊伍中間，推著他往前跑，跑完三圈之後，以為會聽到隊長叫停，結果卻聽到隊長一次又一次的「Again」，他仰頭看著天一直跑，不敢期待隊長喊停，一直跑完 17 圈，隊長才喊停。一連好幾天，蔡勳雄說他累到無法跨上腳踏車，吃飯湯匙拿不起來，回到宿舍，

幾乎無法爬到上鋪。不過，等躺到床上時，哼著流行歌曲，從這一刻起，他想：「再沒有什麼事能限制住我了。」就這樣一路打到大學畢業。

蔡勳雄在經建會主委退休時，在歡送會上告訴同仁，他在學生時代打橄欖球讓他體會到打「英雄球」不可能成功，只有靠團隊合作才能達陣的道理。他說：「打橄欖球要靠團隊，打英雄球是不會成功的，因為如果沒有同伴幫你擋人、傳球，你是不可能達陣的。」

蔡勳雄說，橄欖球是徹底講究團隊合作的比賽，每一次的達陣，一定都是團隊合作的成果，沒有一個達陣是靠一個人的力量完成的。所以橄欖球賽沒有個人英雄主義，每一個人都很重要，你的失誤會造成別人的負擔，別人的失誤，你也要全力的補救，所以大家的感情都很好，每一個 Team member 都有命運與共的革命情感。

即使在離開球隊多年後，蔡勳雄仍積極參與台大橄欖球隊的活動，剛畢業那幾年，也會回學校指導學弟打球。和其他 OB 共同回憶當年的球隊生活，有說不完的球場故事，共同回味橄欖球隊傳承的挑戰與團隊合作的精神。

此外跟蘇貞昌同為第 23 屆的 OB，包括曾出任重要職位的還有曾任經建會副主委的薛琦、曾任台北市教育局局長與考試院秘書長的吳英璋。

除了上述幾位特任政務官之外，還有多位台橄 OB 在公務部門的重要職位上服務，包括現任的太空中心主任，人稱「火箭阿伯」的吳宗信（第 40 屆）、現任農業部農業試驗所所長黃振芳（第 41 屆）、台南地檢署檢查長鍾和憲（第 45 屆）等。另外還有幾位已經退休的 OB 包括原民會副主委洪良全（第 27 屆）、最高法院院長鄭玉山（第 31 屆）等人。

# 從草地到商業巨擘：台橄鍛造的企業傳奇

橄欖球比任何運動都要講究團隊合作，因為一個人打不過 15 個人。也非常講究適才適所，1 號到 15 號的位置，要求的能力都不大相同。最重要的只要上場，就要永遠保持向前推進的決心。要有不畏艱苦，想辦法克服困難的能力。還有觀察情勢，在最短的時間內，做出正確決策的訓練。

這些都是企業領導人應該要具備的能力，也是優秀企業專業經理人的 DNA，台橄 OB 在職場上，應該都會深受歡迎與重用。因為橄欖球精神與文化的培養，台橄 OB 在企業界，也有多位知名且成功的領袖，相信他們的成就不僅源自專業的知識與技能，也深受年輕時在台大橄欖球隊的經歷影響。這些橄欖球場上的拚搏與磨練，不僅鍛鍊了他們的體魄，更在無形中塑造了他們堅韌不拔、團隊協作的精神，並將這些精神帶入了商業領域，成就了他們的事業。

列舉幾位公司的創辦人，講一講他們與台橄的故事，以台橄的屆數排序，依次是第 19 屆陳武雄 OB，和桐化學（股票代號：1714）創辦人、第 21 屆林泰生 OB，麗嬰房（股票代號：2911）創辦人、第 25 屆蔡明介 OB，聯發科（股票代號：2454）董事長、第 25 屆阮登發 OB，善存科技董事長、第 53 屆楊文彬 OB，京晨科技（股票代號：6419）董事長。

### 陳武雄：橄欖球精神成就企業與人生

陳武雄高中是籃球健將，大學聯考結束的那年暑假，他與朋友到台大打籃球，正巧遇上台大橄欖球員也在打籃球，就是莊仲仁（第 16 屆）、李仁旭（第 18 屆）、王子勤（第 17 屆）等人，雖然兩隊比賽以吵架收場，但因吵架而結識，「他們還問我要不要打橄欖球，我心想可以一試，於是就進了球隊。」那年建中球員畢業後大都考進了師大，台橄缺人頗為嚴重，所以陳武雄成功中學的學長柯哲洲（第 17 屆）、李仁旭力邀他加入球隊。

體能、體型及運動條件都屬上乘的陳武雄，大一練球沒多久就被排上先

陳武雄是天才型的選手，彈性很好，高高躍起爭邊球的就是陳武雄。

發，在大會賽決賽遇上陸軍官校，要達陣前被陸官球員Tackle，大腿撞到角旗鐵杆造成皮下大量出血而昏倒，被父親以「斷絕父子關係」來威脅禁止打球。陳武雄只好把球衣球鞋等裝備全都放在球室，請學弟幫忙清洗及保管。練球或集訓也常常不能全程參加，但隊友間就像兄弟一樣親，感情都非常好，大家都了解陳武雄並非故意缺席。

陳武雄曾說，橄欖球可以訓練出許多良好的性格：服從、耐力、毅力、不服輸、拚到底、不能中途投降（當年比賽規定不能換人）、沒有個人英雄主義的展現等等，這些對未來社會上都會幫助很大。橄欖球場上的經歷，對陳武雄的企業經營與人生態度產生了深遠的影響。

陳武雄將橄欖球的精神延伸到商業世界，尤其在和桐化學多次面臨經營困境時，他帶領公司以堅定的決心與團隊合作精神重整旗鼓，帶領和桐化學一次次的度過難關。陳武雄說，人生猶如橄欖球賽，總有碰撞與跌倒，他願意讓自己倒下，倒下前也要想辦法把球傳給隊友達陣得分。

陳武雄 OB 對台橄的感情深厚，2007 年應邱雲磊 OB（第 12 屆）之邀，聯合多位 OB 共同創建了「台大橄欖球促進會」，並且擔任第一任會長，努力振興台大橄欖球運動。

## 林泰生：從橄欖球場到商業巔峰

第 21 屆的林泰生 OB，是麗嬰房的創辦人，會開始打橄欖球是受到從幼稚園到大學都是同學的林英雄（第 21 屆隊長）的影響。林英雄跑得非常快，加入建橄隊後，就邀他一起加入，兩個人做什麼事情都要相約做伴，所以他就

加入了橄欖球，變成了黑衫軍的一員，他雖然跑不快，但是身上有 65 公斤的肉，三年的高中都是正選，位置一直是打 3 號……右牛角。

高中要畢業時，林泰生一心只想上台大，希望能夠成為台大水牛隊的一員，可以繼續打球，對橄欖球中毒之深有點不能自拔。當初一伙建橄同學就在這種心情下，努力考上台大，加入了台大橄欖球隊。林泰生說四年的心理系也沒好好地啃過什麼書，但是操場的每一個角落「每一寸草坪」，都滴過他們的汗水。林泰生說台大的那四年，是他真正體會、享受橄欖球的日子，對於橄欖球所提供「無形」的教誨更是受益終生。

林泰生之前接受媒體採訪時提到，麗嬰房的經營之道，他深受橄欖球影響，他當年打橄欖球時，深深體會「承先啟後、繼往開來」的團隊精神。不懂橄欖球的人會以為二隊 30 個人在搶一顆球，看似魯莽又危險，其實球隊的組織非常嚴謹，要充分合作，發揮每個人的功能，才有贏球的可能。球隊必須要靠團隊合作，絕對沒有個人英雄主義的存在。

林泰生也認為，球隊的學長會非常照顧新進的學弟，每年都要有新成員加入，球隊才有「傳承」。球隊的相處模式其實像極了公司的經營，一個公司一定要不斷地有新成員加入，老鳥也要照顧菜鳥，公司組織才能健全，也才得以永續經營。

林泰生（左一）與蘇貞昌在台橄 50 周年時，與前後任隊友相見歡。

## 蔡明介：從台大橄欖球隊到企業領袖

蔡明介 OB 是台橄第 25 屆，第 25 屆人才濟濟，管理台橄數十年的張海潮

蔡明介工作太忙，非常難得在 2007 年台橄促進會成立時，能返隊參與活動。

就是第 25 屆 OB，張海潮不但是蔡明介同屆戰友，而且大一還是化工系同班同學，大二才分別轉系，張海潮轉到數學系，蔡明介轉到電機系。

張海潮說蔡明介高中讀高雄中學，成績很好，保送到台大，蔡明介選擇讀化工系。蔡明介受訪時說：「當時聽說台塑、南亞薪資優渥，年終獎金都好幾個月，所以選擇台大化工系就讀。」但讀了之後，才發現興趣不合，大二才轉到電機系。張、蔡兩人分別轉出化工系，沒想到轉了一圈，兩人又不約而同的相聚在橄欖球隊。

蔡明介曾經在演講時說他加入橄欖球隊，是因為：「我身材瘦弱，想強化體格，於是加入橄欖球隊。」聽到這個說法，張海潮笑著說，他比蔡明介更瘦，在那個時代，台橄球員個頭都不大，蔡明介並不特別瘦弱。

張海潮說，蔡明介練球及打球都很認真，在人才濟濟的第 25 屆，能排上固定先發並不容易，蔡明介打的是 7 號，右翼的側翼前鋒（Flanker），這個位置是前鋒防守的第一線，必須具備快、狠、準的 Tackle 能力與決心，要在第一時間放倒對方的第一波攻擊。而在攻擊時，要在第一時間做後衛攻擊的支援，是前鋒中機動力最強的位置。

蔡明介在大學時代打球時印象最深刻的意外，不是在跟外隊的比賽，而是跟自家陣中的「老大」高速對撞。同屆隊友曹善偉（外號老大）身高超過 185 公分，又高又壯，速度又快，兩人在練習中的對撞，結果老大的牙齒當場斷裂，斷的牙齒嵌入蔡明介眼睛下面的臉頰，留下很深的傷口。但是蔡明介沒有退卻，繼續在台橄待到大學畢業。

橄欖球隊的經歷，對蔡明介的影響是很深刻的，體能得到提升，這是最基本的收穫。蔡明介曾表示，橄欖球讓他學會了團隊合作和不屈不撓的精神。他曾說過，橄欖球是一項極度注重團隊精神的運動，全隊成員都必須全力以赴，

彼此支持,無論是訓練還是比賽,這與企業運作中的團隊合作精神有著異曲同工之妙。

台橄前鋒的戰力在國內相當有名,就是因為前鋒就是一個 Team,在比賽中要求「球到那裡,人就要到那裡」,經常看見台橄場上的 8 個前鋒,就如鬼魅般,在場上跟著球飄來飄去,令對手膽戰,蔡明介當年就是台橄可怕前鋒的衝鋒者。

而在往後的企業經營中,蔡明介從橄欖球中學到的「One team, one goal」(一個團隊,目標一致)的理念,強調團隊合作和專注。蔡明介以團隊精神及堅韌不拔的毅力,讓聯發科從一個追隨者成長為行業領先者的重要原因之一。

### 阮登發:永遠為團隊著想

跟蔡明介同屆的阮登發 OB,是善存科技的董事長。善存科技成立於 2000 年,原本是專業預錄式光碟片廠商,在 2020 年 2 月,全國疫情最嚴峻,全台缺口罩時,阮登發本著企業家善盡社會責任的精神,指示成立口罩生產工作小組,投資相關生產設備,成為台灣第一家非相關業者,而自行投資口罩生產廠商,完成各項醫用口罩生產資格及食藥署產品驗證許可的廠商,加入口罩國家隊的行列。

看看阮登發 OB 對台橄的資助,可以發現,他是一個永遠為團隊著想的人,小到他曾經付出的台大橄欖球隊,大到台灣社會。阮登發對張海潮說,如果球隊需要,他可以每年捐 100 萬給球隊。張海潮告訴阮登發,球隊用不了那麼多錢,阮登發就在台橄促進會有一個專戶,如果球隊要用錢,

阮登發(右)多年來對台橄的回饋,讓台橄有足夠的資源可以發展。左為水牛隊前輩郭炳才(已辭世)。

他可以隨時捐助球隊。

阮登發說，在球隊時大家都叫他「軟呀！」（阮仔），跑不快，經常來不及退不回來，而發生 Offside（越位），但很會撿「肉幼仔」（機會球）。阮登發的位置，是打正集團的支柱（Prop），是全隊最有力的球員，他說他的頸很粗，Scrum（正集團）很有力量，時常弄得對手哇哇叫。有一次和師大比賽，對手竟然向裁判說，我的頸子太短，沒有辦法頂 Scrum，實際上是他的頸子太粗，對手頂不贏。

阮登發曾任《工商時報》總編輯，37 歲時毅然離開工作 10 年的中時報系，自行創業。其間曾到美國做涼椅、到大陸做空調。雖然事業不是一路順遂，但台橄帶給他韌性、讓他始終樂觀看待事業。

阮登發表示，當年離開穩固的職位自行創業，知道失敗的可能性很大，不過再大的失敗總會過去，只要抓住成功的部分，不斷擴充，「十項投資，有兩項成功，就賺錢了。」這就是阮登發樂觀的生意經。

阮登發常說，大學四年只做了兩件事，一是打橄欖球，二是娶到曾任財政次長的同班同學張秀蓮。

### 楊文彬：隊友共同創業 打造全球知名數位監控

楊文彬是台橄第 53 屆 OB，他其中一個創業的故事，結合了許多一起在球場上打拚的隊友，在球場下也共同努力將「京晨科技」於 2014 年上櫃掛牌。楊文彬更於同年獲選為中華民國第 37 屆創業楷模與第 10 屆安永企業家。

楊文彬本來就讀台科大電機系，後來力爭上游轉學到台大大氣系就讀，個性外向喜好結交朋友的他，偶然經過操場看到台橄隊員們練習時的凝聚力，隱約覺得很對他的味，就主動加入練習，並希望能成為台橄一員；由於他在場上果敢奮勇、有著直覺式的拚勁，在球隊的外號叫 Killer（殺手）。

當時還在學的楊文彬，是一個「不務正業」的「學生老闆」，他先後創立並經營了好幾間公司，從國內的連鎖手機通訊行，到跨國行銷貿易的電腦改裝品牌公司……。楊文彬「好不容易」離開大學校園之後，他還是想創業，從沒

有想過要進入任何一家大企業安身立命；於是他又找到一個創業題目，在 2004 年之後陸續找了大學時代一起打球的隊友黃建山 OB（第 50 屆，外號卡通）與黃建峰 OB（第 52 屆，外號卡弟）兩兄弟、胡迪智 OB（第 52 屆，外號巴特）、黃聖凱 OB（第 56 屆，外號省開）、郭士維

楊文彬（右二），與台橄的同學及學弟們，共同創業，已經是球界凱模。

OB（第 59 屆）等人加入「京晨科技」；台橄弟兄們各司其職將公司自主研發的數位監控軟體推廣至全世界，讓公司品牌「NUUO」成為世界前十大數位監控品牌，並使京晨公司於 2014 年上櫃成功。

楊文彬說，他的創業信念深受橄欖球精神影響：樂觀、堅持、團隊合作。他也認為創業就像打橄欖球一樣，每天都不斷受挫折，但每次跌倒，都要以最快的速度重新站起來，加入戰場，以樂觀心態修正錯誤並面對下一個衝撞。強大的公司不可能依靠個人英雄主義成功，而是需要整個團隊的默契與信任；而橄欖球場上培養出來隊友感情，更得以讓公司形成無私的文化，互相扶持度過創業艱辛。

### 橄欖球的團隊精神，塑造企業領袖的力量

上述的幾位台橄 OB 出身的企業界領袖，不論是在橄欖球場上，還是在商場上，都展現了同樣的精神：堅持、團隊合作和不屈不撓。他們在台大橄欖球隊的歲月，成為了他們一生受益無窮的精神資產。

台大橄欖球不僅是一個鍛鍊個人體魄的球隊，更是一個培養企業領袖的搖籃。這些曾經在球場上並肩作戰的隊友，在建立企業的過程中，以球場養成的精神，回饋社會，延續橄欖球的精神。

People 547

# 泥濘裡奔馳的青春：台大橄欖球隊 80 年的榮譽與傳承

編　　著—曹以會、甯其遠、林任遠
圖片提供—台大橄欖球隊、台大橄欖球促進會、台大校史館、國史館、黃聖凱、郭士維、施凱智
合作出版—台大橄欖球促進會
副 主 編—陳萱宇
主　　編—謝翠鈺
行銷企劃—鄭家謙
封面設計—魚展設計
美術編輯—菩薩蠻數位文化有限公司

董 事 長—趙政岷
出 版 者—時報文化出版企業股份有限公司
　　　　　108019 台北市和平西路三段二四○號七樓
　　　　　發行專線—（○二）二三○六六八四二
　　　　　讀者服務專線—○八○○二三一七○五
　　　　　　　　　　　（○二）二三○四七一○三
　　　　　讀者服務傳真—（○二）二三○四六八五八
　　　　　郵撥—一九三四四七二四時報文化出版公司
　　　　　信箱—一○八九九 台北華江橋郵局第九九信箱
時報悅讀網—http://www.readingtimes.com.tw
法律顧問—理律法律事務所 陳長文律師、李念祖律師
印　　刷—勁達印刷有限公司
初版一刷—二○二五年八月二十二日
定　　價—新台幣六二○元
缺頁或破損的書，請寄回更換

時報文化出版公司成立於一九七五年，
並於一九九九年股票上櫃公開發行，於二○○八年脫離中時集團非屬旺中，
以「尊重智慧與創意的文化事業」為信念。

---

泥濘裡奔馳的青春：台大橄欖球隊80年的榮譽與傳承/曹以會, 甯其遠, 林任遠編著. -- 初版. -- 臺北市：時報文化出版企業股份有限公司, 2025.08
面；　公分. --（People；547）
ISBN 978-626-419-642-0（平裝）

1.CST: 臺大橄欖球隊

528.957　　　　　　　　　　　　　114008369

ISBN 978-626-419-642-0
Printed in Taiwan